일본의 대련 식민통치 40년사 [제1권]

이 번역서는 동아대학교 학술연구번역지원 공모과제로 선정되어 동아대학교 번역총서 제118호로 출간되었음.

일본의 대련 식민통치 40년사 [제1권]
초판 1쇄 발행 2012년 7월 31일

주 편 | 郭鐵椿·關捷
부주편 | 韓俊英
역 자 | 신태갑 외
발행인 | 윤관백
발행처 |

편 집 | 소성순
표 지 | 김민호
영 업 | 이주하

인 쇄 | 대덕인쇄
제 본 | 바다제책

등록 | 제5-77호(1998.11.4)
주소 | 서울시 마포구 마포동 324-1 곶마루 B/D 1층
전화 | 02)718-6252 / 6257   팩스 | 02)718-6253
E-mail | sunin72@chol.com
Homepage | www.suninpub.co.kr

정가 29,000원
ISBN 978-89-5933-557-2(세트)
ISBN 978-89-5933-558-9 94300

· 잘못된 책은 바꿔 드립니다.

일본의 대련 식민통치 40년사 [제1권]

主編 郭鐵椿·關捷 / **副主編** 韓俊英
역자 신태갑 외

■ 한국어판 서문

한국의 독자들에게

　나와 관제(關捷) 교수가 책임 편집한『일본의 대련 식민통치 40년사』는 신태갑 교수와 제자들의 노력으로 머지않아 한국의 독자들과 만나게 될 것이다.
　『일본의 대련 식민통치 40년사』는 일본이 대련을 식민 통치하던 40년 기간 동안 대련 지역의 정치, 경제, 군사, 문화, 교육, 도시 건설 등 다방면의 기본 상황을 탐구한 학술 저작이다. 이 저작에는 십여 명의 전문가와 학자들이 1년여의 시간에 걸쳐 쏟아 부은 지혜와 심혈이 응집되어 있다. 일본이 대련을 식민통치한 40년 동안의 기본 상황에 대해 이해하려 한다면 이 저작은 훌륭한 길잡이가 될 것이다.
　일반적으로 학술 저작은 대부분 글이 난해하면서도 무미건조하여 사회 각 계층의 사람들이 읽기에 그다지 적합하지 않다. 이러한 현상을 극복하기 위해 학술 저작이 더 많은 사람들의 생활 속으로 들어갈 수 있게 해야 한다. 필자가 관제 교수와 이 책을 쓸 때, 글은 생동적이면서 정확하고, 평이하면서도 유려하여 알기 쉽도록 하고자 했으며, 아울러 이를 위해 대량의 진귀한 역사적 사진들을 삽입함으로써 글과 그림 모두를 풍부하고 다채롭게 하기 위해 많은 애를 썼다. 물론 이러한 생각이 마지막에 가서 실현되었는지 아닌지는, 독자들의 최종 판단에 맡겨야 할 것이며, 그 속에는 당연히 한국의 독자들도 포함된다.

신태갑 선생은 동아대학교 사학과 교수로, 일찍이 대만과 북경에서 여러 해 동안 유학하여, 중국 문화, 특히 중국 전통 문화에 대한 지식이 매우 풍부하며, 여러 영역에 매우 깊은 조예가 있다. 신 교수는 그동안 한중 문화 교류에 힘을 쏟아 일찍이 중국 중산대학 류제(劉節) 교수의 『中國史學史稿(역서명 : 중국사학사강의)』, 화중사범대학 마민(馬敏) 교수의 『官商之間 : 社會劇變中的近代紳商(역서명 : 중국근대의 신상)』 등의 저작을 잇달아 번역 출판했다. 이번에도 신 교수와 제자들은 고생을 마다않고 필자와 관제 교수가 책임 편집한 『일본의 대련 식민통치 40년사』를 한국 독자들에게 소개했다. 이 자리에서 필자는 이 책의 모든 필진을 대표하여 신 교수와 제자들의 노고에 경의를 표한다. 그리고 이 책을 한국에서 번역 출판하기 위해 노력하고 공헌한 모든 한국 친구들에게 마찬가지로 심심한 사의를 표한다.

한중 양국은 매우 가까운 이웃사촌이다. 양국 국민의 친선 교류는 장장 3,000여 년에 달하는 유구한 역사를 가지고 있다. 근대에 양국이 동시에 외래의 침략을 겪었던 때에도 양국 인민의 우호 왕래는 멈추어 본 적이 없다. 비록 현대에 이르러 널리 알려진 이유로 인해 한중 양국 인민의 우호 왕래가 한차례 중단된 적이 있으나, 1992년 한중 양국이 수교를 맺은 후 양국 인민의 우호 왕래는 회복되었을 뿐만 아니라, 더욱 빈번하게 이루어지고 있다. 양국 국민의 친선 교류는 정치, 경제, 교육 방면 등의 친선 교류는 물론이고, 문화 방면의 교류도 포함하고 있다. 이러한 모든 왕래는 양국 인민들에게 매우 실질적인 이익을 가져다 줄 뿐만 아니라, 양국 국민의 친선 교류 증진에도 더욱 넓은 공간을 제공하며, 아울러 우호 왕래의 발전을 더욱 촉진시킨다.

이러한 우호 왕래 속에서 상대방 나라의 우수한 학술 저작을 본국 독자들에게 소개하는 것은 의심할 바 없이 한중 문화 교류의 중요한 구성 부분이며, 양국 학자들의 피할 수 없는 책임이다. 이러한 방면에서 한국 학자들은 우리 중국 학자들에게 매우 좋은 귀감이 된다. 그들은 근면하고 성실하며, 착실하고 적극적이며, 노고를 마다하지 않고 남의 원망을 두려워하지 않으며, 부지런히 연구에 몰두할 뿐만 아니라, 다른 사람을 진심으로 대하는 심성과 태도를 갖고 있다. 이런 훌륭한 자질은 의심할 바 없이 중국의 연구자들이 배우고 본보기로 삼을 가치가 있다.

한중 양국 인민의 우의는 매우 소중한 것이다. 원컨대 한중 양국 인민이 모두 자신의 생명처럼 그것을 지키고 소중히 여기길 바란다.

또한 한국에서 이 졸저의 출판이 한중의 전통적인 우의에 적은 힘이나마 이바지할 수 있길 바란다.

2011년 12월 24일

궈톄좡(郭鐵椿)

총서

왕런즈(王忍之)

중국사회과학원 중일역사연구센터는 중일관계사 및 항일전쟁사의 연구를 한층 더 발전시키고, 역사적 사실대로 중일 양국의 청년 세대를 교육하기 위해 "중국사회과학원 중일역사연구센터문고"를 발행하게 되었다.

1995년 8월 15일 당시 일본 수상 무라야마 도미이치(村山富市)는 내각에서 담화를 발표하여 제2차세계대전 기간 일본의 아시아 각국에 대한 침략을 인정했다. 같은 해 일본 정부는 10년을 기한으로 아시아 이웃나라를 주요 대상으로 하는 '평화교류계획'을 실시했다. 이 계획의 일환으로 일본 외무성은 일중우호회관 안에 일중역사연구센터를 설립하기로 결정하고 아울러 중국의 협조를 요청했다. 중일 쌍방의 관련 부서는 협상 방식을 통해 다음과 같은 원칙을 확인했다. 중일연합성명과 중일평화우호조약의 원칙과 정신을 확실히 준수하며, 일본 군국주의가 중국에 대하여 침략전쟁을 일으켰다는 역사적 사실을 인정하는 전제 아래, 중국 측은 일본 측의 요구를 받아들여 필요한 협조를 제공하는데 동의

한다. 중국사회과학원은 중국 외교부의 위탁을 받아, 일본 측의 연구에 협조하는 중국 측의 창구가 되어, 일본 측과 관련 업무를 상의하고 협조한다.

1997년 8월 일중우호회관에서 중국사회과학원에 편지를 보내, 서로 협조하여 역사 연구를 진행하는 문제에 대하여 협상을 진행하자고 재차 요구하며 제기하기를 "피해자요 저항자인 중국이 참여해야만 역사 연구 사업이 비로소 소기의 목적을 달성할 수 있으며, 이 점이 바로 중국의 협조가 필요한 부분이다"라고 했다. 일중우호회관은 또 밝히기를 회관의 관련 경비 중 일부를 중국 측이 사용하도록 넘겨주겠다고 했다. 협상을 거쳐 기본적으로 인식 일치에 도달했다. 이를 위해 중국사회과학원 중일역사연구센터는 "중일역사연구과제"를 수립하고, 과제 지침 형식을 통해 국내에서 공개적으로 연구자를 모집했다. 과제 모집의 범위는 1874~1945년 사이 일본의 중국 침략사 및 동시기의 이와 관련 있는 중일 역사 문제로 한정했다. 중국사회과학원 중일역사연구센터의 전문가 위원회가 신청한 과제에 대하여 심사를 진행했다. 심사를 통과한 과제는 중일역사연구센터가 과제의 내용, 작업 규모의 대소에 따라 경비를 지원하여 연구 계획을 완성하는데 도움이 되도록 했다.

이러한 연차 과제 모집은 1998년부터 매년 한 차례 진행했으며, 매번 15~20개 정도의 신청 과제가 심사를 통과했다. 초기에 통과한 과제 중 어떤 것은 이미 완성되었고, 아울러 연구 결과 정산 절차를 통과했다. 중국 학자들의 근대 중일 관계사 연구 성과를 반영하여 사회가 그것을 이해하고, 그로 하여금 학술 연구 토론을 진행하고, 역사적 진실을 드러내는 역할을 충분히 발휘하도록 함으로써, 오늘날의 청년 세대가 중일 관계사에서 일찍이 어떤 사건이 발생하여 중국 인민에게 심대한 재난을 야기하고, 일본 인민에게도 거대한 고통을 초래했는지 이해하도록 하기 위해, 우리는 이들 성과 중 일부를 선택하여 출판하기로 결정하고, 총서명을 "중국사회과학원 중일역사연구센터문고"라고 했다. 동시에 문고에는 국내 학자가 쓴 몇몇 중일 관계를 다룬 저작도 포함시켰다.

"중국사회과학원 중일역사연구센터문고"는 중국의 청년 세대와 일본의 청년 세대에게 역사의 진면목을 인식하는 진실한 자료를 제공하는데 힘씀으로써, 역사를 거울삼아 미래를 마주하며, 이른바 역사 인식 문제가 더 이상 중일 관계 개선의 장애가 되지 않기를 바라며, 중일 관계가 화목하게 협조하고 평화롭게 공존하는 방향으로 발전하기를 희망하며, 동아시아 두 이웃 국가 사이에 경제적으로 상호 보완과 협조, 문화적으로 학습한 상호 존중 정신이 진정으로 발휘되어, 모순과 충돌의 발생을 피하기 어려울 때도 전쟁에 호소하는 일이 영원히 발생하지 않기를 바란다.

이로써 서문에 갈음한다.

일러두기

1. 이 책은 郭铁桩, 关捷 主编, 『日本殖民统治大连四十年史』(北京 : 社会科学文献出版社, 2008)를 번역한 것이다.
2. 원서의 서술 가운데 문단이 지나치게 긴 것은 역자가 판단하여 단락을 세분하였다.
3. 서명 혹은 잡지명은 『　』로, 편명 혹은 논문명은 「　」로 묶어 표시하였다.
4. 역자가 주를 단 것은 [역주]라고 표시하였다.
5. 정확한 의미의 전달을 위해 필요한 경우 한자를 ( ) 안에 표기했다. 다만, 번역한 한글과 한자가 다른 경우는 한자를 [ ]로 묶었다.
6. 숫자는 아라비아 숫자로 표기하되, 만 단위를 넘을 경우 만에서 끊어 읽기를 했다.
   예) 134572원→ 13만 4,572원 ; 2.7만 평→ 2만 7,000평
7. 원문의 괄호 안에 들어 있는 설명문이 길어서 읽기에 불편할 경우 각주로 돌렸다.
8. 중국 인명은 아편전쟁을 기준으로 하여, 전근대인은 한자음대로 표기하고 근대인은 국립국어원의 외래어 표기법에 따라 표기하되, 모두 한자를 병기하였다. 중국지명, 기관, 서명 등 고유명사는 한자음대로 표기하고 한자를 병기하였다. 그 외, 외래어 고유명사는 외래어 표기법에 따랐다.
9. '僞滿洲國'은 인용문을 제외하고 모두 '만주국'으로 번역했다.

목차

일본의 대련 식민통치 40년사 [제1권]

한국어판 서문 5

총서 9

서론 19

제1편 | '관동주' 식민통치의 확립(1904년 5월~1914년 7월)

|제1장| 대련지역에 대한 일본과 러시아의 다툼 ·················· 61
  1. 일본 '대륙정책'과 러시아 '극동정책'의 대립 ············· 61
  2. 청일전쟁시기 일본의 대련지역 침략 ·················· 66
  3. 러시아의 대련지역 강점 및 그 식민통치 ··············· 90
  4. 일본과 러시아의 대련지역에 대한 쟁탈 ··············· 106
  5. 「포츠머스조약」의 체결 ························ 125
  6. 일본 정계요인의 만주경영 책략에 관한 토론 ············ 130

| 제2장 | 관동주 식민통치기구의 건립과 변천 ·· 133
　1. 식민통치기구의 확립 및 발전 ·· 133
　2. 관동주의 지방행정 및 주요 통치기구 — 민정서 ·············· 142
　3. 관동주의 사법기구와 법률법규 ·· 157
　4. 관동주의 경·헌·특기구와 대련 인민의 항일투쟁 ·········· 173
　5. 관동주의 재정세수체계 ·· 187
　6. 일본이민의 시도 — 어업이민과 만철이민 ·························· 199

| 제3장 | '만철왕국'의 발흥 ·· 209
　1. 만철의 설립 ·· 209
　2. 고토 신페이의 '시정방침' ·· 226
　3. 만철의 성격 ·· 230
　4. 만철기구의 변화 ·· 243
　5. 만철의 경영범위 ·· 252
　6. 만철의 투자, 이윤 및 이윤 분배 ·· 264
　7. 만철의 정보기구 ·· 273
　8. '국가 안의 국가' — 만철부속지 ·· 285

| 제4장 | 관동주 식민공업기반의 확립 ·· 305
　1. 기계제조업의 대표주자 사하구공장 ·· 306
　2. 대련시멘트공업의 효시 오노다시멘트공장 ·························· 312
　3. 대련의 요업 ·· 316
　4. 일본의 대련제유공업에 대한 투자 ·· 319
　5. 대련의 전력산업 ·· 322
　6. 대련식품가공업 ·· 323

|제5장| 대련항의 형성 ·· 329
   1. 대련항의 건설 ··· 329
   2. 일본의 대련항구 점령 ··· 337
   3. 만철의 대련항 경영과 확장 ·· 341
   4. 대련항 건설의 도시 발전에 대한 촉진 작용 ················ 352
   5. 관동주 해무국(海務局)의 대련항 관리 ························· 356

제2편 │ 관동주 식민통치의 발전(1914년 7월~1931년 9월)

|제6장| 식민통치체제의 부단한 발전과 완비 ····································· 361
   1. 관동청의 건립 ··· 361
   2. 대련과 여순의 시제 실행 ··· 374
   3. 기층 지방행정기구 — 회(會) ······································· 379

|제7장| 관동군의 건립과 활동 ··· 389
   1. 관동군의 건립 ··· 389
   2. 관동군의 중국 내정 간섭 및 중국에 대한 침략 확대 ······· 404

|제8장| 동북에 대한 무력 침략을 선동한 대련의 일본 우익단체 ··········· 429
   1. 9·18사변 이전 대련 일본인의 동향 ························· 429
   2. '만몽독립운동'의 발원지 ··· 438
   3. 일본낭인의 극우조직 만주간인구락부(滿洲艮人俱樂部) ··· 448
   4. 대련의 일본제국재향군인회 ·· 453
   5. 식민당국의 관영 우익단체 만몽연구회 ······················ 460
   6. 만철사업에 '헌신'한 만철사원회 ································ 467

7. 한 시기를 떠들썩하게 한 만주청년의회 ·············· 471
8. '왕도낙토'의 건립을 꿈꾸었던 대웅봉회 ·············· 476
9. 동북 무력 점령의 여론 선봉대 — 만주청년연맹 ·········· 480

일본의 대련 식민통치 40년사 [제2권]

|제9장| 중국노동자에 대한 일본의 식민통치와 노동자의 저항투쟁
|제10장| 대련항 경제의 번창
|제11장| 관동주의 상업
|제12장| 관동주 공업의 발전
|제13장| 일본의 관동주 자원 약탈
|제14장| 일본 통치하의 동북금융 중심지 대련
|제15장| 대련 도시건설의 식민지적 특색
|제16장| 관동주의 식민교육
|제17장| 일본의 대련에 대한 문화 침략
제3편 | 9·18사변 후의 관동주(1931년 9월 18일~1937년 6월)
|제18장| 일본의 대련 식민통치에 대한 중대한 전환
|제19장| 관동주 경찰·헌병·특무대의 항일운동에 대한 진압

일본의 대련 식민통치 40년사 [제3권]

|제20장| 9·18기간 관동군과 만철의 결탁
|제21장| 일만경제일체화와 '관동주' 경제
|제22장| 관동주의 노동통제와 인력자원에 대한 약탈
|제23장| 일본 통치하의 대련 민족 경제
제4편 | 중일전쟁과 관동주의 몰락(1937년 7월 7일~1945년 8월)
|제24장| 전시체제하의 '관동주'
|제25장| 만철과 7·7사변
|제26장| 관동주의 붕괴
부록
참고문헌
후기
역자후기

서론

1.

대련(大連)은 '북방의 명주'라고 불리는데, 중국 요동반도 최남단 북위 38도 31분,[1] 북위 40도 10분,[2] 서경 120도 58분,[3] 동경 123도 31분[4]을 사방 경계로 하여 그 사이에 놓여 있으며 총면적은 1만 2,573㎢이다. 대련의 동·서·남 삼면은 황해와 발해가 둘러싸고 있으며,[5] 남쪽은 산동반도의 묘도(廟島)군도와 멀리서 서로 마주보고, 북쪽은 요동반도의 영구(營口)·단동(丹東)과 상접하는, 예로부터 내려오는 중요한 해상의 문호이다. 또 산동반도와 함께 발해만을 관제하는, 북경과 천진으로 통하는 해상 요로인 까닭에 '경진(북경과 천진)의 문호'라고도 일컬어지고 있다.

---

[1] 최남단 : 旅順口 老鐵山 燈塔臺
[2] 최북단 : 莊河縣 三架山鄕 大河沿村
[3] 최서단 : 旅順口區 蛇島
[4] 최동단 : 莊河市 尖山鄕
[5] 동쪽에는 황해가 있고, 서쪽과 남쪽에는 발해가 있다.

대련은 요동반도 최남단에 위치하고 있기 때문에 사계절이 분명하고 사람들의 거주와 생활에 아주 적합하다. 바로 이와 같은 까닭으로 고고학자들은 일찍이 6,000여 년 전에 중국인의 조상들이 이 아름다운 땅에 이미 정착하고 있었다는 사실을 발견했다.

대련은 한나라 때 '삼산(三山)'이라 불렸다(일설에는 '삼산포三山浦'라고 한다. 대련만 바깥의 삼산도에서 그 이름을 얻었기 때문이다).[6] 당나라 초에는 '삼산포'라 불렸고, 당나라 중기에는 '청니포(靑泥浦)'라고 불렸다. 명·청 무렵에는 '청니와(靑泥洼)'라고 칭했으며, 어떤 사람은 '삼산해구(三山海口)', '금주해구(金州海口)' 또는 '대련만'이라고 칭했다. 1879년 12월 11일 청나라 직례총독 겸 북양대신 리훙장(李鴻章)이 청 정부에 북양함대를 건립하는 일에 관하여 보고할 때 '대련만'이라는 용어를 사용했다. 그는 다음과 같이 이야기했다. "현재까지 문선(蚊船) 8척을 구입했는데, 내년 봄에 장교와 병사를 배치하여 용양(龍驤)·호위(虎威)·비정(飛霆)·책전(策電) 4척을 남양으로 보내되 선바오전(沈葆楨)에게 그 일을 맡겨 처리할 것이며, 진북(鎭北)·진남(鎭南)·진동(鎭東)·진서(鎭西) 4척은 진고(津沽)에 남겨 두되 제가 도원 쉬쳰선(許鈐身)과 제독 딩루창(丁汝昌)에게 명하여 함께 여러 장교를 감독하여 성실히 훈련하게 할 것이며, 아울러 명령을 내려 항상 동(산동—인용자)·봉(봉천, 지금의 요녕성—인용자)과 인접한 대련만 및 연해항구로 나아가 거기서 정박하거나 순시하게 하여 위엄을 떨치도록 하겠습니다."[7] 이것은 관방에서 '대련만'이라는 용어를 사용한 최초의 사례이다. 이로부터 '대련만'이라는 말이 널리 사용되었으며 아울러 점점 통일되어 갔다.

1897년 제국주의는 중국에서 분할위기를 야기했다. 이해 12월 15일 제정러시

---

[6] 孫寶田,「旅順口·大連灣今昔名稱」, 孫寶田,『旅大文獻徵存』第1卷, 필사본 참조.
[7]「光緒五年十月二十八日直隷總督李鴻章奏章」,『洋務運動』叢刊 第2册, 上海人民出版社, 1961, 423쪽.

아는 녹일에 대항한다는 명분으로 군함을 대련만으로 강제 진입시켰다. 다음해 3월 청 정부를 압박하여 「여대조지조약(旅大租地條約)」을 체결하고 여순·대련을 25년간 강제 조차했으며, 이후 러시아세력이 대련으로 들어왔다. 1899년 7월 31일 러시아 정부는 대련을 '달니이[達里尼]'[8]로 개명했다. 1905년 러일전쟁 폭발 후 일본침략세력이 제정러시아침략세력을 대신해 대련지역으로 들어왔다. 1905년 2월 11일 일본요동수비군사령관은 '달니이'를 대련시로 개칭할 것을 명령했다. 1946년 10월 인민정부는 대련에 '여대행정연합판사처'를 세웠고 이로부터 대련은 다시 여대시(旅大市)로 불렸다. 1981년 2월 9일 국무원의 동의를 거쳐 대련시정부가 여대시를 대련시로 개명할 것을 명령했다. 이후 대련시라는 명칭은 지금까지 줄곧 사용되고 있다.

    대련시의 명칭과 마찬가지로 대련시의 행정구역도 몇 차례 변화를 거쳤다. 전하는 바에 따르면 일찍이 3,000여 년 전 우 임금은 부족연맹수령의 지위를 얻은 후 관할지방을 13개의 행정구, 즉 13주(일설에는 9주)로 나누었다.[9] 그중 영주(營州)관할지가 현재 요녕성 요하 동쪽에 있었고 대련은 곧 영주의 일부였다. 그러나 이는 전설로서 고증할 수 없는 것이다. 전국시대 일곱 나라가 자웅을 겨룰 때 대련은 연나라 요동군의 일부였다. 기원전 221년 진시황은 중국을 통일하고 36군(실제로는 34군)을 두었다.[10] 그중 요동군은 현재 요녕성 대릉하(大凌河) 동쪽 지역에 있었는데, 치소는 양평(襄平, 현재 요양시)이었고 대련은 곧 요동군의 일부였다. 전한은 전국 대부분 지역을 13개 자사부로 나누었다.[11] 그중 유주자사부(幽州刺史部) 아래 발해군(渤海郡), 탁군(涿郡), 상곡군(上谷

---

[8] [역주] 달니이(Дальний)는 형용사 '먼(дальний)'에서 온 말로 '먼 곳'이라는 뜻이다. 참고로 러시아어로 극동은 달니이 보스토크(Дальний Восток)이다.

[9] 즉 豫州, 兗州, 青州, 徐州, 揚州, 荊州, 梁州, 雍州, 涼州, 并州, 冀州, 幽州, 營州.

[10] 즉 內史郡, 北地郡, 上郡, 隴西郡, 九原郡, 蜀郡, 巴郡, 漢中郡, 黔中郡, 桂林郡, 長沙郡, 南郡, 九江郡, 會稽郡, 三川郡, 南陽郡, 潁川郡, 碭郡, 東郡, 薛郡, 泗水郡, 臨淄郡, 琅邪郡, 河東郡, 太原郡, 雁門郡, 上堂郡, 邯鄲郡, 上谷郡, 巨鹿郡, 雲中郡, 漁陽郡, 右北平郡, 遼東郡.

[11] 즉 冀州, 朔方, 并州, 涼州, 益州, 荊州, 揚州, 豫州, 兗州, 徐州, 青州, 幽州, 交趾 13刺史部.

郡), 광양국(廣陽國), 어양군(漁陽郡), 우북평군(右北平郡), 요서군, 요동군, 현도군, 낙랑군의 9군 1국을 설치했다. 대련은 요동군의 일부가 되었다. 후한은 전국 대부분 지역을 12개의 부(部)[12]로 나누었는데, 대련은 전과 다름없이 유주부 요동군의 일부였다. 삼국 시기 위·촉·오가 천하를 삼분했을 때, 그중 위나라가 전체 북방을 점거하여 그것을 12개의 주로 나누었는데,[13] 대련은 여전히 유주 요동군의 일부였다. 265년 진 무제 사마염이 중국을 통일하여 전국을 19개의 주로 나누고[14] 아래에 161개의 군국을 두었다. 그 가운데 평주(平州)는 요동국, 창려군(昌黎郡), 현도군, 낙랑군, 대방군의 4군 1국을 관할했다. 대련은 요동국의 일부였다. 오호16국시기 전연(前燕)의 세력이 기회를 틈타 굴기하여 북방 대부분의 영토를 지배 아래 두었는데, 대련은 전연국 관할지의 일부였다. 618년 당나라가 건립되어 천하를 15도로 나누었는데,[15] 대련은 당의 하북도 안동도호부의 일부였다. 오대십국시기 거란의 세력이 흥기하여 대련은 다시 거란국의 일부가 되었다. 요·송시기에 이르러 요나라는 북방 대부분의 영토를 점거했고, 그 관할지를 상경도·남경도·서경도·동경도·중경도 5도로 나누었는데, 대련은 동경도의 일부였다. 남송시기 금나라 세력이 굴기하고 금은 관할지를 20로(路)로 나누었는데,[16] 대련은 동경로 복주(復州)의 일부였다. 원은 중국을 통일한 후 전국을 13개의 대 행정구로 나누었는데,[17] 대련은 요양행성 요양

---

[12] 전한 시기 朔方部를 幷州에 합치고 나머지는 모두 전한과 같다.
[13] 즉 司州, 冀州, 幽州, 凉州, 雍州, 兗州, 豫州, 揚州, 青州, 徐州, 荊州, 并州.
[14] 19주는 다음과 같다. 司州, 冀州, 并州, 幽州, 平州, 凉州, 秦州, 雍州, 益州, 寧州, 交州, 廣州, 荊州, 揚州, 青州, 兗州, 梁州, 豫州, 徐州.
[15] 15도는 다음과 같다. 京畿道, 關內道, 隴右道, 劍南道, 山南東道, 山南西道, 黔中道, 嶺南道, 東南西道, 江南東道, 淮南道, 都畿都, 河南道, 河東道, 河北道.
[16] 즉 中都路, 河北東路, 河北西路, 大名府路, 上京路, 咸平路, 東京路, 北京路, 臨滿路, 西京路, 河南東路, 河東北路, 京兆府路, 贏延路, 慶原府路, 鳳翔路, 臨洮路, 南京路, 山東東路, 山東路.
[17] 즉 中書省, 遼陽行省, 嶺北行省, 陝西行省, 甘肅行省, 四川行省, 雲南行省, 江西行省, 湖廣行省, 江浙行省, 河南行省, 察合合后王 封地와 宣政院 관할 지역.

로의 일부였다. 1368년(명 홍무 원년) 명 태조 주원장이 중국을 통일했다. 주원장은 통일 후 전국을 19개의 행정단위로 나누었는데, 그중에는 양경(곧 경사와 남경), 13포정사사,[18] 삼도지휘사사와 합밀(哈密) 등의 위(衛)가 있었다. 대련은 산동 북부의 일부였다. 이와 동시에 명 정권은 또 이곳에 복주위(復州衛, 현재 와방점시瓦房店市)와 금주위(金州衛, 현재 금주구金州區)를 설치했다.

    1644년 청군이 입관했다. 청은 입관한 후 곧 전국을 25개의 일급 행정구와 내몽골 등 맹기(盟旗)로 나누었다. 25개의 행정구 가운데는 18행성(즉 산동성, 섬서성 등 18개 성)과 성경(현재 요녕성)·길림·흑룡강·이리(伊犁)·오리아소대(烏里雅蘇臺) 5개의 장군 관할구가 있었다. 대련은 성경 요양부 해성현(海城縣, 이후 봉천부 개평현蓋平縣)의 일부가 되었다. 1727년 청 정부는 복주에 복주통판을 설치하고, 금주에 금주순검사를 설치하여 복주통판의 관할에 귀속시켰다. 지금 대련 관할구의 매우 큰 일부는 복주통판과 금주순검사의 일부였다. 1734년 청 정부는 다시 복주통판을 복주로 바꾸고, 금주순검사를 영해현(寧海縣)으로 고쳤는데, 대련 대부분 지역은 복주와 영해 두 현의 관할에 나뉘어 속했으며, 현재 대련시의 장하시(莊河市)[19]는 봉황청(鳳凰廳)과 수암주(岫岩州) 관할에 나뉘어 속했다. 1843년 청나라는 영해현을 금주청으로 승격했는데, 현재 대련지역의 대련시구, 보란점시(普蘭店市)이며, 금주구는 대부분 금주청 관할에 귀속되었고, 지금의 와방점(瓦房店)과 장하(莊河) 두 시는 복주와 봉황청 및 수암주 관할에 나뉘어 속했다.

    1898년 제정러시아가 여순·대련을 강제 조차하고, 아울러 여순·대련에 관동주를 설립하여 여순·대련(지금의 대련시구)·금주구·보란점시의 작은 일부와 와방점시의 매우 작은 일부[20]를 강제로 관동주 내에 포함시켰다.[21] 지금

---

[18] 13포정사사: 산동성, 산서성, 섬서성, 운남성, 사천성, 귀주성, 광서성, 광동성, 복건성, 절강성, 강서성, 湖廣省, 하남성.
[19] [역주] 대련은 省級 도시이고, 장하시는 그 아래 속해 있는 縣級 도시.

대련시의 대부분 지역은 제정러시아가 통치하는 관동주가 되었다. 1905년 러일전쟁이 끝난 후 일본침략세력이 남만주 일대로 진입했고, 그 결과 제정러시아 통치 아래 있던 관동주는 다시 온전히 일본의 조차지가 되었다.

중화민국 성립 후 1913년 봉천성[22]은 명령을 내려 봉천성에 요심(遼沈), 심창(沈昌), 동변(東邊) 3도(道)를 설치했고(다음해 1월 다시 열하도熱河道를 증설) 대련은 동변도(치소는 안동, 지금의 단동)의 일부가 되었다. 1928년 '동북역치(東北易幟)'[23] 후 국민당정부는 요녕성에서 도(道)를 폐지하고 현(縣)을 설치했으며, 대련은 다시 각각 금현(金縣),[24] 복현(復縣), 장하(莊河) 3현으로 나뉘어졌다. 1931년 9·18사변 후 요녕은 일본식민지로 전락했다. 일본은 요녕을 점령한 후 명을 내려 요녕성을 봉천성으로 고쳤고, 대련은 봉천성의 일부가 되었다. 1934년 10월 만주국이 성립된 후 원래 동북 4성[25]을 10성[26]으로 바꾸기로 결정함에 따라 와방점시(瓦房店市)와 장하시(莊河市)는 각각 봉천성과 안동성(安東省)의 일부가 되었다. 1945년 8월 일본이 무조건 항복하자 관동주는 다시 중국의 품으로 돌아왔다.

1945년 11월 대련시민주정부가 대련에 성립되었다. 당시 대련시민주정부의 관할구역은 대련 각 구(區) 외에도 여순시 및 대련현[27]과 금현 두 현이 있었다.

---

[20] 瓦房店市의 매우 작은 일부는 곧 오늘날 와방점시의 鳳鳴島, 西中島, 交流島, 平島와 鹿陀子島(속칭 駱駝島)를 말한다.
[21] 제정러시아 통치기에 관동주의 총면적은 3,200km²였으나, 일본 통치기에 다시 지금의 보란점시에서 협정을 위반하여 262km²를 확장함으로써, 관동주의 총면적은 제정러시아 통치기의 3,200km²에서 3,462km²로 늘어났다.
[22] 지금의 요녕성, 1907년 원래 성경에서 바꾸어 설치.
[23] [역주] 1928년 12월 29일 張學良이 "삼민주의를 준수하고 국민정부를 따를 것"이라고 선포하고, 북경정부의 홍황남백흑 오색기를 남경국민정부의 청천백일기로 바꾼 사건.
[24] 당시 금현은 이미 일본 관동주의 일부가 되어 있었다.
[25] 즉 흑룡강성, 길림성, 요녕성, 열하성.
[26] 즉 봉천성, 錦州省, 안동성, 열하성, 濱江省, 길림성, 龍江省, 三江省, 間島省, 黑河省.
[27] 당시 대련현 아래에는 南關嶺鎭, 大辛寨子鎭, 營城子鎭, 小平島鎭이 설치되었다.

1950년 12월 1일 여대시(旅大市)인민정부가 성립되었다. 여대시인민정부 성립 후 대련시정부와 대련현의 조직체계는 취소되었으며, 관할구역은 원래의 기초 위에 장산현(長山縣, 후에 장해현長海縣으로 개명)이 증가되었다. 1959년 1월 15일 국무원 비준으로 요녕성은 원래의 금주(錦州), 요양(遼陽), 안동(安東), 철령(鐵嶺) 4개의 전구(專區)를 취소하고, 아울러 상술한 4개 전구의 관할 아래 있던 각 현을 각각 각 시의 통솔 아래 두었다. 이에 원래 요양 전구의 신금(新金)·복현(復縣)과 안동지구의 장하현은 여대시의 관할 아래 귀속되었다. 1985년 1월 17일 국무원 비준을 거쳐 대련 복현은 와방점시로 바뀌었다. 1987년 4월 21일 국무원 비준을 거쳐 금현은 대련시 금주구로 바뀌었다. 1991년 11월 30일 국무원 비준을 거쳐 신금현(新金縣)은 보란점시(普蘭店市)로 바뀌었다. 1992년 9월 21일 국무원 비준을 거쳐 장하현(莊河縣)은 장하시(莊河市)로 바뀌었다.[28]

2.

대련은 그 발전의 역사가 결코 순풍에 돛을 단듯 순조로웠던 것은 아니다. 지리적 중요성으로 인하여 대련은 일찍부터 제국주의의 침략과 쟁탈의 중점이 되었다. 일찍이 1840년 영국자본주의가 대련을 침략했다. 이 해 6월 영국은 죄악적인 아편무역을 보호하기 위해 중국에 대한 침략전쟁을 일으켰다. 영국군 4,000명은 주강(珠江)을 봉쇄하고, 정해(定海)를 점령했으며, 군사를 북으로 이동시켜 천진의 백하(白河, 지금의 해하海河) 입구에 이르러 청 조정에 서신을 보내 협박했다. 8월 중·하순 영국군이 백하 입구를 봉쇄했을 때, 영국군함 블론드호(Blonde), 모데체호(Modeste), 에날드호(Enard)가 각각 길을 나누어 복주

---

[28] 이들은 모두 현급 도시로 대련시와 예속 관계는 변하지 않았다.

(지금의 와방점시) 소속의 장흥도(長興島)와 탑산(塔山) 이남의 해역에 침입하여 "정보를 탐지하고 양식을 취득"했으며, 장흥도의 팔차구(八岔溝)와 탑산 등에 무단 상륙하여 약탈을 진행했다. 9월 17일 두 척의 영국군함이 여순 노철산(老鐵山) 부근 해역에 침입했고, 잇따라 대련만의 소평도(小平島), 화상도(和尙島), 봉추도(棒錘島), 청니와, 삼산도(三山島) 등의 해역을 순찰하면서 수위(水位)를 측량했다. 9월 18일 다시 한 무리의 영국군이 소평도 서쪽 입구에서 무단 상륙하여 약탈을 기도했으나, 현지 주민들이 미리 대비하고 있었기 때문에 성과 없이 돌아갔다.

1856년 제2차아편전쟁이 폭발했다. 1860년 5월 하순경부터 영국함대 130여 척이 연이어 대련일대 해역을 침입했고, 청니와, "대고산(大孤山), 소고산(小孤山), 이도하자(二道河子), 백석동(白石洞) 등에 천막 1,000여 개를 세웠다."29) "또 백석동에서 땅을 파서 취수하고, 연못가에 천막 10여 개를 쳤으며, 인근 촌과 둔(屯)에서 가축을 약탈했다."30) "청니와 해안에서는 민간 가옥 10여 곳을 점거했고, 아울러 왕가둔(王家屯), 백석동, 동사아구(東寺兒溝) 등에 모두 300여 개의 천막을 추가로 설치하고……다시 청니와 해안에서 전투 대형을 연습하고, 백석동 산 앞에서 기마대를 훈련했다." 영국군은 여순구와 양두와(羊頭洼) 등지에도 침입하여 "해안에 올라 먹을 것을 약탈했다."31) 영국군이 소란을 피우자 대련 인민은 유린을 견딜 수 없어 집을 버리고 도주했다. 이와 동시에 영군군은 또 중국의 주권을 무시하고 임의로 수심을 측량하고 지도를 제작했으며 제멋대로 지명을 바꾸었다. 흑취자(黑嘴子)만은 '빅토리아'만, 홍토애만(紅土崖灣)은 '더글라스 하너드'(간첩 활동을 했던 배의 선장 이름)만, 소고산만(小孤山灣)은 '벨 베이(Bell bay)'만, 대어구만(大魚溝灣)은 '포사탑특(布斯塔特)'만, 대고

---

29) 「玉明奏金州洋人近日情形摺」, 『籌辦夷務始末』(咸豊朝) 第6冊, 2032쪽.
30) 「玉明奏金州洋船續到多隻現經調兵扼守摺」, 『籌辦夷務始末』(咸豊朝) 第6冊, 1967쪽.
31) 「玉明奏近日金州洋船情形摺」, 『籌辦夷務始末』(咸豊朝) 第6冊, 2005쪽.

산만(大孤山灣)은 '오딘(Odin)'만, 여순항은 '아서항(Port Arthur)', 복주만(復州灣)은 '아담만', 대혁산(大赫山)은 '삼손봉(三孫峰)' 등으로 바꾸었다.

영국자본주의의 대련에 대한 침략은 대련 인민에게 매우 큰 재난을 가져왔다. 그러나 일본과 러시아는 영국에 비하면 지나치면 지나쳤지 못 미치지 않았다. 일찍이 1894년 일본은 10년에 달하는 전쟁 준비를 거친 후 난폭하게 대규모 중국 침략전쟁, 즉 청일전쟁을 일으켰다. 이 해 9월과 10월 사이 일본군은 평양을 점거하고 압록강을 건너 요동지역으로 공격해 들어왔다. 11월 하순 일본군은 여순을 공격했다. 여순에서 일본군은 연속 4일간 전대미문의 비극적인 대학살을 진행하여 평민 근 2만 명을 학살했다. 이와 동시에 일본군은 또 금주와 여순에 식민정부를 수립하고, 대련 인민에 대하여 무단식민통치를 진행했다. 1895년 4월 17일 일본의 핍박 아래 청 정부는 「시모노세키조약」을 체결했다. 조약은 규정하기를 청 정부는 일본에게 배상금을 지불하고 요동반도를 할양한다고 했다. 소식이 전해지자 세상이 몹시 놀랐다. 중국 동북을 줄곧 자신의 독점물로 생각했던 러시아는 일본의 요구를 받아들이기 어려워 독일과 프랑스에게 도움을 요청했고, 이에 두 나라가 러시아와 함께 간섭을 진행했다. 삼국간섭 아래 일본은 요동반도에서 물러났다.

러시아가 독일·프랑스 두 나라와 연합해 삼국간섭을 진행하여 요동반도를 반환하도록 한 것은 중국의 이익이 아니라 러시아 자신의 침략이익을 위해서였다. 일찍이 1891년 러시아는 이미 동시베리아대철도 건설을 시작했고, 아울러 동시베리아대철도의 위력을 빌려 중국 동북을 러시아의 판도 속으로 집어넣을 준비를 했다. 일본이 요동반도를 점거하고자 시도한 것은 곧 러시아의 약점을 찌르고 러시아의 침략이익을 침범하는 것이었다. 그런 까닭에 러시아는 비로소 나서서 간섭을 했고 아울러 일본을 요동반도에서 몰아냈다. 일본은 비록 요동반도에서 물러났으나 러시아는 오히려 기회를 엿보면서 수시로 대련과 요동반도를 병탄할 준비를 했다. 1897년 러시아는 마침내 기회를 잡았다. 그것은 바로 동·서양 열강이 중국에서 일으킨 분할위기였다.

　이 해 동·서방의 열강이 중국에서 분할위기를 야기하자 러시아는 기회를 틈타 독일에 대항한다는 명분으로 12월 17일 군함을 대련·여순에 강제 진입시켰다. 다음해 3월 27일 러시아는 또 청 정부를 압박하여「여대조지조약」을 체결했고 중국은 "여순과 대련만 및 부근 수면을 러시아에 조차했으며" 조차기간은 25년이었다. "그러나 연한이 찬 뒤에는 양국이 상의하여 연한을 늦출 수 있었다." 아울러 러시아에게 중동철도지선(현재의 하얼빈~대련선)의 건설을 허락했다.[32] 5월 7일 제정러시아는 또 청 정부를 압박하여「속정여대조지조약」을 체결했는데, 조약은 러시아조차지의 경계선에 대하여 규정하기를 "그 북쪽 경계는 요동 서쪽해안 아담만의 북쪽을 기점으로 하여 아담산 등성이(산등성이 또한 러시아의 조계지 안에 위치)를 통과하여 요동 동쪽해안의 피자와만(皮子窩灣) 북쪽 끝으로 한다. 조계지 부근 수면 및 육지 주위의 각 섬은 모두 러시아가 향유하도록 한다"고 했다. 또 개주하구(蓋州河口)로부터 수암성(岫岩城) 북쪽을 거쳐 대양하(大洋河) 좌안 하구에 이르는 곳 이남 지방은 '중립'구역(조문에는 '틈지'라 칭함)으로 삼았다. 금주성은 중국이 '자치'하는 지역으로 했다.[33] 7월 6일 청 정부는 또 러시아와「동성철로공사속정합동」을 체결했는데, 합동은 중동철도지선 말단의 "여순·대련만 해구에 이르는 곳을 이름하여 '동성철도남만주지로'로 하고", 제정러시아가 중국 '관유지'에서 "삼림을 개발하고, 석탄을 채굴하여 철도 수요에 충당"하는 권리를 가졌다. 아울러 조계지 내에서 "스스로 세금 법규를 정할 권리가 있었다."[34] 이 3개의 조약을 통해 제정러시아는 대련지역과 요동반도를 점유·통제하고 여순구를 해군기지로 만들었다. 1899년 제

---

[32] 王鐵崖 編,『中外舊約章滙編』第1册, 三聯書店, 1957, 741~742쪽.
[33] 王鐵崖 編,『中外舊約章滙編』第1册, 754~755쪽. 1900년에 이르러 제정러시아는 의화단사건을 구실로 금주성을 강제 병탄했다.
[34] 王鐵崖 編,『中外舊約章滙編』第1册, 783~784쪽.

정러시아는 조차지를 '관동주'로 개명하고 총독을 두어 대련에 대한 식민통치를 진행했다. 1900년 의화단운동기간에 제정러시아는 기회를 틈타 동북으로 출병하여 중국 동북을 '황러시아'35)로 변화시키려고 망령되이 꾀했다. 뒤에 비록 핍박을 받아 '황러시아' 계획을 포기했지만, 동북에서 철병하는 것은 시종 거절하면서 뻔뻔스럽게 옮겨가지 않았다.

    1895년 삼국간섭으로 요동을 반환하게 된 사건은 일본에게 심대한 타격을 주었다. 일본은 그 수모를 참지 못하고 보복을 결의했다. 이 때문에 일본은 전쟁 준비를 하며 군대확충에 광분했다. 1897년 제정러시아가 대련을 강점하자 이때도 일본으로서는 수용하기 힘들었다. 의화단운동 실패 후 제정러시아는 동북으로부터 철병을 거절함으로써 또다시 일본으로 하여금 납득하기 힘들게 했고, 아울러 일본에게 침략전쟁을 일으킬 구실을 주었다. 1904년 2월 8일 전쟁을 준비한지 10년을 경과하고 있던 일본은 서슴없이 대규모의 러일전쟁을 일으켰다. 러일전쟁은 두 강도가 중국 동북의 침략권익을 쟁탈하기 위해 벌인 정의롭지 못한 전쟁이었다. 대련, 특히 여순은 이 전쟁의 주요 각축장이었다. 여순에서 벌어진 전투에 러·일 양국은 각각 대량의 병력을 투입했다. 전투 결과 일본은 승리하고 러시아는 패배했다. 그러나 엄청난 피해를 입은 것은 오히려 중국 인민들이었다. 통계에 의하면 여순전쟁 이전 여순구에는 중국 주민 2만 8,480명이 있었는데, 전쟁이 끝났을 때 단지 50여 명만이 남았다.36) 중국 인민이 입은 피해의 막대함은 사람으로 하여금 치가 떨리게 한다. 러일전쟁은 1년 8개월간 지속되었다. 전쟁 결과 일본은 승리하고 러시아는 패배했다. 1905년 러·일 쌍방은 미국 포츠머스에서 「포츠머스조약」을 체결했고, 제정러시아는 어쩔 수 없이 장춘 이남의 침략권익을 일본에게 넘겨주었다. 동년 12월 일본은 또 청 정부를

---

35) [역주] 황러시아계획 : 19세기 러시아 차르 니콜라이 2세가 중·러 변경의 K2봉에서 곧게 블라디보스토크에 이르는 선 이북의 땅을 러시아에 편입시키려고 했던 계획을 말한다.
36) 伊藤武一郎, 『滿洲開發十年史』, 滿洲十年史刊行會, 1916, 125쪽.

압박하여 「중일회의동삼성사의정약(中日會議東三省事宜正約)」 및 「부약(附約)」을 체결했다. 이로부터 일본은 승리자의 신분으로 '합법'적으로 대련에 진입했으며 아울러 남만철도를 접수했다.37)

일본은 대련 침략 이후 대련에서 장장 40년에 걸쳐 식민통지를 진행했다. 일본의 통치 아래 대련은 일본이 중국 내정을 간섭하고, 중국 침략을 확대하는 거점이자 중국의 재부를 약탈하는 중요한 중간역이 되었다. 중국의 내정에 간섭하는 방면에서 일본 관동군은 잇따라 신해혁명시기 북벌군이 요동반도에 상륙하여 북벌을 진행하는 것과 궈쑹링(郭松齡)이 봉천파에 반대하는 것을 간섭하여 두 사건이 막 성공하려고 하는 순간 실패하게 만들었다. 중국에 대한 침략을 확대하는 방면에서 일본식민당국은 연이어 두 차례 만몽독립운동을 조작하고, 관동군은 산동에 출병하여 제남사건을 야기하고, 황고둔(皇故屯)사건을 일으켜 장쭤린(張作霖)을 폭사시키며, 9·18사변을 일으켜 전 동북을 침략하여 만주국을 세우는 등의 일을 했다. 대련을 장악하여 일본이 중국의 재부를 약탈하기 위한 중요한 중간역으로 만드는 방면에서 일본은 제정러시아가 건설한 대련항의 토대 위에 계속 건설을 진행하여 대련항을 확장했으며, 아울러 대련항을 중국 재물을 약탈하기 위한 거점으로 삼았다.

일본의 대련침략은 조차의 형식으로 진행되었으나, 일본은 여태 대련과 일본의 관계를 조차와 피조차의 관계로 간주하는 것이 아니라, 대련을 일본 영토의 일부분, 일본 영토의 외연으로 간주했다. 대련을 영원히 강점하고자 하는 목적

---

37) 蔣廷黻은 러일전쟁에서 일본은 단지 '부분적으로' 승리했다고 생각하고 다음과 같이 말했다. "그때 일본과 러시아의 전쟁에서 만약 러시아가 완승했더라면 우리의 동삼성뿐만 아니라 한국 조차도 러시아의 세력 범위가 되었을 것이다. 만약 일본이 철저하게 러시아를 이겼더라면 한국과 동북은 일본의 범위가 되었을 것이며, 중국은 어쨌든 덕을 볼 수 없었을 것이다. 다행히 일본이 단지 국부적인 승리를 하게 되어 결과적으로 양국이 체결한 강화조약에서 중국의 동북에 대한 주권을 여전히 인정받게 되었다." "일본과 러시아가 대치하는 형세를 이루면서 중국은 약간의 어부지리를 얻게 되었다"(蔣廷黻, 『中國近代史·外三種』, 岳麓書社, 1987, 84~85쪽). 蔣廷黻의 관점은 확실히 옳다.

을 달성하기 위해 일본은 1915년 위안스카이정부를 압박하여 '21개조'를 체결하여 관동주에 대한 조차 권리를 99년으로 연장했다. 1937년 7·7사변이 발생한 후 일본은 거리낌 없이 지도상에서 관동주를 자신들의 판도에 포함시켰다. 만약 일본이 대만을 그들의 판도에 넣은 것이「시모노세키조약」을 '법적' 근거로 한 것이라면, 관동주를 일본의 판도에 넣은 것은 이런 '법적' 근거조차 없는 것이었다. 그러나 일본은 뜻밖에 대련을 자신의 것으로 만들었는데, 이것은 다시 한 번 일본 제국주의의 강도적이고 무뢰한 모습을 폭로한 것에 다름 아니다.[38]

이 시기 일본이 대련에서 설립한 남만주철도주식회사는 의심할 바 없이 일본이 동북지역에 대해 침략을 진행하는 또 하나의 중요한 기구였다. 이 기구는 이중적인 성격을 지닌 회사였다. 한편으로 그것은 중국 동북에서 최대한도의 잉여가치를 수탈하는 경제조직이었으며, 다른 한편으로 그것은 중국을 향해 침략을 확장하는 국책(國策)회사였다. 만철의 이러한 이중적 성격은 그로 하여금 동북과 화북에 대한 경제침략을 통해 높은 이윤을 획득하게 했을 뿐만 아니라, 관동군이 일으킨 9·18사변, 화북 주둔군이 일으킨 7·7사변에 직접 참가하게 했다. 관동군이 일으킨 9·18사변에서 만철은 대체할 수 없는 중대한 작용을 함으로써 관동군이 신속히 동북을 점령하는 중요한 원인이 되었다. 경제약탈방면

---

[38] 『大連近百年史』에서는 이렇게 쓰고 있다. 일본은 "9·18사변 후에 만주국 괴뢰정부를 날조하고, 아울러 만주국 괴뢰정부를 통해 대련조차지의 주권을 일본 정부에 넘겨받았으며, 이로부터 다시는 중국 정부와 분쟁이 발생하지 않았다."(顧明義 等 主編, 『大連近百年史』上, 遼寧人民出版社, 1999, 423쪽) 하지만 이 견해는 근거가 없는 듯하다. 왜냐하면 만주국이 대련 주권을 일본 제국주의에게 넘겨주었다는 것을 증명할 수 있는 자료가 아직 없기 때문이다. 일본에 대하여 말하면, 1945년 8월 전쟁에서 패하여 투항하기 전에 대련은 시종 조차지였으며 '영토'의 일부분이 아니었다. 사실상 자세히 고찰하면, 9·18사변 후 일본은 이미 주권 양도 같은 일을 꾸밀 필요가 없었다는 것을 알 수 있다. 왜냐하면 당시의 만주국은 이미 일본의 괴뢰 정권이었을 뿐만 아니라 동삼성 전역 역시 벌써 일본의 식민지로 전락했으며, 이런 상황 아래 주권 양도를 꾀하는 것은 부질없는 짓이었기 때문이다. 하물며 '대'일본제국에 대하여 말하면, 스스로 날조한 보잘 것 없는 만주국으로부터 대련의 주권을 넘겨받는다는 것은 체면을 구기는 일이었으며 받아들이기 어려웠다. 따라서 각 방면의 상황으로 미루어 이른바 만주국이 대련 주권을 일본에게 넘겨주었다는 설은 성립되기 어려운 것으로 보인다.

에서도 만철은 일본 정부를 위해 대량의 재물을 약탈했다. 1907년 만철 성립초기에는 자본이 겨우 2억 엔이었으나 1944년 일본이 패전하여 항복하기 전에 만철은 이미 자본금 50억 9,300만 엔을 보유하고 있었다. 그 가운데 "주주자본, 즉 자기자본이 19억 5,800만 엔, 외채자본이 31억 3,500만 엔이었다." 만철은 경영방면에서 중공업부터 경공업까지, 서비스업부터 신문업까지 아우르며 거의 모든 종류의 회사를 다 파고들었다. 만철의 관계회사는 일반적으로 50~60개 이상이었다. 만철은 중국 침략 33년 동안(1908~1941년) 일본제국주의를 위해 무려 80억 2,489만 6,000엔의 이윤을 얻었으며, 연평균 이윤율은 약 9.3% 정도(1929~1941년)였다.[39]

관동군은 의심할 바 없이 일본이 이 시기 중국 동북에 주둔시킨 가장 중요한 침략조직이었다. 관동군은 원래 러일전쟁 후 일본이 중국 동북에 주둔시킨 사단과 독립대대로, 관동 총독 혹은 도독의 지휘 아래 남만철도 보호를 주요한 기능으로 하는 침략부대였다. 1919년 4월 일본 정부는 관동주에 대한 통치를 강화하기 위해, 군정(軍政)을 군민분치(軍民分治)로 바꾸기로 결정하고, 관동도독부에 대한 제도개혁을 진행했다. 제도개혁 후 관동도독부는 두 부분으로 나뉘어졌다. 원래 관동도독부의 민정부는 관동청으로 바뀌어 관동주에 대한 행정 관리를 책임졌다. 원래 육군부는 관동군사령부로 바뀌었다. 이로부터 관동군은 관동도독 관할 아래서 분리되어 독립부대가 되었다. 9·18사변 후 특히 육군대장 무토 노부요시(武藤信義)는 관동군사령관으로써 만주국특명전권대사와 관동국장관을 겸임하여 군사·외교·민정을 한 몸에 모아 이른바 삼위일체의 신체제를 시행하게 되자, 관동군이라는 이 과거 만철의 위병이 일약 동북의 태상황이 되어 만철·관동청·일본영사관을 능가하는 동북지역의 최고 주재자가 되었다. 관동군은 성립부터 일본의 항복 전까지 중국 동북에서 9·18사변을

---

[39] 숫자는 杜恂誠, 『日本在舊中國的投資』, 上海社會科學出版社, 1986, 88, 91, 94쪽의 데이터에 근거하여 계산했다.

조장하고 만주국의 수립 등 악랄한 사건을 날조했을 뿐만 아니라, 중국 인민을 미친 듯이 학살했다. 관동군이 단독으로 일으킨 1,000명 이상의 학살사건으로는 평정산(平頂山), 노흑구(老黑溝), 토룡산(土龍山), 해란강(海蘭江), 반가욕(潘家峪), 반가대장(潘家戴莊) 등의 대규모 학살사건이 있다. 1932~1944년 관동군이 단지 '반만항일(反滿抗日)'을 이유로 학살한 중국 동북 인민은 6만 7,000여 명이었다.[40] 이와 동시에 관동군은 또 동북항일연합군 전사를 '토벌'하여 무인지역이 만들어졌으며, 경제통제를 실시하고, 731부대와 100부대를 건립하고 화학전을 진행하고, 노동자 등을 강제로 징집했다. 관동군의 죄상은 너무 많아 필설로 다 표현할 수가 없다.

3.

일본은 대련을 40년간 통치하면서 대련 인민에 대하여 민족 압박, 착취, 차별 정책을 실시했는데, 경제방면뿐만 아니라, 사법정치방면, 취업방면, 사회생활 방면에서도 모두 이러했다.

경제방면에서 중·일 양국의 노동자는 '일은 같으나 임금이 다른' 현상이 매우 보편적이었다. 자세한 내용은 〈표 1〉과 같다.

〈표 1〉 1914~1918년 대련 중·일 노동자 일일 임금 대조 일람표(단위 : 원)

분류	국별	1914년	1915년	1916년	1917년	1918년
목공	일본	1.30	1.30	1.70	2.70	3.00
	중국	0.60	0.60	0.70	1.00	1.50
미장이	일본	1.50	1.50	2.00	2.50	2.80
	중국	0.60	0.60	0.85	1.20	1.55
석공	일본	1.50	1.50	1.80	2.20	3.00
	중국	0.60	0.60	0.90	0.90	1.50

---

[40] 易顯石 等, 『'九·一八'事變史』, 遼寧人民出版社, 1981, 353쪽.

분류						
톱장이	일본	1.20	1.20	1.50	2.00	2.70
	중국	0.70	0.70	0.75	1.00	1.20
벽돌 제조공	일본	1.00	1.00	1.60	2.20	2.80
	중국	0.50	0.50	0.80	1.10	1.50
기와장이	일본	1.50	1.50	2.00	2.20	2.40
	중국	0.80	0.85	1.00	1.00	1.30
양철장이	일본	1.50	1.50	1.80	2.00	2.30
	중국	0.80	0.80	0.80	1.00	1.60
유리장이	일본	1.30	1.30	1.50	1.80	2.50
	중국	0.60	0.60	0.70	0.80	1.30
제초집공 (制草葺工)	일본	1.30	1.30	1.50	1.80	1.70
	중국	-	-	-	-	1.00
소방공	일본	1.00	1.00	1.20	1.30	2.80
	중국	-	-	-	-	2.00
제문과공 (制門鍋工)	일본	1.30	1.30	1.70	2.20	2.80
	중국	0.70	0.70	0.70	-	1.60
도장공	일본	1.20	1.20	1.50	1.80	2.50
	중국	0.70	0.70	0.70	1.00	1.40
대장장이	일본	1.40	1.40	1.80	2.00	2.90
	중국	0.70	0.70	0.80	1.00	1.50
도배장이	일본	1.20	1.20	1.50	1.80	2.50
	중국	0.70	0.70	0.90	1.00	1.30
재봉사	일본	1.00	1.50	1.50	1.80	2.30
	중국	0.80	0.80	0.80	0.90	1.20
막노동자	일본	1.00	1.00	1.00	1.00	1.50
	중국	0.40	0.40	0.40	0.50	0.60

출전 : 篠崎嘉郎, 『大連商業會議所統計年報 1918』, 大連商業會議所, 1920, 532쪽.

〈표 1〉은 대련상공회의소의 통계이고, 이 통계는 일정한 권위가 있다. 이와 동시에 푸리위(傅立魚)도 일찍이 조사를 한 적이 있는데, 푸리위의 조사도 우리가 이 문제를 정확히 인식하는데 큰 도움이 된다. 자세한 내용은 〈표 2〉와 같다.

〈표 2〉 1918년 대련 중·일 노동자 일일 평균 임금 대조 일람표(단위 : 원)

분류	중국 노동자 평균 임금	일본 노동자 평균 임금	분류	중국 노동자 평균 임금	일본 노동자 평균 임금
막일꾼	0.60	1.50	대장장이	1.50	2.80
미장공	1.00	1.70	미장이	1.50	2.80
토공	0.70	1.60	도장공	1.40	2.50
석공	1.50	3.00	톱장이	1.20	2.70

도공	1.50	2.80	목수	1.50	2.80
목수	1.70	3.20	유리공	1.30	2.30
석공(席工)	2.00	3.00	양철공	1.60	2.30
공구장	1.60	2.90	도금공	1.80	3.50
도배장이	1.30	2.50	통장수	1.60	3.00
도편수[蓋屋匠]	1.30	2.30			

출전 : 傅立魚, 『大連要覽』, 泰東日報社, 1918, 135~136쪽.

연구에 따르면 〈표 1〉과 〈표 2〉가 나타내는 것은 비록 중·일 양국 노동자의 임금 차이이지만, 〈표 2〉가 나타내는 것은 중·일 양국 노동자의 임금 차이가 최소, 즉 중국노동자의 임금이 최고였던 시기의 상황표인데, 설령 이 표를 따르더라도 중·일 양국 노동자의 임금 차이가 뚜렷하다는 것을 마찬가지로 알 수 있다. 실제로 중국노동자의 임금 수입은 일반적으로 일본노동자 임금의 1/2에 해당했고, 어떤 때는 겨우 1/3에 지나지 않았다.

만약 대련상업회의소와 푸리위의 통계가 단지 민간통계에 불과하다고 한다면, 〈표 3〉에 나열된 것은 아마도 훨씬 설득력이 있을 것이다. 왜냐하면 이것은 일본 정부 측, 즉 대련경찰서의 통계이기 때문이다.

〈표 3〉 대련의 중·일 노동자 일일 임금 액수 일람표(단위 : 원)

분류	노동자	최고	최저	평균
기계공	일본	3.50	0.50	2.09
	중국	1.60	0.39	0.87
철공	일본	3.40	1.10	2.62
	중국	1.43	0.55	0.84
주물공	일본	3.40	1.75	2.63
	중국	2.00	0.30	0.78
일꾼	일본	3.45	1.42	2.53
	중국	1.50	0.60	0.90
벽돌과 기와 및 미장공	일본	4.00	0.50	2.90
	중국	1.00	0.40	0.60
제유공(制油工)	일본	-	-	-
	중국	0.40	0.25	0.33
도기공	일본	3.60	3.10	3.27
	중국	1.10	0.40	0.55
시멘트공	일본	4.00	1.27	2.73
	중국	1.76	0.25	0.55

전기기구공	일본	3.76	1.03	2.40
	중국	1.37	0.37	0.87
가스제조공	일본	3.55	1.10	2.32
	중국	1.15	0.88	0.65
기타	일본	-	-	-
	중국	1.00	0.25	0.40

출전 : 劉明逵, 『中日工人階級歷史狀況』 第1卷 1冊, 中共中央黨校出版社, 1985, 389쪽 ; 劉功成·王彦靜, 『20世紀大連工人運動史』, 遼寧人民出版社, 2001, 65~66쪽 재인용.

〈표 3〉을 봐도 중·일 양국 노동자 간의 임금 격차가 뚜렷하다는 것을 마찬가지로 알 수 있다.

이상 각 표에 나열된 것은 중·일 양국 임시노동자의 임금을 평균한 것인데, 그러면 기업 안에서도 '이러했는가?' 답은 '그렇다'이다. 기업 중에서 가장 대표성이 있는 것은 당연히 만철일 것이다. 만철의 상황은 또 어떠했는가. 자세한 것은 〈표 4〉와 같다.

〈표 4〉 만철 철도 직공 급여(1937~1940)*(단위 : 원, %)

			1937년		1938년		
			금액	비례①	금액	비례①	비례②
직원	일본인	연봉	4,301	418	3,892	357	91
		본봉	1,028	100	1,089	100	106
	기타	연봉	1,381	187	1,556	205	113
		본봉	738	100	761	100	103
고용인	일본인	연봉	1,878	320	1,916	318	102
		본봉	587	100	602	100	103
	기타	연봉	666	196	670	184	101
		본봉	340	100	364	100	107
날품팔이	일본인	연봉	1,167	288	1,226	313	105
		본봉	405	100	392	100	97
	기타	연봉	377	149	410	169	109
		본봉	253	100	243	100	96
			1939년			1940년	
			금액	비례①	비례②	금액	비례①	비례②
직원	일본인	연봉	4,353	385	101	4,260	391	99
		본봉	1,131	100	110	1,090	100	106
	기타	연봉	1,490	188	108	1,991	229	144
		본봉	792	100	107	871	100	118

고용인	일본인	연봉	2,090	324	111	2,189	352	117	
		본봉	646	100	110	622	100	106	
	기타	연봉	732	215	110	865	211	130	
		본봉	340	100	100	411	100	121	
날품팔이	일본인	연봉	1,262	283	108	1,396	334	120	
		본봉	446	100	110	418	100	103	
	기타	연봉	451	202	119	557	210	148	
		본봉	223	100	88	265	100	105	

*원주: 주 1) '기타'는 중국인과 조선인 노동자이다. 주 2) 비례 ①은 본봉에 대한 연봉의 비율이고, 비례 ②는 1937년도를 100으로 했을 때의 지수이다. 주 3) 연봉은 본봉에 각종 수당을 더한 연간 수입을 말한다.
출전: 山中峰央, 「關于滿鐵日中雙方從業人員之比較」, 方軍 等 主編, 『以史爲鑒開創未來 – 近百年中日關係與二十一世紀之展望』 下, 大連出版社, 2000, 210쪽 참조.

〈표 4〉를 통해서 만철과 같은 기업 안에서도 '일은 같으나 임금이 다른' 현상이 상당히 보편적이고 심각하여 중·일 양국 노동자 임금의 차이가 두 배, 심지어 세 배에 이르는 것을 알 수 있다.

일본식민당국은 중국인 인부의 임금을 온갖 방법으로 착취했을 뿐만 아니라, 갖가지 방법으로 중국 민족기업의 발전을 방해했다. 일본 침략자는, 막 대련을 침입한 후에는 중국 민족기업의 발전에 대하여 심지어 격려하는 태도로 윤허하기까지도 했으나, 중국 민족기업의 발전이 일정한 단계에 이르게 되자, 즉 일본식민당국은 중국 민족기업의 발전이 일본기업의 발전에 영향을 미치기에 이르렀다고 여겨지자, 곧바로 중국기업에 대하여 갖가지 파괴와 제한을 가했다. 이 방면에서 가장 설득력 있는 사례는 유방업(油坊業)과 철공업의 경우이다. 유방업은 이전에 대련공업의 주체로서 일찍이 러일전쟁 후 머지않은 1906년에 이미 출현했고, 1910년에 이르러 35호로까지 증가했으며, 1914년에는 64호에 달했다(그중 7호는 일본 자본). 일본이 막 대련에 침입한 후에는 대두와 대두제품이 필요했고, 그런 까닭에 중국 유방업에 대해 관용의 태도를 취했다. 그렇지만 일본 유방업의 발전이 일정 정도에 이르자, 일본식민당국은 즉시 중국 유방업에 대하여 갖가지 제한을 가하기 시작했다. 제한 가운데 하나는 세금을 많이 징수하는 것이었다. 처음에 일본식민당국은 중국 유방업의 발전을 고려하여, 신설 유방업에 대하여 3년 내에는 세금을 감면하고, 3년 후에도 단지 0.5%의 생산세를 납부하도록 하는 정책을 썼으나, 일본 유방업이 발전하기 시작하자 일본식민당국은 중국 유방업의 발전을 제한하기 위하여 세금 증대를 서둘렀다. 그 후 세금이 끊임없이 증가하여 순이익의 거의 반을 차지했으며, 중국 유방업은 유지가 어려워져 어떤 것은 도산하지 않을 수 없었다. 두 번째 제한은 농산물과 농업부산물의 전매에 의한 농산물과 농업부산물 수매가격의 하락이다. 1938년 가을 만주국은, 농산물은 특별히 설치한 '만주양곡주식회사'에서 전매한다고 발표했다. 이와 같은 결정은 대련의 기름과 양곡 두 기업의 자금과 누적 손실이 60% 이상에 달하게 했다. 세 번째는 바로 송금에 대하여 제한을 가한 것으로 "양곡업으로 하여금 손에 넣은 돈을 가지고 나가지 못하게 했다."41) 그 결과 유방업 자금의 대부분이 회수되었다. 일본식민당국의 끊임없는 공격 아래 1938년에 이르러 대련 유방업에서 중국유방업자는 겨우 40호가 남았으며, 1940년에 이르러서는 겨우 27호만이 남았다. 후에 다시 27호의 유방업자는 대동·협합 두 곳과의 합병을 강요받았고 이로써 대련에서 중국상인이 경영하는 유방업은 유명무실해졌다.

철광업 가운데 가장 대표적인 것은 순흥철공창(順興鐵工廠)이었다. 순흥철공창은 원래 한낱 대장간에 불과했으나 뒤에 근대 공장으로 발전했고, 1917년에 이르러 이미 1,700여 명의 노동자를 거느렸다. 그것은 일본의 사하구철도공창(沙河口鐵道工廠), 가와사키조선소(川崎造船所)와 더불어 "대련 3대 공장"으로 불리었다. 1927년에 이르러 순흥철공창은 이미 고정자산 300여만 원을 보유했다. 순흥철공창의 부단한 발전은 일본기업과 식민당국의 원한과 질투를 야기했다. 일본기업과 식민당국은 각종 수단과 방법을 동원하여 순흥철공창의 생존

---

41) 徐敬之,「解放前大連民族工商業見聞」, 馬麗芬 等 主編,『大連近百年史見聞』, 遼寧人民出版社, 1999, 320쪽.

과 발전을 파괴했다. 이보다 앞서 만철이 나서서 순흥철공창의 광석 운송을 제한했는데, 뒤에는 아예 운송을 금지하여 원료 공급원을 단절함으로써 고로(高爐)의 생산을 정지시켰다. 이어서 일본기업은 "정금은행(正金銀行)을 사주하여 대부 관계를 이용하여" 순흥이 복주에 가지고 있던 고령토 광권을 "몰수케 하고", 아울러 "남만철도수비대를 이용하여 무장 위협을 가했다." 그러나 저우원구이(周文貴)가 "죽음을 무릅쓰고 굽히지 않으며" 두 차례 일본 도쿄최고법원에 나아가 기소하여 끝내 승리를 얻어냈다. 그러나 일본식민당국이 직접 나서 순흥에 대해 갖가지 파괴를 진행하자 순흥은 이를 감당해낼 수 없었다. 일본식민당국은 먼저 순흥 내부 사무에 대해 참견을 했다. 예를 들면 철공장의 리벳공과 바이스 작업장이 새로운 공장으로 이전하는 것은 승인했으나, 조선과 자동차공업은 이전을 승인하지 않았다. 오래지 않아 또 명을 내려 순흥이 스스로 도크를 건설하는 것을 승인하지 않고[42] 또 순흥의 선박과 자동차 제조 허가증을 무효화했다. 아울러 명을 내려 일본상인의 기선이 순흥공장에서 수리하는 것을 금지함으로써 순흥의 영업 근원을 단절시켰다. 일본식민당국의 파괴 아래 순흥철공창은 생산 정지 상태에 처하게 되었고 결국 파산했다.

만약 대련 유방업의 최종 쇠락이 일본의 중국 침략전쟁의 영향을 크게 받았다고 한다면, 순흥철공창의 파산과 도산은 전쟁과는 관련이 없었다. 왜냐하면 순흥철공창이 도산했을 때는 9·18사변이 아직 발생하지 않았기 때문이다. 순흥철공창이 파산한 주요 원인은 일본식민당국의 파괴와 제한 때문이었다. 만약 일본식민당국의 파괴와 제한이 없었더라면 순흥철공창은 상당히 큰 발전을 이루었을 것이다. 일본식민당국의 파괴와 제한 때문에 순흥철공창이 최종적으로 파산했다는 것은 말할 필요도 없다.

대련과 홍콩 모두 식민지가 되었지만, 두 곳의 중국상인의 처지는 서로 큰

---

[42] 순흥은 만철의 운수 독점을 타파하기 위해 일찍부터 스스로 도크 건설을 준비하고 있었다.

차이가 있었다. 홍콩은 비록 여러 가지 조건이 모두 대련보다 훨씬 못했으나, 많은 중국 상인기업이 출현했다. 대련의 조건은 홍콩보다 훨씬 나았으나, 대련의 중국상인은 오히려 발붙이기 어려웠다. 영국식민통치자는 그들의 통치구역 안에서 일찍이 이른바 '신사 풍도'를 보여주었으나, 대련에서 식민통치를 진행한 일본식민당국자들의 경우 이런 것을 지금까지 보여준 적이 없다. 일본식민당국 고유의 탐람하고 이기적이며 속 좁고 저열한 근성은 중국상인을 대하는 태도에서도 어김없이 드러났다.

    사법정치방면에서 일본식민당국은 적나라하게 민족 경시와 민족 압박정책을 널리 시행했다. 그 두드러진 표현은 일본식민당국이 제정한 몇몇 법률상에 존재한다. 예를 들어 1908년 9월 26일 일본 정부는「일본 정부의 관동주 벌금 및 태형처분에 관한 칙령」을 반포했다.「칙령」에는 다음과 같은 사실이 명확하게 규정되어 있었다. 무릇 3개월 이하의 징역을 판결 받은 중국인에 대해서는 그 상황을 살펴 벌금부과 혹은 태형처분이 가능하다. 구류 또는 벌금으로 판결 받은 중국인에 대해서도 그 상황을 살펴 태형을 시행할 수 있다. 태형은 매일 1차례 시행하되 매번 5대 미만으로 할 수 없고, 태형은 응당 둔부를 때린다. 9월 30일 관동도독부는 이에 의거하여「관동주 벌금 및 태형처분 시행세칙」을 반포했다.「세칙」에는 중국인에 대해 "태형 집행에 사용하는 도구는 길이 1척 8촌, 두께 2푼 5리, 머리의 폭 7푼, 자루 부분의 폭 4푼 5리이며, 대나무 마디를 제거한 죽편으로 만들어 사용한다" 등을 규정했으며, 아울러 '본령'은 10월 1일부터 '실행한다'고 명확하게 규정했다.[43] 단지 중국인에 대해서만 태형이 시행되었고 다른 국가에 대해서는 이런 규칙이 없었다는 점에서 이것은 추호도 의문의 여지가 없는 노골적인 인종차별과 압박이었다. 이와 같은 법률의 제정은 또 일본식민통치자가 자신들을 우등 민족으로 간주하고, 중국 인민을 열등 민족으

---

[43]「關東州罰金及笞刑處分施行細則」, 王希智・韓行方 主編,『大連近百年史文獻』, 遼寧人民出版社, 1999, 297쪽.

로 간주하는 음흉한 속셈을 폭로한 것이었다.

사회생활과 취업방면에서 일본식민당국은 마찬가지로 인종차별과 압박정책을 시행했다. 예를 들어 전차승차방면에서 일본식민당국은 중국노동자로 하여금 노동자 전용 전차만 탈 수 있게 하고 다른 열차를 탈 수 없도록 했다. 노동자의 작업방면에서 식민당국은 중국노동자에 대해 지장을 찍는 방법 등을 명확하게 규정했다.

4.

압박이 있는 곳에 저항이 있고, 착취가 있는 곳에 투쟁이 있다. 투쟁의 전통이 풍부한 대련 인민은 일제 40년 동안 앞사람이 넘어지면 뒷사람이 일어나 용감하고 꿋꿋한 투쟁을 전개했다.

사실상 대련 인민의 반항 투쟁은 일찍이 외국침략자가 대련이라는 이 아름다운 땅에 발을 들여 놓자마자 이미 시작되었다. 1840년과 1856년 영국침략자가 대련에 침입하자 대련 인민들은 각종 방법으로 영국군과 싸웠다. 1860년 6월 29일 영국군함이 길을 나누어 1척은 여순구에, 4척은 양두와(羊頭注)에 침입했다. 당시 영국군 병사들이 해안에 상륙하여 노략질을 하자 "두 곳의 주민 2,000~3,000명이 모여 무기를 들고 고함치며 쫓아내었고" 이에 영국군 사병이 "놀라 도망하여 배를 돌려 즉각 출입구 밖으로 물러났다."[44] 대련 인민은 다시 자발적 조직을 만들어 영국군 첩자를 잡았는데, 금주에서는 9명이 잡히고, 복주에서는 6명이 잡혔다.[45]

1894년 청일전쟁시기 일본군이 대련을 침입하자 대련 인민은 일본군과 용감

---

[44] 『文宗實錄』 卷230.
[45] 朱誠如 等 主編, 『遼寧通史』, 大連海事大學出版社, 1997, 252쪽.

하고 굳센 투쟁을 전개했다. 이러한 투쟁 가운데는 사숙 교사 옌순카이(閻順開)가 일본군과 용감하게 싸운 사례가 있고, 금주(金州)의 취(曲)씨 부인과 아이 10명이 모욕을 당하지 않기 위해 단호하게 우물에 뛰어든 비장한 이야기도 있다. 또 대련 인민 사이에 널리 전해진 위안(苑) 대장장이와 홍창회(紅槍會) 및 가오우(高武) 등이 벌인 영웅적 사적도 있다.

1898년 제정러시아가 대련을 침입하자 대련 인민들은 여러 가지 방법으로 러시아에 대항했다. 그중에는 찬자허(贊子河) 이북의 막가둔(莫家屯) 각 촌 인민이 제정러시아의 세력 확장에 반대한 투쟁(1898년), 대련만, 청니와, 흑취자(黑嘴子) 인민들의 토지징발 반대투쟁(1899년) 및 비자와(貔子窩) 부근 유가점(劉家店) 인민들의 반러시아 항세(抗稅) 분쟁(1899년) 등이 있다.

그러나 더욱 격렬한 투쟁은 대련 인민이 일본의 침략에 대항하여 벌인 40년간의 투쟁이었다.

1905년 일본이 제정러시아를 대신하여 대련에 침입하자 대련 인민은 곧바로 침입자에 대한 용감한 투쟁을 전개했다. 이 시기에 대련 인민이 진행한 투쟁으로 중요한 것은 다음과 같은 것이 있었다. 대련중화공학회, 대련중화인쇄직공연합회, 대련중화청년회 등의 조직이 전개한 일련의 활동, '4·27'복방(만주복도 福島방적주식회사의 약칭)노동자대파업, 장하대도회(莊河大刀會), 대련'국제정보조'[46]의 항일투쟁 및 자쯔샹(査子香)이 일본군을 찔러 죽인 영웅적인 의거 등.

1923년에 설립된 대련중화공학회는 대련 역사상 첫 번째의 노동조합이었다. 이 조직은 성립 후 중국공산당의 지도를 받아 성공리에 '복방대파업'투쟁을 이끌었다. 1927년 8월 식민당국의 압수·조사를 받고 활동을 정지당했다.

대련중화인쇄직공연합회는 1928년 성립되었다. 이 조직은 성립 후 호안후원회,[47] '5·30'사망동포추도회와 상해노동자파업투쟁 지지 모금 등의 활동에 힘

---

[46] '항일방화단' 또는 '항일애국방화단' 등으로도 불렸다.
[47] 호안후원회는 간단하게 '후원회'라고도 불렸으며, 대련 인민들이 자발적으로 설립하여 상해 인

껏 참가했다. 1925년 봄과 여름 다시 연이어 일청(日淸)인쇄소와 만일(滿日)인쇄소 노동자의 파업투쟁을 이끌었다. 1926년 '복방'노동자대파업 때는 기금을 모으는 방식으로 복방노동자대파업투쟁을 지원했다. 1927년 7월 식민당국의 압수·조사를 받고 활동을 정지당했다.

대련중화청년회는 애국진보인사 푸리위 등에 의해 1920년 7월에 설립되었다. 이 조직은 설립 후 『신문화』(1924년 『청년익(靑年翼)』으로 개칭)라는 잡지를 창간하여 진보사상을 선전하고, 제 1, 2, 3회의 운동대회를 거행하며, 대련중화단체유지연합회가 발기한 대련축구대회에 참여했다. 또 1924년 '쌍십절' 기간 명성과 위세가 큰 애국시위행진활동과 '5·30'사망제열사추도대회를 조직했다. 1925년 후 중국공산당 대련지하당의 지도를 받아 적극적으로 대일투쟁을 전개했다. 1928년 7월 푸리위는 빈번한 활동 때문에 식민당국에 의해 정치결사를 조직했다는 구실로 체포된 후에 대련에서 축출당했으며 청년회 역시 일본식민당국의 통제를 받았다. 1934년 후 청년회는 강제 해산되었다.

복방노동자대파업투쟁은 1926년에 일어났다. 그해 복방 노동자들은 일본자본가가 무리하게 임금을 삭감하자 대파업을 거행했다. 파업 투쟁은 중국공산당의 영도와 전국 인민의 지지를 얻어 장장 100일간이나 지속되었고, 결국 승리를 쟁취했다.

장하대도회는 장하 인민의 자발적인 항일무장조직으로 1932년 10월에 설립되었다. 대도회 설립 초에는 비록 단지 3개의 단(團)이 있을 뿐이었으나, 후에 16개의 단, 4,000여 명으로 발전했다. 대도회는 설립 후 매우 고달픈 조건 아래서 무려 1년여에 이르는 투쟁을 지속하여 일찍이 여러 차례 일본군에게 심각한 타격을 주었다. 후에 작전 실패로 인해 할 수 없이 해산했다.

민들의 5·30운동을 지원했던 진보 조직으로, 1925년 6월 15일 대련에서 성립되었다. 이 조직은 성립 후 일찍이 『봉천일보』를 이용하여 5·30참안의 진상을 폭로하고, 5·30 희생열사 추모대회를 소집했으며, 기부금을 모집하여 상해 인민들의 반제국주의 투쟁을 지원하는 등의 활동을 했다.

대련'국제정보조'는 소련의 붉은 군대 참모부 군사정보조가 지도한 것으로, 일본군 점령지역의 군사시설 파괴를 목표로 한 국제정보조직이었다. 이 조직은 1934년 여름 대련에서 설립되었는데, 주요 구성원은 대련노동자들이었고, 투쟁 방식은 방화와 폭파 위주였다. 대련에서는 잇따라 방화가 57차례 있었고, 일본군 군용물자가 대량으로 불태워져, 일본의 직접적인 경제 손실이 일본 돈으로 2,000만 엔 이상에 이르러, 일본침략세력에게 막대한 타격을 주었다.

자쯔샹(査子香)은 호북성 광제(廣濟) 사람으로, 단신으로 대련 남산구(현재 중산구)에 와서 인화헌(仁和軒) 이발관의 견습생으로 생계를 도모하고 있다가 일본인에게 업신여김을 많이 받았다. 1937년 12월 13일 일본식민당국은 일본군이 남경을 점령하자 대련중앙공원에서 '경축지나수도-남경함락대회'를 열었다. 그 대회에서 "전몰한 장병에게 경의를 표하는 묵념"을 할 때 자쯔샹은 무대 뒤에 몸을 숨기고 있다가 뛰어나와 날카로운 도끼를 휘둘러 일본인 소장 한 명을 죽이고, 또 일본인 대좌의 팔뚝을 절단했다. 자쯔샹은 체포된 후 혹형으로 고통을 받다가 희생되었으며 나이가 겨우 25세였다.

이 시기 대련 인민이 전개한 비교적 큰 반일투쟁과 활동으로는 또한 삼십리보수전안(三十里堡水田案), '5·30'수난열사추모대회, 전족금지대회, 쑨원서거1주년기념회 등이 있었다. 애국조직으로는 상술한 조직 외에도 대련중화단체유지연합회, 대련호안후원회, 대련점원협회, 공청단대련지하조직, 요동반도구청년항일구국회, 대련항맹분회, 교동해외각계항일동맹총회대련분회와 애국군단-대련중화증지학교 등이 있었다.

중국공산당 대련지하당조직의 건립은 의심할 바 없이 이 시기 대련 인민의 반일투쟁에서 가장 중대한 하나의 사건이었다. 중국공산당 대련지하당조직은 1926년에 건립되었다. 1925년 12월 중국공산당 중앙은 121호 통고를 발하여 각 지역의 당단(黨團) 조직에서 나이가 넘은 단원을 직접 중공당원으로 전환하도록 요구했다. 당시 대련지역에는 이미 42명의 단원 가운데 8명의 단원이 나이를 넘겼으며, 중앙의 이러한 정신에 따라 1926년 1월 나이를 넘긴 8명은 중공당원으로 직접 전환되었다. 여기에다 1년 전 입당한 푸징양(傅景陽)을 합쳐 대련에는 모두 9명의 중공당원이 있었다. 이어 중공대련특별지부[48]가 조직되었다.

중공대련지하당조직은 성립 후 대규모로 반일공작을 진행했다. 우선, 국민당을 도와 대련시당부를 건립했다.[49] 다음으로, 직접 또는 간접으로 대련노동자운동, 특히 복방노동자대파업투쟁을 지도했다. 동시에 또 대련중화공학회, 대련중화인쇄직공연합회 안에 당의 기층 조직을 건립하고 확대했다. 대련지하당조직은 설립된 이래 비록 여러 차례 일본식민당국의 파괴에 부딪쳤지만, 단단히 인민에게 의지하여 완강히 투쟁을 지속했고, 마침내 항일투쟁에서 최후의 승리를 맞이했으며, 대련 해방의 기초를 다졌다.

5.

1945년 8월 15일 일본이 전쟁에 패하여 항복하고 일본침략세력은 대련과 중국의 다른 지방에서 쫓겨났다. 그러나 일본의 일부 우익분자들은 오히려 온갖 방법으로 역사를 왜곡하고 진상을 은폐하고 있다. 은폐의 목적은 전쟁의 책임을 전가하고, 최종적으로 일본을 다시 전쟁 이전 동아시아 패주의 지위에 올려놓으려는 것이다.

이 시기의 역사에 대한 왜곡과 은폐 활동 가운데는 일본정계요인이 야스쿠니신사를 참배하고, 정부당국이 마음대로 교과서를 뜯어고치는 사건이나 활동뿐만 아니라, 일본 역사가들이 의도적으로 사실을 왜곡한 역사 저작과 일본 민

---

[48] 후에 중공대련지방위원회, 중공대련시위원회 등으로 개칭되었다.
[49] 1925년 5월 국공 양당의 합작 시기에 중공 중앙과 共靑黨 중앙이 연합으로 통지문을 보내 각지의 黨團 조직에게 국민당과의 합작을 강화할 것을 요구했다. 이듬해 2월 중공대련특별지부는 국민당에 협조하여 대련시 당부를 설립했다.

간 일부 인사들이 멋대로 전쟁을 요란스럽게 선전하는 것도 들어 있다.50) 만약 야스쿠니신사 참배와 역사교과서 개찬이 표면상 아직도 일본이 대련을 침략한 역사적 사실을 언급하고 있지 않다고 한다면,『만주개발40년사』라는 책은 곧 일본의 대련침략의 공덕을 적나라하게 찬양하고 있는 책이다.『40년사』는 일본 만사회(日本滿史會)의 오쿠라 긴모치(大藏公望)를 대표로 야마구치 다쓰지로(山口辰次郎), 우에노 겐(上野愿) 등 70여 명의 학자를 포함하는 일본 역사학자들이 10년의 시간을 들여 편찬한 한 부의 '거작'이다. 그 책이 우리들의 연구를 위하여 몇몇 사료를 제공하고 있는 것은 의미가 있으나, 공개적으로 역사를 왜곡하는 것은 우리들이 받아들이고 용인하기 어렵다. 그 책이 왜곡하고 있는 역사의 주요 내용은 다음과 같다.

첫째, 침략을 '개발'이라고 하는 것이다. 저자는 이르기를 러일전쟁이 끝난 후 "일본은 제정러시아가 만주에서 갖고 있던 각종 권익을 접수했다. 당시의 만주는 명실상부하게 만리장성 이북의 황무지였다. 1945년 8월에 이르러 일본이 태평양전쟁에서 패하여 그것을 중국에 돌려주었을 때, 이 지역은 옛날의 황무지가 이미 허다한 현대화된 도시를 보유하게 되었고, 동양에서도 손꼽힐 정도로 현대화된 공업지역이 되었다. 반세기도 안 되는 40년 동안에 중국 동북지방은 이와 같은 급격한 변화를 겪었으며 이는 의심할 수 없는 사실이다"51)라고 했다. 또 이르기를 일본은 만주에 대해 "식민지 활동에 전력을 다하여 만주로 하여금 전면적 현대화 공업을 실현하게 했다. 이러한 형세 위에 식민 활동을 발전시킨 것은 세계 식민사에서 유례가 없는 것이며 또 매우 주목할 만한 가치

---

50) 예를 들어 2000년 7월 일본 金澤市의 護國神社는 1억 엔을 들여 높이 12m의 '大東亞聖戰大碑'를 세우고 상면에 이렇게 새겼다. "영광스런 대동아전쟁은 만세의 역사를 비추는 거울이 될 것이다."(野田正彰, 「否認侵略戰爭與健忘及編造-九一八70週年寄語」, 中國社會科學院中日歷史研究中心 編,『九一八事變與近代中日關係-九一八事變70週年國際學術硏討會論文集』, 社會科學文獻出版社, 2004, 66쪽)
51) 滿史會 編, 東北淪陷十四年史遼寧編寫組 譯,『滿洲開發四十年史』上, 1987, 서론, 1쪽.

가 있는 일종의 시도이다."52) 바로 이와 같은 이유 때문에 일본이 동북에서 진행한 침략의 40년은 마땅히 "만주 개발 40년사이다"라고 했다.

둘째, 만주침략을 중국 인민에게 복음을 가져다준 사건이라고 간주했다. 저자는 일본의 만주경영을 다음과 같이 이야기했다. "만철은 이 경영의 주요한 담당자였다. 그것은 환란과 중국 본토의 소란을 배제하고, 이 지역의 안정과 질서를 유지하고, 자본을 투자해 현대 공업을 진흥시키며, 곤궁한 현지 인민을 수용했다. 현지에서 노동하는 일본인도 중국과 일본의 유사 이래 밀접한 교류라는 배경 아래, 자연 발생적인 친밀감을 가질 수 있었고, 그들은 이상과 열정을 품고 일에 종사하면서 솔선해서 일본이 아직 구비하지 못한 각종 선진 제도와 설비를 도입함으로써 이 낙후된 지역에 현대 문화를 가져왔다."53)

셋째, 일본이 패전하고 투항해 어쩔 수 없이 동북지역에 남겨둔 설비가 신중국 건설 과정에서 중요한 역할을 했다고 간주했다. 저자는 말하기를 "일본 패전으로 말미암아 일본인은 거대하고 정력적으로 투자한 설비와 장비를 만주에 남겨놓았다"라고 했다. 여기서 저자는 또 미국 학자 클루프(O. Edmund Cluff)의 말을 빌려 계속해서 이르기를 "이런 유산 덕분에 동북지역(만주)은 '이미 신중국 중공업의 중심이 되었고, 오늘날 그것은 중국이 공업화를 실현하는 기초가 되어 중요한 역할을 발휘하고 있다.'" "중국의 경제발전을 위해 이 '유산'은 신중국의 미래에 아주 큰 희망을 가져다주었다"54)라고 했다.

---

52) 滿史會 編, 東北淪陷十四年史遼寧編寫組 譯, 『滿洲開發四十年史』 上, 4쪽.
53) 滿史會 編, 東北淪陷十四年史遼寧編寫組 譯, 『滿洲開發四十年史』 上, 서론, 1쪽.
54) 滿史會 編, 東北淪陷十四年史遼寧編寫組 譯, 『滿洲開發四十年史』 上, 72쪽. 『滿洲國史』에도 상술한 사상이 있으며 다음과 같이 인식했다. "만주국의 5족 청년들은 각각 자기 조국의 현상에 불만을 품고, 뜻을 세워 혁신하여 화근을 제거하고 동아시아를 보전하고 근대의 모범적인 왕도 仁政의 국가를 건립하고 아시아 인민을 연합하기 위해 공동으로 분투하며 한마음으로 협력했다. 이 짧은 기간 동안 만주국은 오히려 전쟁의 심대한 압력을 이겨내고 산업 경제, 문화 교육 등 모든 방면에서 신속한 발전을 이루어, 실로 근대사에서 기적이라고 할 수 있다. 또 그것은 아시아 각 민족의 독립을 촉진했을 뿐만 아니라 오늘날 중국 발전의 커다란 동력이 되었다." 일본 "동포 가운데 이상과 포부를 지닌 사람들은 자신을 돌보지 않고 사심 없이 선량한

『만주개발40년사』 외에 이토 무소지로(伊東六十次郎)라는 일본인은 그가 지은 『만주 문제의 역사』라는 책의 '후기'에서 공공연히 "침략에는 이유가 있다"라고 부추겼다. 그는 이르기를 "만주에서 진행된 청일전쟁에서 일본이 청나라의 구사상과 구세력을 타파함으로써 아시아의 근대화가 가능하게 했다. 일본이 만주를 침략한 러시아군을 물리쳐서 서방민족의 아시아에 대한 침략을 저지함으로써 일본은 아시아의 방위자가 되었다. 이후 일본민족은 아시아의 근대화에 진력하여 만주의 경제와 문화의 건설을 성취함으로써 아시아의 부흥에 거대한 공헌을 했다. 아시아를 방위하고 아울러 아시아로 하여금 근대화의 무대가 되도록 한 만주는, 일본민족으로 말하자면, 신성한 지방으로 잊을 수 없는 곳이다. 아시아를 지키고 근대화시키기 위해 많은 일본인은 만주에서 생명을 바쳤으며 목숨을 걸고 만주문화의 건설을 이룩했다. 이들 선배에 대해 진심으로 존경과 감사를 표하는 동시에, 반드시 우리 자손과 후배 일본청년으로 하여금 일본이 만주에서 정당한 일을 했다는 사실을 완전하게 알도록 해야 한다"[55]라고 했다.

침략에는 이유가 있다는 관점을 공개적으로 고취한 것은 토론할 가치도 없다. 그것은 적나라한 강도적 논리이기 때문에 그 옳고 그름은 명백하다. 그러나 일본이 대련과 동북을 침략한 것을 두고 '개발'이라고 한 것은 꽤 흡인력을 가지고 있다. 이 때문에 우리는 여기서 단지 『40년사』 중의 일부 시각에 대해서만 토론을 진행하여 일본이 대련과 동북에 대해 진정으로 '개발'을 했는지 알아보자.

『40년사』의 저자는 일본의 대련과 동북에 대한 침략을 '개발'이라고 간주하

마음을 기울여 온갖 지혜, 기술, 참신한 견해를 모두 이국 타향에 바쳐 이국땅에서 王道樂土를 실현하고 근대 국가를 건설하기 위해 노력했다."('滿洲國'史編纂刊行會 編, 黑龍江省社會科學院歷史研究所 譯, 『滿洲國史(總論)』, 黑龍江省社會科學院歷史研究所, 1990, 발간사, 6쪽 참조) 다만 만주국은 '관동주'를 포함하지 않으므로 『만주국사』의 관점은 본문의 토론 범위가 아니다.
55) 顧明義 等 主編, 『日本侵占旅大四十年史』, 遼寧人民出版社, 1991, 前言, 8~9쪽 재인용.

며 침략이라고 하지 않는다. 정말 그게 사실일까? 우리는 마땅히 사실을 보아야 한다. 여기서 우리가 우선적으로 보아야 할 것은 일본이 왜 만주를 '개발'하고자 했는가 하는 것이다. 일본의 만주 '개발'은 러일전쟁 후에 비로소 시작되는데, 사실상 청일전쟁 전인 1874년에 일본은 이미 중국을 '개발'하고자 준비하고 있었다. 그해 일본은 류큐어민사건을 구실로 대만을 침략했다. 대만 침략에 실패한 후 일본은 단호하게 결단을 내려 군함을 구매하며 중국에 대한 더 큰 규모의 침략전쟁을 준비했다. 중불전쟁시기 일본은 기회를 엿보아 중국을 침략하려고 했으나 아직 준비가 부족하여 그만두었다. 1894년 일본은 10년간의 전쟁 준비 후 마침내 기회를 틈타 중국에 대한 침략전쟁을 일으켰다. 전쟁에서 중국은 패했고, 일본은 기회를 잡아 청 정부를 압박하여 시모노세키조약을 체결하고, 중국에 할지배상을 요구하여 요동반도, 대만 전도 및 그 부속도서를 할양받았다. 할양을 요구한 목적은, 『40년사』의 저자가 보면, 당연히 '개발'을 위해서이지 침략을 위해서가 아니었다. 하지만 삼국간섭과 요동반환은 일본으로 하여금 요동'개발'의 몽상이 깨지도록 했다. 그러나 일본은 도리어 말에 먹이를 주고 병기를 손질하며 군비확충, 전쟁준비에 광분하며 제정러시아를 물리치고 권토중래하여 요동을 '개발'할 준비를 했다. 1904년 일본은 러일전쟁을 일으켜 마침내 러시아를 물리치고 남만주와 '관동주'에 진입하여 바라던 대로 남만주와 관동주에 대해 '개발'을 진행하고자 하는 희망이 이루어졌다.

사실 위에서 서술한 것과 같이 일찍이 일본이 남만주와 관동주를 '개발'하기 전에 제정러시아가 이미 '개발'을 진행하기 시작했다. 1898년 제정러시아는 대련에 무단 진입하여 대련에 항구를 건설하고 도시를 세웠다. 제정러시아의 남만주와 관동주에 대한 '개발'은 당연히 중국 인민을 위한 것이 아니라 결국 동북을 병탄하기 위해서였으며, 또 중국 동북을 '황러시아'로 바꾸기 위해서였다. 더군다나 설령 몇몇 건설이 진행되었다 하더라도 그 근본 목적 역시 침략자의 이익을 위한 것이지, 중국 인민의 이익을 위한 것, 혹은 구체적으로 대련 인민의 이익을 위한 것이 아니었음은 조금도 의심의 여지가 없다. 일본은 급박하게 남만주와 관동주에 대한 '개발'을 진행했고, 이 때문에 수만 명의 생명과 수십 억 엔의 경비를 지불했는데, 설마 그들이 진정으로 중국 인민의 이익을 위해서 그렇게 했겠는가. 아니다! 일본이 급박하게 남만주와 관동주, 심지어 만주 전체에 대해 '개발'을 진행한 까닭은, 사실상 제정러시아와 마찬가지로 약탈을 위하고 침략을 위한 것이었다. 그것이 일본 침략자들의 이익을 위한 것이지 중국 인민의 이익을 위한 것이 아니었다는 사실은 말하지 않아도 알 수 있다. 이 점에 대하여 『40년사』의 저자가 인정하든 안하든 모두 기록이 있어 증거를 찾을 수 있다.

1905년 러일전쟁이 끝나자 일본은 지체 없이 관동주와 남만주 지역에 들어와 '개발'을 진행했다. 그들은 우선 대련에 식민통치기구를 설립하여 대련 인민에 대해 식민통치를 진행하고, 이어서 다시 남만주철도주식회사를 만들어 남만주의 각종 자원에 대해 '개발'을 진행했다. '개발'의 결과 그들은 남만주철도를 강점했을 뿐만 아니라, 무순탄광, 연대탄광, 안산철광 등을 강점했고, 아울러 남만주에서 수많은 공장과 기업을 설립했다. 이와 동시에 그들은 또 관동주와 동북지역 전역에 대하여 이민 활동을 진행하고, 동북에 대하여 이민 방식을 이용한 '개발'을 진행했다. 개발의 결과 대량의 자원이 일본 본토로 흘러 들어갔다. 단지 석탄 한 항목만 하더라도 매년 일본으로 흘러들어간 양은 400만 톤에 달했다. "1932~1936년 사이 대련항에서 일본으로 수출된 화물은 매년 평균 400만 톤가량으로 수출 총액의 57.7%를 차지했다."[56]

매년 몇 백만 톤, 혹은 수천만 톤에 달하는 약탈은, 비록 일본 같은 소국에 대해서도 그렇게 '큰' 수량은 아니었다. 더욱이 일본이 항복하기 전까지 중국 동북에서 일본의 이윤회수는 투자에 훨씬 미치지 못했다. 통계에 따르면 1926~1931

---

[56] 周永剛 主編, 『大連港史』, 大連出版社, 1995, 206쪽.

년 사이 일본의 국외자본 수출총액(대부분 중국 쪽으로 수출)은 "9억 9,416만 6,000엔, 이윤회수는 7억 9,862만 4,000엔, 양자의 차이는 1억 9,554만 2,000엔이었다." "9·18사변 후 동북에서, 국민당정부 접수당국 및 일본인의 통계에 의하면, 1932~1944년 사이 일본의 동북에 대한 투자액은 모두 90억 6,029만 엔이었으나, 이 기간에 일본으로 회수된 이윤은 단지 32억 1,800만 엔이었다. 들어간 돈이 나온 돈에 비해 58억 엔가량 많았다." 관내에서 1930~1936년 사이 일본인투자의 연평균 성장률은 6.32%이고, 기업 총 이윤율은 약 4~5% 정도였다. 1936~1944년 사이 일본의 관내 기업 투자액의 연평균 성장률은 13.9%이고, 이윤율은 약 12.95%였다. 대만에서의 일본투자액의 연평균 성장률은 8.4%이고, 평균이익률은 8.03%였다.

이로부터 "대만으로 들어간 돈과 나온 돈은 대략 같고, 관내는 들어간 돈이 약간 많았으나 액수에는 한계가 있으며, 또 동북은 들어간 돈이 나온 돈에 비해 훨씬 많아서, 투자방면에서 중국 전체의 일본에 대한 국제수지는 들어간 돈이 나온 돈에 비해 많았다"[57]는 것을 알 수 있다. 즉, 국제수지면에서 일본의 중국에 대한 투자는 들어간 돈이 나온 돈에 비해 많았다. 이 때문에 『40년사』의 저자가 분개하면서 침략을 '개발'이라고 한 것도 나무라기 어려운 것처럼 보인다. 그러나 잠깐! 여기서 우리가 진지하게 주목해야 할 것은 이들 투자가 과연 누구를 위한 것이었는가 하는 점이다. 겉으로 보면 일본이 동북에서 진행한 투자는 손해를 봤지만, 일본이 손해 봤다고 해서 중국이 이익을 본 것은 아니다. 원인은 간단하다. 여기서 우리는 이들 투자가 무엇을 하기 위해서 이루어졌는지 살펴보아야 한다.

주지하듯이 일본의 중국에 대한 투자는 시종일관 약탈 위주였다. 더 많이 약탈하기 위하여 때로 더 많은 투자를 하지 않으면 안 되었고, 더 많은 투자의

---

[57] 杜恂誠, 『日本在舊中國的投資』, 71~73쪽.

진행은 다시 더 많은 약탈을 위해서였다. 더 잘 약탈하기 위해 때로 심지어 무력, 즉 침략전쟁의 방식을 사용하지 않으면 안 되었으며, 이러한 점은 9·18사변, 특히 7·7사변 후에 더욱더 명료하게 나타났다. 7·7사변 후 일본은 대규모적이고 전면적인 중국침략전쟁을 발동하여 3개월 내에 혹은 수개월 안에 중국을 멸망시키려고 기도했다. 이 때문에 일본은 일본과 동북의 기업 전부를 전시체제로 전환하고 아울러 더욱 대규모의 투자를 진행했다. 이 시기에 설립된 '만주중공업주식회사'(약칭 '만업滿業', 1937년) 및 끊임없이 투자를 추가한 '만주화학주식회사'(약칭 만화滿化, 1933년)와 같은 것이 바로 명백한 증거이다. 동시에 일본제국주의는 "국방 수요를 만족"시키기 위하여 "중요 산업 가운데 국방사업에 전력을 기울이기" 시작했으며, 심지어 "만주 민중의 실제 생활 및 경제생활과 괴리"[58]가 있다고 할지라도 조금도 거리끼지 않았다. '만업'이 처음 설립되었을 때 자본은 겨우 4억 5,000만 원, 그중 만주국이 투자한 것이 2억 2,500만 원이었는데, 1942년에 이르러 '만업' 자본은 이미 14억 2,870만 원에 달했다.[59] '만업'이 경영하는 제강, 자동차, 비행기와 탄광 등의 생산 혹은 제조는 모두 명백히 군사 목적을 지니고 있었으며, 일본이 침략전쟁을 일으키는데 도움을 주는 것이었다. '만화'는 더욱이 적나라한 군수기업으로, 각종 무기 제조에 필요한 폭약 원료를 제공하는 기업이었으며, 제조된 각종 무기는 주로 중국 인민을 학살하기 위한 것이었다. 이러한 기업에 대하여 투자를 진행하는 것은 투자가 많아질수록 살인이 많아지고 위해도 커진다는 것은 굳이 말하지 않아도 알 수 있다. 사실상 9·18사변, 특히 7·7사변 후 동북 경제 전체가 모두 전시체제 아래 들어가고, 아울러 일본이 중국침략전쟁을 발동하고 확대하는 중요 구성부분이 되자, 이러한 기업에 대한 투자가 많아질수록 중국 인민에게 미치는 위해가 커졌다는 것은 조금도 의심의 여지가 없다.

---

58) 解學詩, 『歷史的毒瘤-僞滿政權興亡』, 廣西師範大學出版社, 1993, 160쪽 재인용.
59) 孔經緯, 『日俄戰爭至抗戰勝利期間東北的工業問題』, 遼寧人民出版社, 1958, 56~57쪽.

9·18사변, 특히 7·7사변 이후 일본의 중국 내 기업에 대한 투자는 더욱 많아졌고 위해는 더 커졌다. 그러면 9·18사변 전에는 어떠했는가? 9·18사변 전에 일본의 중국에 대한 투자가 많을수록 중국의 이익이 더 커졌는가? 역시 아니다. 일본이 중국에 투자한 까닭, 즉 그 목적은 바로 약탈에 있었기 때문에, 투자가 클수록 약탈 또한 많아졌다. 일본이 투자를 회수해 가지 못한 것으로 말하면 원인은 매우 간단하다. 그것은 곧 그들의 야심이 너무 커서, 자원과 재부를 더 많이 더 크게 약탈하기 위하여, 이미 약탈하여 손에 넣은 자원과 재부를 새로운 자본으로 만들어 다시 새로운 투자 속에 집어넣었기 때문이다. 약탈을 위해 투자하다가 결국 투자한 본전마저 전부 회수할 수 없었으므로, 겉으로 보기에 일본이 손해를 입은 것 같으나, 더 큰 손해를 본 것은 사실 오히려 중국이었다. 일본의 중국 재부와 자원에 대한 약탈과 파괴가 중국에 초래한 위해나 중국을 침략한 방대한 중국침략 일본군 및 그들이 날조한 괴뢰 정권과 대규모 괴뢰군을 유지하는데 든 거대한 비용은 차치하고, 단지 일본이 중국의 재부와 자원을 최대한 약탈하기 위하여 중국에 대해 발동한 침략전쟁 한 가지만 하더라도 중국 인민에게 거대한 재난을 안겨주었다. 뿐만 아니라 이들 재난은 모두 보상할 방법이 없는 것이었다. 예를 들면 9·18사변이 동북 인민에게 초래한 재산 손실은 17억 8,500만 은원(銀元)이나 된다.[60] 신중하게 통계하더라도 중국의 8년 전면 항전은 재산 손실이 무려 500억 달러에 달하고, 생명 손실은 1,000만 명 이상이며, 일본군이 유린한 중국 도시는 무려 930곳이나 된다.[61] 이렇게 거대한 생명과 재산의 손실을 일본의 그 알량한 투자로 메울 수 있단 말인가? 일본이 동북에 남긴 그 보잘것없는 설비가 이것과 같은 수준에서 논할 만한 것인가?

---

[60] 申報年鑑社 編, 『申報年鑑』 財政部分, 1933, 90쪽. 1930~1948년간 1銀元은 약 0.3달러였다(吳承明, 『帝國主義在舊中國的投資』, 人民出版社, 1955, 181쪽).
[61] 易顯石 等, 『'九·一八'事變史』, 354쪽.

『40년사』의 저자들이 미국 학자 클루프의 말을 인용하여 이른바 "이러한 '유산'의 복 덕분에 동북지역(만주)은 이미 '신중국 중공업의 중심으로 변했다'"라고 한 것은 더더욱 조금도 반박할 가치가 없다. 주지하다시피 신중국 성립 후 확실히 동북지역은 신중국의 중공업기지로 간주되었다. 그러나 이렇게 간주되었던 것은 여기에 무슨 일본이 남긴 몇몇 설비가 있었기 때문이 아니라, 이곳에 중국 일류의 탄광과 철광의 비축 및 기타 대량 자원이 있었기 때문이다. 이외에 당시의 국제환경 역시 의심할 바 없이 신중국으로 하여금 동북지역을 신중국의 중공업기지로 간주하도록 하는 중요 원인이 되었다. 신중국 성립 후에 신중국이 단지 이곳에 일본이 남겨 놓은 설비와 기계가 있기 때문에 동북을 신중국의 중공업기지로 간주했다고 보는 견해는 너무 '순진'하고 '단순'한 것이 아닐 수 없다. "이 '유산'이 장차 신중국의 미래에 아주 큰 희망을 가져다줄 수 있을 것이다"라고 한 것은 의심할 바 없이 중국 인민의 건설능력과 창조능력을 너무 과소평가한 것이다. 중국공산당의 영도 아래 중국 인민이 일단 국내·외의 모든 적을 타파하고 자기의 몸에 채워져 있던 일체의 족쇄와 수갑을 벗어 던지자, 그들 속에 간직되어 있던 거대한 창조력과 건설력이 분출되어 억제가 불가능했고, 아울러 장차 빠른 속도로 자기의 아름다운 가정을 건설했다. 이것은 사람의 주관적 의지로 바꿀 수 있는 것이 아니며, 이것과 비교할 때 일본침략자가 남긴 그 알량한 설비는 실제로 말 할 가치조차 없는 것이다.[62]

사실상 일본제국주의자가 일으킨 대외 침략전쟁은 피침략 국가에게 거대한 재난을 야기했을 뿐만 아니라, 일본 국민에게도 거대한 재난을 초래했다. 전쟁 기간, 본래도 부유하지 못했던 일본 국민은 더욱 곤궁하게 되었고, 수많은 일본 국민은 전쟁터에서 전사했다. 일본 자신의 통계에 의하면 "9·18사변에서 시작하여 1945년 9월 3일 일본이 전쟁에 패하고 항복할 때까지 일본군은 사망 약

---

[62] 일본 기업의 잔류 설비에 관해서는 蔣淸宏,「蘇軍折遷東北工鑛業及戰後賠償硏究」,『抗日戰爭硏究』 2004-2 참조.

233만 명, 행방불명자(1956년 통계) 6만 3,000명, 부상으로 인한 장애자가 약 30만 9,000명으로, 합계 287만 4,000명이었다. 일본 국내에서 공습과 기타 직접적인 전화로 죽은 자는 적어도 70~80만 명이었다. 국가재산은 적어도 45% 이상이 전쟁 중에 훼손되었다." 전쟁기간 "공습으로 인해 강제 해산되거나 돌아갈 곳이 없는 사람은 1,000만 명에 달했다. 강제징용으로 입대한 사람은 평균 두 집에 한 명이었고, 어떤 집은 일가 삼남이 모두 징용되어 총알받이가 되었다."[63] 이런 거대한 전쟁재난은 일본 역사에서도 유례가 없었다. 일본제국주의자는 침략전쟁을 도발하여 돌덩이로 다른 사람의 발을 찍으려고 했으나, 결국 다른 사람의 발을 찍는 동시에 자기 발도 호되게 내리찍었던 것이다.

사실 일본은 확실히 대련과 동북에서 몇몇 '개발'과 '건설'을 진행했다. 예를 들어 지금도 대련에서 여전히 볼 수 있는 몇몇 보존이 잘된 건축물 및 옛 만철부속지의 개별지역에서 여전히 볼 수 있는 만주국시기 일부 설비 혹은 건축물의 잔해가 이것을 증명한다. 일본이 왜 이러한 '건설'과 '개발'을 진행하고자 했는지에 대해서는 위에서 이미 서술했으며, 현재 토론이 필요한 것은 일본이 어떠한 배경 아래서 이들 '건설'과 '개발'을 진행했는가 하는 것이다. 배경은 매우 간단하다. 그것은 바로 일본은 위에서 서술한 지역을 일본 영토의 일부분으로 간주하는 기초 위에서 이들 '건설'과 '개발'을 진행했다는 것이다.

1905년 일본 침략자는 대련에 들어오자마자 이 땅을 다시 대련 인민에게 돌려줄 생각이 없었다. 그들은 대련, 심지어 만철부속지로 포함한 중국 영토를 이미 일본 영토의 일부분으로 간주했다. 일본육군의 창시자이며 저명한 군벌이었던 야마가타 아리토모(山縣有朋)는 1909년 5월 「제2정청책(第二征淸策)」에서 바로 다음과 같이 쓰고 있다. "마땅히 관동반도를 영구히 우리의 영토로 삼고, 아울러 이를 위해 깨지지 않는 견고한 기초로 삼아야 하며, 이러한 사실은 물론

---

[63] 易顯石 等, 『九·一八'事變史』, 356쪽.

논할 필요가 없다. 만약 이와 같이 하지 않고, 조차기간이 만료될 때를 기다려 이것을 청나라에 반환할 생각이라면 차라리 기한이 도래하기 전에 속히 포기하는 것이 낫다. 원래 이 반도 땅은 우리가 근 2억의 자금을 쓰고, 근 20여 만 명의 사상자를 내고 획득한 전리품이라고 할 수 있다. 설령 조차기한이 만료되더라도 실제로 즉시 반환해서는 안 된다."⁶⁴⁾ 이것은 일본의 대련침략이 원래부터 되돌려 줄 의도가 없었음을 설명하는 것이다.

9·18사변 발생 후, 특히 만주국 성립 후에 일본은 실제로 만몽지역을 통제함과 동시에 이미 만몽 전역을 자기 영토의 일부분으로 간주했다. 바로 이와 같은 배경에 기초하여 일본침략자는 비로소 만몽에서 이른바 '건설'과 '개발'을 진행하기 위해서 대규모의 투자를 진행했다. 만약 일본침략자가 처음부터 관동주와 만몽을 조만간 다시 중국 인민의 품으로 돌려줄 생각이었다면, 그 '건설'과 '개발'이 어떠했겠는지, 설마 상상하기 어렵단 말인가? 하나의 온전한 관동주와 만몽에 있는 몇몇 설비가 중국 인민의 품으로 돌아올 수 있었던 까닭으로 말하면, 그 원인도 매우 간단하다. 그것은 곧 중국 인민과 전 세계 인민의 반파시즘 전쟁이 신속히 승리했기 때문이다. 가령 중국 인민과 전 세계 인민의 반파시즘 전쟁의 신속한 승리가 없었다면, 최종적 결과가 장차 어떠했을 것인지 설마 상상하기 어렵단 말인가?

일본침략자가 중국의 영토를 자기 영토의 일부분으로 간주했던 이유도 매우 간단하다. 그것은 중국의 영토, 특히 만몽지역에는 극히 풍부하면서도 일본침략자의 대외 침략 확장에 필수적인 각종 자원과 재부가 있었고, 바로 이들 자원과 재부가 일본침략자로 하여금 탐이 나서 침을 석자나 흘리게 했기 때문이다. 이 방면에서 가장 설득력 있는 것은 아마도 관동군참모 이타가키 세이시로(板垣征四郎)의 견해일 것이다. 이타가키는 만몽과 일본의 중요 관계에 대해 언급

---

64) 依田憙家 著, 卞立强 等 譯, 『日本帝國主義和中國』, 北京大學出版社, 1989, 85~86쪽.

힐 내 소급노 서리낌 없이 다음과 같이 말했다. "일본이 미국으로부터 철을 수입하기 위해서는 1억 2,000만 엔을 지불해야 한다. 석유를 수입하기 위해서는 6,000만 엔을 지불해야 한다. 비료 유안을 수입하기 위해서는 4,000만 엔을 지불해야한다. 수산화나트륨과 알루미늄을 수입하기 위해서는 3,000만 엔을 지불해야 한다. 목재를 수입하기 위해서는 1억 엔을 지불해야 한다. 합계 3~4억 엔을 지불해야 한다. 이러한 경비는 바로 만주를 개발하는 것으로 상쇄할 수 있다. 말하자면 안산에서 철을 공급하고, 무순에서 석탄을 공급하며, 안산에서는 또 연철의 부산품인 유안을 공급할 수 있고, 길림방면의 대 삼림으로부터 목재를 취득할 수 있으므로 만몽에서 3억 엔을 여유롭게 공급할 여지가 있다." "만몽의 자원은 매우 풍부하고 (일본) 국방자원으로 필수적인 것을 모두 가지고 있으므로 (일본)제국의 자급자족에 절대적으로 필요한 지역이다. 게다가 장래 개발의 여지가 매우 커서 만주의 가치는 장래에 있으며 그 전도가 무한하다고 할 수 있다." "주지하듯이 러시아에 대한 작전상 만몽은 중요한 전장이고, 미국에 대한 작전상 만몽은 보급의 원천이다. 따라서 만몽은 미국·러시아·중국에 대한 작전상 모두 최대의 관련을 가지고 있다. 이로부터 다음과 같은 사실을 충분히 이해할 수 있다. 만몽이 군사상 얼마나 중요한 지위를 가지고 있는지!" "제국의 국방과 국민의 경제생활에 대해 만몽은 매우 깊은 특수한 관계에 있는데, 이는 당연히 단순한 경제 관점만으로 고려할 수 없다. 우리가 감히 조금의 거리낌도 없이 공공연히 세계를 향해 선포하건대 이것은 제국의 현실문제이다. 내 생각에 일본제국의 사명은 동양의 영원한 평화를 유지하고 이로써 세계평화에 공헌하는데 있으며, 만몽문제를 해결하는 것은, 이렇게 함으로써 일본제국의 사명을 실현한다는 원대한 이상이라는 대 신념에 근거한 것이며, 메이지 천황의 뜻도 여기에 있었다."[65]

---

[65] 板垣征四郎,「從軍事上所見到的滿蒙(1931. 3.)」, 復旦大學歷史系日本史組 編譯,『日本帝國主義對外侵略史料選編(1931~1945)』, 上海人民出版社, 1975, 4~13쪽.

이타가키의 이야기는 일본제국주의자의 대외 침략과 만몽 사이의 중요한 관계를 명백하게 설명하고 있다.

지금에 이르러, 세계의 반파시즘 전쟁이 승리한 지 이미 60여 년이 되었고, 중·일 양국 간의 침략과 반침략 전쟁도 끝난 지 이미 60여 년이 되었다. 60여 년 동안 중·일 양국 학자들은 공동으로 노력하여 이 시기 역사에 대하여 성실한 연구와 반성을 진행함으로써, 많은 만족스러운 성과를 얻었는데, 이는 의심할 바 없이 기뻐할 만한 일이다. 그러나 몇몇 사람들은 이 시기 역사에 대하여 연구와 총괄을 할 때 늘 '대동아성전'에 대하여 아쉬워하는 면이 있고, '대동아성전'의 실패에 대하여 애석해 하고, 중국 인민들이 맞서 일어난 것에 대해서 잘 이해하지 못하고 있다. 만약 이 사람들이 원래 파시스트이거나, 파시즘을 조장하려고 한다면, 그들의 방법은 이상할 것도 없다. 그러나 만약 그들이 책임감 있고, 사명감 있고, 양심 있는 역사연구자라고 한다면, 그들의 이러한 방법은 우리로 하여금 이해할 수 없게 만든다. 왜냐 하면 그렇게 한 결과는 단순히 눈과 귀를 현혹시킬 뿐만 아니라, 더욱 중요하게는 우리 자손 후대에까지 해독을 끼칠 것이며, 세계 평화를 위협할 불씨를 묻어 두는 것으로, 일단 시기가 성숙되면 아마도 세계 평화를 파괴함으로써 인류로 하여금 다시 전쟁의 고통을 겪게 할 것이기 때문이다. 인류의 평화를 위해서 또 중·일 양국 인민의 평화를 위해서, 중·일 양국 역사연구자 및 세계 각국 역사연구자 모두 그 시기의 참혹한 역사로부터 유익한 것을 흡수하고, 객관적이고 공정한 결론을 도출하여, 세상 사람들에게 봉사하고 후세에 공헌하기 바란다. 또 이후 세계 인민 모두가 오직 전쟁을 멀리하고 평화롭고 안락한 사회 분위기 속에서 영원히 생활할 수 있게 되기를 바랄 뿐이다.

제1편 | '관동주' 식민통치의 확립
(1904년 5월~1914년 7월)

제1장

대련지역에 대한 일본과 러시아의 다툼

1. 일본 '대륙정책'과 러시아 '극동정책'의 대립

일본은 메이지유신 이후 신속하게 자본주의의 길을 걷게 되었다. 그러나 국내시장의 협소, 자원의 부족, 특히 일본 국내 반봉건토지소유제의 존재로 인한 많은 농민의 생활수준 저하 때문에 자본주의 상품시장의 발전이 제한되었다. 이로 인해 1868년 메이지정부가 성립하자마자 메이지천황 무쓰히토(睦仁, 1852~1912)는 "만 리 파도를 개척하여 국위를 사방에 펼치자"[1])를 핵심 내용으로 하는 조서를 발포했다. 일본 정부의 수뇌인 오쿠보 도시미치(大久保利通, 1830~1878)는 천황에게 올린 상소문에서 "황위를 해외에 고양하고 만국에 맞설 것"[2])을 주창했다. 일본은 후기자본주의국가라서 당초 '부강을 위한 개혁'을 초보적으로 실현하려는 때에, 서방 열강은 이미 세계를 분할하는 마지막 다툼을 진행하고

---

1) 「亿兆安撫の宸翰」, 歷史學研究會 編, 『日本史料 [4] 近代』, 岩波書店, 1997, 83쪽.
2) 井上淸, 『日本軍國主義』 第2冊, 商務印書館, 1985, 12쪽.

있었다. 그리하여 일본 정부는 '원교근공', 즉 멀리 있는 구미와는 교류하고 가까이 있는 중국과 조선은 공격하는 외교정책을 취했다. 일본은 아시아를 얻으려 무력 정복의 방법을 사용하려고 했다. 이로 인하여 일본 메이지정부는 성립하자마자 "강력하고 충분한 군비로 해외에 국위를 떨치는" 방침을 제기하고,3) 전력을 다해 조선을 침범하고 나아가 중국 동북을 침입하고 다시 전 중국을 공격 점령하여 아시아와 세계에 대한 패권을 장악하고자 했다. 이러한 목적을 달성하기 위해 일본은 1874년 대만을 침략하고, 1875년 조선에서 '강화도사건'을 조장하여 조선의 개국을 강제했으며, 1879년 정식으로 류큐(琉球)를 병탄했다.

일본은 일찍감치 중국을 침략하려는 계략을 갖고 있었다. 이를 위해 일본 정부는 '대륙정책'을 제정했다. 무사가문 출신의 야마가타 아리토모(山縣有朋, 1838~1922)는 '대륙정책'의 제정자 중 한 사람이었을 뿐만 아니라 '대륙정책' 제정의 최선봉이었다. 일찍이 1879년 야마가타 아리토모는 참모본부장을 맡고 있을 때, 가쓰라 다로(桂太郎, 1847~1913) 중좌 등 12명의 군관을 파견하여 시찰을 명분으로 중국 동북지역에서 군정 정보를 정탐하게 했다. 가쓰라 다로 등은 귀국 후 「청국과의 투쟁방책」을 제출했다. 그들의 구상은 3개 사단을 파견하여 각각 대련만을 점령하고, 복주(福州)를 습격하고, 나아가 "북경을 일거에 함락하여 굴욕적인 조약 체결을 강요하는 것이었다."4) 이와 동시에 야마가타 아리토모는 「진린방병비략표(進鄰邦兵備略表)」를 지어 천황에게 바쳤다. 「진린방병비략표」에서 그는 러시아가 중국에 대하여 추진하고 있는 확장정책 및 군비 상황을 서술하면서 일본이 신속하게 군사력을 증가하는 것이 급선무라는 주장을 제기했다. 1887년 일본 참모본부 제2국 국장 오가와 마타지(小川又次, 1848~1909) 대좌는 「정토청국지책략(征討淸國之策略)」을 기초하여, 중·일의 개전 시기는 청 정부가 군대개혁을 실행하고 구미 각국이 일본 원정 능력을 보유하기

---

3) 日本外務省, 『日本外交文書』 第1卷 第1冊, 原書房, 1969, 227쪽.
4) 『故桂公傳記參考書』 3, 信夫淸三郎, 『日本外交史』, 每日新聞社, 1974, 106쪽 재인용.

이전을 골라야 한다고 제기했다. 아울러 일본이 1892년 이전에 중국에 대한 전쟁준비를 마칠 것을 요구했고, 중국 요동반도, 산동 등주부(登州府), 주산군도(舟山群島), 팽호열도(澎湖列島), 대만 및 양쯔강 양안 10화리(華里)5) 가량의 지방을 병탄할 것을 주장했다. 1887년 말부터 다음해 4월까지 일본 참모본부의 사쿠라이 기쿠노조우(櫻井規矩之左右) 등 6명은 「정청방안(征淸方案)」 혹은 「대책」을 각각 제출했다.6)

1888년 1월 군대의 감독을 맡은 야마가타 아리토모는 「군사의견서」를 기초하여 이렇게 공언했다. "만약 우리의 국권을 펼치고 우리의 국익을 보호하고 우리의 국위를 해외에 떨쳐 만방으로부터 존경을 받으려 한다면, 병력 외에 무엇을 믿을 수 있겠는가?"7) 야마가타 아리토모는 동아시아 형세의 변화 및 일본의 군비현황과 외교 책략상의 필요에 근거하여, 일본이 당면한 급선무는 군비를 확충하고 병력을 강화하는 것이라고 제기했다.

이듬해 말 야마가타 아리토모는 내각을 수립한 후, 1890년 3월 다시 「외교정략론」을 날조하여 '이익선'을 보호해야 한다는 이론을 제기했다. 12월 6일 야마가타 아리토모는 제1기 제국의회에서 처음으로 시정방침을 발표하여, 주권선 방어와 이익선 보호의 의미를 다음과 같이 한층 더 상세히 서술했다. 주권선이란 국가의 영토를 말하고, 이익선이란 주권선의 안위와 밀접한 관련이 있는 구역을 말한다. 대개 국가가 주권선 및 이익선을 보호하지 못하면 국가라고 할 수 없다. 지금 열강 사이에서 일국의 독립을 유지하고자 한다면 단지 주권선을 보호하는 것만으로는 충분하지 않고 반드시 이익선도 보호하지 않으면 안 된다.8)

야마가타 아리토모가 보기에, 국가 안위와 밀접한 관련이 있는 지역인 조선,

---

5) [역주] 華里는 '市里'의 옛 명칭이다. 1市里는 500m에 해당한다.
6) 「日本蓄謀对中國戰爭的六个方案」, 劉廣堂 等 主編, 『以史爲鑒开創未來』 上, 大連出版社, 2000, 376~416쪽 참조.
7) 大山梓, 『山縣有朋意見書』, 原書房, 1966, 181쪽.
8) 大山梓, 『山縣有朋意見書』, 203쪽.

중국의 동북, 대만을 차지해야만 비로소 그들의 주권선을 지킬 수 있었다. 동시에 외상 아오키 슈조(靑木周藏)는 「동아열국지권형(東亞列國之權衡)」이라는 의견서를 제출하여, 조선, 중국 동북, 러시아 연해지역을 병탄할 필요성을 강조했다. 야마가타와 아오키의 의견서는 일본「제국헌법」선포 후 제1기 내각의 시정방침이었다. 그것은 일본 '대륙정책'이 최종적으로 형성되었음을 상징한다.

일본의 '대륙정책'은 "만 리 파도를 개척하여 국위를 사방에 펼치자"라는 목적에 도달하기 위해 구체적으로 침략 절차를 규정했다. 즉 연이어 중국 대만, 조선, '만몽', 중국 내지, 남양, 아시아, 더 나아가 전 세계를 "정복하는" 것이었다.9) 일본의 '대륙정책' 추진은 반드시 조선과 중국 동북의 침략을 야기할 것이었다. 이 정책은 자연히 러시아의 '극동정책'과 서로 대립했다.

러시아 극동정책의 제정은 러시아의 경제, 정치, 군사 등 제반 요소와 국제 자본주의 열강의 대외 확장, 중국과 조선을 침략하여 동북아지역으로 세력을 확장하고자 하는 경쟁의 산물이었다.

19세기말 20세기 초 러시아를 포함한 세계 주요 자본주의 국가는 연이어 자유자본주의에서 독점자본주의, 즉 제국주의 단계로 발전했다. 이 단계의 주요 특징은 자본주의 열강이 식민지를 나누어, 세계 각지에서 낙후된 국가의 영토를 분할했다는 것이다. 반식민지 상태로 전락한 중국은 바로 열강의 각축장이 되었으며, 특히 러시아가 탐내는 주요 목표가 되었다.

러시아는 1861년 농노제를 폐지한 이후부터 자본주의가 신속히 발전했다. 러시아는 단지 몇 십 년의 기간 만에 유럽 몇몇 국가에서 백여 년이 걸려 완성한 역사적 변화를 완성했다. 러시아는 유럽 자본주의 국가의 선진과학 성과, 생산기술과 관리방법을 수용하여 본국의 자본주의 발전을 촉진시켰다. 레닌의 러시아 "자본제국주의는 비교적 취약하다"는 관점에 관한 고찰에 근거하면, 러시아는

---

9) 日本歷史學硏究會, 『太平洋戰爭史』 第1卷 附錄資料, 日本東洋經濟新報社, 1953, 250~257쪽 참조.

농노제의 폐지가 극히 불철저하고, 경제는 여전히 낙후되었으며, 정치제도는 여전히 전제제도의 특징을 보존하고 있었기 때문에 '군사봉건제국주의'라 불렸다.

러시아는 일찍이 유럽에서 침략세력의 확대를 시도했으나 좌절을 겪고 부득이 시야를 유럽으로부터 아시아로 돌렸다. 동아시아의 중국, 일본, 조선 가운데 일본이 자본주의 발전의 길로 들어선 것을 제외하면 중국과 조선은 줄곧 자본주의 열강에게 마음대로 능욕할 수 있는 대상으로 간주되었으며 러시아 동진의 주요 목표는 중국이었다. 러시아는 동아시아에서 일관되게 사전에 고려한 계획에 따라 확장을 실행했다. 목적은 만리장성 아래까지 이르는 중국의 넓은 영토를 점령하고 아울러 동아시아의 패권을 획득하는데 있었다. 이러한 목적을 달성하기 위해 일찍이 1880년 중·러 이리(伊犁)교섭[10] 때 러시아는 함대를 극동에 파견하여 순찰 시위하며 무력을 과시하고, 요동해안을 봉쇄하겠다고 큰소리쳤으며, 아울러 블라디보스토크 등지에 병력을 집결했다.

기록에 의하면 당시 러시아는 "혼춘(琿春)으로 가서 조선 해구(海口)를 공략하여 육지로는 길림(吉林), 봉천(奉天)의 오른팔을 자르고, 바다로는 북양(北洋)의 요충지를 누르고자 하는 대단히 웅대한 계획을 세웠다. 또 이르기를 조선의 동쪽 경계선에 있는 해구는 지세가 동방의 으뜸이며 따라서 러시아인은 이곳을 취하여 혼춘, 블라디보스토크 등과 서로 호응하는 의각지세를 이루고자 했다고 한다."[11] 다만 당시 러시아는 "동진하는 힘이 아직 부족하고 서양도 돌볼 겨를이 없었으므로"[12] 감히 행동할 수 없었다. 19세기 중엽 러시아 국내의

---

[10] [역주] 1881년 중국 신강성 이리지방을 둘러싼 청나라와 러시아의 국경분쟁을 해결한 조약이다. 1864년 중국 신강에서 이슬람교도들의 반란이 일어나자 러시아는 이리지방의 러시아인 재산을 보호한다는 구실로 이리를 점령하고 중국의 철수 요구에 응하지 않았다. 1881년 중국은 영국과 프랑스의 중재로 이리조약을 맺어 이리 지역의 대부분을 되찾았으나 자이산호 주변 지역을 러시아에게 할양하고 배상금을 지불했다.

[11] 吳汝綸 編, 『李文忠公全書』第38卷, 金陵, 1905刊本, 25쪽.

[12] 王彦威 輯, 王亮 編, 『淸李外交史料』(影印) 2 第98卷, 書目文獻出版社, 1987, 1698쪽.

정치적 경제적 상황이 호전되자 시기가 무르익었다고 생각하여 "일찍이 마땅히" 극동 영토에 주의해야 한다는 알렉산더 3세의 뜻을 받들어 전략의 중점을 동아시아지역으로 옮겼다. 그 주요 목표는 1891년 3월 시베리아대철도 동단의 정식 착공이었다. 이후 러시아는 군사역량과 금융자본의 독점권을 이용하여 동아시아에서의 침략 확장을 서둘렀다.

러시아는 마지막 차르 니콜라이 2세(1868~1918)가 즉위한 후 더욱 적나라하게 "러시아 차르가 중국 황제와 일본 천황 등의 칭호까지 차지하게 해야 한다"고 제기했다. 육군대신 쿠로파트킨(А. Н. Куропаткин, 1848~1925)은 이렇게 공언했다. 우리 황제(니콜라이 2세를 지칭)의 머리에는 만주를 빼앗고 조선과 티베트를 러시아에 병합하며, 또 페르시아를 빼앗고 보스포루스해협과 다르다넬스해협을 점령할 웅대한 계획이 들어있다.

이러한 '웅대한' 극동정책을 실현하기 위해 러시아는 각 방면에서 준비를 시작했다. 그것은 첫째 극동지역으로의 이민, 둘째 시베리아철도의 건설, 셋째 부동항의 탐사였다.

러시아의 극동정책과 일본의 대륙정책은 첨예하게 대립하는 것이었다. 러·일 양국은 각자 제정한 대외확장 목표를 달성하기 위해 분규를 일으킬 기회를 노렸다. 19세기 말 일본은 장기간의 군비확충, 여론조성, 정보수집을 거쳐 중국 침략 '대책'을 마련하고 나아가 청일전쟁을 일으켰다. 이 전쟁에서 대련은 심각한 재해지역이 되었다.

2. 청일전쟁시기 일본의 대련지역 침략

1890년부터 일본 사회는 세계 자본주의 경제위기의 거대한 충격을 받아 공장이 도산하고, 노동자가 실업하여 광대한 민중은 처지가 악화되었다. 일본 정부는 국내모순을 완화하고 인민대중의 시선을 돌려 곤경에서 벗어나기 위해 잠시도 지체하지 않고 기회를 찾아 화근을 외부로 돌려 침략전쟁을 발동했다.

1) 일본의 군사침범

1894년 봄 조선 고부군 동학도 수령 전봉준(1854~1895)은 농민 대봉기를 이끌었다. 조선 정부는 진압에 여러 번 실패하자 중국 정부에게 파병 협조를 요청했다. 일본 정부는 이 사건을 이용하여 청 조정의 조선출병을 유도한 후 군대를 보내 조선을 침략하고 다시 중국을 공격하기로 결정했다. 6월 6일 청 조정은 일본에 문서를 보내 요청에 응하여 조선으로 출병할 것이라고 했다. 일본 역시 공사관 보호를 명분으로 삼아 조선에 파병했다. 그러나 동학도 봉기가 평정된 후 일본은 조선에서 철군을 거부했을 뿐만 아니라 의외의 사태가 일어났다. 일본은 조선 정부에게 중국과의 종속관계를 폐지하라고 요구했으며 청군으로 하여금 일방적으로 조선에서 물러나게 했다.

7월 23일 일본 정부는 용산에 주둔하고 있던 일본군에게 한성으로 가서 왕궁을 점령하여 정변을 일으키고 아울러 조선주재 청나라 관공서를 공격하도록 명령했다. 25일 일본 해군은 아산만 바깥 풍도 앞바다에서 갑자기 중국 병력수송선인 '고승(高升)'호를 습격하여 격침시켰다. 29일 일본군은 또 아산 부근의 성환에 있던 청군을 공격했다. 이 모든 것은 일본이 중국을 침략하여 청일전쟁이 일어났음을 나타낸다.

8월 1일 중·일 쌍방은 정식으로 선전조서를 발포했다. 9월 16일 야마가타 아리토모는 제1군 3만 명을 거느리고 평양을 점령했다. 21일 청군은 압록강으로 후퇴하고 일본군은 전선을 중국 국내까지 확대할 준비를 했다.

일본 연합함대는 이토 스케유키(伊東祐亨, 1843~1914)의 통솔 아래 9월 17일 황해에서 중국의 북양함대와 격전을 벌였다. 쌍방 함대는 5시간 넘게 교전했다. 비록 북양함대가 5척을 잃었지만 일본함대 역시 여러 척이 심한 타격을 받아 "황해에서 청 함대를 포위 섬멸하려던" 오만방자한 계획을 실현할 수 없었다. 이후 북양함대는 타격을 입은 군함을 수리한 후 주력은 여전히 남아 있었다. 그러나 리훙장(李鴻章, 1823~1901)은 오히려 위해위(威海衛)기지로 물러나 지키라고 명령했다. 이는 황해와 발해의 제해권을 일본에게 공손히 바친 것과 같았다. 일본군은 육지와 바다 양쪽으로 중국 본토를 향해 곧바로 돌진하기 시작했다.

10월 하순 야마가타 아리토모 대장은 제1군을 거느리고 압록강을 건너 중국으로 공격해 들어가 교통요충지인 구련성(九連城), 안동(安東, 지금의 단동丹東), 봉황성(鳳凰城)을 함락시키고 요동 내륙지역으로 곧장 들어갔다. 오야마 이와오(大山岩, 1842~1916) 대장은 제2군을 거느리고 바다를 건너 요동반도 화원구(花園口)에 상륙하여 금주(金州)로 곧장 쳐들어갔다. 11월 6일 일본군은 금주를 점령하고, 7일 싸우지도 않고 대련만을 획득했다. 18일 일본군은 여순(旅順)을 침범했다가 토성자(土城子)에서 쉬방다오(徐邦道, ?~1896) 등이 거느린 청군의 저항을 받았고 일본군 사상자가 46명이었다. 21일 일본군은 여순에 대해 전면공격을 개시했으며 다음날 전 도시를 점령했다. 리훙장의 손을 거쳐 수천만 냥을 들여 건설하여 16년 동안 고심하여 경영했던 이른바 '동양 제일'이라 불렸던 여순해군요새는 함락되었다.

2) 여순대학살

일본군은 여순을 점령한 후 세계를 경악시킨 대학살 사건을 일으켰다.

(1) 명령에 따른 일본군의 도시학살

대학살은 11월 21일부터 25일까지 장장 5일 동안 모두 무고한 군중 약 2만 명을 학살했다.13) 이 대학살은 도시공격의 주장 일본군 제1사단장 야마지 모토하루(山地元治, 1841~1897)가 직접 명령을 내렸으며, 일본군 제2군 사령관 오야마 이와오 대장의 동의 혹은 묵인 아래 진행된 사전에 모의된 계획적이고 조직적인 대규모 도륙 만행이었다.

일본 군사간첩 고노 겐이치(向野堅一, 1868~1931)는 일본군의 학살은 명령에 따라 시행된 것이라고 일찍이 수차례 폭로했다. 그는 『종군일기』에서 일본군이 영성자(營城子)에서 여순을 향해 공격할 때 군관은 "적병을 만나면 한 명도 남기지 말라"는 명령을 내렸다고 기술했다. 그리하여 일본군 보병 제3연대 사병은 민가를 지날 때 "2명의 토착민을 발견하고" "곧장 들어가 학살하여 선혈이 사방으로 튀어 정원에 넘쳤다." "사단장(야마지 모토하루)은 이 광경을 보고……이후 부득이한 상황이 아니면 외부에 이야기하지 말라고 했다."14) 1924년 9월 23일 고노 겐이치는 금주민정서에서 일본 간첩이 사형에 처해진 것을 기념하는 담화에서도 폭로하기를 "여순에서 야마지 장군은 체포한 비전투인원 역시 죽여버려야 한다고 했다.……야마지 장군은……부녀노소를 제외하고 모두 없애버리라는 명령을 하달했다. 이 때문에 여순은 참혹하고 참혹했다. 여순 시내는 흡사 피가 흘러 강을 이룬 것 같은 느낌마저 들게 했다."15) 이외에 제1사단 제2여단 제1대대 사병 오노 지로(小野次郎)의 회상도 확실히 야마지 모토하루가 학살 밀명을 내렸다고 증언했다. 오노는 그가 처음으로 살인할 때를 회상하기를 "11월 20일 저녁 오야마 이와오 대장이 여순을 공격하라는 명령을 내렸다. 우리 여단은 주력부대였다. 의자산(椅子山) 포대를 점령한 후 사단장 야마지 모토하루 중장은 '부녀노소를 제외하고 여순구(旅順口)의 남자를 모두 죽여도 죄를 묻

---

13) 孫寶田, 『旅大文獻征存』 第3卷, 1961手抄本, 大連圖書館藏.
14) 向野堅一, 『從軍日記』, 1932年 油印本, 大連圖書館藏 ; 王子平, 「向野堅一」, 『大連近百年史人物』, 遼寧人民出版社, 1999, 452쪽.
15) 向野堅一, 『三崎山追記』, 1932年 油印本, 大連圖書館藏.

지 않겠다'는 명령을 내렸다."16) 이로써 여순학살사건이, 사단장 야마지 모토하루 중장이 직접 밀명을 발포한 조직적이고 계획적인 행동이라는 것은 의심의 여지가 없는 사실이며, 만약 그렇지 않고 5일 동안 지속된 학살이 일선 지휘관의 명령 혹은 제2군 사령관 오야마 이와오 대장의 동의와 묵인을 얻지 않았다고 한다면, 그것은 사리에 맞지 않을 뿐만 아니라 근본적으로 불가능했다는 것을 알 수 있다.

그러나 지금 일본인 중 일부는 학살이 명령을 받아 자행되었다는 것과 약 2만 명이 학살당한 사실을 여전히 부인하고 있다. 이것은 완전히 터무니없는 것이다.

(2) 여순학살 폭행

1894년 11월 21일 일본군은 여순구를 점령한 후 먼저 여순 동부에서 학살하기 시작하여 점차 서부로 이동했다. 대학살 명령을 집행하는 일본군은 여순구에서 집집마다 들어가 중국인을 찾아내 학살했다. 시내 사람을 다 죽인 후 다시 교외로 나가 학살했으며 반복 수색하여 도처에서 학살했다. 최후에 이렇게 큰 여순구에서 요행히 탈출한 자가 겨우 600~700명이었다.17) 일본군은 부녀자와 어린이도 용서하지 않고 학살했다. 남자는 총살되고 칼로 동강나고 불로 태워지고 물에 수장되었으며, 여자는 강간 능욕 당한 후 살해되었다. 잔혹한 일본군은 마침내 여순구를 하나의 텅 빈 도시, 죽은 도시, 피의 도시로 변하게 만들었다. 무릇 여순에 있던 외국 인사들은 일본군이 중국의 평민을 죽이고, 부녀자를 강간 살해하고, 아동을 죽이고, 포로를 죽이는 잔혹한 폭행 장면을 모두 목도했다. 대학살에 참여한 일본군을 포함한 중국과 외국의 인사들이 쓴 많은 상세한 기술, 직접적인 피해자 친척의 증언, 대학살 가운데 탈출하여 운 좋게 재난을

---

16) 木森, 『旅順大虐殺』, 警官敎育出版社, 1993, 126쪽 재인용.
17) 孫寶田, 『旅大文獻征存』 第3券, 大連圖書館藏.

모면한 평민의 분노에 찬 성토는, 모두 일본군의 여순대학살이 영원히 부인할 수 없는 사실임을 증명하고 있다.

12월 3일 북양대신 리훙장의 상소문은 일본군이 여순을 점령한 후 벌인 대규모 살육상황을 보고하고 있다.

> ……왜(倭)가 24일(양력 21일) 여순에 들어간 후 살상한 병사와 백성이 매우 많습니다. 28일(양력 25일) 쌍도(雙島)와 소평도(小平島)로부터 도망 나온 하사관과 병졸, 장인 10명이 오늘 아침 진술하기를, 24일 밤 왜가 소평도 서쪽 노용두(老龍頭)로부터 따로 만 명이 상륙했습니다. 지금 대대가 모두 수군 병영에 주둔하여 막사에 머무르고 있습니다. 26일(양력 23일) 다시 산을 수색하여 산 뒤편의 장벽 안쪽 및 수군 병영에서 크게 살육했습니다. 장벽 바깥의 각 촌에서 만약 군복과 무기를 가진 자가 있으면 모두 죽였습니다. 도망자도 죽였습니다.[18]

여순대학살

12월 5일 리훙장은 다시 여순에서 탈출한 장완샹(張萬祥)이 제공한 정황에 의거해 일본군이 살육하고 약탈한 일을 황제에게 아뢰었다.

---

[18] 戚其章 主編, 『中國近代史資料叢刊·中日戰爭』(이하 『中日戰爭』) 第1册, 中華書局, 1989, 657~658쪽.

적의 기병과 보병은 실제로 만여 명이었으며 상인이 매우 많이 피살되었습니다. 남성(南省) 신구가(新舊街) 선오국(船塢局)은 모두 아직 불타지 않았습니다. 25, 26일 산을 수색한 후 병사와 남녀 백성이 더욱 많이 총살되었습니다. 민간에는 소, 양, 닭, 돼지를 망라하여 거의 남아 있지 않습니다.[19]

일본군 종군 통신특파원 등도 여순대학살을 기록했다. 11월 23일 여순에 진입한 어떤 일본군 사관(士官)은 편지에서 분명하게 기재했다.

시내 도처에 일본 병사가 가득한데 시신을 제외하고는 지나인(支那人)을 볼 수가 없다. 이곳의 지나인은 거의 멸족되었다.[20]

일본『요로즈초호(萬朝報)』신문 특파원 스기야마 도요키치(杉山豊吉)는 이 신문에 써 보낸「여순통신」에서 11월 22일 일본군이 수십 명의 빈민을 학살하는 참경을 자기 눈으로 직접 보았다고 기록했으며, 이곳은 이미 "내가 살펴본 바로는 시내에 겨우 60~70명의 빈민만 볼 수 있다"고 지적했다.[21]

종군 특파원 아이지마 간지로(相島勘次郎)는「종군기」의 보도에서 일본군이 학살한 후 참혹하여 차마 볼 수가 없는 여순의 상황 및 사망자의 모습을 자세히 기재했다.

22일 아침에 한풍이 몸을 엄습했다. 여순 시내로 진입하여 적병(당연히 무기를 내려놓고 저항을 포기한 청군과 여순 시민들을 말함—인용자)을 사살했다. 그 수는 헤아릴 수가 없으며 시체는 산과 같이 쌓여 있다. 어떤 사람은 참호에 엎드려 계속 신음하고 있고, 어떤 사람은 거리에서 시체로 누워 있다. 어떤 사람은 숨었던 집안에서 총검에 찔려 죽어

---

[19] 戚其章 主編,『中日戰爭』第1冊, 662쪽.
[20] 『中央新聞』, 1894년 12월 27일.
[21] 杉山豊吉,「旅順通信」,『萬朝報』, 1894년 12월 20일.

있고, 어떤 사람은 손에 도검을 쥐고 돌계단에 기대어 쓰러져 있다. 어떤 사람은 절반의 몸이 돌계단에 걸려 있고, 어떤 사람은 하늘을 우러러보고 쓰러져 죽어서도 눈을 감지 못하고 있다. 어떤 사람은 반쯤 상자에 기대어 있고, 어떤 사람은 문턱에 쓰러져 있다. 어떤 사람은 후원에 죽어 있고, 어떤 사람은 문 앞에 동강나 있다. 얼마나 비참한 한 폭의 파노라마 입체화인가! 진정 피비린내 나는 바람이 피부를 엄습하고, 싸늘한 한기가 근육과 뼈에 스며든다.[22]

철엄생(鐵嚴生)을 필명으로 삼는 또 다른 한 명의 일본 특파원이 쓴 「정행록(征行錄)」에는 다음과 같은 기록이 있다.

시체가 어지럽게 거리와 골목에 가득하다. 보이는 것은 적(평민을 가리킴-인용자)이 5~6명 혹은 10여 명씩 머리를 나란히 열을 지어 죽어 쓰러져 있는 모습뿐이다. 만약 옆으로 지나가면 즉시 피비린내가 진동한다. …… 나는 아수라장과 같은 도시의 모습을 일찍이 들어본 적이 없다. 그리하여 이와 같이 처참한 상황은 상상할 수도 없었다.[23]

여순학살을 목도하거나 학살에 참여한 일본군 사병 중에서도 기록을 남긴 이가 있다. 상등병 이토 렌노스케(伊東連之助)는 22일 저녁 무렵에 여순에 들어갔다. 다음해 1월 9일 신문에 그의 확인을 거쳐 친구에게 쓴 편지가 게재되었다.

내 생각에 여순구 전투에서 적병의 실제 사망자 수는 신문 보도보다 많을 것이다. 들판, 산속, 강과 바다에 시체가 쌓여 피비린내가 코를 찌른다. 여순 거리의 실제 상황은 잠깐 동안에 도로 위에 적병의 시체가 가득 쌓여 행인은 반드시 시체더미를 뚫고 지나가야만 한다.[24]

---

[22] 相島勘次郎, 「從軍記」, 『大阪每日新聞』, 1894년 12월 1일.
[23] 鐵産生, 「征行錄」, 『日本』, 1894년 12월 8일.
[24] 伊東連之助, 「致友人信」, 『國民新聞』, 1895년 1월 23일.

1896년에 이르러 이토의 친구는 그가
보내온 편지를 모아 책으로 완성하여『정
청기담종군견문록(征淸奇談從軍見聞錄)』
이라는 제목으로 발간했다. 그 안에 이런
기술이 있다.

여순대학살

> 우리는 22일 저녁 무렵 여순에 도착했다. 그
> 때 시체는 산처럼 쌓여 있었다.······바다에 빠져
> 죽은 사람(사실은 일본군에게 잔혹하게 살해된
> 평민-인용자)은 부지기수였다. 피가 흘러 절굿공이가 떠내려갈 정도라고 하는 말이 있는
> 데 그야말로 절묘한 표현이다.

일본군 보병 구보다 나카조(窪田中藏)는『종군일기』에서 이렇게 쓰고 있다.

> 중국 병사를 만나면 바로 죽이고, 눈에 띄는 여순 시내 사람들도 모두 학살했다. 이 때
> 문에 도로에는 시체가 가득하여 보행이 매우 불편했다. 집에 있던 사람들도 모두 피살되
> 었다. 일반적으로 가정마다 모두 3명에서 5~6명의 피살자가 있었다. 흘러나온 피가 구역
> 질이 나게 했다.25)

일본군 종군 법률고문 아루가 나가오(有賀長雄, 1860~1921)는 그날 오전 10
시 사령부보다 앞서 시내에 들어가 매우 놀랐다. 그는『일청전역국제법론(日淸
戰役國際法論)』이라는 책에서 다음과 같이 기록했다.

> 북성문(北城門)으로 들어가면 시 중심의 천후궁(天后宮)이라는 사묘(寺廟)로 곧장 통하
> 는 길이 하나 있는데 도로 양쪽에는 민가가 즐비하다. 그러나 가옥 안팎에 시체가 없는

---

25) 陳舜臣,『江は流れず・小説日清戦争』下, 日本中央公論, 1981, 194쪽 재인용.

곳이 없다. 더욱이 큰길에는 도처에 시체가 널려있어 시체를 밟지 않고 지나가기가 매우 어려웠다. 시 중심의 천후궁에서 동쪽으로 방향을 틀면 도대아문(道臺衙門)과 해군아문(海軍衙門)이 있는데 이것은 두 채가 나란히 배열되어 있는 웅장한 건축물로 그 전면은 도크의 입구이다. 도크 전면에는 하나의 광장이 있고 광장을 따라 동서로 뻗은 긴 거리가 있는데 이 긴 거리와 직각으로 남쪽을 향해 배열되어 있는 3개의 거리는 각각 동가(東街), 중가(中街), 남가(南街)로 불린다. 이들 모든 길에는 시체가 가득 쌓여 있다. 의문의 여지 없이 만약 시내에 쌓인 시신의 총수가 2,000명이라면 그중 500명은 비전투인원이다. 만을 헤엄쳐 서쪽으로 도망하려던 사람들은 산언덕으로부터 사격을 받았으므로 수중에도 매우 많은 시체가 있었다.26)

구미 기자들은 여순대학살의 참상을 목도한 후 다른 방식으로 보도했다. 미국 『더 월드(The World)』 기자 제임스 크릴먼(James Creelman)은 여순에서 국내로 보낸 통신에서 비교적 자세하게 여순대학살의 진상을 기술했다. 보도 내용은 다음과 같다.

> 일본군은 손에 어떠한 무기도 없으며 저항능력도 없는 주민을 날마다 학살했다. 이러한 행위는 손상되어 온전하지 못한 시체로 도로가 온통 막힐 때까지 계속되었다.……일본은 이미 세상에서 체면을 완전히 잃어버렸다. 일본은 제네바조약을 위반했고 적십자사를 모욕 모독했고 인성과 민족에 대한 동정심을 상실했다. 승리와 새로운 지배욕이 그들을 미치게 만들었다.
> 나는 한 명의 목격자로써 감히 단언하건대 그들 가련한 여순항의 인민들은 침입자에 저항할 어떤 기도도 없었다. 일본인은 총탄이 창문과 문에서 외부로 향해 발사되었다고 하지만, 사실상 이러한 견해는 철두철미한 거짓말이다.
> 포로를 생포한 어떠한 흔적도 없다.
> 나는 남자 한 명이 일본군 앞에 꿇어 앉아 동정을 구걸하는 것을 보았는데 결국 총검에 찔려 땅에 쓰러졌으며 머리도 칼에 잘려 나갔다. 다른 중국 남자 한 명은 구석에 주눅이

---

26) 有賀長雄, 『日淸戰役國際法論』, 忠愛社, 1896, 108~109쪽.

들어 숨어 있었지만 한 소대 사병이 총탄으로 그를 박살내어 버렸다.

한 노인은 거리 가운데에서 꿇어 앉아 있다 결국 베어져 거의 반으로 나뉘어졌다. 한 가련한 사람은 지붕에서 명중되었으며, 다른 한 사람은 지붕에서 거리 한가운데로 떨어졌는데 등이 십여 군데 찔려 있었다.

나의 아래쪽에는 병원이 하나 있어 적십자기가 펄럭이고 있었지만, 일본군 사병은 병원 문 안에서 나오는 손에 무기가 없는 사람들을 사격했다.

당시 내가 코완(Cowan) 선생과 동반하여 참수되어 머리가 2~3야드 멀리 떨어져나간 머리 없는 시체 한 구를 지나갈 때, 한 마리의 개가 시체의 목을 물어뜯고 있는데 한 명의 일본군 초병이 바라보면서 크게 웃고 있었다.

20피트 떨어진 곳에 얼굴에 주름이 가득한 흰 수염의 노인 시신 한 구가 누워 있었는데 목구멍은 쪼개져 있었고 눈과 혀는 모두 파내져 나와 있었다.

대학살은 계속되고 이튿째까지 이어져……꼬박 하루 동안 지속되었다. 일본군 사병은 경악하는 남자들을 자기 집으로부터 끌고 나와 혹은 총으로 쏘아 죽이고 혹은 칼로 베어 조각조각 내었다.

나는 일본군 사병이 경련을 일으키며 죽어가는 사람을 밟고 집으로 돌진하여 재산을 약탈하는 것을 보았다. 일본군은 이 한 차례의 사람을 경악시키는 죄행을 공개적인 행동에서 은밀한 행동으로 바꾸려는 어떠한 기미도 보이지 않았다. 일본군의 행동은 얼마나 뻔뻔스러운가! 사람들이 마치 쫓기는 사냥감처럼 구석에 꼭꼭 숨어있는 모습, 혹은 땅 위에 꿇어 앉아 아무 소용이 없는 용서를 구하는 모습은 보는 사람으로 하여금 마음이 찢어지게 했다.

이튿날도 온종일 대학살은 여전히 계속되어 수백 명의 사람들이 피살되었다. 단지 하나의 거리에만 227구의 시체가 있었으며 그중 손이 뒤로 묶여 사살된 사람이 최소한 40명이었다.……일본군은 그곳을 약탈하기 위해 요리사와 2명의 어린이를 죽여 버렸다.

일본인은 스스로 냉정해 질 수 있는 24시간의 시간이 있었지만 대학살은 단 1분도 멈추지 않았다. 나는 시신이 받은 각종 모욕과 보면 바로 구토가 나올 것 같은 손상되어 온전하지 않은 시체를 묘사할 방법이 없다.

전투 후 셋째 날 새벽녘에 나는 라이플총의 사격 소리를 듣고 놀라서 깨어났다. 그들은 아직도 학살을 하고 있었다.27)

영국 선원 제임스 앨런(James Allan)은 여순대학살 기간에 사정이 있어 여순에 체류하다 일본군에게 여러 차례 살해당할 뻔했지만 다행히 구사일생으로 위기를 면했다. 귀국 후 앨런은 심중의 분개를 억누를 수 없어 직접 눈으로 본 그 참혹하기 그지없는 대학살의 진실한 상황을 기록했다. 그것은 다음과 같다.

> 나의 머리로는 대학살사건이 발생하리라고 상상도 못했다.……나는 일본군이 도망가는 사람들을 바짝 뒤쫓아가 흉악하게 소총과 총검으로 모든 난민을 죽이고 쓰러진 사람들을 악마처럼 찔러 죽이고 베어 죽이는 것을 처음 보았다.……일본군은 매우 빨리 전 도시 각 방면을 향해 밀고 나갔으며, 무릇 그들은 맞닥뜨리는 사람을 모두 쏘아서 쓰러뜨렸다. 거의 모든 거리마다 시체가 땅에 가득 쌓이기 시작하면서 사람들은 한 걸음도 움직이기 어렵게 되었으며, 살인마들이 무리지어 돌아다녀 위험이 시시각각 증가했고, 한 차례 또 한 차례 나는 이 학살의 소용돌이 가운데 들어가 불시에 비좁은 도로로부터 총알이 쏟아져 나오는 협공을 당했다.……이것이 바로 일본군이 발광한 것처럼 중국인을 도살, 육시, 강간, 약탈할 때 저지른 말로는 감당할 수 없는 폭행이다. 그리고 이것은 나흘 동안 이루어진 폭행의 단지 첫날이었다.……일본군이 이곳에서 저지른 폭행, 특히 일본군 고급 지휘관이 무고한 백성이 살해당하는 죄행을 눈앞에 대하고도 제지하지 않은 이러한 치욕은 장차 대대손손 씻을 수 없을 것이다.
> 겨우 몇 개월 된 한 영아가 아래쪽 계산대 위에 못 박혔는데, 날카로운 쇠꼬챙이 하나가 이 작은 시체를 찔러 꿰뚫고 있었다. 바닥 위의 그 진한 피와 손상되어 온전하지 못한 시체의 내장이 2~3인치는 쌓여 있었다. 몇몇 죽은 자의 팔뚝, 허벅지, 머리가 베어져 곳곳에 모두 버려져 있었다(역문 약간 수정-인용자).28)

일본군의 학살에서 생존한 중국인의 기억은 매우 진실하다. 바오사오우(鮑紹武)는 일본군이 학살할 때 붙잡혀 가서 시신을 거두어들여 매장하다 운 좋게

---

27) [美] James Creelman, 「旅順大虐殺」, 『世界報(The World)』, 1894년 12월 20일.
28) [英] James Allan, 鄧俊秉·馬家瑞 共譯, 胡濱 校訂, 「在龍旗下-甲午中日戰爭親歷記」, 戚其章 主編, 『中日戰爭』 第6冊, 中華書局, 1993, 395~405쪽 참조.

겨우 살아남은 자 중의 하나다. 당시 여순구 태양구(太陽溝)에 거주하던 일가족 9명 중 그를 제외하고는 전부 일본군에게 살해되었으며, 그는 나중에 시신을 수습하여 메고 옮길 때 동포가 학살되는 참상을 직접 목도했다. 1963년 바오사오우는 일본군의 학살 만행을 폭로하며 말했다.

여순대학살 중 피난 가는 군중

광서(光緒) 20년 10월 24일(1894년 11월 21일) 일몰 후 일본 병사들은 이미 시내에 침입했다. 상구(上溝) 일대 도처에서 모두 놀라 울부짖는 소리가 났으며 참혹하여 차마 들을 수가 없었다. 일본 병사들은 서쪽으로 수색하면서 죽여 나갔고 한밤중에 이르러서는 이미 태양구 서차도(西岔道) 부근에 도달했다. 우리는 바로 그곳에서 살았고 당시 우리 집에는 9명의 식구가 있었다. 일본 병사들이 문을 차서 열며 곧장 집 안으로 돌진해 들어와 보이는 대로 바로 죽였다. 나는 천장 위에 숨어 있어 운 좋게 겨우 피했다. 내려와 보니 전 가족이 모두 살해되어 죽어 있었다. 나는 가족의 시체를 매장할 겨를도 없이 바로 밖으로 달려 나가 장군석(將軍石, 현재 해방교解放橋 부근)까지 갔지만 놈들에게 붙잡혔다. 당시 병영으로 끌려가니 모두 10여 명이 있었고 일본군은 우리의 변발 두 개를 하나로 묶어 두발과 두발을 연결하여 밖으로 끌고 나갔다. 나는 이제 마지막이라고 생각했다. 나숭에 일본 병사 한 명이 몇 마디 지껄이는 소리를 들었는데 우리를 다시 압송해 돌아왔다. 우리 12명은 병영에서 머무르며 일했다. 물을 긷고 장작을 패고 설거지와 청소 등을 했다.

광서 21년 2월(1895년 3월) 날씨는 점점 따뜻해졌지만 많은 피살자들의 시체는 아직도 매장되지 않았고 어떤 시체는 부패하기 시작했다. 일본 놈들은 전염병의 발생을 두려워하여 바로 80~90명을 붙잡아 시체를 메어 옮기게 했다. 나도 붙잡혀 시체 메는 무리에 들었다. 우리는 시체를 수습할 때 동포들이 피살된 참상을 직접 눈으로 보았다. 상구의 한 점포에서 놈들에게 찔려 죽은 장방(帳房)의 선생은 여전히 계산대 앞에서 엎드려 있었다. 더욱 처참한 것은 어떤 집 방구들 위에 누워있는 어머니와 4~5명의 아이들 시체였다. 큰 아이는 8~9세였고 작은 아이는 겨우 몇 개월짜리였다. 그 아기는 어머니의 품에서 젖을 먹다 바로 놈들에게 찔려 죽었다. 많은 사람들이 모두 자기 집 입구에서 죽었다. 그들 모두는 문을 열 때 놈들에게 살해된 것이었다. 죽은 자의 대다수는 노인, 부녀자와 아동이었다.29)

위안밍광(袁明廣)은 1975년 황금산(黃金山) 아래 살던 이모할머니 가족 9명이 일본군에게 학살된 참상을 기술했다.

내 이모할머니네는 성이 이(李)씨로 황금산에 살았다. 청일전쟁 그해 일본 침략군은 여순에 쳐들어와 도처에서 사람을 찾아내 살해했다. 내 이모할머니 가족 10명 가운데 9명이 피살되었다. 이모할머니는 혼란을 틈타 창밖에 있는 빈 항아리에 숨었다가 구사일생으로 간신히 살아남았다.30)

일본군은 또 금광교(金光敎) 교주 바오스창(鮑世昌) 등 신도 전부를 살해했다. 대학살을 진행할 때 금광교주 바오스창은 신도들과 함께 불당 앞에 꿇어앉아 경전을 읽으면서 인자한 부처님의 가호를 빌고 있었다. 일본군은 문을 부수

---

29) 周祥수 整理, 『甲午戰爭日軍暴行見聞實錄』, 政協大連市旅順口區文史資料委員會 編, 『旅順口文史資料』 第2輯, 1994. 10, 3~4쪽.
30) 周祥수 整理, 『甲午戰爭日軍暴行見聞實錄』, 政協大連市旅順口區文史資料委員會 編, 『旅順口文史資料』 第2輯, 7쪽.

고 들어가 경서에 있는 "살인을 금한다(戒殺)"는 두 글자를 보고 더욱 흉악한 살인마의 기세가 끓어올라 바오스창과 10여 명의 신도를 백옥산(白玉山) 남쪽 기슭까지 몰고 가서 불문제자 모두를 한바탕 총질로 사살했다.31)

일본군은 여순에서 미친 듯이 학살을 진행함과 동시에 부녀자에 대해서도 인성을 완전히 상실한 폭거를 자행했다. 백발 노부인, 임산부, 혹은 10여 세의 소녀를 막론하고 모두 놓아주지 않았으며 많은 부녀자들을 강간한 후 살해했다. 어떤 이는 죽기까지 유린당하고, 어떤 이는 강간 살해도 모자라 시신까지 함부로 모욕당했다. 그 잔인함과 포악함의 정도는 전대미문이었다. 일본군의 만행을 직접 귀로 듣고 눈으로 본 많은 외국 인사들 가운데 이를 갈고 증오하며 일본군을 명실상부한 '짐승의 무리'라고 말하지 않는 이가 없었다.

왕훙자오(王宏照)라는 노인은 1951년 일본군의 강간 범죄 행위를 폭로하며 말했다.

> 우리 마을에서 멀지 않은 화석령촌(火石嶺村) 자오융파(趙永發)의 집에는 18세의 처녀가 있었는데 일본 병사에게 쫓겨 천밍이(陳明義)의 집까지 달려갔다. 그 집에도 18세의 처녀가 있었고, 놈들에게 유린당하지 않기 위해 두 사람은 울며 밧줄을 들보 위에 하나씩 걸어 목매달아 죽었다.32)

일본군은 포로들도 살해했다. 특파원 기자 고우 슈스케(甲秀輔)는 1894년 12월 7일 『도쿄아사히신문(東京朝日新聞)』에 게재된 글에서 다음과 같이 폭로했다.

> 바다 속에는 죽은 자가 수없이 많았다. 11월 21일 오후 우리 보병 제2연대가 황금산 포대를 공격했다. 먼저 여순 시가를 소탕하려고 담장 안을 엿보니 각 집은 자물쇠를 채우

---

31) 周祥今 整理, 『甲午戰爭日軍暴行見聞實錄』, 政協大連市旅順口區文史資料委員會 編, 『旅順口文史資料』 第2輯, 8쪽.
32) 周祥今 整理, 『甲午戰爭日軍暴行見聞實錄』, 政協大連市旅順口區文史資料委員會 編, 『旅順口文史資料』 第2輯, 15쪽.

고 쥐 죽은 듯이 조용했다. 우리 병사가 조금도 경계하지 않고 뛰어들자 갑자기 장벽 사이에서 저항이 시작되었다. 이로부터 가옥에 난입하여 거실을 유린하고 구석진 곳을 수색하여 청 병사 7~8명을 포로로 잡았다. 이곳은 절대 방심할 수 없는 곳이었다. 뒤이어 집집마다 문과 창문을 때려 부수고 숨은 자를 찾아나서 곧 30여 명의 적 탈주병을 포로로 잡아 전부 찔러 죽이고 시체는 거리에 버렸다. 수색이 엄할수록 그들은 숨을 곳이 없었고 드디어 삼삼오오 해안에서 바다로 뛰어들어 잠수하여 도망치려고 기도했으나 저지하는 우리 병사들에게 마구잡이로 살육당했다.

1894년 12월 9일 『니혼(日本)』에는 「부수입수(俘囚入水)」라는 제하의 보도 한편이 실렸는데, 바다까지 쫓겨 온 청군 포로를 일본군이 해안에서 사살하는 상황을 상세히 묘사했다.

> 어느 위병이 10명의 포로를 압송하다 해변을 지나갈 때, 포로들은 서로 약속하고 갑자기 바다 속으로 뛰어 들어갔다. 그러나 물이 너무 얕아서 몸이 잠기지 않자 그들은 말이 물에서 헤엄치듯 손으로 땅을 짚고 포복하여 기면서 머리만 바다 수면으로 드러내고 있어 위병은 부득이 총으로 사살했다.[33]

일본군 가운데 무장한 군대 인부도 여순 주민과 포로의 학살에 참여했다. 영국『블랙 앤드 화이트(Black and White)』기자 겸 화가 프레드릭 빌리어(Freederik Villier)는 "사병뿐만 아니라 무장한 군대 인부마저도 학살에 참여했다"고 보도했다.[34]

가메이 고레아키(龜井玆明)도 『갑오전쟁친력기(甲午戰爭親歷記)』에서 청군 포로의 학살에 대하여 기재했다. 그는 11월 22일의 일기에서 자랑하듯이 다음과 같이 썼다. 삼삼오오 도망쳐온 패잔병(청군 포로)이 2,000여 명이었는데 일

---

[33] 大谷正, 「旅順虜殺事件の一考察」, 日本『專修大學法學論集』第45號, 日本專修大學, 1987 재인용.
[34] [英] 維利阿斯, 「北美評論」, 『萬朝報』, 1894년 12월 12일.

본군 병참부의 위병 및 여순에서 온 원군이 일제히 청군을 향해 사격했다.

> 포로의 태반은 총살당하고 남은 사람은 변발을 감나무 위에 매달았다. 그중 4명은 변발을 물어 끊고 수수밭 속에 숨었다. 이튿날 아침 모두 목을 베고 죽은 것을 발견했고, 나머지 포로도 스스로 목 벨 준비를 하고 있었다. 군대 인부들은 다투어 각각 한 명의 포로를 달라하여 군도를 빌려와 그들 모두를 죽였다. 이때 군대 인부의 용감함은 군인에 뒤지지 않았다. 전에 군사령부에서 엄명을 내렸기 때문에 그들은 모두 아무런 무기도 지니지 않은 채 맨손과 맨주먹으로 전투에 투입되었다. 만약 예리한 병기가 있었다면 적병 2,000명은 한 명도 남기지 않고 전부 사살되었을 것이다.35)

일본군이 포로를 살해한 이유는 뜻밖에도 고액의 비용과 골칫거리를 줄이기 위해서였다. 그들은 사실을 조금도 감추지 않고 말했다. "우리는 일찍이 평양에서 수백 명의 포로를 잡았다. 우리는 그들에게 먹을 것을 제공하고 또 그들을 관리하려면 고액의 비용과 골칫거리가 증가한다는 것을 발견했다. 사실상 이곳(여순을 가리킴)에서 우리는 포로를 거의 남기지 않았다."36)

여순에서 일본군은 학살과 강간을 자행했을 뿐만 아니라 약탈과 파괴의 범죄행위도 저질렀다. 예컨대 백성의 금, 은, 금전, 귀중품을 약탈하고 또 부녀자와 아동의 몸에 있는 팔찌, 장명쇄(長命鎖)37) 등 금은 장신구를 빼앗아갔다. 귀고리를 빼앗기 위해 일본군은 뜻밖에도 흉악하게 군도를 사용하여 부녀자의 귀를 베어 부녀자와 아동의 시신이 피투성이가 되었고, 어떤 사람은 몇 토막으로 잘렸다. 소, 양, 돼지, 닭, 곡식의 약탈에는 더더욱 거리낌이 없었다. 왕훙자오는 일찍이 다음과 같이 규탄했다. "어떤 일본 병사는 소고기를 구워 먹고 싶어

---

35) 龜井玆明撰, 高永學 等 譯, 『血證-甲午戰爭親歷記』, 中央民族大學出版社, 1997, 199쪽.
36) [美] James Creelman, 「旅順大虐殺」, 『世界報(The World)』, 1894년 12월 20일.
37) [역주] 과거에 어린아이의 목에 걸어 주던 자물쇠 모양의 목걸이로, 장수를 상징하며 주로 금속으로 만들었다.

백성의 집으로 들어가 궤짝 하나를 꺼내 한쪽 끝을 부수고 안쪽에 소를 넣고 불을 붙여 바로 구웠다. 마을 전체의 돼지, 닭, 오리를 모두 이 강도떼에게 모조리 빼앗겼다."38)

이외에도 일본군은 또 민가를 마구 불태웠다. 왕전원(王振雲)은 규탄하며 말했다. "일본군이 수사영(水師營)을 점령하자 군중은 모두 도주하고 남은 사람은 노약자, 병자, 장애인뿐이었다. 그러나 그들도 적지 않게 피살되었으며 우리 집마저도 놈들에게 불탔다."39)

일본은 금주성을 침략한 후 강탈한 백마를 '금주'라 이름 짓고 일본 국내로 운반하여 황실에 바쳤다.40) 11월 22일 사병이 청나라 군영을 수색하다 쌍봉낙타를 발견하고 포획하여 야마지 모토하루에게 증정했다. 야마지는 다시 하시즈메 다케시(橋爪武)에게 명하여 낙타를 호송하는 외에 따로 두루미를 더하여 일본으로 보내 천황에게 바치도록 했다. 1895년 2월 천황은 황태자의 명의로 이 두 마리 낙타를 도쿄 우에노(上野)동물원에 기증했다.

일본군이 여순을 침략하는 과정에서 학살한 중국인의 구체적인 숫자는 확실한 결론을 도출하기 어렵다. 그러나 요행히 살아남은 생존자의 기억, 「만충묘비문(萬忠墓碑文)」, 일본 사병이 쓴 일기, 종군기 등을 비롯하여, 일본 종군기자·통신원·화가·사진작가가 국내에 보낸 보도 및 집필한 회고록, 외국 기자의 보도를 통해 대략 2만 명으로 확정할 수 있다.

---

38) 周祥今 整理, 『甲午戰爭日軍暴行見聞實錄』, 政協大連市旅順口區文史資料委員會 編, 『旅順口文史資料』 第2輯, 15쪽.
39) 周祥今 整理, 『甲午戰爭日軍暴行見聞實錄』, 政協大連市旅順口區文史資料委員會 編, 『旅順口文史資料』 第2輯, 16쪽.
40) 龜井玆明撰, 高永學 等 譯, 『血證-甲午戰爭親歷記』, 204쪽.

1948년 건설된 만충묘 향당(享堂) 건물

일본군은 학살한 약 2만 명의 중국인에 대해 한편으로 죽이면서 다른 한편으로 증거를 없애는 방법을 취했다. 11월 22일부터 시작하여 1895년 1월 중순까지 주로 여순 시가의 피살자 시체에 대한 정리와 매장이 진행되었다. 3월이 되자 날씨가 점점 따뜻해졌고 많은 피살자의 시체가 여전히 매장되지 않고 남아 있어 어떤 시체는 이미 부패하기 시작하자, 일본군은 시체를 전부 불태워버리는 처치 방법을 취하기로 결정했다. 사실 일찍이 1895년 2월 11일자『추오신문(中央新聞)』1면에는「분소청병사체(焚燒清兵死體)」라는 제하에 이미 1,000여 구의 시체를 발굴하여 소각하려고 한다는 사실이 보도된 바 있었다.[41] 따라서 이번에 소각하는 시체는 이미 원래 급하게 매장한 후 다시 발굴해낸 시체, 아직 매장되지 않은 시체, 사각지대로부터 새로 찾아낸 시체를 포함했다.

일본군은 학살된 동포의 시체 약 2만 구를 불태워버린 후 유골을 매장하고

---

41)「焚毀清兵屍體」,『中央新聞』, 1895년 2월 11일.

무덤 앞에 말뚝 하나를 세워 '청국 전몰장병의 묘(清國陣亡將士之墓)'라는 문구를 써서 사람들의 이목을 가리고 일반 백성, 부녀자, 아동을 학살하여 불태워 버린 범죄행위를 부인했다.

1994년 새로 건설된 만충묘

재난 당한 동포들을 애도하기 위해 여순 민중들은 연이어 4차례 만충묘(萬忠墓)를 건축했다. 1895년 11월 23일 후보직례지현(候補直隸知縣) 구위안쉰(顧元勳) 등이 처음으로 만충묘를 건설했다. 1922년에는 만충묘를 중수했다. 1948년 여순시는 세 번째로 만충묘를 중수했다. 1994년 청일전쟁 여순동포 순국 100주년 때 중국공산당 여순구구(旅順口區)위원회와 여순구구 인민정부는 전 사회의 역량을 동원하여 만충묘를 중수하고 아울러 여순만충묘기념관을 신축했다. 이곳은 드디어 중국 인민들에게 애국주의 교육을 진행하는 기지가 되었다.

3) 시모노세키강화와 일본군의 대련강점

(1) 시모노세키강화와 「시모노세키조약」의 체결

청일전쟁에서 청군은 연이어 실패했다. 청 정부는 강요에 못 이겨 리훙장을 일본에 파견하여 화친을 구하기로 결정했다. 3월 19일 새벽 리훙장 일행은 시모노세키에 도착했다. 다음날 오후 3시 중국 측 최고전권대신 리훙장, 참의관 리징팡(李經方, 1855~1934) 등은 일본 측 전권판리대신(全權辦理大臣) 이토 히로부미(伊藤博文, 1841~1909), 무쓰 무네미쓰(陸奧宗光, 1843~1897) 등과 시모노세키 베니시산(紅石山) 아래 안토쿠천황(安德天皇) 사당 옆의 춘범루(春帆樓)에서 회담을 시작했다.[42] 쌍방은 정전조건을 둘러싸고 논쟁하며 팽팽히 맞섰다.

3월 24일 오후 제3차 회담이 끝난 후 리훙장 등이 춘범루에서 거처인 인조지(引接寺)로 돌아갈 때, 일본 폭도 고야마 도요타로(小山豊太郎, 1868~1895)의 칼에 찔려 거의 인사불성이 되었다.[43]

리훙장이 찔렸다는 소식이 히로시마(廣島)대본영에 타전된 후 일본 정부는 극도로 놀랐다. 이토 히로부미는 "실로 나라의 명성이 크게 손상되었다"고 느꼈다.[44] 일본 천황 역시 경악해 마지않았다. 천황은 이 일로 인하여 열강의 간섭을 불러일으키고 중국이 이로써 대화를 거절할까봐 두려워하며 의사와 간호사

---

[42] 춘범루는 또한 籐野樓라 불렸으며, 산을 등지고 바다를 면하고 있어 풍경이 수려했다. 원래 복어 요리점으로 이토 히로부미가 자주 찾아 복어 음식을 맛보았고 그 때문에 '춘범루'라 이름 지었다. 회담 장소로 이곳을 선택한 이토는 한편으로는 이곳이 군사요충지로부터 멀리 떨어져 있음을 고려했고, 다른 한편으로는 옛날을 회상하기 위해서였다. 오늘날 춘범루 원내 석조 복어비 및 비문에 기술된 바에 따르면 이토는 이전에 리훙장 등을 초청하여 복어를 먹었다고 한다.

[43] 일본인의 기록에 의거하면 리훙장은 왼쪽 눈 아래에 탄환을 맞은 후 "손으로 상처를 가리고 피가 흘러 가마를 타고 인조지 여관으로 돌아갔으며, 안색이 태연했고 도보로 계단을 올라 안으로 들어갔다." 橋本海關, 『日淸戰爭實記』 第14卷, 博文館, 1896, 477쪽 참조.

[44] 蔡爾康, 「中東戰紀本末・使相遇刺紀實」, 戚其障 主編, 『中日戰爭』 第5冊, 上海人民出版社, 1957, 385쪽 참조.

를 즉각 시모노세키로 파견하여 진료 간호하게 했다. 황후 역시 어제(御制) 붕대를 보내 위로를 표했다.45)

세계 각국은 소식을 듣고 여론이 들끓었으며 서로 다른 방식으로 일본을 비난했다. 무쓰 무네미쓰는 예리하게 "만약 이 시기를 빌려 사후 조치를 잘하지 않으면 뜻밖의 위기가 발생할지도 모르며"46) 피동적인 국면을 벗어나 국내외의 압력을 감소시키는 유일한 방법은 중국의 정전 요구를 수용하는 것뿐이라고 생각했다.

리훙장이 일본 폭도에게 찔려 상처를 입은 사건은 회담 진행과정을 변화시켰다. 일본 내각은 무조건 정전에 전원 동의했다. 3월 26일 한밤중에 이토 히로부미는 정전 결정을 무쓰 무네미쓰에게 타전했다. 무쓰 무네미쓰는 27일 오후 2시 40분에 이토 히로부미에게 전보를 보냈다. 만약 정청대총독부(征淸大總督府)를 여순까지 전진시키고자 한다면 "반드시 정전하기 전에 출발해야 한다. 그러므로 되도록 빨리 출발하기를 희망한다." 아울러 재차 이토 히로부미에게 지금 "가장 필요한 것은 우리 정부가 이미 정전을 승낙한 사실을 청국 사절에게 공개 발표하고 동시에 각 열강들에게 통고하는 것"이라고 제기했다.47)

3월 28일 오전 무쓰 무네미쓰는 무조건 정전문서를 리훙장에게 보냈다.48) 리훙장은 매우 기뻐했다. 3월 30일「정전조약」이 체결되었다.

4월 1일부터 강화조항을 논의하기 시작했다. 일본 측은 강화조항 11조를 제출하여 중국에게 '성경성(盛京省) 남부지방'(즉 요동반도), 대만 전역 및 부속도서, 팽호열도(澎湖列島)를 할양하는 것 외에, 군비배상 3억 냥, 항구개항, 공장

---

45) 陸奧宗光 著, 伊捨石 譯,『蹇蹇錄』, 商務印書館, 1963, 136쪽.
46) 陸奧宗光 著, 伊捨石 譯,『蹇蹇錄』, 137쪽.
47) 「陸奧外務大臣致陸奧翻譯官電·關於交應允停戰及早照會淸國使節及各國公使之通知」, 1895년 3월 27일,『日本外交文書』卷28, 第1054號 文件, 戚其障 主編,『中日戰爭』第10册, 中華書局, 1995, 335쪽 참조.
48) 「陸奧外務大臣致李鴻章函·關於應允無條件停戰之照會」(1895년 3월 28일),『日本外交文書』卷28, 第1058號 文件, 戚其障 主編,『中日戰爭』第10册, 337쪽 참조.

건설 등 중국의 주권을 심각하게 해치는 내용을 요구하며 4일 내로 대답하라고 했다. 4월 5일 리훙장은 '의견서' 형식으로 일본 정부에 회답하여 할양, 군비, 개항 등에 대한 가혹한 요구를 반박했다. 6일 이토 히로부미는 리훙장에게 조회하여 더욱 강경한 어투로 "승낙인지 아닌지 명확하게 답변하라"고 했다. 아울러 이렇게 위협했다. "만약 불행하게도 이번 담판이 결렬된다면, 내 명령 한마디에 60~70척의 운수선이 증파하는 대군을 싣고 고물과 이물을 서로 맞닿은 채 끊임없이 전쟁터로 출발할 것이고, 그렇게 되면 북경의 안위도 차마 말할 수 없다. 다시 한 걸음 더 나아가 말하자면, 만약 담판이 일단 결렬되어 중국 전권 대신이 이 땅을 떠난다면 북경 성문을 다시 무사히 출입할 수 있을지 역시 보증할 수 없다."[49]

4월 10일 쌍방은 제5차 회담을 거행했다. 리훙장은 부상이 점차 회복되어 직접 회의에 참석했다. 이토 히로부미는 조약에 "할양은 해성(海城)까지로 하고" 배상금은 약간 삭감하여 "고평은(庫平銀)[50] 2억 냥"으로 하자고 했다. 아울러 재차 리훙장을 위협했다. "청은 3일 내로 회신하되 동의하는지 안 하는지 두 마디로만 결정하라.……만약 동의하지 않으면 반드시 즉각 병사를 늘릴 것이다."[51]

11일 이토 히로부미는 리훙장에게 편지로 알렸다. 일본은 조항을 다시 바꿀 수 없으며 "중국의 대답은 승낙과 거절 단 두 마디뿐이다." 아울러 4일 내로 회답하라고 했다. 리훙장은 총리아문에 지시를 요청했고, 총리아문은 리훙장에게 다시 담판하되 "만약 끝내 개정의 여지가 없으면" 조약을 체결해도 좋다고 했다.

4월 17일 리훙장 · 리징팡은 이토 히로부미 · 무쓰 무네미쓰와 각각 중 · 일 양국을 대표하여 불평등조약인 「중일강화조약십일관(中日講和條約十一款)」(즉

---

[49] 王蕓生,『六十年來中國與日本』第2卷, 三聯書店, 1980, 271~272쪽 참조.
[50] [역주] 庫平은 청나라 강희 연간에 제정된 무게의 단위 이름이다.
[51] 川崎三郎,『日淸陸戰史』卷5, 東京 : 陽春堂, 1986, 150쪽.

「시모노세키조약」)에 서명했다. 제2항 요동반도의 할양으로 말하면 그 안에는 여순과 대련만 양대 군사요충지가 포함되었다.

(2) 대련지역에 대한 일본의 군사통치

대련지역에 대한 일본의 통치는 군사 침범 점령과 동시에 진행되었다. 오야마 이와오는 제2군을 거느리고 금주와 대련만을 점령한 후 1894년 11월 12일 금주에 군사통치기구인 금주점령지행정청을 설치했다. 아울러「금주성행정규칙(金州城行政規則)」을 반포하고 천진(天津)주재영사 아라카와 미노지(荒川巳次, 1857~?)를 지사(知事)로 임명하여 대련에 대한 일본의 군사통치를 시작했다. 그러나 금주점령지행정청은 중국어 게시문에서 기만하기를 "현행 정청은 금주청 아문보다 인정(仁政)을 두텁게 베풀고 소송을 공평하게 처리할 것이다"[52]라고 했다. 실제로 금주점령지행정청의 사법, 행정, 감찰은 모두 일본인이 관장했으며 금주에는 1,200명의 사병이 주둔했고 또 헌병과 경찰이 파견되어 현지 민중을 통치했다.

11월 22일 일본군은 여순을 점령한 후 즉시 통치사무의 집행을 기획했다. 12월 13일 일본은 통치기구인 여순구행정서(旅順口行政署)의 건립을 결정했다. 여순구행정서의 문무관원 250명은 모두 일본 국내에서 데려왔고, 대본영도 헌병과 군대 인부 등을 여순으로 파견했다. 오야마 이와오는 또「여순구행정서행정관리규칙」을 반포하여 혁진보(革鎭堡), 구애자(泃崖子), 사가자(沙家子), 양수구(楊樹溝) 등 4개의 관할구를 구획했다. 일본은 또 여순을 영구 점령하는 목적을 달성하기 위해 경비관할구역과 군청(軍廳) 등을 설립했다. 1895년 3월 16일 일본은 다시 여순에 최고군사지휘기구인 '정청대총독부'를 설립하고 일본대본영참모총장 육군대장 고마쓰노미야 아키히토 친왕(小松宮彰仁親王, 1846~

---

[52] 井上晴樹,『旅順虐殺事件』, 築摩書房, 1995, 123쪽.

1903)을 정청대총독으로 임명했다.「시모노세키조약」체결 후 대총독부를 철회했다.

청일전쟁 후기 일본군은 금주에 '점령지총독부'를 설립하고 제2사단장 사쿠마 사마타(佐久間左馬太, 1844~1915)를 총독으로 임명했다. '점령지총독부'는 대련만지역의 행정사무를 관리 협조했으며, 아울러 금주행정청·여순행정서와 서로 협력하여 대련지역에 대한 군사식민통치를 실행했다.

3. 러시아의 대련지역 강점 및 그 식민통치

1) 러시아·프랑스·독일의 '삼국간섭'

1895년 4월 17일 중·일「시모노세키조약」체결은 러시아·프랑스·독일 삼국이 동맹을 결성하고 연합하여 간섭할 기회를 제공했다.

「시모노세키조약」은 청 정부가 요동반도를 일본에게 할양하도록 규정함으로써 심각하게 '황러시아(黃俄羅斯)'계획을 위협했다. 1895년 3월 하순부터 4월 상순 사이 일본이 중국에게 요동반도의 할양을 요구하는 조항을 제기했다는 사실이 러시아 정부에 알려지게 되었을 때, 그것은 즉시 강렬한 반응을 야기했다. 한편으로 군함을 보내 중국 해역을 순찰함으로써 "러시아의 영토와 러시아의 이익에 영향을 미치는" 일본의 군사행동을 방지하고자 했다.[53] 러시아의『신시대(Новое Время)』는 시베리아철도의 아무르강 구간이 만주를 통과하게 함으로써 만주가 일본인의 수중에 떨어지는 것을 막아야 한다는 여론을 공개적으로 조장했다.[54] 다른 한편으로 4월 6일 외무대신 로바노프(А. Б. Лобанов－Ростовский)

---

[53] [俄]『維特回憶錄』第2卷, 莫斯科, 1960, 43쪽.
[54] [英] 菲利普約瑟夫 著, 胡濱 譯,『列强對華外交』, 商務印書館, 1954, 70쪽.

가 나서서 차르에게 아뢰었다. "일본이 제기한 강화조건 가운데 사람들의 주의를 가장 끄는 것은 의심할 여지도 없이 그들이 여순구가 있는 반도를 완전히 점령한다는 것이며……우리나라의 이익에서 본다면 이러한 점령은 가장 불만족스러운 사실입니다."⁵⁵⁾

태평양에 있는 부동항 하나를 탈취하기 위해 러시아 재무대신 비테(С. Ю. Витте, 1849~1915)도 강조했다. "우리는 응당 단호하게 성명을 발표해야 한다. 우리는 일본이 남만주를 점령하는 것을 허락해서는 안 되며, 만약 우리의 요구를 이행하지 않는다면 장차 적당한 조치를 취해야 하며……만약 전쟁이 필요하다면 우리는 단호하게 행동해야 한다."⁵⁶⁾ 다른 한편으로 또 외교상에서 활동을 전개했다. 4월 8일 러시아 정부는 영국·프랑스·독일 등의 국가와 연합하여 "일본이 여순을 병탄하는 것은 장기적으로 중·일 양국 간에 양호한 관계가 재건되는 것을 가로막고, 장차 동아시아의 평화를 영구히 위협한다"⁵⁷⁾는 이유로, 일본 정부에게 중국 요동반도의 점거를 포기하도록 권고하기로 결정했다.

프랑스는 러불동맹을 공고히 하기 위해 극동에서 러시아와 행동을 같이 하겠다고 밝혔을 뿐만 아니라 러시아가 중국에서 부동항 하나를 점령하면 프랑스도 해남도(海南島) 부근에 있는 섬 하나를 점령하려고 구상했다. 이러한 뜻이 비록 러시아의 묵인을 얻지는 못했지만 프랑스는 러시아를 따를 수밖에 없었다.

독일은 일본의 요동반도 할양에 대해 강렬하게 반응했다. 독일은 일본의 요동반도 할양은 "유럽의 평화를 위협하기에 충분하다"⁵⁸⁾고 대외적으로 분명히 밝혔다. 사실 독일의 의도는 "러시아의 시선을 동방으로 돌림으로써" 러시아가

---

55) 「外務大臣上沙皇奏」, 『紅梢雜志有關中國交涉史料選譯』, 三聯書店, 1957, 149쪽.
56) 「特別會議記錄」, 『紅梢雜志有關中國交涉史料選譯』, 156쪽.
57) 丁名楠 等, 『帝國主義侵華史』 第1卷, 人民出版社, 1961, 311쪽 재인용.
58) 「德國干涉還遼文件」, 第2232號, 『中日戰爭』 叢刊 第7冊, 341쪽.

서부 변경에서 독일에 대해 조성하고 있는 압력을 경감시키는 것이었다. 또 이 기회를 빌려 러시아와 프랑스 간에 쐐기를 박아 "프랑스와 러시아의 동맹을 이간질함"으로써 "러시아와 프랑스의 친밀한 관계를 소원하게 만들고자 했다."59) 이외에도 중국으로부터 보상을 받고 중국에서 독일의 침략적 권익을 확대할 수 있었다.

영국 정부는 일본의 요동반도 침탈은 영국의 이익에 유해하지 않고 오히려 영국에게 유리하다고 생각했다. 심지어 일본의 힘을 빌려 러시아에 저항하는 보루를 형성하여 중국에서 영국의 세력을 한층 더 확장하고자 기도했다. 이 때문에 간섭에 참여하기를 거절했다.

4월 17일 「시모노세키조약」이 체결되자마자 러시아는 즉시 '친선차원(友誼方式)'에서 직접 일본 정부에게 중국 영토를 영구 점령하지 말라는 '권고'를 제기했다. 아울러 프랑스와 독일 양국에게 통고하여 만약 일본이 '권고'를 거절한다면 "러시아가 현재 고려하고 있는 바는 삼국이 일본에 대해 해상에서 공동 군사행동을 취하여……중국 대륙에 있는 일본군과 본국 사이 일체의 교통을 단절하여 일본군을 고립시키는 것"60)이라고 했다.

프랑스와 독일 양국은 자국의 이익에서 출발하여 즉시 러시아의 연합 간섭 제의에 호응하고 러시아를 추축으로 하는 삼국연합을 형성하여 요동을 돌려주라는 삼국간섭을 진행했다. 4월 23일 러시아·프랑스·독일 삼국 공사는 함께 일본 외무성으로 가서 각각 각서를 건네주었다. 러시아·프랑스·독일 삼국의 각서 내용은 기본적으로 일치했다. 그들은 일본의 요동반도 점유가 "장래 극동의 영구적인 평화"에 영향을 끼친다고 보고 "일본 정부에게 요동반도 점유를 확실히 포기하라고 권고했다."61) 오래지 않아 삼국 공사는 다시 본국 정부의 훈령

---

59) [德] 弗朗克 著, 王光祈 譯, 『德國干涉還遼秘聞』, 中華書局, 1929, 23쪽.
60) 「德國干涉還遼文件」, 第2243號, 『中日戰爭』 叢刊, 第7冊, 351쪽.
61) 陸奧宗光 著, 龔德柏 譯, 『蹇蹇錄』, 『中日戰爭』 叢刊, 第7冊, 156쪽.

을 발표했다.

2) '삼국간섭'에 대한 일본의 대항

일본 외무성은 삼국 공사의 연합 행동에 대해 의외라고 생각했다. 대책을 찾기 위해 일본 외무차관 하야시 다다스(林董, 1850~1913)는 즉시 마이코(舞子)에서 요양하던 무쓰 무네미쓰에게 통보했다. 일본 정부는 수완을 부려 일련의 연합과 분열을 꾀하는 외교 활동을 전개했다.

일본은 러시아가 삼국의 핵심이라고 보고 우선 러시아에게 설명했다. 중·일 강화조약은 이미 천황의 비준을 얻은 것으로 더 이상 고칠 수가 없다. 하물며 "일본이 비록 장래 요동반도를 영구히 점령하더라도 러시아의 이익을 위협하지 않을 것이다."62) 러시아는 이미 "운송선을 오데사에 파견하여 지금 막 군대 수송을 준비하고 있다"고 회답했다.63) 일본이 러시아를 자기편으로 끌어들여 삼국연합을 분열시키려는 기도는 실패로 드러났다. 이에 따라 일본은 다시 영국·미국·이탈리아 삼국을 자기편으로 끌어들여 러시아·프랑스·독일의 간섭에 대항하고자 시도했다. 처음에 영국·미국·이탈리아 삼국은 약간의 동정과 지원하는 말로 일본에게 얼버무렸으나, 러시아·프랑스·독일 삼국에 대하여 직접 나서서 어떠한 행동도 취하지 않았다. 미국 국무장관 그레셤(W. Q. Gresham, 1832~1895)은 "대통령과 협의가 필요하다"64)고 밝혔다. 이탈리아는 "현재 일체의 일은 모두 영국 의향이 어떤가에 따라 결정될 것"65)이라고 표명했다.

4월 27일 영국 외무대신은 일본에게 설명했다.

---

62) 陸奧宗光 著, 龔德柏 譯, 『蹇蹇錄』, 『中日戰爭』 叢刊, 第7册, 179쪽.
63) 陸奧宗光 著, 龔德柏 譯, 『蹇蹇錄』, 『中日戰爭』 叢刊, 第7册, 180쪽.
64) 『日本外交文書』 第28卷, 第716號 文件, 戚其章 主編, 『中日戰爭』 第10册, 148쪽.
65) 『日本外交文書』 第28卷, 第728號 文件, 戚其章 主編, 『中日戰爭』 第10册, 158쪽.

영국은 평화를 희망하기에 당연히 일본과 유럽 각국이 서로 싸우는 것을 원하지 않으며, 청일전쟁이 계속되는 것도 바라지 않는다. 따라서 영국은 현재의 난관을 해결할 기회를 놓치지 않기 위해 노력할 것이다. 영국은 일본에 대해 비록 동정의 마음이 있으나, 동시에 러시아·프랑스·독일 삼국과도 우방의 관계가 있다. 그러므로 영국은 차제에 다각도로 고려한 후 존엄을 유지하는 기초 위에서 과단성 있게 책임감을 가지고 활동에 종사할 필요가 있다.66)

29일 영국 정부는 태도를 명확하게 표명했다. "영국 정부는 이전에 이미 국외 중립을 지키기로 결정했고 이번에도 역시 동일한 뜻을 유지하고자 한다. 영국은 일본에 대해 가장 성실하고 진지한 감정을 지니고 있지만, 동시에 자기의 이익도 고려하지 않을 수 없으므로······일본을 도울 수가 없다."67) 이렇게 되자 일본이 꿈꾸었던 영국·미국·이탈리아 삼국의 간섭 반대 모략은 허사가 되었다. 그러나 일본은 요동반도에서 완전히 물러나는 것을 결코 바라지 않았으므로 부분적으로 양보하는 책략을 취해 두 가지 요구를 제기했다. 첫째는 금주지역을 영구 점령하는 것이고, 둘째는 중국으로부터 보상을 받는 것이었다.

러시아·프랑스·독일 삼국은 일본의 부분적인 양보를 거부했고 아울러 일본을 향해 군사적 압력을 가했다. 삼국 해군이 동시에 동해, 동중국해, 황해에서 빈번하게 순찰하면서 무장충돌이 발생할 수 있는 소지가 커졌다. 일본은 외교적으로 좌절당하고 군사적으로 삼국과 대항할 힘이 없는 상황 아래 대신회의를 열어 삼국의 권고를 받아들여 요동반도의 영구 점령을 포기하기로 결정했다. 그러나 일본은 중국에 대한 최후의 강탈을 포기하지 않았다. 5월 5일 무쓰 무네미쓰는 러시아·프랑스·독일 삼국에 주재하는 일본공사에게 훈령을 보내 각국에 대하여 일본은 "청나라에게 보상을 요구할 권리를 가지고 있다"68)는 사

---

66) 『日本外交文書』第28卷, 第717號 文件, 戚其章 主編, 『中日戰爭』第10冊, 149쪽.
67) 『日本外交文書』第28卷, 第746號 文件, 戚其章 主編, 『中日戰爭』第10冊, 162쪽.
68) 『日本外交文書』第28卷, 第787號 文件, 戚其章 主編, 『中日戰爭』第10冊, 172~173쪽.

실을 성명하도록 했다. 6월 4일 일본 내각회의는 "요동반도를 영구히 포기하는 보상으로 청나라 정부에 대해 배상금을 요구할 것이며 그 액수는 고평은 1억 냥을 넘지 않을 것"69)이라고 발표했다. 9월 10일 러시아·프랑스·독일 삼국 공사는 무쓰 무네미쓰에게 보낸 각서에서 "요동반도를 반환하는 배상금은 마땅히 백은(白銀) 3,000만 냥을 초과해서는 안 된다"70)고 표시했다. 일본은 응낙했다.

11월 8일 중·일 쌍방은 북경에서 「요남조약(遼南條約)」을 체결하여 다음과 같이 규정했다. 일본군이 철수할 때 반드시 요동반도의 모든 요새, 무기공장 및 일체의 공공물품을 영원히 중국에 반환해야 한다. 중국이 백은 3,000만 냥을 모두 지불한 후 3개월 이내에 일본군은 반환한 땅으로부터 철수해야 한다.71) 이렇게 하여 '삼국간섭'은 끝이 났다.

'삼국간섭'은 실제로는 러시아 '극동정책'과 일본 '대륙정책'의 모순 투쟁이며, 러·일 양국이 대련지역을 독점하고 동북을 제패하며 중국을 전면적으로 침략하고자 하는 죄악 행위의 발단이었다.

3) 러시아의 여순구와 대련만 강제조차

삼국간섭으로 일본이 요동을 반환한 후 러시아는 스스로 중국의 '은인'이자 '친구'라고 자랑하며 청 정부를 향해 요동반환 간섭에 대한 '보수'를 제멋대로 요구했다. 그중의 하나가 "외교 담판을 통해 (중국에서) 부동항을 얻고자 하는"72) 시도였다.

1896년 6월 3일 리훙장과 러시아는 「중러밀약」을 체결했다. 이 조약은 표면

---

69) 『日本外交文書』第28卷, 第849號 文件, 戚其章 主編, 『中日戰爭』第10冊, 216쪽.
70) 『日本外交文書』第28卷, 第926號 文件, 戚其章 主編, 『中日戰爭』第10冊, 258쪽.
71) 王鐵崖 編, 『中外舊約章匯編』 第1冊, 637쪽.
72) [蘇] 鮑·亞·羅曼諾夫 著, 上海人民出版社編譯室 譯, 『日俄戰爭外交史綱(1895~1907)』 上, 上海人民出版社, 1976, 44쪽.

적으로 보기에는 일본에 대한 중국과 러시아의 군사동맹이었다. 하지만 실제로는 러시아가 동청(東淸)철도의 건설을 통해 자기 세력을 중국 동북 전역에 펼쳐 중국을 제패하기 위한 기초를 다지는 것이었다. 비테는 일찍이 조금도 감추지 않고 말했다.

> 이 철도는 이러한 의의가 있다. 그것은 러시아로 하여금 언제든지 최단거리로 자신의 군사 역량을 블라디보스토크까지 운송하여 만주, 황해안 및 중국 수도에서 가까운 장소에 집결시킬 수 있도록 할 것이다.[73]

9월 8일 청 정부는 강요에 못 이겨 화아도승은행(華俄道勝銀行)과 「합판동성철로공사합동장정(合辦東省鐵路公司合同章程)」을 체결했다. 명분은 합작이나 실제로는 러시아가 철도의 대권을 독점하는 것이었다.

같은 해 말 독일은 청 정부에게 교주만(膠州灣)의 조차를 요구했다. 러시아는 이를 묵인해 주었다.

1897년 11월 14일 독일은 군함을 파견하여 교주만을 점령했다. 한 달 후 러시아는 여순구와 대련만을 강점했다.

1898년 3월 27일 러시아는 청 정부와 강제로 「여대조지조약(旅大租地條約)」(「중아회정조약中俄會訂條約」)을 맺었다. 5월 7일 다시 「속정여대조지조약(續訂旅大租地條約)」을 체결했다. 두 조약의 주요 내용은 3가지이다. ① 여순구, 대련만 및 부근 해수면을 러시아에 조차한다. 조차기간은 25년이며 조차기간 내에 여순구와 대련만은 전부 러시아가 관할한다. ② 조차지 북쪽 '극지(隙地)'에 '중립구'를 설치하고 지역 내의 행정은 중국 관리가 주관한다. 그러나 경계 내의 철도, 광산, 기타 공업과 상업 이권 등은 모두 다른 나라에 양도할 수 없

---

[73] 「財政大臣維特的節略(1896년 4월 12일)」, 張蓉初 譯, 『紅檔雜志有關中國交涉史料選譯』, 三聯書店, 1957, 169쪽.

다. ③ 동방성(東方省)철도공사가 동청철도와 여순구·대련만을 연결하는 지선을 건설할 수 있도록 허락하며, 지선이 지나가는 지역의 철도 이권을 다른 나라에 양도하지 않는다.[74]

러시아는 대련을 강제로 조차한 후 이듬해 멋대로 조차지를 '관동성(關東省)'이라 개칭하고 수석장관을 두어 행정을 관리했다.

러시아는 요동간섭을 이끈 지 3년 후 이렇게 요동반도를 자기 수중에 장악했을 뿐만 아니라, 동북 전역을 러시아의 세력범위로 바꾸었다.

러시아와 독일 양국의 침략행동은 프랑스와 영국 등의 국가가 중국에서 분분히 '세력범위'를 구획하도록 만들었다. 미국은 곧 중국에 대해 '문호개방' 정책을 취하여 '기회균등'이라는 수법으로 "현재의 이익을 보호할" 뿐만 아니라 "미래의 이익을 보장하여 미국으로 하여금 견고하여 깨뜨릴 수 없는 지위에 오르게 하려 했다."[75]

4) 대련에 대한 러시아의 식민통치

러시아는 대련을 강제조차한 후 곧바로 이곳을 중국을 향한 확장의 교두보로 삼아 '극동정책'을 실현했다.

---

[74] 王鐵崖 編,『中外舊約章匯編』第1册, 741~742, 755쪽.
[75] 卿汝楫,『美國侵華史』第1册, 三聯書店, 1952, 465쪽 재인용.

러시아의 여대(旅大)조차지 및 '극지(隙地)' 약도

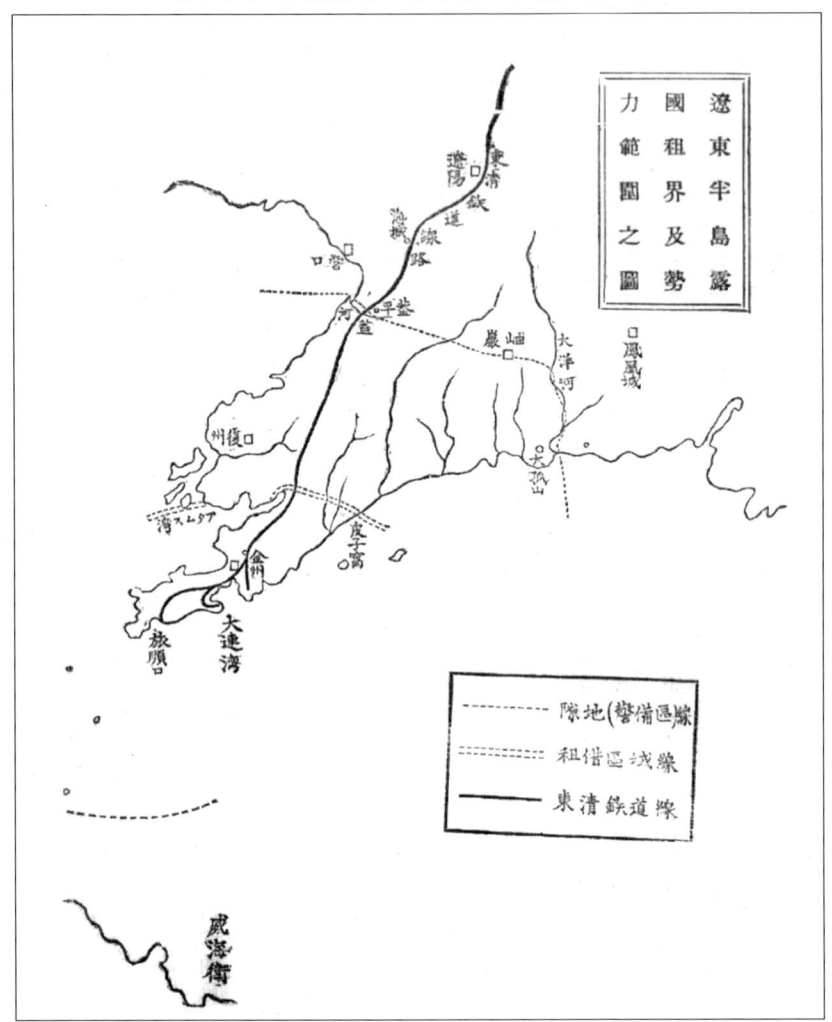

출전 : 方軍 等 主編, 『大連近百年風雲圖錄』, 遼寧人民出版社, 1999, 67쪽.

첫째, 군사 점령에 이어 바로 정치 통치를 시작했다. 「여대조지조약」을 체결한 다음 날, 즉 3월 28일 러시아군은 여순의 모든 포대 방어 시설을 점령했다. 이어 군정합일(軍政合一)의 '군정부(軍政部)'를 설립하고 조차지에 대한 식민통치를 시작했다. 1899년 8월 28일 차르는 중·러 「여대조지조약」의 규정을 무시하고 「잠행관동주통치규칙(暫行關東州統治規則)」을 반포하여 대련지역을 '관동주'로 개명했다.

제정러시아 관동주총독부(1903년 8월 극동총독부로 변경)

여순구에 설치된 관동주청(關東州廳)은 아무르주 총독의 관리 아래 놓였다. 관동주청 초대 장관은 해군 중장 알렉세예프(Е. И. Алексеев, 1843~1909)였으며, 아래에 민정부, 재정부, 외무부, 경찰국, 법원 등을 설치했다. 관동주청은 여순, 금주, 비자와(貔子窩), 양갑점(亮甲店), 도서(島嶼) 등 5개 행정구로 구분되었다. 각 구(區)는 구장(區長)이 주관했으며 촌락 행정을 감독할 책임이 있었다. 아울러 조세징수, 호구조사 등의 사무를 민정부에 보고했다. 따로 대련, 여순, 금주, 비자와 4개의 시(市)를 설치했는데 구와 동급이었다. 대련시는 러시아 재정부의 직접 관할에 속해 대련특별행정구로 불리었고, 여순, 금주, 비자와 3개의 시는 관동주청의 관할에 속했다. 대련은 시의회가 설치되어 8명으로 구성되었다. 1명이 의장 겸 시장이었으며 나머지 7명은 동성철도공사 1명 외에 모두 선거로 탄생했다.

여순은 러시아 통치의 거점이었다. 1901년 9월 15일 알렉세예프는「여순시잠시관리조례(旅順市暫時管理條例)」를 비준했다. 여순시는 시정부를 설치하는 외에 시 참의회도 설립했다. 시의회는 10명으로 구성되었다. 의장 겸 시장, 육군부・해군부・재정부・동성철도공사・경찰서・의학계에서 각각 1명의 위원을 파견했고, 나머지 3명의 위원은 여순시에 사는 러시아 주민이 추대했다. 각 위원은 모두 반드시 관동주청의 비준을 거쳐야만 했으며 임기는 제한이 없었다. 시의회는 여순시 민정방면의 각종 사항을 결정할 권한이 있었으며 집행기관의 활동을 감독할 수 있었다. 명백한 것은 시의회란 단지 러시아가 여순에 대해 식민통치를 실행하는 부속기구에 불과했다는 사실이다.

러시아식민당국은 효과적인 통치를 진행하기 위해 여순시에 관동주법원을 설립했다. 그것은 이르쿠츠크중급법원 아래에 속했고, 여순지방법원, 중재법원, 중국인법원으로 분리되었다. 관동주청 산하의 각 시, 구, 향, 촌에도 모두 법원 혹은 법원 지부 기구가 설치되었고, 관할권은 관동주법원에 속했다. 세 법원은 업무 분담이 명확했다. 여순지방법원은 동성철도 남만주지선 부속지의 사건 소송 심리를 맡았다. 중재법원은 계약 배상 관련 및 기타 동산과 관련이 있는 소송 사건을 심리했다. 중국인법원은 특별히 중국인을 위해 설치된 법원이었다. 처벌 수단은 태형, 벌금, 감금으로 나누어졌다.

러시아거리(오늘날 승리교勝利橋 북쪽 상해로上海路 북단)

　러시아식민통치자는 관동주청의 각 시·구에 경찰서와 감옥도 설립했다. 그리고 식민통치자가 반포한 각종 '법규' '세칙' '금령'을 위반하는 중국인을 수시로 진압하기 위해 대련지역에 주둔한 군대·법원과 서로 협력했다. 경찰서에는 서장이 있어 경찰서의 행정 관리를 책임졌다. 경관과 순경은 각 구의 치안 유지를 담당했다. 주요 교통로 입구에 초소를 설치하여 중국인을 조사했을 뿐만 아니라, '의심이 가는' 사람, 조금이라도 불만이 있거나 반항하는 사람은 즉시 경찰이 진압했다. 러시아식민통치자는 또 한 무리의 중국인 경찰과 한간을 길러 그들로 하여금 사방을 순찰하게 하고 항상 날조된(莫須有) 죄명으로 백성을 억압했다.
　러시아식민통치자는 여순, 대련 및 비자와에서 감옥을 만들고 구치소를 설치했다. 1902년 여순에 또 120명을 수용할 수 있는 감옥을 건설했다. 이러한 감옥과 구치소에는 러시아에 저항하는 '마적(紅胡子)' 혹은 '간첩'으로 무고 당한 중국인이 많이 수감되고 사형에 처해졌다. 사실 러시아의 모든 식민통치지역은 마치 하나의 인간 지옥과 같았다.

제정러시아 중동(中東)철도 남만주지선 기사장(技師長) 관사

러시아는 대련에 대해 정치적 식민통치를 실행하는 외에 경제적으로도 약탈을 진행했다. 첫째, 토지를 약탈하여 농업을 파괴했다. 러시아식민당국은 항구와 도시건설을 명목으로 토지를 강점했다. 항구를 건설할 때 "해안가 12리(里)를 측량하여 주민들을 이주시키고 경작을 불허했다."[76] 실제로 그들은 종종 토지를 개인에게 되팔아 상점을 경영하고 공장을 건설하도록 하고 중간에서 폭리를 취했다. 단지 1902년 11월에만 대련시는 부지 1만 6,843데샤티나[77]를 판매하

---

[76] 王彦威 輯, 王亮 編, 『淸季外交史料』 光緖朝 卷129, 故宮博物院, 1933, 9쪽.
[77] [역주] 미터법 이전에 러시아의 토지 면적 단위 데샤티나(десятина)를 말한다. 1데샤티나는 1.092헥타르에 해당한다.

여 42만 5,027루블, 평균 1데샤티나 당 25루블의 이익을 얻었다. 또 여순에 특별시를 건립하기 위해 주민을 강제 이주시켰다. 황금산의 민가 40여 호는 조가구(趙家溝)로 내몰리고, 태양구(太陽溝)의 주민은 전부 쫓겨났다. 심지어 주민을 추방하기 위해 황금산 동쪽 지역의 민가를 불태워 버렸다. 러시아식민당국은 약탈한 토지에서 농업의 유럽·러시아화를 실행했다. 러시아인의 수요를 만족시키기 위해 현지 민중들을 억압하여 나무를 자르고 채소를 심게 했다. 심지어 전쟁에 필요하다는 구실로 농작물을 훼손하고 부역자를 잡아가고 세금을 올려 농업 쇠퇴를 초래하여 농민이 의지할 곳 없이 떠돌아다니게 했다.

여순구 기차역

둘째, 공업·상업·광산업을 독점했다. 군항·포대·보루의 건설, 대련 무역항과 대련시의 건설에 따라 현지 인구는 날마다 증가하고 상공업 기업이 점차 흥기했다. 예컨대 여순에는 벽돌공장, 담배와 주류 공장, 제분공장 및 각종 상점 등이 있었다. 새로 건설된 대련에는 조선소, 제철소, 기관차제조공장, 발전소, 가스공장, 제염공장 및 도살장 등이 들어섰다. 1902년에 이르러 여대조차지에는 이미 139개의 기업이 있었으며 연간 생산액이 74만 9,000루블에 달했다. 상가와 여관 등의 업종은 대부분 여순에 건설된 동성철도공사 남만주지사에 의해 경영되고 통제받았다. 1902년 여순의 상업 영업액은 1,555만 루블에 달했다. 대련의 여관업은 처음에 대련호텔과 모스크바호텔이 있었고 각각 16, 18개의 객실이 있었다. 당시 대련에는 또 영국, 미국, 독일, 프랑스 등이 경영하는 양행과 상업회의소 등이 있었다. 각국 양행과 러시아기업의 독점으로 말미암아 중국인이 경영하는 점포는 매우 경기가 좋지 않았다. 몇몇 중국인이 경영하던 상업은 궁지에 몰리자 양행에 의탁하여 매판상인이 되었다. 대표적인 것은 지펑타이(紀鳳臺)의 '덕화호(德和號)'로 러시아상인에 기대어 경영했다.

셋째, 운수업을 독점했다. 러시아는 대련을 강제 조차한 후 항구 건설, 도시 건설, 식민지 건설을 진행함과 동시에 중국인 노동자들을 많이 잡아와 철도와 도로를 닦았다. 여순에 설치된 동성철도공사 남만주지사는 동성철도 남만주지선 1,000km의 부설 책임을 맡아 1902년 말에 개통하고 화물 운송 업무를 처리했다. 오래지 않아 남관령(南關嶺)에서 대련항까지 철도가 준공 개통되었다. 1903년 2월까지 대련에서 하얼빈까지 열차가 개통되어 북만주 화물을 직접 대련항으로 발송할 수 있게 되었다.

도로 건설은 1901년부터 시작되었다. 먼저 여순―대련―금주―비자와―보란점(普蘭店) 간의 도로를 건설했다. 도로의 건설과 유지를 통합 관리하기 위해 관동주공로수조부(公路修造部)를 특별히 설치했다.

철도와 도로의 건설은 러시아가 중국의 식량, 유류, 피혁 등의 물자를 약탈하는데 도움을 주었다. 동시에 그것은 동성철도 건설에 필요한 자재 등 화물과 노동자의 신속한 운송을 보증하고, 러시아를 왕래하는 여행객과 우편물의 운송에도 영향을 미쳤다.

러시아식민당국은 통치정책을 관철하기 위해 대련지역의 중국인에 대해서 사상적으로 노예화를 진행했다. 그것은 학교건설, 신문발행, 교회건립, 병원개설 등에서 주로 나타났다. 1898년 여순에 세워진 최초의 서양식 학교인 푸시킨 초등학교는 특별히 중국과를 설치했다. 1903년 학교는 남녀 분교를 실행하고 중국과를 분리하여 오직 중국 학생만 모집하는 여순러시아어학교를 건립했다. 같은 해, 또 여순실업학교를 설립했는데 본과 5년제였다.

대련지역에서 최초로 설립된 러청[俄淸]학교는 1899년 비자와에서 세워졌다. 이어 대련만과 금주에서도 러청학교가 설립되어 전적으로 러시아식민통치를 위해 러시아어 인재를 배양했다. 1900년 러시아식민당국은 「관동주러청학교규칙」을 제정했다. 1902년에는 유수둔(柳樹屯)에도 러청학교를 설립했다.

'관동주'는 노예화 교육을 전면적으로 시행하기 위해 1900년 교육관리기관인 관동주교육위원회를 설립했다. 각 시·구는 시·구장이 의장을 맡는 교육위원회를 설립했다. 이듬해 8월 19일 알렉세예프는 아무르총독부 학감을 여순으로 청해 「관동주학교건교강령」을 공동으로 만들어냈다.

러시아식민통치자는 또 신문 발행을 통해 중국인에게 노예화 사상을 주입했다. 1899년 러시아인은 대련에서 러시아어판 『새로운 변경(Новый Край)』을 발행하기 시작했다. 이 신문은 통치당국의 대변자였기 때문에 매 호마다 반드시 심사 후 발행되었다.

대련에는 또 관동주위생위원회가 건립되어 알렉세예프가 몸소 위원장을 맡았다. 전염병의 전파와 만연을 막기 위해 삼산도(三山島), 여순, 소평도, 보란점, 염창(鹽廠), 비자와 등 선박 출입지에 위생검사소를 잇따라 설립했다. 또 1902년에는 식민통치의 필요에 근거하여 여순시립의원, 전염병의원, 대련전염병의원, 산부인과의원 등을 연이어 건립했다.

러시아 통치 시기의 대련시가

러시아 정부는 중국 요남(遼南)에 대한 통치를 공고히 하고 '극동정책'을 한 단계 더 나아가 시행하기 위해 1898년 청니와(青泥窪) 일대에 항구와 도시를 건설하기로 결정했다. 항구 건설 속도는 매우 빨라 1901년 대련항에는 상선이 드나들었다. 1903년 항구에 들어온 선박은 792척, 수출입 화물은 40만 3,000톤에 달했다. 동청철도 전 구간이 개통된 후 대련항은 곧 유럽과 아시아 두 곳을 잇는 육로와 해상교통의 중추가 되었으며, 동북아시아에서 가장 큰 항구가 되었다. 대련시 건설의 1기 공정 4.25㎢는 1903년에 완성되었다. 이에 이르러 대련 항구도시는 기본적인 규모를 갖추었다.

4. 일본과 러시아의 대련지역에 대한 쟁탈

1) 러일전쟁의 폭발

러시아·프랑스·독일 삼국의 요동간섭은 일본의 영토 확장 야심이 신속하게 실현되는 것을 저지했다. 군정 대권을 장악한 일본 군벌 정객들은 이에 대해 마음속에 원한을 품고 "와신상담하여 군비를 확충하고 국력을 배양하여 권토중래를 기약하는" 10년 계획을 제출했다. 1895년 말 일본 정부는 일련의 군비확충과 군수공업 생산 지출에 대한 계획을 비준함으로써 러시아가 시베리아철도를 건설하기 전에 러시아에 대한 공격 준비를 마치고자 했다.

러일전쟁 폭발 전의 여순

1904년 이전 일본은 이미 10년 군비확장계획을 완성했는데 단지 육해군을 확충하는데 쓴 자금만 3억 3,500만 엔에 달했다. 그중 육군은 13개 사단으로 증가했고 상비군은 20만 명에 달했다. 해군은 106척의 함정이 새로 운영에 투입되었고 거기에다 원래 함정이 152척에 달했다. 함정 총톤수는 이미 27만 톤에 달했으며 '66함대'[78]를 조성했다. 군사물자 역시 충분히 준비하여 1903년 12월부터

---

[78] [역주] '66함대'는 일본이 러일전쟁을 대비하기 위해 만든 해군 확장 계획으로, 6척의 대형 전함과 6척의 장갑 순양함을 건조해 해군의 주력으로 삼는다는 것이다.

조선 인천항으로 1만 5,000톤의 보리를 운송하기 시작했다.

동시에 신문매체는 일본 정부의 안배에 따라 전쟁 여론을 조성하기 시작했다. 고노에 아쓰마로(近衛篤麿), 도야마 미쓰루(頭山滿) 등은 '대 러시아 동지회'를 조직하여 러시아에 대한 전쟁을 부추겼다. 1903년 말 일본은 1억 엔의 군사공채를 발행하고 「긴급지출칙령」, 「전시대본영조례」, 「군사참의원조례」, 「경부철로속성령」 등의 조령을 반포했다. 당시 일본이 제정한 대 러시아 작전계획은 여러 차례 수정을 거쳐 1904년 1월 19일 통과되었다. 이는 러시아에 대한 전쟁준비가 완료되어 단지 전쟁도발의 시기만 기다리면 된다는 것을 나타냈다.

이와 동시에 러시아 역시 무기를 갈고 말을 먹이며 일본과의 개전을 준비했다. 러시아는 요동간섭 때문에 일본이 반드시 기회를 노려 무장충돌을 일으키리라 보고 전력을 다해 전쟁준비를 강화했다.

첫째, 군수공업을 강력하게 발전시키고 군대확충에 박차를 가했다. 러시아는 「신축조약」 배상금과 약탈한 물자를 이용하여 군수공업을 발전시키고 군대를 확충하고 군사 장비를 개선했다. 러불동맹 후 러시아는 프랑스로부터 약 40억 프랑의 자금을 끌어와 군대를 확충하고 장비를 갱신했다. 1900년 러시아는 이미 상비군 110만 명과 훈련이 잘된 예비역 350만 명이 있었다. 1903년 6월까지 러시아는 중국 요남에 보병 5개 여단, 포병 12개 대대를 증파했으며, 여기에 기병, 병참부대를 더하여 육상부대는 5만여 명에 달했다. 10월 육상부대는 12만 7,000명으로 증가했고, 2개월 후 24만여 명까지 늘어났다. 해군은 전함 3척을 파견했으며, 여기에 원래 여순구에 있던 함정 60여 척을 더하면 19만 3천 톤에 달했다.

둘째, 여순구 군사방어시설의 개축에 박차를 가했다. 러시아는 여순을 점령한 후 리훙장이 건설한 수륙포대 22좌의 기초 위에 다시 영구적인 해안방어포대 22좌, 영구적인 육지방어포대 8좌와 반영구적인 포대 24좌, 영구적인 보루 8좌와 반영구적인 보루 6좌를 건설하고 각종 구경의 대포 542문을 설치했다.

1903년 중동철도 및 하얼빈에서 여순까지 지선 전 구간을 준공한 후, 러시아 식민당국은 6만여 명의 중국인 노동자를 압박하여 항구, 도크, 포대, 군용도로와 기타 건축물을 건설하도록 했다. 동시에 군용발전소를 건설하고, 35개의 전보국, 142개의 전화소, 수십 개의 병영과 군용 창고를 설립했다. 러시아는 여순을 동아시아와 태평양 지역에서 세력 확장의 중요한 군사기지이자 일본의 공격을 막아내고 동북아의 재패를 위한 교두보로 보았다.

셋째, 군정통치를 강화하는 극동총독부를 설립했다. 1903년 8월 11일 차르 니콜라이 2세는 여순에 극동총독부의 설립을 선포하여 알렉세예프를 극동총독으로 임명하고 '극동잠행(暫行)통치조례'에 따라 니콜라이 2세 자신이 의장으로 있는 극동특별위원회에 예속시켜 극동지역에서 일체의 군정과 외교 대권을 장악하게 했다.

극동총독부의 설립은 러시아가 대련을 영원히 강점하고 중국 동북을 병탄하려는 야심의 대폭로였다. 극동총독부 설립 후 러시아는 만주로부터 철군을 중지하고 아울러 신속하게 만주에 약 7만 명의 군대를 집결시켰다. 이어서 또 대일본작전능력을 강화하기 위해 제31사단과 제34사단 2개 여단을 유럽에서 옮겨 왔다.

넷째, 전쟁준비회의를 열었다. 1902년 11월~1903년 6월 사이 러시아는 일련의 회의를 열어 중국 동북에서 철군하는 문제를 상의했다. 1903년 니콜라이 2세는 육군대신 쿠로파트킨과 국무대신 베조브라조프(А. М. Безобразов)를 잇따라 여순에 파견하여 7월 1일~10일 회의가 거행되었다. 회의에 참석한 사람은 알렉세예프, 주 중국공사 레사르(П. М. Лессар, 1851~1905), 주 조선공사 파블로프(А. Павлов), 주 일본공사관 무관 보각(К. И. Богак) 소장 및 은행과 철도 등의 대표였다. 회의는 만주철군문제를 연구했을 뿐만 아니라, 또 극동에서 러시아의 군사지위와 한 단계 강화된 전쟁준비 및 일본의 공격에 대한 방어문제를 분석했다. 회의에서 쿠로파트킨은 중국은 만주에서 군대를 보유하거나 외국

교관을 고용해서는 안 되며, 러시아는 동성철도부속지에서 군대를 주둔할 권리가 있으며, 송화강(松花江) 연안, 흑룡강(黑龍江) 연안, 중동철도 연변에 초소를 설치할 권리가 있다는 등 17항의 조건을 제기했다. 레사르는 몇몇 조항이 너무 지나쳐서 일본·영국·미국 등의 불만을 불러일으키기 쉬우므로, 예를 들어 동북3성은 개방할 수 없으며, 러시아 신민에게 공업 양도권[租讓權]이 있다는 등의 내용은 삭제하는 것이 좋겠다고 했다. 회의는 상술한 요구가 만약 거절당하면 러시아는 철군 조항의 이행을 거절할 것이라고 강조했다.

회의는 극동의 군사적 지위를 강화하기 위해 만주에 주둔한 군대를 다시 3년 연장하여 "철도수비를 강화하고" "여순과 관동의 보루공사를 완료하며, 새로운 부대를 조직하여" 일본을 저지한다고 결정했다. 또한 동성철도에 1개 정규 군단을 배치하는 외에 나머지 군대는 남만주지역 등에 배치한다고 결정했다. 회의에서 알렉세예프는 매년 600만 루블의 군비증가를 건의하여 바로 확인받았고, 아울러 1903년에 250만 루블을 발급해야 한다고 생각했다. 회의 후 차르는 이 금액의 지불에 동의했다.

회의에서 여순과 관련된 각종 건의는 "모두 토론을 거쳐 거의 완전히 통과되었고" 즉시 실현에 옮기기로 결정되었다. 회의는 또 일본에 대한 작전계획과 군사배치를 통과시켜 육군 2개 사단 4만여 명은 여순요새를, 육군 7,000명은 블라디보스토크를, 육군 2개 사단 3만여 명은 압록강 일대를 방어하도록 했다.

본래 러·일 양국은 일촉즉발의 위기상황이어서 곧 전쟁이 일어날 것 같았지만 오히려 회담으로 상대방을 미혹시키려고 했다. 그 목적은 더욱 많은 전쟁준비 시간을 얻고 국제 여론의 동정과 지지를 얻는 것이었다. 1903년 6월 일본은 주동하여 러시아와 담판을 요구했다. 사실 일본은 강화 담판을 우롱하는 수법에만 능했지 담판에는 성의가 조금도 없었다. 러시아가 담판을 승낙한 것은 담판을 거절하는 악역을 맡고 싶지 않았기 때문이었다. 사실상 양국은 한편으로는 담판을 하고 다른 한편으로는 전쟁준비를 했다.

1904년 1월 12일 일본은 어전회의를 열었다. 외무상 고무라 주타로(小村壽太郎, 1855~1911)는 "만약 러시아가 만주를 병탄하면 중국과 협약을 맺어 각국이 만주에서 누리는 권리를 상실하게 될 것"이라는 의견을 표명했다. 러시아가 중국의 영토주권을 온전히 승인하지 않는다면 기타 조규는 실행할 길이 없고 '조약 권리'에 대한 허락은 더욱 유명무실한 조문에 불과하므로 반드시 담판을 중단하고 "즉시 필요한 자위수단을 취해야 한다"고 밝혔다. 13일 고무라는 정부의 명을 받들어 주 러시아공사 구리노 신이치로(栗野慎一郎)에게 최후통첩을 전달하고 그것을 러시아 정부에게 건네도록 명령했다. 2월 4일 일본은 다시 어전회의를 열었다. 회의 참석자들은 일제히 러시아와 일전의 시기가 무르익었다고 생각하고 담판의 즉각 중지와 대 러시아 단교를 결정했다.

5일 일본 연합함대 사령관 도고 헤이하치로(東鄕平八郎, 1847~1934) 상장(上將)은 러시아함대를 공격하고 군대를 보내 조선에 상륙하라는 명령을 받았다.

6일 새벽 도고는 연합함대에 명령하여 9시에 사세보(佐世保)군항을 출발하여 한 부대는 조선으로 가서 인천항에 정박하고 있는 러시아함대를 섬멸하여 육군이 조선에 상륙하는 것을 엄호하고, 다른 한 부대는 함대의 주력으로 직접 여순항으로 가서 여순의 러시아 태평양함대를 습격하라고 했다. 도고는 함장들을 선동하며 말했다. "이번 전투는 국가의 안위가 걸린 일이므로 제군들은 함께 황위를 받들어 설령 분골쇄신할지라도 적을 섬멸하여 천황의 마음을 편안하게 해야 한다."[79]

7일 15시 일본 연합함대는 주력전함 6척, 순양함 14척, 구축함 35척으로 대오를 편성해 한반도 서해안에 도달했다. 8일 새벽 각 함대는 한반도 서해안의 소청도 부근에 도착했다. 그중 제1, 2, 3구축함대는 제1전대(戰隊)를 이루어 모두 10척의 구축함이 여순으로 향했으며, 제4, 5구축함대는 제2전대를 이루어 대련

---

[79] 小笠原長生, 『東鄕元帥全傳』, 東京, 1926, 204쪽.

만으로 향했다. 같은 날 밤 11시 35분 여순 부근에 도착한 일본함대가 갑자기 대포로 러시아함대를 습격함으로써 러일전쟁이 발발했다.

러·일 양국이 중국 땅에서 전쟁을 벌이는 것에 대해 청나라는 뜻밖에 '국외중립'정책을 취했다. 일찍이 1903년 12월 말, 러·일 양국의 회담이 교착국면에 빠졌을 때 직례총독 위안스카이(1859~1916)는 "만약 러·일이 결렬되면 우리는 마땅히 중립을 지켜야 한다"[80]고 청 조정에 건의했다. 1904년 1월 하순 위안스카이는 다시 조정에 '중립'의 중요성을 강조했다. 2월 7일 일본 정부는 주 중국공사 우치다 고사이(內田康哉, 1865~1936)를 통해 경친왕 이쾅(奕劻, 1836~1918)에게 러·일이 개전하면 중국은 '중립'을 유지하라고 '권고'했다.

그러나 러시아는 중국이 그들과 손잡고 일본에 대항하기를 희망했다.

러일전쟁이 정식으로 폭발한 후 각국은 잇따라 '중립'을 선언했다. 심지어 영국·미국·독일 등은 중국에게 '중립'을 선포하라고 정중히 독촉했으며 아울러 전쟁구역을 획정하라고 건의했다. 일본과 열강의 압력 아래 청나라 광서제는 '국외중립'조서를 반포했다. 아울러 요하(遼河) 동쪽을 러·일 교전지역으로, 요하 서쪽을 '중립구'로 획정했다. 그러나 '중립'은 유명무실했고 러·일 양국은 「양국 전지 및 중립지 장정(兩國戰地及中立地條章)」[81]에 따라 행동하지 않았다.

2) 러·일 양군의 대련 쟁탈전

여순 해역에서 러·일 해전이 발발한 후 일본은 제해권을 쟁취했다. 1904년 2월 8일 밤 일본 연합함대는 여순의 러시아 태평양함대를 습격하여 러시아군함 3척에 큰 타격을 주었다. 12일 극동총독 알렉세예프는 대련만과 여순구 바깥에 수뢰를 부설하라고 명령했다. 14일 일본 구축함대는 여순구를 기습했다. 러시

---

[80] 王彦威 輯, 王亮 編, 『淸季外交史料』 第179卷, 4쪽.
[81] 王蕓生, 『六十年來中國與日本』 第4卷, 183~185쪽.

아함대를 여순항 안에 가두고 제해권을 장악하기 위해 일본함대는 2월 24일 제1차 항구 막기를 시도했지만 결과는 실패였다. 또 3월 27일과 5월 3일 두 차례 항구 막기를 시도하여 모두 17척을 침몰시켰지만 전부 예정된 해구(海口) 중간 위치에 침몰하지 않아 항구 막기는 성공하지 못했다.

러일전쟁 중 러시아군이 사용한 중포(重砲)

5월 15일 정오 일본함대 '하츠세(初瀨)'와 '야지마(八島)' 등 5척의 군함이 여순구로 향했다. '하츠세'와 '야지마'는 수뢰를 건드려 폭발 침몰하여 495명의 장병이 수장되었다. 5월의 한 주일 내에 일본은 6척의 군함과 1척의 소형군함을 잃어 일본 해군 '암흑의 날'로 불렸다.

러시아함대는 여순항 내에서 일본군함에 가로막혀 죽고 싶지 않아 6월 23일 새벽 14척의 군함이 포위망을 돌파하다 일본군함의 저지 공격을 받았다. 격전을 치른 후 러시아군함은 포위망 돌파에 실패했다. 일본군함 '시라쿠모(白雲)'호는 포탄에 맞아 항해 능력을 잃었고 6명이 죽거나 다쳤으며 '지시마(千島)'호와 소형군함 53, 64, 66호는 모두 손상을 입었다. 러시아전함 '세바스토폴(Севастополь)'호는 수뢰에 부딪혀 파손되었다.

8월 10일 러시아함대는 다시 포위망을 돌파하려 했다. 도고 헤이하치로는 일본군함을 이끌고 저지했고 2시간 남짓 격전을 벌였으나 쌍방의 손실은 그리 크지 않았다. 러시아함대는 계속 전진했다. 오후 5시 30분에 이르러 일본군함은 러시아함대를 따라잡아 제2차 해전이 시작되었다. 격전 중에 러시아사령선 '체사레비치(Цесаревич)'가 포탄에 맞아 함대사령관 비트게프트(В. К. Витгефт)와 몇몇 장병이 전사했고 러시아함대는 불리한 위치에 놓이게 되었다. 그날 밤 8시쯤 10척의 러시아군함은 어쩔 수 없이 여순으로 되돌아갔다. 이리하여 일본해군은 황해와 발해의 제해권을 완전히 장악했다.

대련지역의 지상전은 대단히 격렬했다. 1904년 5월 5일 오쿠 야스카타(奧保鞏, 1846~1930) 대장은 일본 제2군을 거느리고 금주 행수둔(杏樹屯) 후아석(猴兒石)에 상륙했다. 6일 제2군 선두부대는 보란점과 비자와 일대를 점령했다. 26일 제2군 3개 사단은 대포 200문의 지원 아래 금주를 점령했고 러시아군의 남산(南山) 진지를 함락시켰다. 이 전투에서 일본군 사상자는 4,000여 명, 러시아군 사상자는 1,100여 명이었다. 27일 일본군

여순 동계관산(東鷄冠山) 고지의 일본군 시체

은 금주군정서를 건립했다. 같은 날 대련만의 러시아군은 여순으로 퇴각했다. 이어 일본군 제2군 주력은 북쪽 요양(遼陽) 방향으로 진군했다.

일본군의 포화에 의해 파괴된 러시아의 이룡산(二龍山)포대

 6월 4일 노기 마레스케(乃木希典, 1849~1912) 중장(후에 대장으로 승진)은 일본군 제3군 선두부대를 거느리고 금주 장가둔(張家屯)에 상륙했다. 6월 14~15일 일본 제2군은 러시아군 시타켈베르그(Г. К. Штакельберг)군단과 복주(復州) 득리사(得利寺)에서 전투를 벌였고 러시아군은 버티지 못하고 퇴각했다. 이 전투에서 일본군 사상자는 1,163명, 러시아군 사상자 및 실종자는 3,413명에 달했다.

러일전쟁 중 일본군의 대포

6월 하순에 시작된 여순요새 공방전의 첫 전투는 6월 24일에 일본군이 금주와 복주 사이에 남북으로 뻗어있던 횡산(橫山)으로 진격하면서 시작되었다. 26일 오후 5시 30분 여순요새 제3차 방어선 횡산고지 및 쌍정산(雙頂山)이 일본군에 의해 점령되었다. 28일 일본군은 영성자를 점령했다. 7월 26일 일본군은 러시아군보다 우세한 병력으로 여순요새 바깥의 제2차 방어선, 즉 용왕당(龍王塘)에서 쌍대구(雙臺溝)에 이르는 전선을 공격했다. 27~28일 일본군은 세 차례 163고지를 공격하여 러시아군을 몰아냈다. 8월 7일 일본군은 대고산(大孤山)과 소고산(小孤山) 포대를 점령했다. 8월 중순 노기의 3개 사단 5만여 명은 여순요새 최전방까지 접근했으며 포위 전투 배치를 마쳤다. 16일 일본 제3군은 러시아군에게 투항을 권했지만 거절당했다. 19~24일 일본군은 여순에 대한 제1차 총공격을 개시하여 6일 밤낮 동안 악전고투를 치렀다. 일본군은 사상자 1만 8,600여 명을 대가로 겨우 대정자산(大頂子山)과 반룡산(盤龍山) 두 개의 작은 보루를 점령했다. 일본군은 손실된 병사와 장비를 보충하기 위해 군함 위의 수병과 대포를 옮겨왔고 드디어 9월 19일 제2차 총공격을 개시했다. 이번 일본군의 공격 목표는 203고지(후석산猴石山), 득리사산(得利寺山), 묘보(廟堡), 수관보(水管堡) 등이었다. 일본군의 공격은 러시아 수비군의 맹렬한 반격을 받았다. 이어 양군은 득리사산 정상에서 육박전을 펼쳤다. 22일 전투는 일단락되었다. 일본군은 사상자 8,832명을 대가로 득리사산, 묘보, 수관보를 탈취했으나 러시아군은 사상자가 단 1,500명이었다.

러시아군의 강제에 의한 대련시민의 부역

　노기 마레스케는 11월 2일 천황 탄신일 전에 여순요새를 점령하여 축하선물로 삼기 위해 10월 26~30일 제3차 총공격을 일으켰다. 일본군 사상자가 1만 4,000여 명이었으며 러시아군 역시 사상자가 막대했다. 일본군은 세 차례 총공격으로 사상자 수가 4만 1,400명에 달했으며 이는 제3군 총병력의 1/2이 넘었다. 11월 26일 일본군은 제4차 총공격을 펼쳤으며 공격 총 목표는 203고지와 평정산(平頂山)이었다. 일본군은 5일여의 포격에 이은 2,600명으로 조직된 결사대의 돌격으로 마침내 1만 6,000명의 사상자와 바꾸어 12월 6일 203고지를 점령했다.
　203고지는 여순 방어체계의 감제고지였다. 일본군은 이 고지를 점령한 후 즉시 28cm 대포로 여순 시내와 항구를 맹포격했다. 러시아는 3척의 철갑선과 기타 항구에 정박하고 있던 함정 전부가 격파되었다. 12월 30일 일본군은 잇따라 송수산(松樹山), 이룡산, 동계관산의 각 보루를 점령했다. 러시아 육군 도시방어 사령관 콘드라텐코(Р. И. Кондратенко) 소장은 폭사했고 러시아군대의 사기는 떨어졌다. 1905년 1월 1일 러시아군 여순요새 사령관 스테스셀(А. М. Стессель)

은 일본군에게 투항을 선포했다.

일본군의 여순요새에 대한 총공격 시간은 7개월이나 되었고 투입한 총병력은 13만 명에 이르렀다(러시아는 11만 명으로 기록). 사망 1만 5,400명, 부상 4만 4,008명, 합계 5만 9,408명으로 일본인 총 참전 인원수의 거의 1/2을 차지했다. 러시아군 사상자는 모두 1만 9,656명(일설에는 3만 명), 포로는 2만 2,000명이었다.

일본군은 여순요새를 점령한 후 신속하게 25만 명을 모아 3월 1일 봉천을 향해 총공격을 개시했다.

3) 러일전쟁이 대련지역에 조성한 재난

러·일 양국은 요동반도를 쟁탈하기 위해 중국 땅에서 야만스런 싸움을 진행하여 대련지역에 엄청난 재난을 초래했다. 전쟁 이전 러시아군은 여순요새의 방어를 공고히 하기 위해 채찍과 칼로 수많은 중국인을 핍박하여 보루를 수리하고, 포대를 건축하고, 참호를 파고, 군용물자를 운반했다. 뿐만 아니라 육지 방어선을 구축할 때는 함부로 농가를 파괴하고 농경지를 짓밟았다. 러시아군이 진행하는 공사는 범위가 매우 넓어 동쪽으로는 탑하만(塔河灣) 서산(西山)으로부터, 북쪽으로는 수사영과 호가둔(胡家屯) 일대까지, 서쪽으로는 양두와(羊頭窪)에 이르는 광활한 지역에서 방어공사가 헤아릴 수 없을 만큼 많이 시공되어 종횡으로 교차하고 있었다. 화력을 발사하는데 방해되는 가옥은 모두 철거하라고 명령했다. 러일전쟁이 일어나자 러시아군은 즉시 철산(鐵山) "마을 가옥 230채 전부를 폭파하고 마을 사람 모두를 강제로 외지로 피하게 했다."[82]

러시아인은 대련만 대방신(大房身)에 병영을 건설하려고 "백성을 모두 쫓아냈다." 주민 샤이마오(夏義茂)와 샤이웨이(夏義偉)는 하방신(下房身)으로 쫓겨

---

[82] 「俄軍暴行見聞實錄」, 馬麗芬 等 主編, 『大連近百年史見聞』, 106쪽.

났다. "당시 쫓겨난 사람은 10여 호였다."[83] 적이 은신할 수 있는 농작물은 일률적으로 베어 엎어졌다. 철산 "마을 전체 1,000여 무(畝)[84]의 농작물이 전부 베어졌고, 전투 때 관찰에 방해가 되지 않도록 하기 위해 부근 10여 개 마을의 농작물이 모두 베어졌다."[85] 강서촌(江西村)의 자오수팡(趙樹芳)은 다음과 같이 회상했다. "그해(1904년) 7~8월 사이에 러시아인은 경작지에 일본 병사가 숨을까 염려하여 다 자란 옥수수 대를 베어내라고 강요했다. 베어내지 않으면 사람을 때렸다. 이틀 동안 우리 마을은 400무의 농작물을 베어냈다."[86] 양두와 동남쪽에 위치한 아호취(鴉戶嘴)는 군사요지로 간주되어 그곳의 주민은 전부 강제로 옮겨졌다. 몇몇 집을 병영과 창고로 남겨두는 외에 나머지는 모두 폭파해버렸다. 석판교촌(石板橋村)의 가옥 100여 채는 "모두 러시아 병사들에 의해 불태워졌다."[87] "사아구(寺兒溝)는 파괴된 집이 300채였다."[88] 용왕당(龍王塘)의 "가옥 360채는 모두 러시아 병사에 의해 밧줄과 폭약으로 파괴되었고, 사람들은 어쩔 수 없이 모두 대고산으로 쫓겨났다."[89] 1904년 봄 파종 때는 농가 남자들이 대부분 러시아군에게 부역자로 끌려가 제때에 파종할 수 없었다. 어떤 작물은 비록 간신히 파종하여 자랐지만 말먹이로 베어지거나 병사들에게 짓밟혀 가을철에 한 톨도 거두지 못했다. 농민은 사선에서 발버둥치고 있었다.

---

[83] 「俄軍暴行見聞實錄」, 馬麗芬 等 主編, 『大連近百年史見聞』, 105쪽.
[84] [역주] 토지 면적의 단위로, 10分은 1畝와 같고 100畝는 1頃과 같으며 1畝는 약 666.7㎡에 해당한다.
[85] 「俄軍暴行見聞實錄」, 馬麗芬 等 主編, 『大連近百年史見聞』, 106쪽.
[86] 「俄軍暴行見聞實錄」, 馬麗芬 等 主編, 『大連近百年史見聞』, 106쪽.
[87] 「俄軍暴行見聞實錄」, 馬麗芬 等 主編, 『大連近百年史見聞』, 109쪽.
[88] 「俄軍暴行見聞實錄」, 馬麗芬 等 主編, 『大連近百年史見聞』, 109쪽.
[89] 「俄軍暴行見聞實錄」, 馬麗芬 等 主編, 『大連近百年史見聞』, 109쪽.

러일전쟁 중 피난 가는 대련시민

여순에 주둔하는 러시아군은 도처에서 약탈을 자행했다. 러시아군 장병은 쇠고기를 좋아하여 사방에서 일소를 강탈했다. 1974년 대방신의 82세 샤쭌리(夏尊禮)는 조사받을 때 말했다. "러일전쟁 당시 나는 12세였다. 러시아 병사들은 집집마다 찾아다니며 소를 잡아먹었는데 앞에 있는 거리 뒤편 도랑에 도살장을 만들었다." 84세의 옌스관(顔世觀)도 회상하며 말했다. "그들(러시아군)은 마을의 소를 모두 빼앗아가서 소삼방(蘇三房)의 뜰에 가두어 두었다가 전부 잡아먹었다." 84세의 주촨위(朱傳玉)과 83세의 왕뎬위(王殿裕)도 러시아군이 대방신마을 전체의 소를 끌고 가 남관령(南關嶺) 대전자(大甸子)에서 죽였다고 폭로했다.[90] 수사영 사아구의 가축도 "모두 러시아인에게 잡아먹혔다."[91] 조사에 의하면 여순 북부의 소가촌(邵家村), 북해촌(北海村), 이가연자(李家碾子), 후니허(後泥河), 원가구(袁家溝) 등 마을 농민들은 일소를 빼앗기지 않기 위해

---

[90] 「俄軍暴行見聞實錄」, 馬麗芬 等 主編, 『大連近百年史見聞』, 104~105쪽.
[91] 「俄軍暴行見聞實錄」, 馬麗芬 等 主編, 『大連近百年史見聞』, 109쪽.

연합하여 200여 누의 일소를 사방이 산으로 둘러싸인 대진구(大陳溝)에 숨겼다. 그러나 역시 나중에 러시아군이 발견하여 소를 강제로 끌고 갔다. 돼지, 양, 닭, 오리 등의 가축과 가금은 거의 전부 약탈당해 아무것도 없었다. 러시아 병사는 대방신촌에 들어가 "이불이나 요 같은 것을 보는 족족 빼앗았고, 사람들이 입고 있는 모피 윗도리를 보면 역시 벗겨내었다."[92]

러시아군은 여순에서 마구잡이로 사람을 때리고 죽였다. 1974년 조가구(趙家溝)의 87세 자오광루(趙光祿)는 증언했다. "러시아인이 거주하는 지역은 중국인이 접근할 수 없었다. 몇몇 호기심 많은 어린이들이 부근까지 가서 놀면 바로 잡아서 매질을 했다. 천위샹(陳玉祥)의 가족이 모두 집에 있는데 러시아 병사가 집안으로 들어와 다짜고짜 전 가족을 구타했다." 양칭산(楊靑山), 양쭤징(楊作景), 양쭤윈(楊作雲) 3명은 빼앗긴 소를 되찾으러 갔다. "(러시아군) 장교는 그들 3명의 변발을 하나로 묶어 나무 위에 매달고 몽둥이로 때렸다." "그들(러시아군)은 자오창춘(趙長春)의 어머니와 질녀를 죽였다." "제톈청(節天成, 당시 18세)과 다른 6명은 해산물을 잡으러 해안으로 갔다가 러시아 병사에게 발견되었다. 러시아 병사는 그들을 돌로 만든 소 우리로 몰아가서 총검으로 찔러 죽였다."[93]

러시아군은 또 부녀자를 겁탈했다. 1974년 북해촌에 사는 류창청(劉長成)의 조모는 이미 100세가 넘었는데 조사받을 때 다음과 같이 성토했다. "나는 의자매(30여 세)가 한 명 있었다. 그녀는 임신 중이었고 해산이 임박했으므로 로아(老俄, 러시아인에 대한 현지인의 칭호—인용자)가 왔을 때 도망가지 않았다. 곧 그들에게 강간당해 아이는 유산하고 어른도 한 달이 되지 않아 죽었다."[94]

일본 침략군 역시 대련지역에서 같은 죄악을 많이 저질렀다. 일본은 오만방

---

[92] 「俄軍暴行見聞實錄」, 馬麗芬 等 主編, 『大連近百年史見聞』, 104쪽.
[93] 「俄軍暴行見聞實錄」, 馬麗芬 等 主編, 『大連近百年史見聞』, 107쪽.
[94] 「俄軍暴行見聞實錄」, 馬麗芬 等 主編, 『大連近百年史見聞』, 108쪽.

자하게 중국인을 "피정복된 망국 백성"으로 보고 마구잡이로 괴롭혔다. 중국인이 조금이라도 불만이 있으면 바로 '러시아 스파이' '간첩' '마적' 등의 죄명을 씌워 체포하여 혹독한 고문을 가하거나 살육했다. 1904년 6월 중순 일본군 제2군은 복주 득리사에서 러시아군과 격전을 벌여 복주 인민의 손실이 막대했다. "모두 합치면 전쟁으로 인한 사상자가 25명, 파괴된 집이 67채, 짓밟힌 모종과 채소밭이 합계 1만 2,000여 무(畝)였다."[95] 일본군은 여순요새를 공격할 때 여순 주민의 생명과 재산을 무시하고 함부로 짓밟았다. 1904년 10월 초부터 도시를 공격하기 시작한 일본군은 28cm와 24cm 대포 수십 문으로 여순구 항구 안과 신·구 시가지를 집중 포격했다. 제3군은 여순을 공격하기 위해 우선 시내, 부두, 도크수리공장을 포격하여 민가, 공장건물, 창고가 화재로 무너지게 만들었다. 1904년 11월 중순 일본군 제3군은 여순구에 제4차 총공격을 실시하기 전에 다시 여순도크를 포격하여 많은 중국인 노동자가 죽거나 다치게 했다.

강제 동원되어 일본군 부상병을 운송하는 대련시민

---

95) 「關於復州各屬因戰損傷人命財産應行急賑的文件」, 遼寧省檔案館 編, 『日俄戰爭檔案史料』, 遼寧古籍出版社, 1995, 370쪽.

러·일 양군이 여순 쟁탈전에서 중국 인민에게 가한 생명과 재산의 손실은 너무 많아 글로는 다 표현할 수가 없다. 격렬한 요새 쟁탈전은 마을을 폐허로 만들었고 주민들은 집과 가족을 잃고 온 가족이 뿔뿔이 흩어져 굶주림과 추위로 울부짖었으며 도처에 이재민이 가득했다. 가장 전형적인 예는 여순 동계관산 북쪽 기슭의 오가촌(吳家村)이었다. 이 마을에는 주민 17호, 가옥 88칸, 경작지 100무가 있었다. 러시아군은 오가촌의 지형과 지물이 일본군에게 공격의 엄폐물로 이용되기 쉽다고 생각하여 결국 마을 주민 전체를 내쫓고 가옥을 전부 불태웠다. 전쟁이 끝나고 주민들이 마을로 돌아왔을 때 마을 전체에서 토대가 온전하게 남아 있는 집은 5칸밖에 없다는 것을 발견했다. 후에 고향을 재건한 후 마을 이름을 '오간방촌(五間房村)'으로 고쳤다.

전쟁으로 파괴된 민가

수많은 명승고적도 러일전쟁 중에 심각하게 파괴되었다. 금주성 대산(臺山)의 명대 봉화대는 파괴되어 현재 흔적만 남아 있다. 금주성 동쪽 대흑산(大黑山) 서쪽 기슭에 자리 잡은 명대 건축물 승수사(勝水寺, 일명 관음각)의 일부

경관은 러·일 양군의 격전 때 일본군에게 파괴되었다. 전후 금주 시인 왕톈제(王天階)는 파괴된 성루에 올라 고성이 전화로 파괴된 참경을 목도하고 감개무량하여 「구일등금주성루(九日登金州城樓)」라는 시 한 수를 지었다.

> 가시나무 무성하고 성가퀴 황량한데,
> 산을 오르고 강을 찾아 세상의 큰 변화를 느끼며 눈에 가득 채우노라.
> 전쟁의 재난을 거쳐 인가는 스산한데,
> 관아는 무너지고 시장이 섰구나.
> 몇몇 나무 위 갈가마귀에 가을빛은 깊어가고,
> 외로운 기러기의 울음소리 나그네의 마음을 쓸쓸하게 하노라.
> 처량한 해질녘의 정경을 누구에게 기대어 감상할까,
> 단풍잎은 붉게 날리고 국화는 노랗게 피었노라.

> 荊棘叢生雉堞荒, 登臨滿目感滄桑.
> 人煙蕭索經兵燹, 衙署傾頹作市場.
> 幾樹寒鴉秋色老, 一聲孤雁客心傷.
> 蒼涼晚景憑誰賞, 楓葉飛紅菊綻黃.[96]

여기서 시인이 "가시나무 무성하고 성가퀴 황량하며" "인가가 스산한" 광경을 초래한 것에 대하여 무한한 상심과 비분을 느꼈음을 알 수 있다.

러·일 양국이 대련에서 범한 죄악은 영원히 치욕의 역사로 남아 있을 것이다.

---

[96] 王天階, 「九日登金州城樓」, 『金縣志』, 大連出版社, 1989, 602쪽.

5. 「포츠머스조약」의 체결

1905년 1월 초 러시아군이 강점하고 있던 여순구 요새가 함락된 후, 전쟁을 고수하던 러시아 차르의 신념이 다소 동요했지만 아직 강화라는 최후의 결단은 내리지 않았다. 이때 러시아에 혁명이 일어나 제국주의체제에 심각한 위협이 생겨났다. 일본은 비록 3월에 봉천을 점령하고 5월에 쓰시마해전에서 승리했지만 더 이상 전쟁할 힘이 없다고 느끼고 신속한 강화를 희망하고 있었다. 미국 대통령 루즈벨트(Theodore Roosevelt, 1858~1919)는 러시아가 "강화조약을 체결하는 문제에서 우유부단해서는 안 된다"[97]고 굳게 믿고 전력을 다해 강화를 추진했다. 6월 중순에 이르러 러·일 양국은 비로소 미국의 강화 제의를 받아들이겠다고 했다.

러·일 양국의 강화 소식이 전해진 후 중국 정부는 러·일 양국이 중국의 동의를 거치지 않고 중국에 관한 일을 마음대로 결정하는 것에 단호히 반대했다. 7월 6일 중국 외무부는 러·일 양국에게 문서를 보내 진지하게 설명했다. "이번 불화는 일찍이 중국 강토에서 무력을 사용했기 때문이다. 현재 강화조항 안에 만약 중국과 관련된 일이 있다면, 무릇 이번에 중국과 상의하여 결정하지 않은 것은 일률적으로 인정할 수 없다."[98]

러·일 양국은 중국 정부의 성명을 거들떠보지도 않았다. 러시아 정부는 난폭하게 선언했다. "전쟁은 러·일 양국에게 속한 것이므로 강화조항도 반드시 러시아와 일본이 전권을 가지고 상의해야 한다."[99] 일본 정부도 공언하기를 이번 강화조약은 오로지 일본과 러시아가 직접 논의해서 결정해야 하며 제3국이

---

[97] [蘇] 鮑·亞·羅曼諾夫 著, 上海人民出版社編譯室 譯, 『日俄戰爭外交史綱(1895~1907)』下, 540쪽.
[98] 『淸光緖朝中日交涉史料』 卷69, 14쪽.
[99] 『淸光緖朝中日交涉史料』 卷86, 6쪽.

간섭하는 것을 허락하지 않을 것이라고 했다. 러·일 양국은 서로 한 통속이 되어 중국이 강화회의에 참여하는 것을 거절하는 야만적인 강도 행위를 적나라하게 드러냈다.

전쟁초기 중국 정부가 반포한 「중립조규(中立條規)」는 다음과 같이 명확하게 규정했다. "양국 개전 후 무릇 전쟁터 경계 내의 촌락과 읍내 인민의 재산은 충돌을 면할 수 없다. 만약 손실이 발생하면 공법(公法)에 따라 응당 패전국이 책임지고 배상해야 한다. 만약 무고하게 인민을 살상하거나 가옥을 불태우거나 재물을 약탈하면 그렇게 한 나라가 책임지고 배상해야 한다."100) 또 다음과 같이 규정하고 있다. "승패에 상관없이 군대는 지정된 전쟁터 경계 바깥에서 충돌하거나 들어가면 안 된다. 만약 경계 바깥의 땅으로 침입하여 인민을 살상하고 가옥을 불태우고 재물을 약탈하는 등의 일체의 손실이 발생하면 마땅히 경계를 넘은 나라가 책임지고 배상해야 한다."101) 교전 쌍방은 상술한 '조규'를 모두 승인했으나 전쟁 과정에서 양국 모두 이를 준수하지 않았다. 러·일 양군은 교전지 안에서 중국에게 심각한 재난을 조성했을 뿐만 아니라 '중립'지대 안에서도 중국 인민의 생명과 재산에 심각한 손실을 가했다. 그러나 당시 약한 중국 정부는 포츠머스에서 강화 담판을 하는 러·일 대표에게 어떠한 요구도 제기하지 못했다. 중국 정부는 강화 회의장을 이용하여 러·일 양국의 침략 행위와 추악한 거래를 폭로하고 비난할 기회를 상실했다.

러·일 양국은 미국 대통령 루즈벨트의 중재를 받아들인 후 어떤 지역을 회담장소로 선택할 것인가를 두고 또 의견이 일치하지 않았다. 처음에 미국 대통령은 하얼빈과 봉천 사이 모 장소를 주장했고 뒤에는 또 헤이그를 제의했다. 일본은 지부(芝罘, 오늘날 연대煙臺)를 요구했으며, 러시아는 파리를 희망했다. 결국 루즈벨트는 미국 뉴햄프셔주의 포츠머스군항에서 거행하기로 결정했다.

---

100) 「日俄戰地限制十條」, 遼寧省檔案館 編, 『日俄戰爭檔案史料』, 遼寧古籍出版社, 1995, 91쪽.
101) 「日俄戰地限制十條」, 遼寧省檔案館 編, 『日俄戰爭檔案史料』, 92쪽.

1905년 8월 8일 일본 외무상 고무라 주타로, 주미공사 다카히라 고고로(高平小五郞, 1854~1926)와 러시아 총리대신 비테, 주미대사 로젠(P. P. Розен)이 포츠머스에 도착했다.

포츠머스회담

8월 10일 러·일 양국 대표는 첫 번째 회의를 했다. 일본 측은 먼저 12개 조건을 제의했다. 그중 대련지역과 관련된 조항의 요점은 다음과 같았다. 첫째, 러시아는 일정기한 내에 만주로부터 철군한다. 둘째, 일본이 만주를 중국에 반환할 때 요동반도 조차권은 여기에 포함되지 않는다. 셋째, 여순구·대련 및 그 부근 영토와 영해의 조차권, 러시아가 중국으로부터 취득한 일체의 권리 특권 및 일체의 공공 건축물과 재산을 모두 일본에게 양도한다. 넷째, 하얼빈과 여순구 간의 철도 및 그 지선, 아울러 부속된 이권 재산 및 철도에 속한 탄광을 일본에게 양도한다.102)

12일 제2차 회의를 했다. 조항에 대한 러시아 측의 전체 원칙은 "한 치의 땅

---

102) 王蕓生, 『六十年來中國與日本』 第4卷, 197~198쪽.

도 할양하지 않고 1루블도 배상하지 않는다"였다. 일본 측이 제기한 각 조항에 대해 따로따로 회답했으며, 위에 열거한 제4조는 받아들일 수 없다고 했다. 또 여러 차례 논의를 거쳐 쌍방은 29일 제10차 회의를 열고 아래의 합의에 도달했다. ① 일본은 배상 요구를 포기한다. ② 북위 50도선을 경계로 사할린을 남과 북 두 부분으로 나누어 남부는 보상으로 일본에게 양도한다. 9월 15일 러·일 양국 대표는 「일러평화조약(포츠머스조약)」을 정식으로 체결했다. 10월 14일 양국 정부는 비준을 서로 교환했다. 「포츠머스조약」은 정식 조항이 15항이며 부대 조항이 2항이다. 그중 대련지역의 권익과 관련된 부분은 주로 아래의 2가지이다.

첫째, 제5항 규정 : "러시아제국 정부는 중국 정부의 동의를 거쳐 여순구·대련 및 부근의 영토·영해의 조차권을 비롯하여 이 조차권과 관련이 있고 그 구성 부분이 되는 일체의 권리를 일본제국 정부에게 양도한다."

둘째, 제6항 규정 : "러시아제국 정부는 장춘(長春, 관성자寬城子)과 여순구 사이의 철도와 모든 지선, 이와 관련된 일체의 권리와 특권과 재산, 이 지역 철도를 경영하기 위해 개설한 모든 탄광을 중국 정부의 동의를 거쳐 무상으로 일본제국 정부에게 양도한다."[103]

이상 두 조항은 「조약」의 핵심 내용이 중국 동북의 영토주권을 희생하여 거래하는 것임을 말한다. 여순구·대련 및 부근지역은 본래 중국 영토에 속하며 러시아는 1898년 「여대조지조약(旅大租地條約)」을 통해 여순구·대련만 및 부근 수면[104]을 조차했으므로 근본적으로 양도할 권리가 없다. 「포츠머스조약」에서 러시아가 조차한 중국 영토를 일본에게 '양도하는' 규정은 중국 주권을 침범하는 위법 행위였다.

「포츠머스조약」 제6항에서 언급한 러시아가 장춘에서 여순까지 철도를 양도

---

103) 掘眞琹, 『日露戰爭前後』, 東京, 白楊社, 1940, 226~228쪽.
104) 「旅大租地條約」, 王鐵崖 編, 『中外舊約章匯編』 第1冊, 741쪽.

한다는 것도 불법이었다. 주지하다시피 이 철도는 중·러가 공동으로 경영하는 기업으로 그 소유권은 중·러 양국의 공동소유였다. 「합판동성철로공사합동장정(合辦東省鐵路公司合同章程)」은 명백히 규정하고 있었다. "중국 정부는 고평은 500만 냥을 내고 주식을 취득하여 화아도승은행과 공동으로 설립하며 영업 이익과 손해는 모두 주식에 따라 분담한다."105) 따라서 러시아는 철도를 일본에게 무상으로 '양도할' 권리가 없으며 러·일 양국이 사사로이 '거래하는' 것은 불법이었다.

「포츠머스조약」제5, 6항에는 모두 "중국 정부의 동의를 거쳐"라는 문구가 있다. 이것은 세상 사람들을 기만하여 명예를 훔치는 수단으로, 중국과 세계 인민의 이목을 속여 합법의 외양을 걸치고 중국 주권을 침범하는 것이었다.

「포츠머스조약」부대조항은 다음과 같이 규정하고 있었다. "러·일 양국 정부는 강화조약이 시행되기를 기다린 후 만주지역 내 군대를 동시에 철수하기로 서로 상의하여 승인한다. 강화조약을 실시한 날로부터 18개월 내에 양국은 요동반도 조차지를 제외한 만주의 모든 군대를 일률적으로 철수한다."106) 기왕 러·일 양국이 강화회의가 끝났음을 선언한 이상 양국 군대는 응당 즉시 중국 동북 각지(대련과 여순 포함)로부터 물러나야 했다. '부대조항(附約)'에서 일본군과 러시아군이 18개월 이후에 철군한다고 마음대로 결정한 것은 중국 주권을 무시하는 오만방자한 강도 행위였다.

이를 보건대 러·일 양국이 포츠머스에서 거행한 것은 제국주의 국가의 장물나누기 회의였으며 「포츠머스조약」은 러·일 두 강도의 장물나누기 범죄의 증거였다.

「포츠머스조약」을 교환한 후 일본은 대련지역에 대한 식민통치를 시작했다.

---

105) 「合辦東省鐵路公司合同章程」, 王鐵崖 編, 『中外舊約章匯編』 第1册, 672쪽.
106) 「朴次茅斯和約·附約」, 王希智 等 主編, 『大連近百年文獻』, 257쪽. 그밖에 掘眞琹, 『日露戰爭前後』에 수록한 '附約' 참조.

6. 일본 정계요인의 만주경영 책략에 관한 토론

「포츠머스조약」 체결 후 일본은 제정러시아가 중국 동북에서 획득한 각종 침략권익을 취득했다. 러시아의 여순·대련 조차권과 장춘―대련 간 철도경영권을 이어받아 '관동성'을 '관동주'로 개칭했다. 그러나 일본은 이러한 상황에 만족하지 않고 장차 동북 전역, 이른바 만주를 완전히 일본의 식민지로 만들고자 간절히 염원했다. 1905년 9월 일본 만주점령군은 요양에 관동총독부를 건립하고(이듬해 5월 여순으로 이전) 미국과 영국 등의 국가가 동북에 개입하는 것을 방지하기 위해 남만주에 대해 군사관제를 실행했다.

일본 군부의 이 정책은 당시 조선통감 이토 히로부미, 일본 외상 가토 다카아키(加藤高明) 등 내각 구성원과 원로파의 단호한 반대에 부딪혔다.

이토 히로부미

이토 히로부미 등은 다음과 같이 생각했다. 일본은 아직 영·미 금융의 지원을 받지 않아도 될 정도로 강대하지 않다. 당초 일본은 러시아와 동북 쟁탈전을 벌일 때, 만주를 빼앗은 후 문호개방과 이권균등의 원칙에 따라 대련·영구(營口) 등의 무역항을 영·미에 개방하여 상업과 무역을 공동으로 발전시킬 것을 일찌감치 영·미에게 허락했다. 이 때문에 영·미는 러일전쟁 중에 외교, 정치, 경제 등의 방면에서 모두 일본에게 강력한 지지와 원조를 보냈다. 또 만주에 대한 군사관제의 실행은 일본 정부가 당초 영·미에게 한 약속을 위반하는 것으로, 반드시 그들의 강렬한 항의를 불러일으키고, 심지어 일본에 대한 보복으로 이어질 수도 있다. 게다가 일본은 만주에서 중국의 행정권을 무시하여 이미 중국 정부와 인민의 강력한 불만을 불러일으켰다. 「회의동삼성사의정략(會議東三省事宜正約)」의 체결을 위해 담판할 때 중국 정부의 호된 저지에 부딪혀 장장 42일에 걸쳐 22차례의 회담을 거행했고, 최후에 일본은 영·미의 지지 아래 고압적인 수단으로 중국 정부로 하여금 강제로 복종하게 했다. 이대로 계속 간다면 "청나라 북부뿐만 아니라 심지어 청나라 21개 성(省)의 민심도 모두 일본을 반대할 것이다." 만약 다시 영·미와 적이 되어 국제 여론의 비난을 받는 상황에서 중국 인민이 반일 투쟁을 일으키면, 일본은 틀림없이 앞뒤에서 적의 공격을 받을 것이다. 따라서 만주에 대해 군사관제를 실행하는 것은 장차 하나의 "자살정책"이 될 것이다.[107]

만주에 대한 정책문제를 해결하기 위해 1906년 5월 22일 이토 히로부미의 주재 아래 원로파, 내각, 군부 대표가 참가하는 '만주문제협의회'를 열어 일본이 만주에 대해 마땅히 어떠한 통치정책을 실행해야 하는지 전문적으로 연구했다. 원로파 대표 이노우에 가오루(井上馨), 수상 사이온지 긴모치(西園寺公望), 군부 대표 야마가타 아리토모, 고다마 겐타로(兒玉源太郎) 등 13명이 회의에 출석했다.

회의에서 고다마 겐타로 등은 "만주를 경영하려면" "장차 만주 주권을 한 사람의 손에 위임하여" "일체를 지휘하는 관청을 새로 조직해야 한다"는 주장을 견지했다. 이토 히로부미는 이에 대해 준엄하게 반박하며 고다마 등이 "만주에서 일본의 지위를 완전히 오해하고 있다"고 지적했다. 이어 이토 히로부미는 이렇게 말했다. "만주에서 일본의 권리는 단지 강화조약에 근거하여 러시아로부터 넘겨받은 것에 불과하며 곧 요동반도의 조차지와 철도 외에 다른 것은 없다. 만주경영이라는 이 말은 전쟁기간에 우리나라 사람들에게서 나왔던 말로, 현재는 관리뿐만 아니라 상인들도 늘 만주경영을 이야기한다. 그러나 만주는 결코

---

[107] 井上清 著, 宿久高 譯, 『日本帝國主義的形成』, 人民出版社, 1984, 256쪽.

우리나라의 속지가 아니라 완전히 청나라 영토의 일부분이다. 속지가 아닌 곳에서 우리나라 주권을 행사하는 것은 도리에 어긋나는 일이며……만주경영의 책임은 마땅히 청나라 정부가 맡는 것이 옳다."[108]

이토 히로부미 등의 견지 아래 회의는 "관동총독기관을 평시조직으로 바꾸고" "차례대로 군정서(軍政署)를 폐지하되, 영사가 있는 곳에서는 즉시 폐지하기로"[109] 최종 결정했다. 9월 1일 일본 정부는 군정기관 관동총독부를 폐지하고 민정기관 관동도독부를 설립했다. 그러나 관동도독부의 최고장관인 도독직은 여전히 천황이 임명하는 육군대장 혹은 중장이 맡았으며 직접 천황에게 복명했다. 따라서 만주의 통치 대권은 여전히 군부의 수중에 장악되어 있었다.

---

108) 平塚篤,『伊藤博文秘錄』, 東京, 春秋社, 1929, 212쪽.
109) 鈴木隆史 著, 周啓乾 譯,『日本帝國主義與滿洲』, 臺北, 金禾出版社, 1998, 85쪽.

제2장

관동주 식민통치기구의 건립과 변천

1. 식민통치기구의 확립 및 발전

러일전쟁이 종결된 후 일본침략세력은 대련지역으로 진입하여 대련지역에 대하여 장장 40년에 달하는 식민통치를 시작했다. 그 통치방식은 대체로 3시기, 즉 군사관제시기(1904년 5월~1905년 5월), 군민합치시기(1905년 6월~1919년 4월), 군민분치(또는 '민정통치')시기(1919년 4월~1945년 8월, 관동청단계와 관동주청단계 포함)로 나눌 수 있다.[1]

---

[1] 일본의 대련통치 40년간 식민기구의 변화에 대해 학술계에는 각기 다른 구분방법이 있다. 趙明儒 등의 견해 : "일본이 旅大통치 40년간 건립한 정치기구의 변천은 대체로 3단계 6시기로 나눌 수 있다. 제1단계는 군사점령단계로 군관서를 설치하여 군관서시기라고 부른다. 제2단계는 군정통치단계로 관동주민정서, 관동총독부, 관동도독부 3시기를 포함한다. 제3단계는 민정통치단계로 관동청과 관동주청 2시기를 포함한다." '군사점령단계의 군관서시기(1904.5~1905.5)', '군정통치단계의 관동주민정서시기(1905.6~1905.10)', '군정통치단계의 관동총독부시기(1905.10~1906.8)', '군정통치의 관동도독부시기(1906.9~1919.4)', '민정통치단계의 관동청시기(1919.4~1934.12)', '민정통치단계의 관동주청시기(1934.12~1945.8)'(顧明義 等 主編, 『日本侵占旅大四十年史』, 68~75쪽). 董志正의 견해 : "일본의 여대지역에 대한 식민통치는 4시기로 구분할 수 있

1) 군사관제('군사점령')시기(1904년 5월~1905년 5월)

이 시기의 특징은 대련 점령구에 군관서가 설치된 것이다. 군관서는 일본의 대련 점령구에 대한 군사관제 실행의 표지일 뿐만 아니라, 일본이 대련에 식민통치를 실행하는 출발점이었다. 일찍이 1904년 러일전쟁이 아직 진행되던 때에 일본은 잠시도 늦추지 않고 대련에 대한 식민통치를 시작했다. 같은 해 5월 26일 일본군 제2군은 금주(金州)를 점령하고, 5월 31일 일본군은 보병소좌 사이토 스에지로(齋藤季次郎)를 군정관으로, 육군보병소위 쓰치호시 가나에(土星鼎)를 부관으로, 미사와 신이치(三澤信一), 한간(漢奸) 류위톈(劉雨田), 노무라 다다시(野村正)를 통역원으로 하여 금주군관서(金州軍官署)를 설립했다. 5월 31일 제2군은 또 대련만에 보병대위 가와사키 도라노신(川崎虎之進)을 군관으로 하여 대련(만)군관서를 건립했다. 6월 11일 제2군은 또 복주(復州)에 보병대위 히라하마 하루히사(平山治久)를 군정위원으로 삼아 군관서를 건립했다. 다음 해 1월 13일 일본군 제3군은 여순(旅順)을 함락한 후 또 여순에 여순군관서를 설치하고 보병소좌 사이토 스에지로를 군정위원으로 임명했다. 1906년 2월 일본군은 이미 대련지역에 4개의 군관서를 건립했고, 요녕의 일본군 점령지에 잇따라 20개의 군관서(대련지역에 건립한 4개의 군관서 포함)를 건립했다. 일본이 요녕에 건립한 20개의 군관서는 〈표 2-1〉과 같았다.

다." 첫째는 '군정시기', 둘째는 '관동도독시기', 셋째는 '관동청시기', 넷째는 '관동국시기(즉 관동청이 관동주청으로 바뀐 시기를 지칭―인용자)'이다(董志正, 『大連槪況』, 于植元 等 主編, 『簡明大連辭典』, 大連出版社, 1995, 8~9쪽). 武蓮峰의 견해 : 마땅히 '군정서와 관동총독부', '관동도독부', '관동청', '관동국에 예속된 관동주청' 4개의 단계로 나누어야 한다(顧明義 等 主編, 『大連近百年史』上, 413~422쪽). 王万濤와 孫玉의 견해 : "일본이 여대침략기간에 설치한 통치기구는 여러 차례 변했다. 대체로 4시기로 나눌 수 있다." ① 군정통치시기(1904.5.26~1906.8.31), ② 관동도독부시기(1906.9.1~1919.4.12), ③ 관동청시기(1919.4.12~1934.12.26), ④ 관동주청시기(1934.12.26~1945.8.15)(王万濤・孫玉, 『日本侵占旅大時期統治機構綜術』, 方軍 等 主編, 『以史爲鑒開創未來―近百年中日官界與二十一世紀之展望』下, 172~175쪽). 필자의 견해 : '군사관제(군사점령)시기', '군민합치(군정통치)시기', '군민분치(민정통치)시기'의 구분방법이 이 시기 일본식민기구의 변화를 더욱 잘 반영하고 있으므로 이 구분방법을 채용한다.

금주군정서(金州軍政署)

〈표 2-1〉 일본군이 요녕에 건립한 군관서 일람표

지명	설립연월	소속계통	지명	설립연월	소속계통
安東	1904년 5월	제1군	遼陽	1904년 9월	만주군총사령부
鳳城	1904년 5월	제1군	烟臺	1904년 11월	만주군총사령부
大孤山	1904년 5월	제4군	旅順	1905년 1월	요동수비군
金州	1904년 5월	제2군	奉天	1905년 3월	만주군총사령부
大連	1904년 5월	제2군	鐵嶺	1905년 3월	만주군총사령부
復州	1904년 6월	제2군	新民	1905년 3월	만주군총사령부
岫岩	1904년 6월	제4군	法庫	1905년 5월	제3군
盖平	1904년 7월	제2군	昌圖	1905년 12월	관동총독부
營口	1904년 7월	제2군	開原	1905년 12월	제4군
海城	1904년 8월	제2군	瓦房店	1906년 2월	관동총독부

출전 : 滿史會 編著, 東北淪陷十四年史遼寧編寫組 譯, 『滿洲開發四十年史』 下, 398쪽.

군관서를 담당하는 군정위원은 일본 측의 규정에 따라 중국어를 알고, 중국 풍토와 인정을 이해하는 장교가 맡았다. 군정위원의 임무는 "군사외교관의 신분으로 일본군대와 중국 관리 사이의 교섭업무에 종사하면서, 점령구 내 일본인의 보호와 관리를 책임지고, 군대의 후방사무를 담당하고, 현지의 군정사무와 지방의 수입과 지출에 관한 관리를 포함한 지방행정사무를 처리하는 것이었다."[2) 군정위원은 각 군 사령관의 관할 아래 소속되었으며 다음과 같은 '권리가 있었다.' 일본군 점령지 내의 모든 사무를 집행할 권리, 일본 만주 작전군 최고 사령관의 비준을 거쳐 규장과 제도를 발포할 권리, 현지에서 계속 사용되어 온 법규에 근거하고 일본의 법령을 참조하여 민사 혹은 형사사건을 심사하고 판결할 권리, 세금징수 권리 등. 점령지에 대한 더욱 편리한 통치를 위해 군관서 아래에 관구(管區)를 설치하고, 관구 아래에는 민무소(民務所)를 설치했다. 관구의 장은 일본인이 맡고 민무소장은 중국인이 담당했다. 민무소장 밑에는 회장과 촌·둔장 등을 두었다.

1904년 8월 14일 일본 대본영[3]은 일본군의 후방을 공고히 하기 위해 만주군 총사령부와 후방 병참간의 관계를 조정하고 특별명령을 내려 금주에 니시 간지로(西寬二郞) 대장을 사령관으로 하는 요동수비군사령부를 설립하여(11월 대련으로 이전) 후방수비와 전선보급임무를 담당하게 하고, 아울러 요동수비군 참모장 가미오 미쓰오미(神尾光臣) 소장을 군관장관으로 임명하여 원래 각 군에 속해 있던 군관서의 관할을 책임지게 했다.

요동수비군사령부는 일본 대본영의 훈령에 근거하여 전체 관할구를 러시아조차지와 비러시아조차지로 나누고, 원래 러시아조차지에 속했던 '관동주'를 여순, 대련, 금주 3개 지역으로 나누어 군관위원을 배치했다. 동시에 금주를 5개 관구로 나누고 관구장을 배치해서 대련인민에 대한 식민통치를 진행했다. 요동수비군은 비록 8개월 동안 존속했을 뿐이나 요동수비군의 대련에 대한 식민통치는 도리어 이후 일본의 대련에 대한 식민통치의 초석이 되었다.

2) 군민합치('군정통치')시기(1905년 6월~1919년 4월)

이 시기의 특징은 군사관제를 취소하고 군민합치를 실행한 것이다. 통치기

---

[2] 大連市史志辦公室 編, 『大連市志·財政志』, 中央文獻出版社, 2002, 48쪽.
[3] 전시에 설치하는 일본 천황 직속의 통수부.

구의 변화에 따라서 다시 3단계로 구분할 수 있다.

(1) 만주군총병참감부 단계(1905년 6월~10월)

1905년 5월 19일 일본 정부는 명을 내려 요동수비군사령부를 만주군총병참감부로 개칭하고, 아울러 관동주민정서를 설립하여 대련에 대한 행정관리를 진행하며, 여순, 대련, 금주 3개의 군관서를 폐지하도록 결정함으로써 군사관제시기를 마감했다. 점령지에 대한 통치를 편리하게 하기 위해 6월 8일 일본 정부는 천황 제156호 칙령의 방식으로 점령지민정서 공무원 장정을 공포하여 점령지 직원 전부를 문관으로 임명하도록 규정했다. 6월 9일 관동주민정서가 정식으로 설립되어(처음 여순에 설립했다가 후에 대련으로 이전) 만주군총병참감부 아래 예속되었고, 그 아래 대련, 여순, 금주 3개 민정지서를 설립했다. 관동주민정서 안에는 서무과, 토목과, 재무과, 학무관, 공상계, 수리계, 농림계가 설치되었다. 경찰서 안에는 경무과, 보안과, 위생과, 사법과가 설치되었다. 제1대 관동주민정서장은 이시즈카 에이조(石塚英藏)였다.

이시즈카 에이조

(2) 관동총독부 단계(1905년 10월~1906년 8월)

1905년 10월 18일 일본 정부는 육군대장 오시마 요시마사(大島義昌)를 관동총독으로 임명하고, 관동총독부를 설립하여 만주군총병참감부를 대체할 준비를 했으며 아울러 「관동총독부관제」를 공포했다. 10월 31일 요양(遼陽)에 관동

오시마 요시마사

총독부를 설립하고 다음해 5월 여순으로 옮겼다. 관동총독부 설립 후 원래 만주군총병참감부 관할 아래 있던 관동주민정서 및 기타 대련에 주둔하고 있던 일본군의 모든 군사기구를 접수하여 다시 대련에 대한 군사관제통치를 회복했다. 오래지 않아 만주군총사령부는 명을 받아 일본 국내로 철수하고, 원래 만주군총사령부 관할에 속했던 각 군관서 및 기타 각종 기관은 모두 관동총독부에 의해 접수되었다. 이리하여 관동총독부는 일본침략자가 중국 동북에 설립한 최고 군정 권력기관이 되었다. 관동총독부 소속으로 바뀐 후에도 원래의 관동주민정서는 기구, 행정구획에 모두 변화가 없었으며 여전히 대련, 여순, 금주 3개 지서를 관할하여 대련지역에서 중국 인민의 반항진압, 식민지의 사회치안 유지, 세금징수, 일본군을 위한 군량과 마초를 해결하는 등의 책임을 졌다.

관동총독부는 설립 후 각지 군관서의 정치가 통일적으로 이루어지지 않고 법령이 혼란한 현상을 겨냥하여 다음해 4월「군관서실시군관조례(軍管署實施軍管條例)」[4]를 제정했다. 그 내용은 다음과 같았다.

(1) 군관서의 본 직무는 관구 내의 군사관제업무를 책임지고, 주민을 보호하고, 우리 군대, 인민과 청 정부 관민 간의 교섭과 담판을 담당하는 것이다. 다만 영사관이 설치된 지방에서는 영사의 직권에 간섭할 수 없다.

(2) 군사관제를 집행하는 기준은 군사목적을 달성하는데 치중하여 아국의 권리를 보호하

---

[4] 당시 대련지역의 대련군관서, 여순군관서, 금주군관서는 비록 이미 철폐했으나, 와방점군관서는 아직 폐지하지 않았다.

고 주민의 발전을 기하는데 있다.

(3) 이상의 목적을 이루는 방법은 대체로 다음과 같다.

① 군사업무에 유익한 일을 옹호하고 도와준다. ② 주민을 관리하고 신용을 장려하며 독점사업을 배제한다. ③ 현지 주민을 계발 지도하고 일본어를 강습한다. ④ 지방 위생 및 도살장의 설립을 독촉한다. ⑤ 식수조림을 장려하고 도로 교량 및 기타 공익사업의 건설을 장려 독촉한다. ⑥ 신사(神社)와 불당을 보호한다. ⑦ 상벌을 활용한다. ⑧ 헌병 및 수비대와 합작한다.

이외에 각종 방법으로 민정을 관찰하고 지방의 농·공·상업 상황 등을 조사한다.

(4) 영구(營口)군관서는 비록 다른 지방과 다르나 가능한 한 본 강령에 따라 일을 처리한다. 이 외에 군사관제관이 배치되지 않은 지방의 군사관제는 각 수비대와 협의하여 진행한다.[5]

군사관제조례를 통해 일본군이 점령지에 군사관제를 실행한 근본목적은 주로 "(일본군의) 군사목적을 완성하고" 일본의 '권리'를 '보호'하고자 하는 것이었음을 알 수 있다. 이러한 목적을 달성하기 위해 일본군은 중국 인민에 대한 식민통치를 강화했을 뿐만 아니라, 중국인에 대한 노예화 교육("현지주민의 계발 지도와 일본어강습")을 강화했다.

(3) 관동도독부시기(1906년 9월~1919년 4월)

1906년 7월 31일 일본 정부는 196호 칙령 방식으로 「관동도독부관제」를 공포했다. 「관제」는 규정하기를 9월 1일 관동총독부를 폐지하고 관동도독부를 설립한다고 했다. 「관제」는 또 관동도독부의 직책, 관동도독부 기구의 설치, 관동주의 행정구획 및 관원의 임명과 직권범위를 규정했다. 관동도독의 직책에 관한 「관제」의 규정 : "도독은 관동주를 관할하며, 남만주철도노선을 보호 감독하는 일을 겸하여 관장하고, 아울러 남만주철도주식회사의 업무를 감독한다." "도독

---

[5] 滿史會 編, 東北淪陷十四年史遼寧編寫組 譯, 『滿洲開發四十年史』 下, 400쪽.

은 친임(親任은 천황이 임명한다는 뜻 – 인용자)직으로 육군대장 혹은 육군중장이 담당한다." "도독은 휘하 군대를 통솔하고" "중국 지방관헌과 사무를 교섭하고" "도독부령을 공포할 수 있다." "도독은 관내의 방비업무를 관장한다." 기구설치에 관한 「관제」의 규정 : "도독부는 도독관방(관방은 청사 혹은 사무실의 의미 – 인용자)" "민정부 및 육군부"를 설치한다. "민정부는 아래 열거하는 4과 1서, 즉 서무과, 경무과, 재무과, 토목과, 감옥서를 설치한다." 행정구획에 관한 「관제」의 규정 : "관동주는 3구로 나누어 각 구에 민정서를 설치하되 그 위치 명칭 및 관할구역은 도독이 결정한다." 관원설치에 관한 「관제」의 규정 : "도독부는 아래의 직원을 둔다. 민정장관 1명(칙임勅任), 참사관 전임 2명(주임奏任), 사무관 전임 6명(주임), 민정서장 전임 3명(주임), 기사 전임 18명(주임), 경시(警視) 전임 6명(주임), 전옥(典獄) 전임 1명(주임), 번역관 전임 3명(주임), 속(屬), 경부(警部), 기수(技手), 감리(監吏), 감옥의(監獄醫), 번역생 전임 220명(판임判任)." 「관제」는 또 각급 관리의 직권을 규정했다.[6]

관동도독부, 관동청, 관동주청 소재지(여순)

---

[6] 王希智·韓行方 主編, 『大連近百年史文獻』, 292~295쪽. 이 「관제」의 원래 명칭은 「關東都督府官制」이며 『大連近百年史文獻』에서는 「關于關東都督府設置之勅令」이라고 번역했다.

9월 1일 관동도독부가 여순에 설립되었고 이전의 관동총독 오시마 요시마사는 관동도독부 초대 도독이 되었다. 도독부가 설립된 후 아래에 설치된 육군부가 군사를 관장하고, 민정부(즉 원래의 민정서를 민정부로 변경)가 행정을 관장했다. 초대 민정장관은 이시즈카 에이조였다. 민정부 아래 여순, 대련, 금주 3개의 민정서가 설치되었다. 금주민정서 아래 보란점(普蘭店)과 비자와(貔子窩) 2개의 민정지서를 설치했다. 1908년 11월 관동도독부는 또 명을 내려 여순, 대련, 금주 3개의 민정서를 여순, 대련 2개의 민정서로 바꿨다. 대련민정서 아래 금주민정지서를 설치하고, 금주민정지서 아래 보란점과 비자와 2개의 출장소를 설치했다.

일제시기 역대 관동도독, 관동주민정장관 및 사무총장, 대련민정서장에 관한 자세한 상황은 〈표 2-2〉, 〈표 2-3〉, 〈표 2-4〉와 같다.

〈표 2-2〉 일제시기 역대 관동도독 일람표

성명	재직기간	성명	재직기간
大島義昌	1906.9.1~1912.4.26	中村覺	1914.9.15~1917.7.31
福島安正	1912.4.26~1914.9.15	中村雄次郎	1917.7.31~1919.4.12

출전 : 關東廳 編, 『關東廳施政二十年史』, 大連 : 滿洲日日新聞社, 1926(大正 15년), 28쪽.

〈표 2-3〉 일제시기 역대 관동주민정장관, 사무총장 일람표

	성명	취임날짜	이임날짜
민정장관	石塚英藏	1906년 9월 1일	1907년 4월 25일
	中村是公	1907년 4월 25일	1908년 5월 15일
	白仁武	1908년 5월 15일	1917년 7월 31일
	宮尾舜治	1917년 7월 31일	1919년 4월 12일
사무총장	杉山四五郎	1919년 4월 12일	1921년 6월 3일
	土岐嘉平	1921년 6월 3일	1923년 6월 15일
	川口彦治	1923년 6월 16일	1924년 6월 30일

출전 : 關東廳 編, 『關東廳施政二十年史』, 29쪽.

〈표 2-4〉 일제시기 역대 대련민정서 서장 일람표

성명	재직기간	성명	재직기간
關屋貞三郎	1906.9.1~1907.10.9	神田純一	1930.5.28~1930.8.26
力石雄一郞	1907.12.6~1910.2.3	辛島知己	1930.8.28~1932.2.5
吉村源太郞	1910.5.9~1911.5.9	竹內德亥	1932.2.5~1932.9.30
相賀照卿	1911.5.9~1911.5.29	永井四郞	1932.9.30~1933.8.8
大內丑之助	1913.8.14~1918.12.25	御影池辰雄	1933.8.8~1934.12.26
中野有光	1919.1.11~1921.3.31	水谷秀雄	1934.12.26~1935.4.2
田中喜介	1921.5.14~1924.12.11	米內山震作	1935.6.13~1937.11
田中千吉	1924.12.11~1930.2.30		

출전 : 大連民政署, 『大連民政三十一年紀念志』, 1937(昭和 13年), 23~24쪽.

2. 관동주의 지방행정 및 주요 통치기구 — 민정서

러일전쟁 후 대련은 일본의 조차지가 되어 '관동주'라 불렸다. 일본은 이곳에 잇따라 관동총독부, 관동도독부, 관동청, 관동주청을 설립하여 최고통치기구로 삼았다. 동시에 일본은 또 민정서 및 민정지서, 회, 촌(둔)을 설립하여 지방의 행정기구로 삼았다. 이렇게 일본은 관동주에 일련의 완전한 식민통치체계를 수립했다.

1) 민정서의 설립과 연혁

민정서의 설립은 1905년 6월에 시작되었다. 당시 러일전쟁의 대세는 이미 정해졌고 동북 대부분 지역은 이미 일본군의 통제 아래에 놓여있었다. 점령지 병참사무를 처리하기 위해 일본은 원래의 요동수비군사령부를 만주군총병참감부로 개조하고 만주군총사령부 아래 예속시켜 만주군 총참모장 고다마 겐타로(兒玉源太郞)를 최고장관으로 임명했다.[7] 점령지구가 끊임없이 확대되고 러시아

---

[7] 淺野虎太郞, 『大連市史』, 大連市役所, 1936, 213쪽.

와의 전쟁에서 이미 승리를 확신함에 따라 일본은 점령지구에 대한 군사관제를 해제하기로 결정하고, 1904년 5월 이후 대련지역에 설립한 금주군정서, 대련군정서, 여순군정서를 없애고 관동민정서를 설립했다.

6월 8일 일본 정부는 제156호 칙령을 발포하여 민정서공무원임직조건을 공포했다.[8] 민정서 사무직원은 전부 문관이 담당하도록 규정하고, 아울러 이튿날 '관동주민정서'의 설립을 선포함으로써 일본은 대련지역에 대한 군사관제의 종결과 군정통치의 시작을 표방했다. 여러 해 동안 고다마 겐타로에게 충성을 다하며 세심하게 시중들던 원래 대만총독부 참사관 이시즈카 에이조가 관동주민정서 초대 서장을 맡았다. 이 민정서는 일본 만주군총병참감부에 예속되었고, 이시즈카 에이조는 고다마 겐타로의 직접 지휘와 감독 아래 직권을 행사했다. 6월 23일 일본 정부의 지령에 따라 관동주민정서 아래 대련, 여순, 금주 3개의 민정지서를 설립했다. 이것은 일본이 대련지역에 대한 식민통치를 진행하는 지방행정기구의 골격을 세우는 것이었다. 10월 만주군총병참감부가 철폐됨에 따라 신설된 관동총독부가 동북에서 일본의 최고통치기구가 되었고, 이에 관동주민정서는 자연스럽게 그 예하의 지방행정기구가 되었다.

1906년 9월 일본은 관동총독부를 철폐하고 관동도독부를 개설했다. 육군대장 오시마 요시마사는 관동총독에서 관동도독으로 바뀌었다. 일본은 이 같은 거동을 일컬어 군정통치에서 민정통치로 전환하는 한 차례의 변혁이라고 했다. 그러나 사실 이것은 단지 약탕만 바꾸고 약은 바꾸지 않으며, 눈 가리고 아웅하는 속임수에 불과했을 따름이다. 관동도독부는 또 민정부와 육군부를 신설하여 민정과 군사를 각각 나누어 관장하도록 했다. 원래 관동주민정서의 기능은 민정부에 의해 대체되었으며, 이시즈카 에이조는 관동주민정서장에서 관동도독부 민정부장으로 바뀌었다.

---

8) 關東廳 編, 『關東廳施政二十年史』, 19쪽.

일본은 대련지역의 행정구획을 여러 차례 변경했다. 1904년 12월에 발표하여 다음해 1월에 실행한 「요동수비군행정규칙」에서 다음과 같이 규정했다.

제5조 : 요동수비군 관할지역은 2종류로 나눈다. 첫째, 러시아조차지역. 둘째, 러시아조차지 이외의 지역.

제6조 : 첫째 지역은 아래 열거한 정구(政區)로 나누고 각 정구에 군정위원을 둔다.

1. 여순정구
2. 청니와(대련)정구
3. 금주정구

……

제13조 : 금주지역은 지역이 넓으므로 5개 관구로 나누고 각 관구에 관구장을 둔다. 관구장은 육군사관 혹은 고등문관이 담당하며 군정위원의 지도를 받아 관구 내 행정사무를 책임진다.9)

관동도독부 설립 후에도 여전히 상술한 규정에 따라 집행되었고, 단지 원래의 대련, 여순, 금주 3개의 민정지서를 민정서로 바꾸어 관동도독부 민정부 아래 예속시켜 각자 관내의 행정사무를 처리하게 했다.

1908년 11월 관동도독부는 관내의 행정구획을 조정했다. 대련과 여순 2개의 행정구를 설치하고, 금주정구를 폐지하여 원래 금주정구를 대련행정구 관할로 돌렸다. 관동주의 2급 지방행정관서는 여순, 대련 2개의 민정서를 설치했다. 대련민정서 아래 금주민정지서를 설치하고, 지서 아래 보란점과 비자와 2개의 출장소를 설치했다.10)

1919년 관동도독부가 폐지되고 관동청이 개설되었다. 이때의 지방행정은 다시 여순, 대련, 금주 3개 행정구와 민정서의 형식을 회복했다. 다만 금주민정서

---

9) 淺野虎太郎, 『大連市史』, 234쪽.
10) 關東州廳內務部民生課 編, 『關東州に於ける地方行政』, 大連, 1941, 22쪽.

대련민정서의 최초 관청자리(1905년 6월~1908년 9월)

아래 보란점과 비자와 2개의 민정지서를 설립했다.

1924년 12월 관동청은 또 여순, 대련 2개 행정구와 2개 민정서 제도를 실행하고 금주민정서를 폐지했다. 대련민정서 아래 금주, 보란점, 비자와 3개의 민정지서를 설립했다. 같은 해 5월 일본 정부는 제130호 칙령을 발포하여 「관동주시제(關東州市制)」를 공포했다. 여순시와 대련시가 정식으로 설립되었고 아울러 각각 여순과 대련민정서 관할 아래 예속되었다.

여순민정서

금주민정서

9・18사변 전인 1930년 10월 대련식민당국은 식민통치를 강화할 필요에서 출발하여, 관동주를 5개의 행정구, 즉 여순, 대련, 금주, 보란점, 비자와로 나누고 각각 민정서를 설치하여 관동청민정부가 직접 각 행정구의 지방행정업무를 감독하고 지도했다.

9・18사변 후 관동군 세력이 급격히 팽창하면서 중국 동북에서 일본의 원동력이 되었다. 1934년 12월 26일 일본 정부는 제348호 칙령을 발포하여 다음과 같이 규정했다. 만주국주재 일본대사관에 관동국을 설치하고 아울러 관동주에 관동주청을 설치한다. 관동주청장관은 대사의 지휘 아래 관동주 내 행정사무를 관장한다.11) 관동군사령관은 관동국장관과 만주국주재 특명전권대사를 겸임했기 때문에 관동군사령관은 일본 동북침략의 주재관(主宰官)이 되었다.

1937년 5월 관동주청은 여순에서 대련으로 이전했다. 12월 대련민정서가 폐지되고 대련시는 독립적인 지방행정기구가 되었다. 대련시 외에 나머지 4개의 민정서는 보류되어 그 관할구역의 지방행정업무를 계속 관리했다.

민정서장의 직권에 관해서는 1906년 일본 정부가 제정하고 후에 여러 차례

---

11) 關東州廳內務部民生課 編, 『關東州に於ける地方行政』, 26쪽.

수정을 거친「관동도독부관제(官制)」에 이런 규정이 있었다.

  제25조 : 민정서장은 사무관으로 임명하며 도독의 지휘감독을 받아 법률명령을 시행하고 부내의 행정사무를 관장한다.
  제26조 : 민정서장은 관할서 내에서 처리해야 할 사무세칙을 제정하여 관내 전부 혹은 일부지역에 50원 이내의 벌금 혹은 상관비용 및 구류의 벌칙을 부가할 수 있는 민정서령을 발포한다.
  제27조 : 민정서장은 지방의 안녕을 유지하기 위해 도독에게 병력사용을 청원할 수 있다. 다만 비상 급변의 경우 부근 수비대장에게 출병을 요구할 수 있다.
  제28조 : 민정서장은 휘하의 관리 및 위임 받은 관리의 진퇴를 감시 독촉하며 반드시 도독에게 지시를 청한다.
  제29조 : 민정서장은 서 내의 업무처리세칙을 제정할 수 있다.[12]

 민정서에는 총무과와 경무과가 있었다.「민정서분과규정」은 다음과 같이 규정했다. 총무과는 '지방관련사항' '식민사항' '법무사항' '조세 및 기타 수입사항' '회계사항' '통계보고사항' 등을 관장한다. 경무과는 '경찰관련사항'과 '위생사항'을 관장한다.[13]
 상술한 각항의 규정은 민정서가 일본이 대련을 통치하는 주요 지방행정기구로 자리매김하도록 했다. 그것은 식민통치질서의 유지, 각종 생산 활동의 조직과 관리, 재정자금의 준비, 문교 위생사업의 관리 등과 같은 기능을 담당했다. 일본의 대련 인민에 대한 식민통치와 경제약탈의 집행권은 곧 민정서의 장악 아래 있었다.

---

[12] 陳覺,『日本侵略東北史』, 商務印書館, 1934, 86쪽 ; 王麗珍 · 王志民 主編,『僞滿洲國史料)』第32冊, 全國圖書館文獻縮微復制中心影印, 2002.
[13] 陳覺,『日本侵略東北史』, 101~102쪽, 王麗珍 · 王志民 主編,『僞滿洲國史料』第32冊 참조.

2) 대련민정서의 아편판매정책

일본의 대련통치 40년 동안 민정서는 대련 인민에 대해 정치압박과 경제약탈을 진행하는 허다한 식민정책을 제정하고 실시했다. 그중 가장 악랄한 것은 대련민정서가 추진한 아편판매정책이었다.

아편을 이용하여 아시아 대륙의 문을 두드려 열고 거액의 재부를 탈취하는 것은 일찍이 서양식민통치자가 재정수입을 획득하는 중요한 경로였다. 일본인은 그 비밀을 알고 난 후 먼저 대만에서 그것을 활용했다. 대만에서 아편판매를 가장 먼저 제창하고 실천한 사람은 고토 신페이(後藤新平)였다. 그는 당시 구미 각국이 동남아시아에서 판매한 아편수입이 그들 재정수입의 30~60%를 차지한다는 사실을 알고[14] 곧「대만아편제도에 관한 의견」을 제출했고 일본 정부는 흔쾌히 그의 의견을 받아들였다. 이에 고토는 대만에서 아편사업경영에 몰두했고, 후에 이 항목의 수입이 대만총독부 재정수입의 42%에 달하게 했다. "대만의 아편수입은 일본 중앙정부로 하여금 7년 동안 대만에 대한 재정지출을 면하게 해주었고" "러일전쟁을 준비하고 군비를 확충할 수 있도록 일본재정에 중요한 재원을 제공했다."[15]

그런 까닭에 일본은 대련을 점령한 후 곧바로 대만을 모방하여 대규모 아편사업을 진행했다. 대련에서 일본의 아편경영활동은 1914년을 경계로 2단계로 나눌 수 있다.

1906~1914년은 일본이 대련에 아편판매정책을 추진한 제1단계이다.

1906년 6월 21일 관동주식민당국은 대련에 '관동주아편총국'을 설치하여 "관동주 내 모든 아편 판매 사무는 오로지 그들만이 담당할 수 있도록"[16] 규정하고

---

[14] 山田豪一,「1910年前後日本對華走私鴉片嗎啡的秘密組織的形式」,『國外中國近代史硏究』第 12輯, 中國社會科學出版社, 1989, 255쪽.

[15] 山田豪一,「1910年前後日本對華走私鴉片嗎啡的秘密組織的形式」,『國外中國近代史硏究』第 12輯, 255쪽.

금주, 보란점, 비자와에 분국을 설립했다. 7월 1일 관동주민정서장 이시즈카 에 이조는 제22호 서령(署令)을 발포하고「아편판매업 및 연관업영업세규칙(販賣阿片業及烟館業營業稅規則)」을 공포하여, 당국이 주민들이 아편을 피우고 아편경영활동에 종사할 수 있도록 허락한다는 사실을 정식으로 대외에 선포했다. 그러나 아편원료의 수입, 아편제품의 생산과 유통은 반드시 '관동주아편총국'을 거쳐 일괄 처리하도록 했으며 그 외에는 모두 불법이었다.

1914년 이전의 아편판매는 '특허인'제도를 실행했다. 그것은 식민당국의 특별허가를 거쳐 허가증을 가진 사람만이 아편판매에 종사할 수 있게 하는 제도이며, 식민당국은 그들에게서 특허세를 취했다. 일찍이 대만에서 총독부 전매국 번역관 겸 '제약소' 관원을 역임하면서 아편경영업무를 관리했던 이시모토 간타로(石本鑽太郎)는 관동주식민당국이 발급한 아편판매특허증을 획득하고 대련의 아편경영을 조종하는 첫 번째 사람이 되었다.

이시모토 간타로는 아편의 수입과 도매 특권을 획득한 후 해외에서 아편을 대규모로 수입하여 대련의 독점아편도매상이 되었다. 일본식민당국의 비호로 말미암아 이시모토의 상점에 와서 아편을 구매하는 것은 일사천리로 어떠한 제한도 받지 않았으므로 아편굴[烟館] 경영자는 분분히 와서 물품을 구매했다. 사업의 신속한 확대에 따라 이시모토는 '광고국(廣膏局)'을 개설하고 아편판매를 진행했다. 광고국의 이름은 '민립(民立)'이나 사실은 '관영'으로 틀림없이 관청과 상인이 결탁한 경영기구였다. 광고국은 해외에서 수입한 아편원료(생아편이라고도 부름)를 벽돌 크기의 아편고(鴉片膏, 요자료자料子라고도 부름)로 가공한 후에 민정서에 등기한 '전매인'(즉 중간상인)에게 도매했다. 기층의 '소매인'(즉 소매상)이 중간상인으로부터 구입한 '아편고'는 반드시 가공과정을 거쳐 아편환으로 만든 후에야 비로소 흡연할 수 있었으며 이러한 제조공정은 '소매인'이

---

16) 顧明義 等 主編,『大連近百年史』上, 737쪽.

완성했다. 흡연자가 '소매인'의 수중에서 구입한 아편환이 비로소 아편의 최종 완제품이었다.

더욱 많은 중국인을 흡연자로 만들어 경제수입을 증대하기 위해 일본식민당국은 흡연자에 대한 관리를 일부러 느슨하게 했고 원하기만 하면 자유롭게 구매할 수 있도록 했다. 중국인의 아편굴 개업 신청에 대하여 식민당국은 거듭 심사수속을 간소화하고 허가조건을 낮추었다. 따라서 대련 각지에는 아편굴이 즐비하여 고급, 중급, 저급이 모두 갖추어져 있었으며 흡연자의 수가 급증했다. 단지 1906년에만 여순에는 130개의 아편굴이 있었다.[17]

일본이 대련통치초기에 실행했던, 아편총국이 심사허가를 주관하고 특허인이 독점경영하며, 식민당국이 특허세를 받는 아편경영정책은 1914년까지 줄곧 집행되었다.

1914년부터 일본이 대련에서 추진한 아편판매정책의 제2단계가 시작되었다.

1913년 8월 오우치 우시노스케(大內丑之助)가 대련민정서 제5대 서장으로 취임하여 대련에서 아편전매제도를 실행해야 한다고 제기했다.

오우치 우시노스케는 젊은 시절 독일에서 유학하면서 식민지행정론을 전공했다. 그는 일찍이 고토 신페이를 따라 대만총독부 참사관으로 재임하는 기간에 고토의 아편정책을 적극 추진하여 두드러진 성과를 거두었다. 이러한 경력에 의

대련 아편전매제도의 창시자
오우치 우시노스케

---

17) 『遼東新報』, 1906년 2월 23일 附件. 顧明義 等 主編, 『大連近百年史』, 738쪽 재인용.

지하여 오우치가 대련민정서장에 취임한 후 추진한 첫 번째 큰일은 바로 아편 전매제도의 건립이었다. 이것은 원래 특허상인이 청부 맡아 경영하던 아편판매의 권리를 회수하여 민정서가 직접 관할하는 것이었다. 그리하여 오우치 우시노스케는 아편의 수입, 연고(烟膏)의 제조에서 도·소매에 이르는 경영활동의 전 과정을 직접 지휘했다.

1914년 12월 대련민정서는 대련의 중국상인이 창설한 자선기구인 굉제선당(宏濟善堂) 안에 금연부[戒烟部]를 설립했다. 이 금연부는 말은 금연이나 실제로는 아편을 판매했다. 대련민정서가 직접 통제하는 아편총국도 그 안에 있었다. 금연부와 굉제선당은 전혀 관련이 없었으며 단지 이 자선기구의 명의를 빌려 사람들의 눈과 귀를 가리는 것에 불과했다. 아편총국의 이사와 직원은 민정서장이 추천하고 관동도독의 비준을 받았다. 아편특허상과 소매상은 민정서의 비준을 거쳐 영업허가증을 발급받아야만 비로소 영업할 수 있었다.[18] 그러나 특허상이 도매하는 아편은 관동주 내에서는 판매할 수 없고 반드시 관동주 이외의 지역에서 판매해야 했다. 소매상은 관동주 내에서만 판매할 수 있었다. 1920년 전후 대련지역에는 모두 합쳐 155명의 아편소매상이 있었다.[19] 특허상의 수는 식민당국이 비밀로 했기 때문에 정확한 수를 알기 어려우나, 일본의 관련 자료에 근거하여 추산하면 640여 명 정도였다.[20]

굉제선당 금연부는 일본이 대련에서 아편을 위탁 판매하는 소굴로 거기에는 대형 아편저장창고가 있었다. 아편의 출처는 2가지 경로가 있었다. 첫째는 대련민정서가 미쓰이물산주식회사를 통해 해외에서 밀수입한 것으로 '홍피토(紅皮土)'라고 불렀다. 둘째는 당국이 금연의 명의로 개인 밀수업자들로부터 몰수한 것으로 '아편토(阿片土)'라고 불렀다. 각종 '연토(烟土)'의 가격은 금연부 직

---

[18] 陳覺, 『日本侵略東北史』, 272쪽.
[19] 陳覺, 『日本侵略東北史』, 272쪽.
[20] 陳覺, 『日本侵略東北史』, 272쪽.

대련 굉제선당 금연부

원이 당일 상정하여 보고하면 민정서장이 비준했다. 소매상은 4개의 등급으로 구분되었으며 매일 금연부에서 화물을 수령했다. 그들은 등급의 차이에 따라 서로 다른 수량의 화물을 수령했다. 특허인은 매번 화물을 수령할 때 반드시 보증금을 선불하거나 혹은 계약을 체결해야 했지만 수량에는 제한이 없었다.

대련민정서가 아편관매(官賣)정책을 실행한 시기는 마침 중국 정부가 엄격한 금연령을 내린 때였다. 일찍이 1906년 청 정부는 황제의 명령을 발포하여 10년 내에 흡연폐해를 뿌리 뽑고자 했다. 머지않아「금연장정10조」와 기타 금연조치를 제정했다. 1911년 동북3성과 산서성, 사천성 등에서는 잇따라 민간에서 아편재배와 중개판매를 금지하는 성명을 발포했으며, 1915년에 이르러 중국은 이미 10개의 성에서 금연성공을 발표했다. 1912년 네덜란드 헤이그에서 아편근절을 위한 국제회의가 열렸다. 참여한 각국은「헤이그국제아편조약」을 체결하고 각국이 공동으로 마약을 퇴치하기로 약정했으며 중국과 일본도 서명했다. 영국 정부는 1908년부터 10년 안에 중국으로 아편유입을 철저하게 근절할 것이라고 표방했다. 그러나 국내외에서 금연운동이 끊임없이 고조되고 있을 때 일본은 도리어 미친 듯이 대련으로 아편을 밀수했다. 이것은「헤이그국제아편조약」을 위반한 것일 뿐 아니라 더욱 중요한 것은 일본이 중국인을 해치려는 악랄한 속셈을 폭로한 것이었다. 그것은 한편으로 폭리를 취하면서 다른 한편으로 중국인의 의지와 신체 및 정신을 망쳐 종족을 멸족시키는 목적을 이루려는 것이었다. 이러한 악행이 발전하게 되면서 일본은 심지어 더욱 심각하게 변하여 대량의 모르핀을 중국 흡연자들에게 팔았다. 모르핀은 아편에서 추출한 마약으로 부피가 작고 독성이 강하며 휴대가 편리하여 그 위해 정도는 말하지 않아도 알 수 있다.

여순에 설립된 일본의 아편 가공장

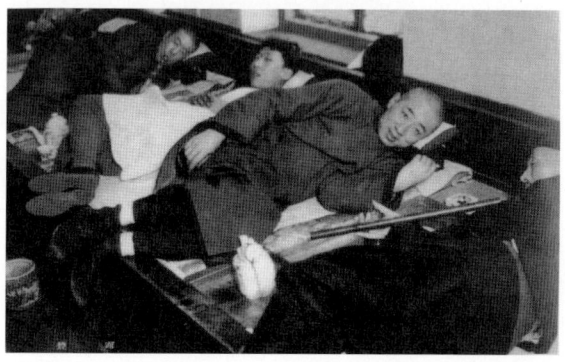

아편을 피우고 있는 중국인

기록에 따르면 일본식민당국이 1913년 대련항을 통해 들여온 아편은 6.25톤이었다. 1914년 일본이 영국으로부터 수입한 모르핀은 35만 온스였다. 그중 17만 온스는 직접 런던으로부터 대련으로 발송된 후[21] 다시 특허상이 동북과 화북의 각지로 팔았다. 나머지 18만 온스는 고베(神戶)로 운반되어 2차 포장을 거친 후 다시 상해로 밀수되어 판매되었다. 당시 잡화를 경영하는 많은 일본상인 및 "대련에서 상업을 경영하는 거의 모든 일본상인은 모두 아편업을 겸했다."[22] 대련민정서가 비준한 아편특허상과 소매상의 절대다수는 일본인과 조선인이었으며, 단지 극소수의 중국인이 그것도 최하 등급의 소매상으로 허가 받았다. 대련의 몇몇 일본 대형 상사 예컨대 미쓰이물산 대련지점, 만철, 대련거래소, 복창공사(福昌公司) 등은 직접 아편을 해외에서 대련으로 밀수입할 수 있었으며 그런 후에 금연부에서 그것을 일괄 배분했다. 그리고 일본 정부 혹은 식민당국의 관원이 직간접으로 마약경영에 종사하는 것은 더욱 흔했다. 예컨대 1915년 대련시장 겸 대련교육저축은행장을 맡았던 이시모토 간타로는 부랑자들을 매수하여 아편장사를 했다. 단지 1921년 3월 한 차례만 해도 시가보다 30% 낮은 가격으로 금연부에서 400상자를 불법 구입하여 중국 각지로 밀매했다. 1919년 일본 척식국장 고가 렌조우(古賀廉造)는 측근을 파견하여 대련민정서장 나카노 아리미쓰(中野有光)와 결탁하여 중국상인 두위카이(杜毓楷)의 명의로 지금의 장강로(長江路) 일대에 '흥태호(興泰號)' 상점을 개설하고 비밀리에 중국 내지로 마약을 밀매했다. 1920년 9월 일본 정우회 정객 가지이 세이(梶井盛) 등과 금연부주임 고지마 데이지로(小島貞次郎)는 중국상인 웨이창더(魏長德)를 대리인으로 하여 마약을 밀수하다 발각되어 심문을 받았다.[23] 1928년 대련상품거

---

21) 大內丑之助, 『支那鴉片問題解決意見』, 1917, 116쪽.
22) 山田豪一, 「1910年前後日本對華走私鴉片嗎啡的秘密組織的形成」, 『國外中國近代史研究』 第12輯, 260쪽.
23) 大連市政協 編, 『大連文史資料』 第6輯, (內部), 大連, 1989, 122쪽.

래소에서 마약을 밀수한 액수는 놀랍게도 138만 엔이나 되었다.[24]

일본식민당국이 대련에서 아편 판매와 밀수에 종사하여 얻은 수입은 관동주의 지방재정수입을 보충하는데 들어갔고 '특허비'라는 명목으로 장부에 기록되었다(〈표 2-5〉 참조). 그러나 일본의 법률은 해외식민지의 지방재정수입은 제국의회에 보고할 필요 없이 당국이 임의로 처리할 권리가 있다고 규정했다. 그래서 아편 판매와 밀수로 획득한 거액의 수입은 권력자들이 사리사욕을 채우기 위해 부정을 저지르는 기회를 제공했다. 1921년 일본국회의원이 폭로한 이른바 '관동주 아편사건'은 일본 척식국장 고가 렌조우, 대련민정서장 나카노 아리미쓰와 계엄부주임 고지마 데이지로가 서로 결탁하여 '특허비'를 횡령한 추문이었다.

〈표 2-5〉 1907~1920년 관동주 지방재정과 특허비수입표(단위 : 1,000엔)

연도	경상수입	그중 아편특허비	연도	경상수입	그중 아편특허비
1907	428	31	1914	970	204
1908	745	73	1915	3,105	2,288
1909	800	83	1916	3,500	2,521
1910	842	86	1917	6,392	5,314
1911	854	89	1918	6,394	4,638
1912	866	102	1919	4,144	1,948
1913	908	132	1920	6,552	2,138

출전 : 山田豪一, 「1910年前後日本對華走私鴉片嗎啡的秘密組織的形成」, 『國外中國近代史研究』 12輯, 280쪽.

이 시기 중국금연제도의 부단한 완비와 강화로 말미암아 해외 각국의 대중국 아편밀수가 매우 곤란하게 되었고 이 때문에 중국 내지의 아편 값이 폭등했다. 국제적으로는 각국의 아편에 대한 저지가 날로 강렬해져 아편 값은 날로 하락했다. 그러나 이러한 상황은 도리어 관동주의 아편경영에 거대한 이윤공간을 창출했다. 일본 정부는 비록 짐짓 국제금연공약에 서명하고 '금연령'을 발표하는 태도를 보였으나, 관동주의 아편경영에 대해서는 오히려 몰래 지지했다.

---
[24] 陳覺, 『日本侵略東北史』, 280쪽.

1919년 일본 수상 하라 다카시(原敬)는 여순으로 부임하는 관동청장관 하야시 곤스케(林權助)에게 이렇게 지시했다. "관동주의 재정수입원이 결핍되고 아편 금지강화의 결과, 세입도 부족하다." 따라서 정부는 그곳의 아편판매에 대해 "(엄금) 계획에 넣지 말라."[25] 일본 정부와 대련식민당국의 지지, 조종, 비호 아래 일본의 마약 경영자들은 도처에서 날뛰었으나 "중국당국은 잡아들이기가 매우 어려웠다." 설사 때로 체포되어 재판에 회부되더라도 치외법권의 보호를 받았기 때문에 중국 정부도 그들을 단속할 수 없었다. 그래서 대련의 마약밀수활동은 증가할 뿐 줄지는 않았다. 이 시기 대련의 아편중개판매에 관한 상황은 〈표 2-6〉을 통해 알 수 있다.

〈표 2-6〉 1916~1920년 관동주 아편 중개판매 수량(단위 : 貫, 1貫=3.75kg)

연도	구매량A	몰수량B	A+B	매출량
1916	4,777.6	378.921	5,156.521	7,550
1917	2,864.0	553.870	3,417.870	9,973
1918	4,497.6	373.101	5,170.701	7,971
1919	5,864.0	607.870	6,472.011	4,189
1920	-	135.970	135.970	2,758

출전 : 山田豪一, 「1910年前後日本對華走私鴉片嗎啡的秘密組織的形成」, 『國外中國近代史硏究』 第12輯, 267쪽.

[역주] 1918년의 구매량A와 몰수량B의 합계 5,170.701과 1919년의 합계 6,472.011은 각각 4870.701과 6471.870의 오류로 보인다. 그러나 A또는 B의 오류일수도 있다. 이하의 표에서는 오류만 지적하도록 하겠다.

러일전쟁 이후 "대련이 모르핀 밀수의 중심인 동시에 아편밀수의 근거지였다는 것은 다 아는 사실이었다."[26] 1840년과 1860년 두 차례의 아편전쟁 때 중국인이 생명, 토지, 백은(白銀) 등으로 고액의 대가를 치루고 바꾸어 온 것은 굴욕적인 조약이었다. 그러나 각골명심해야 할 고통이 위로받고 회복되기도 전

---

25) 山田豪一, 「1910年前後日本對華走私鴉片嗎啡的秘密組織的形成」, 『國外中國近代史硏究』 第12輯, 226쪽.

26) 山田豪一, 「1910年前後日本對華走私鴉片嗎啡的秘密組織的形成」, 『國外中國近代史硏究』 第12輯, 263쪽.

에 일본은 점령한 대련에서 공공연히 대련민정서의 명의로 재차 아편을 중국 각지로 유포했다. 주의해야 할 것은 이번에 일본의 마약판매목적은 더욱 악랄하며, 일본의 이러한 행위는 중국 인민의 일본침략에 대한 반항을 정신과 육체적으로 철저하게 무너뜨리기 위한 것이었다는 사실이다.

3. 관동주의 사법기구와 법률법규

러일전쟁 후 일본은 대련에 관동주를 건립하고 대련에 대한 식민통치를 시작했다.

일본의 대련에 대한 식민통치는 장장 40년에 달했는데, 그 사법제도와 사법기구의 변천은 군법독재하의 군정위원, 군정치하의 사법위원, 임시사법기구인 심리소, 관동주법원, 이심제법원과 파쇼 군국주의의 삼심제법원 6개시기를 거쳤다. 기본상황은 다음과 같다.

1) 군법독재하의 군정위원시기(1904년 5월~1905년 8월)

대련지역에서 일본의 군정 통치는 1904년 5월에 시작하여 1905년 8월에 끝났다. 이 기간 동안 일본이 대련지역에서 실행한 군법제도를 군법독재하의 군정위원시기라고 부른다.

일본군은 대련을 침략한 후 일본인 사이에 발생한 사법문제에 대해서는 일본재판소, 육해군군법회의, 임시군법회의 등의 기구가 일본국의 법령에 근거해서 심판을 진행했고, 중국인의 사법사건에 대해서는 완전히 다른 방법을 썼다.

1904년 5월 일본군은 금주, 대련 등을 점령한 후 대련을 동북침략의 근거지로 결정했다. 전쟁에 필요한 무기와 탄약 등 물자의 공급과 운송을 확보하기 위해 일본군은 함부로 현지의 민간재산을 수탈했을 뿐만 아니라 농민들을 각종 노역 등에 동원했는데, 이것은 당연히 중국 인민의 강렬한 반항에 부딪쳤다. 일본당국은 "군대의 자위와 지방의 안녕질서를 유지하기 위해" "반드시 하나의 특별한 심리기구를 설립하여 군법제도를 확립할 필요가 있다고 생각했고"[27] 이를 이용하여 중국인의 일본침략군에 대한 반항을 진압하고자 했다. 이에 일본군 대본영은 군정통치기구를 설립하여 점령지역에 군사관제를 실행하기로 결정했다. 군정기구는 군사령관, 군정장관, 군정사무관, 군정위원, 관구장관과 참사원으로 구성되었다.[28]

군정장관은 일본군 최고통수기관인 도쿄대본영에서 중국어에 능하고 중국의 풍속과 민정에 밝은 장교를 직접 임명했다. 1904년 8월 14일 일본군은 금주에 요동수비군사령부를 설립하고 육군소장 가미오 미쓰오미를 참모장 겸 군정장관으로 임명하여 각 점령지역의 군정위원을 일괄 감독하고 요동수비군사령관을 보좌하도록 했다. 당시 일본군은 금주, 대련, 여순에 3개의 군정서를 설립하고 가미오 미쓰오미는 요동수비군사령부 참모장, 군정장관, 대련군정위원 등 다중 신분으로 대련군정서 서장을 맡아 관내의 군정사무를 총괄했다.

군정위원은 각 군정서의 서장을 맡고 동시에 사법업무를 관장했다. 이 위원은 관내의 치안유지를 위해 군사령관의 동의를 거쳐 관내의 행정규칙을 제정 반포할 수 있었다. 군정서 아래 관구를 설치하고 각 관구에는 관구장을 두었는데 기층 군관이 관구장을 맡았다. 참사원은 일본군이 관구 내의 중국인 가운데 그들이 생각하기에 '학식' 있고 '덕망 있으며' 일본인을 위해 일하기를 원하는 한간을 뽑아 충당했다. 그 직책은 주로 일본점령자의 정책법규를 선전하고 아울러 일본점령자의 정무방면에 관한 현지 중국인의 질문에 답하는 것이었다.

중국 인민의 반항을 더욱 잘 진압하고 점령지의 식민통치질서를 유지하기

---

[27] 高橋勇八, 『大連市』, 大連 : 大陸出版協會, 1931, 100쪽.
[28] 관동국 편, 『관동국 시정 30년사』, 233쪽.

위해 일본군은 잇따라 몇 가지 명령과 규정을 공포했다. 주요한 것은 아래와 같다.

1904년 러일전쟁 발발 후 일본군은 잇따라 요동에 20개의 군관서를 건립했다. 그러나 통일적인 규정이 결핍되어 각지 군관서는 제멋대로 하고 서로 다른 정책을 내놓아서 관리가 혼란스러웠다. 이러한 문제를 해결하기 위해 일본군은 1904년 12월 「요동수비군행정규칙」을 발포하여 점령지역의 군정사무를 통일하고 아울러 법률형식을 이용하여 대련지역에서 일본군의 군법통치제도를 확립했다. 이 「규칙」은 1905년 1월 1일부터 원래 러시아의 조차지였던 여순, 청니와(靑泥洼), 금주 정구(政區)에서 정식으로 실행되었다. 아울러 군정위원은 중국 역대의 법률, 관례와 점령군의 규정을 참조하여 중국인과 관련된 민사와 형사 사건을 처리할 수 있는 권한이 있다고 규정했다.

1905년 3월 21일 일본군은 「구류, 벌금 및 위경죄에 대한 현장처리규칙(關于就地處理拘留及罰款·違警罪規則)」을 발포하여 원래 러시아조차지 내에 있던 일본군 점령지역의 일본 군정위원, 헌병대장, 헌병분견소 소장 및 그 대리자는 그들이 보기에 일본군법을 위반한 각종 구류, 벌금 등의 안건을 처리할 권리가 있으며, 다만 중국인에 대해서는 단지 고역(苦役)의 형벌에 처할 수 있다고 규정했다.[29] 이 「규칙」은 경찰과 헌병이 어떠한 사법수단을 통하지 않고도 그들이 보기에 일본군의 요구에 불응하는 중국인을 임의대로 처벌할 수 있는 권리를 명확하게 부여했다. 이것은 일본식민당국이 중국인을 강제 동원하여 일본군을 위해 건설공사를 진행하고 군수물자를 운반하며 일본군의 노역에 대한 요구를 만족시키는데 지극히 편리함을 제공했다.

1905년 3월 27일 일본군은 군령 제2호로 「군사관리처벌규칙 및 군사관리처벌방법(軍事管理處罰規則及軍事管理處罰辦法)」 합계 8조 25항을 발표했다. 이

---

[29] 關東局 編, 『關東局施政三十年史』, 235쪽.

규칙은 「여순구군사관제규칙(旅順口軍管規則)」이라고도 불렸다. 그것은 군사령관의 명령을 위반한 사람을 처벌하는 군법이었다. 그 형벌은 사형(총살), 태형(채찍 50대 이내), 유배(일정시기 동안 군항지역을 떠나는 것), 재산몰수, 벌금형(20원 이상) 5종류였다. 군령위반자에 대한 처벌심리는 여순진수부의 군법처분회의에서 맡았다. 군법처분회의는 3명, 즉 위원장 1명과 위원 2명으로 구성되었다. 위원장은 좌관(佐官) 이상의 장교가, 위원은 장교 혹은 동급의 문관이 담당했다.

1905년 7월 15일 일본점령군은 「여순요새의 군령위반단속에 관한 명령 및 심판순서(關于取締旅順要塞違反軍令的命令及審判程序)」를 발포했다. 이 명령은 이렇게 규정하고 있었다. 여순의 용왕당(龍王塘), 대백산(大白山), 안자령(安子岭) 및 쌍대구(雙臺溝) 이남 연해지역을 요새지역으로 구획하여 군사관제를 실행하며[30] 중국인이 상술한 지역에 들어가 해상작업과 기타 일체의 활동에 종사하는 것을 엄금한다. 위반한 자는 사형, 감금, 추방, 벌금, 태형 혹은 재산몰수에 처한다. 이들 지역에서 발생하는 '사건'에 대해서는 여순요새 군사법정에서 직접 심리를 진행한다.

이 시기 일본은 대련지역에서 군법으로 사법을 대체하여 모든 것은 오로지 일본점령군의 명령에 따라야 했다. 일본은 무력으로 중국 영토를 점령하고, 군법으로 점령지역의 인민을 진압하며, 군령으로 농민의 경작지와 가옥을 강점하고, 혹형으로 식민통치자의 '낙토(樂土)'를 건립했다. 이것이 바로 이른바 군법독재정치였다.

2) 군정 치하의 사법위원시기(1905년 8월~1906년 6월)

1905년 6월 일본은 대련에 관동주민정서를 설립했다. 그것은 만주군총병참

---

[30] 關東局 編, 『關東局施政三十年史』, 235쪽.

감부에 소속되었다. 동시에 여순과 금주에 민정지서를 설립했다. 민정서의 주요 직책은 관내 중국 인민의 반항투쟁을 진압하고, 현지 주민에게 세금을 징수하고 민간재산을 약탈하며 중국인을 협박하여 전쟁 물자를 운송하는 것 등이었다. 일본 정부의 규정에 따라 민정서의 업무는 반드시 문관이 담당하도록 했다.

8월 만주군총사령관은 군령형식으로 점령지구형사처분령을 발포하고 민정서 내에 사법위원을 설치하여 사법심판업무를 관장하도록 규정했다(그래서 이 시기의 사법제도를 사법위원시기라고 한다). 사법위원의 권력은 단지 지방에서 발생하는 민·형사사건에 대해 심리와 조정을 진행하는 것에 한정되었으며 임시군법회의와 군사법정에 속하는 사건에 대해서는 간섭할 권리가 없었다. 형사처분령은 "안정과 질서를 어지럽히고 생명, 신체, 자유, 명예, 재산에 해를 가하는 것은 범죄"[31]라고 규정했다. 범죄행위에 대해서는 사건의 경중에 따라 사형(참수형 혹은 교수형), 노역, 재산몰수, 벌금, 태형, 구류, 벌금 등 7종의 형벌에 처할 수 있었다.

이른바 사법위원제도라는 것은 각 민정지서 및 그 소속의 경찰기구가 관내에서 발생하는 각종의 민사 혹은 형사사건을 사법위원에게 이송하면, 사법위원은 사건보고를 접수한 후 권한을 갖고 경찰, 순포(巡捕) 등을 조직하여 사건을 조사하고 심리하는 것을 말한다. 사건을 심리할 때 사건을 이송한 민정서장 혹은 경찰은 법정에 출두하여 의견을 진술할 수 있었으며, 사법위원은 각 방면의 자료를 종합한 후에 심판을 진행했다. 양형의 근거는 점령군이 발포한 각종 법규 및 현지에 전해오는 관습법이며, 또 일본국의 민법, 형법, 상법 등을 참조하여 결정했다. 최후에 사법위원이 심판결과를 선포하고 형벌의 집행을 지휘했다.

이러한 제도는 정상적인 상황하의 법률제도가 아니었다. 그것은 당사자 개념이 없고 또 정상적인 소송절차도 없었다. 예심과 공판의 구별도 없고 변호제

---

[31] 關東局 編, 『關東局施政三十年史』, 236쪽.

도도 인정하지 않았다. 구두변론을 중요한 심판근거로 삼을 수 없고 또 상급사법기구의 재심도 없었기 때문에 제2심이 존재하지도 않았다.

사형판결에 대해서 판결을 선고하기 전에 민정서 행장장관의 비준을 서면으로 요청했다. 만약 행정장관이 판결이 잘못되었다고 생각하면 사법위원에 재심을 명령할 수 있었다. 이 외에 더욱 큰 권력을 가진 것은 만주군총사령관이었다. 일본의 규정에 따르면 만주군총사령관은 사형집행의 명령권과 형벌의 사면권이 있었다.

이러한 사법제도는 근본적으로 소송당사자의 변론권을 박탈하고 일본민정지서장, 일본경찰과 일본의 사법위원이 전체 심판과정을 스스로 감독하고 스스로 연기하는 것이었다. 따라서 중국인은 자기의 국토에서 언제 어디서나 일본 식민당국에 의해 갖가지 죄명으로 임의로 각종 형벌에 처해질 수 있었다. 이것이 바로 식민통치의 기본특징이었다.

3) 관동총독부와 임시사법기구 — 심리소 시기(1906년 7월~8월)

1905년 9월 일본은 러시아와 미국의 포츠머스에서「포츠머스조약」을 체결했다. 1905년 12월 22일 중·일 쌍방은「회의동삼성사의정약(會議東三省事宜正約)」을 체결했다. 일본은 이로부터 중국 동북에서 러시아의 모든 특권, 즉 여순, 대련의 조차권과 남만철도에 대한 경영권을 획득했다. 그러나 일본은 이에 만족하지 않았다. 그들이 간절히 갈망한 것은 '만주' 전체를 자기의 식민지로 만드는 것이었다. 그래서 같은 해 10월 일본은 도쿄대본영 직속의 관동총독부를 설립하고 점령지역 최고의 군사와 정치통치기구로 삼아 점령지역에 군사관제를 실행함으로써 영·미 등이 동북을 넘보지 못하게 했다. 관동총독부는 처음에 요양에 설립되었다가 나중에 여순으로 이전했다. 그것은 관동주(대련지역) 내의 각 민정서를 관할하는 외에도 봉천, 안동, 영구 등 8개 군관서를 통괄했다.

1906년 6월 26일 관동총독부는 '관동주심리소'를 설치하여 사법기구로 삼고 각종 민·형사사건을 처리했다. 총독부가 발포한 「관동주심리소조례(關東州審理所條例)」는 심리소의 직책권한과 조직구조를 명확하게 규정했다. 심리소는 대련에 설치되었고 관동주민정서에 예속되어 민정서 관내에서 발생하는 각종 민·형사사건을 처리했다. 심리소는 소장이 각종 사무를 관할하며 그 아래 심리관, 검찰관, 통역과 서기를 두었다. 이상의 각 직원은 모두 총독이 민정서의 직원 가운데서 선발하여 직접 임명했다.32)

심리소 아래는 초심부와 재심부를 설치하여 이심제를 실행했다. 초심부는 심리관 1명이 민사조정과 민·형사사건의 심리를 처리하는 단독심판을 실행했다. 복심부는 심리관 3명이 공동으로 초심판결에 불복하는 상소사건과 초심을 종심(終審)으로 하는 황실과 국사를 '위해'하는 등의 죄를 범한 사건을 심리하는 합의제심판을 실행했다.

동시에 관동총독부는 계속하여 「관동주형벌령」, 「관동주형사심리규칙」과 「관동주민사심리규칙」을 발포했다. 상술한 각종 규칙은 1906년 7월 1일 실행했다. 이들 지방적 법규는 심판할 때의 양형 근거와 사건 심리절차 등을 규정했다. 예컨대 민사사건에 대해서는 심리관이 심리를 진행하지만 형사사건에 대한 심리는 반드시 검찰관이 감독하도록 규정했다. 민정지서 관내에서 발생하는 사건에 대해서는 초심부가 심리관을 민정지서에 파견하여 심리하도록 했다.33)

대련지역에서 일본의 통치기구와 사법기구가 어떻게 변화하든지 식민통치를 강화하고 식민지 인민의 반항투쟁을 진압하고자 하는 목적은 변할 수 없었다. 관동총독부의 사법제도와 형사심판상의 규정은 모두 일본인의 이익을 옹호하고 중국인을 경시하고 노예화하기 위해 제정한 것이었다. 예를 들어 형벌 가운데는 다음과 같은 명문규정이 있었다. ① 태형은 단지 중국인에게만 적용한

---

32) 高橋勇八, 『大連市』, 222쪽.
33) 高橋勇八, 『大連市』, 222쪽.

다. ② 재산몰수는 원칙적으로 단지 중국인에게만 적용한다. ③ 징역, 벌금, 몰수를 동시에 처벌할 수 있다. ④ 벌금, 태형, 구류, 소액벌금은 형사와 민사 처분에서 매일 0.5원에서 1원으로 개정한다. ⑤ 특정한 상황(중국인의 반항투쟁을 지칭) 아래서는 일본형법에 따라 가중 처벌한다. ⑥ 사형판결의 집행에 대하여 관동총독은 필요시 명령권 혹은 사면권을 행사할 수 있다. 뒤에 부가한 이 특권은 식민당국으로 하여금 사건을 처리할 때 일본인의 이익을 보호할 권력을 갖도록 했을 뿐만 아니라, 더욱 중요한 것은 중국인을 임의로 사형에 처할 수 있게 했다는 것이다.

요컨대 형식상으로 보면 '이심제'가 '일심제'보다 더욱 완비된 것처럼 보이나 실제로 '이심제'의 대련 인민에 대한 식민통치는 '일심제'보다 오히려 임의성과 가혹함을 더욱 가중시켰다. 그 악랄함은 바로 민족 경시와 민족 압박을 이용하여 사법의 공정함을 대체하려고 기도했다는 점에 있었다.

4) 처음으로 궤도에 들어선 관동주법원시기(1906년 9월~1908년 9월)

러일전쟁 종결 후 일본 군부가 중국 동북의 남부에서 실행한 군사관제는 일본 내각 원로파의 강렬한 반대에 부딪혔다. 1906년 5월 22일 이토 히로부미(伊藤博文)의 주재 아래 원로파, 내각, 군방면 대표가 참가한 '만주문제협의회'가 개최되어 일본의 '만주'에 대한 통치책략문제를 전문적으로 논의했다. 회의에서 이토 히로부미 등 원로파 정치가는 고다마 겐타로 등이 제기한 군인이 만주를 통제해야 한다는 주장을 준엄하게 비판하고, 남만주의 군사관제기구인 관동총독부를 철폐하고 민정관리기구인 관동도독부를 설립하는 결정을 통과시켰다. 7월 31일 일본 정부는 「관동도독부관제」를 발표했다. 이에 대련지역에서 일본의 최고통치기구는 군사관제기구인 관동총독부에서 민정통치기구인 관동도독부로 바뀌었다. 그러나 관동도독직은 여전히 원래 관동총독이었던 육군대장 오시마 요시마사가 맡았다.

9월 1일 관동도독부 설립 후 사법기관의 역량을 강화하기 위해 전문적인 법률인재를 기용하여 사법사무를 주재하기로 결정하고 「관동도독부법원령」(약칭 「법원령」)을 반포하여 9월 1일부터 실행했다. 「법원령」은 관동주에서 군사관제 시기의 사법심리소를 폐지하고 여순에 관동도독부 직속의 관동주고등법원과 지방법원을 설립한다고 선언했다.34)

「법원령」에 근거하여 관동도독부는 금주와 대련에 지방법원 출장소(1907년 10월 31일 취소)를 설립했다. 지방법원 및 그 파출기구는 민·형사사건 및 비소송사건을 심리할 때 단독심판제를 실행했다. 고등법원은 3인합의심판제를 실행하여 지방법원의 심판에 불복하는 상소사건에 대해 종심을 진행했다. 고등법원과 지방법원에는 각각 검찰관 1명을 두어 사법경찰을 지휘 감독하여 형사소추와 판결의 집행을 맡았다. 고등법원의 검찰관은 또 지방법원 검찰관을 지휘 감독하는 일을 했다. 각급 법원에는 전임 번역관 1명, 통역 2명, 서기 7명이 있었다. 심판관과 검찰관은 행정상에서 모두 고등법원장의 감독을 받았다.35) 심판관과 검찰관은 반드시 현임의 자격을 갖춘 법조인이 담당했다.36)

1906년 9월 「관동도독부법원령」이 실시된 이후 1908년 9월 말까지 꼬박 2년 동안 대련지역에서 일본의 사법제도는 점차 궤도에 진입하게 되었다. 이것은 원래의 군법독재, 사법심리소시기와 비교하여 발전한 것이었다. 특히 전문 법률인재를 기용하여 사법업무를 관리한 것은 군인이 사법대권을 장악했던 것과 비교하면 하나의 진보였다. 그러나 이러한 진보는 단지 대련에 거주하는 일본인을 두고 하는 이야기이며, 노예처럼 사역되는 대련 인민에게는 아무런 의미

---

34) 關東都督府官房文書課 編, 『關東都督府法規提要』, 1907, 36쪽.
35) 河源忠二郎 編譯, 『現行漢譯日文俱備滿洲新法規全書』, 大連 : 關東州法令集編纂會, 1915, 74쪽.
36) 關東局 編, 『關東局施政三十年史』, 248쪽.

도 없었다.

비록 사건을 처리하는 인원이 군인에서 문인으로 교체되고 사건의 심리형식과 장소도 변경되었으나, 이 시기 일본당국이 중국인을 처벌하는 각종 법규와 조례는 여전히 군사관제시기의 구제도를 답습하고 있었다. 이른바 민정통치기구인 관동도독부의 도독은 여전히 원래의 육군대장이었다. 이러한 "약탕만 바꾸고 약을 바꾸지 않는" 방법은 중국 인민이 희망하는 인권과 마땅히 누려야 할 생존권에 추호도 쓸모가 없었다. 예컨대 1906년 9월~1907년 2월 사이 일본은 금주민정서 경무계가 금주 서해안에 설치한 교수대에서 그들이 보기에 일본군에 반항하는 75명의 무고한 중국인을 살해했다.

5) 식민사법제도의 발전 — 이심제법원시기(1908년 10월~1924년 12월)

1908년 10월~1924년 10월 일본은 그들이 통치하는 관동주에서 이심제법원의 사법제도를 실행했다. 장장 16년에 달하는 긴 시간 동안 일본식민당국은 대련지역에 대한 식민통치를 공고히 하기 위해 일찍이 여러 차례「관동주재판령」을 수정하여 사법제도를 발전시키고 완비했다. 관동청의 설립을 경계로 대체로 2단계로 구분할 수 있다.

여순고등법원

제1단계(1908년 10월~1919년 4월)는 「관동주재판령」시기이다.

1906년 9월 비록 관동도독부 양급법원을 건립하고 사법심리제도를 고쳤지만, 법률, 법규는 여전히 관동총독부 시기의 조문을 답습했다.

1908년 10월 1일부터 일본 국내는 새로운 형법을 실행했다. 이것은 관동주에도 매우 큰 영향을 미쳤다. 일본 정부와 관동주당국은 관동주의 일본인은 "지역이 다르기 때문에 적용하는 법률 내지 법의 작용 역시 다르며, 이것은 공평을 유지하고 권리를 보호하고 정확한 판결을 내리기 어렵게 만든다"37)라고 생각했다. 일본 정부는 관동주의 일본인은 사법방면에서 마땅히 국내 주민과 동등한 권리를 누려야 할 뿐만 아니라 심지어 어떤 방면에서는 특별한 보살핌을 받아야 한다고 보았다. 그들은 일본제국을 위해 해외영토를 개척하는 사명을 담당하고 있기 때문에 일본 정부는 당연히 대책을 마련하여 그들의 이익을 보호해야 하며, 이렇게 해야만 비로소 관동주에서 일본의 통치를 더욱 공고히 하여 일본이 동북 내지 중국 전역을 침략할 수 있는 토대를 다질 수 있었기 때문이다.

여순감옥

---

37) 篠崎嘉郎, 『大連』, 東京 : 大阪屋號書店, 1921, 131쪽

이러한 목적에서 1908년 9월 일본 내각 총리대신 가쓰라 다로(桂太郎)와 외무대신 고무라 쥬타로(小村壽太郎)가 서명하고 일본 천황의 비준을 거쳐 「관동주재판령」, 「관동주재판사무관리령」과 「관동주변호사령」을 공포하고, 동시에 1906년 9월에 발포한 「관동도독부법원령」, 「형벌령」과 「민사형사심리규칙」을 취소했다. 3개의 새로운 법령은 관동주법원의 조직형식, 직권범위, 민·형사 사건의 심리절차 등에 대해 모두 구체적으로 규정했다. 특히 「관동주변호사령」의 반포로 관동주 사법제도 방면에서 변호인제도가 창설되었다. 이것은 소송당사자의 권리를 옹호하는데 중요한 진보적 의의를 지닌다.

「관동주재판령」은 이전의 「관동주법원령」에 비해 몇 가지 차이점이 있었다. ① 원래 지방법원이 금주와 대련에 설치했던 2개의 출장소를 폐지했다. ② 원래 지방법원 혹은 그 파출기구가 심리를 맡았던 구류와 벌금에 해당하는 사건, 1년 이하의 징역에 해당하는 사건, 비소송사건(혹은 간이사건이라고 함) 등은 민정서장 혹은 민정지서장이 심리를 맡도록 고쳤다. ③ 지방법원을 초심법원으로 하고 고등법원을 종심법원으로 했다.

여순감옥 태형실

「관동주재판령」 제5조는 "지방법원은 제3조[38] 이외의 민·형사사건에 대해 초심재판을 진행한다"고 규정했다. 제6조는 "고등법원은 곧 종심법원으로서 지방법원과 민정서장 및 민정지서장이 이미 내린 판결에 불복하여 상소한 사건을 재심한다"고 규정했다.[39] 이 두 조항의 규정은 관동주법원의 성격을 이심제법원으로 결정했다. 이전 관

---

[38] 즉 민정서장이 심리를 책임지는 간단하고 쉬운 사건이다.
[39] 關東都督府 編, 『關東都督府法規提要』, 大連, 1910, 984쪽.

동주의 양급법원제 역시 비록 지방법원과 고등법원으로 불렸지만 그때의 고등법원은 종심법원은 아니었으며, 당사자가 고등법원의 심리에 불복하면 일본의 나가사키(長崎)지방법원 혹은 대심원에 상고할 수 있었다. 그러나 현재의 관동주고등법원은 종심법원으로서 나가사키지방법원 내지 대심원의 직책을 대행했다. 이렇게 함으로써 관동주의 일본인 소송당사자는 몸이 조국으로부터 떨어져 있다는 이유로 소송을 진행할 때 분주하게 뛰어다녀야 하는 고통을 면하고, 일본 국내 주민과 마찬가지로 사법대우를 누릴 수 있게 됨으로써 그들의 뒷걱정을 덜었다.

같은 해 4월 13일 일본 정부는 「만주영사재판에 관한 문건」을 발포했는데 그 가운데 다음과 같은 규정이 있었다. 제4조 : "만주주재 영사관재판의 상소사건에 대하여 그 종심은 관동도독부 고등법원 관할로 돌린다." 제2조 : "만주주재 영사관이 예심한 중죄사건의 심판은 관동도독부 지방법원의 관할에 속한다."[40] 원래 관동주법원의 관할범위는 단지 '관동주조차지' 이내로 한정되었으나, 일본인은 중국 동북의 기타 지방에서 발생하는 각종 소송사건을 돌려 일본의 만주주재 영사관이 심리하도록 했고, 만약 영사관의 판결에 불복할 경우 나가사키 공소법원과 나가사키지방법원에 상소할 수 있었다. 그러나 지금은 관동주고등법원이 종심재판권을 행사함으로써 관동주고등법원과 지방법원의 관할권이 중국 동북 전역으로 확대되었다. 이것은 한편으로 일본인 당사자의 권리에

여순감옥 교수형실

---

40) 關東都督府 編, 『關東都督府法規提要』, 984쪽.

대한 보호 여건을 개선하여 그들이 법원소재지에서 멀리 떨어져 있기 때문에 가질 수 있는 불편함을 해소했다. 다른 방면에서 관동주 사법기구의 지위를 향상 강화시켰다.

식민통치제도의 강화와 완비는 식민지 인민에 대한 엄격한 통치의 기초 위에 건립된 것이었다. 일본인 당사자에 대한 보호 관심과 선명한 대조를 이루었던 것은 중국인에 대해 더욱더 가혹한 법령 법규를 실행한 것이다. 식민당국은 여순, 대련지역 통치 30주년을 기념할 때 "중국인에게 실행한 단기자유형은 형벌의 목적을 달성할 수 없다." 따라서 "3개월 이하"의 구류 혹은 100원 이하의 벌금형을 받은 중국인에 대해 태형을 가할 수 있다고 조금도 거리낌 없이 승인했다.[41]

이른바 "단기자유형"이란 "민정서장, 민정지서장, 경무서장, 경무지서장 혹은 그 대리인이 관내의 구류와 과태료에 해당하는 행위에 대하여 즉결처분하는 것을 말한다." 이러한 처분은 임의성이 매우 컸고, 죄의 유무를 판정하는 증거는 주로 당사자의 진술이었으며, 아울러 그것을 양형의 근거로 삼았다. 때로 심지어 상술한 관원이 보기에 본인을 소환할 필요가 없다고 생각될 경우 "바로 판결서의 등사본을 본인의 주소로 보냈다."[42]

1908년 9월 30일 관동도독부는 「관동주벌금 및 태형처분령시행세칙」을 발포하여 다음과 같이 규정했다. "무릇 3개월 이하의 징역형에 처하는 중국인의 범죄는 그 상황을 참조하여 역시 벌금 혹은 태형으로 처벌할 수 있다." "무릇 100원 (이하의 – 역자) 벌금형에 처하는 중국인의 범죄는" 만약 "관동주 내에 일정한 주소가 없을 때" 혹은 "재산이 없다고 인정될 때" "상황을 참조하여 역시 태형으로 처벌할 수 있다." "무릇 구류 혹은 과태료에 처하는 중국인의 범죄는 상황을 참조하여 역시 태형으로 처벌할 수 있다."[43] 구체적인 방법은 징역(즉 노

---

[41] 關東局 編, 『關東局施政三十年史』, 242쪽.
[42] 關東都督府 編, 『關東都督府法規提要』, 707쪽.

역)과 구류 1일 혹은 벌금 1원을 태형 1대로 전환할 수 있다. 태형 도구는 마(麻)로 감은 관연죽조(灌鉛竹條)를 사용했다. 그 크기는 대략 길이가 60㎝, 머리 쪽 넓이가 2.3㎝, 손잡이 넓이가 1.5㎝였다. 집행할 때는 둔부를 휘갈겼다. 매번 최소 5대 미만이나 최대 30대를 초과하여 집행할 수 없었다. 태형은 반드시 민정서 혹은 경무서 내에서 비밀리에 집행했다.

 태형은 오로지 중국인을 겨냥해 만든 혹형으로 일본인과 기타 외국인에게는 이 형벌을 쓰지 않았다. 형을 집행할 때는 옷을 벗긴 수형자의 사지를 '대(大)'자형의 호등(虎凳)에 묶고 소리 지르는 것을 막기 위해 젖은 수건으로 입을 틀어막았다. 여순감옥의 일본의사 고가 하츠이치(古賀初一)의 회고에 따르면 너무 끔찍해서 차마 볼 수 없는 것은 형을 집행한 후 살가죽이 터진 엉덩이에 구더기가 생겼을 때의 모습으로, 수백 수천 마리의 구더기가 벌집처럼 숭숭 뚫린 살 구멍 속을 어지럽게 기어 다니다가 건드리기만 하면 더 깊숙한 곳으로 파고 들어 족집게로도 빼낼 수 없고 약을 발라도 소용이 없으며 오로지 곪아서 썩게 내버려 둘 수밖에 없었다고 한다.44) 일본경찰과 헌병이 잔인한 태형을 이용하여 오로지 중국인을 처벌한 것은 그들이 발휘한 야만성의 극치를 보여준다. 식민지 인민에 대하여 민족 경시와 민족 압박을 실행하는 것은 식민자의 공통된 특성이다. 그러나 일본식민통치자의 중국인에 대한 포학함과 잔인함은 세계 식민사에서 가장 추악하며 머리카락이 곤두설 정도로 분노하게 한다.

 제2단계(1919년 5월~1924년 12월)는 관동청법원시기이다.

 관동도독부의 건립은 명의상으로 군정통치에서 민정통치로 전환한 것이지만 실제로는 관동도독직은 여전히 군인이 담당했고 이러한 방법은 일본 통치집단 내에서 매우 큰 모순을 야기했다. 이러한 모순을 해결하기 위해 일본 정부는 우선 1919년 4월 관동청을 설립하여 관동도독부를 대체하고, 도독부의 군정

---

43) 「關東州笞刑處分令」, 關東都督府 編, 『關東都督府法規提要』, 1006쪽.
44) 大連市政協 編, 『大連文史資料』 第5輯, (內部), 1988, 39쪽.

부분을 분리하여 관동군사령부를 설립하며, 문직관원이 관동청장관직을 맡도록 결정했다. 관동청에는 고등법원, 지방법원, 고등법원검찰국, 지방법원검찰국, 경찰서, 소방서와 감옥 등의 기구를 설치했다.

관동청 설립 이후 1919년 6월 「관동주재판령」을 제1차 수정하여 구류, 벌금, 3개월 이내의 징역, 100원 이하의 벌금 등에 해당하는 행정법규 위반죄의 심판사무를 포함한 모든 재판사무를 일괄 법원의 관할로 돌렸다.

중국 동삼성의 최남단에 위치하고 있는 대련은 화북, 화동, 화남과 세계 각지를 연결하는 해상출입구이며 또 '남만'에서 일본으로 통하는 유일한 물자집산지이자 항구도시였다. 따라서 경제, 무역이 발전 번영하면서 필연적으로 민·형사사건이 증가했다. 일본인이 편찬한 『대련(大連)』의 기록에 의하면 1920년 1~12월 관동주에서 새로 발생한 민사사건은 374건이고, 그중에서 지방법원 대련지청이 수리한 것이 361건이었다. 1920년 관동주에서 수리한 민사소송사건의 총금액은 148만 8,300엔이고, 그중에서 지방법원 대련지청이 수리한 것은 148만 엔이었다.[45] 이로부터 여순고등법원과 지방법원이 당시 보유한 역량에만 완전히 의지하여 여대(旅大)조차지 내에서 날이 갈수록 더해지는 각종 사건을 처리하기에는 상당히 큰 어려움이 있었음을 알 수 있다. 이런 까닭에 일본당국은 1919년 10월 대련에 관동청지방법원 대련지청을 설치하여 주로 민사사건과 비소송사건을 심리했다. 대련지청에는 법관 9명이 있어 각

여순감옥의 일부 형구

---

45) 篠崎嘉郎, 『大連』, 146~148쪽.

종 재판사무에 대해 단독심판 혹은 합의제심판을 채택했으며 검찰관이 사법경찰을 감독 지휘하여 형사소추와 재판의 집행을 진행했다.

1922년 대련 인민과 일본 인민의 종족 경시에 반대하는 목소리가 나날이 고조되자 식민당국은 어쩔 수 없이 중국인에 대해 집행유예를 적용하는 등의 법률에 동의했다. 그러나 오래지 않아 시행된「광산법(鑛産法)」과「화해법(和解法)」의 일부 조문에 여전히 중국인에게는 적용하지 않는다는 규정이 있었다.

1923년 5월 일본당국은「관동주재판령」을 제2차 수정하여 과거 법원장의 직접 지휘와 감독에 속했던 검찰사무를 관동청장관이 일괄 처리하는 것으로 돌리고 법원 아래 부설 검찰국을 설립했다. 검찰국에는 검찰장관을 두어 관동주의 검찰사무를 지휘 감독하게 했다. 고등법원 검찰장관은 지방법원 검찰관의 업무를 지휘 감독했다. 관동청시기 검찰사무는 법원장의 지휘 감독에서 분리되어 독립기구가 되었다. 이것은 재판제도의 진일보한 완비와 식민통치의 강화를 나타내는 또 하나의 중요한 표지이다. 같은 해 8월 관동청지방법원은 여순에서 대련으로 이전되고 동시에 지방법원 대련지청은 폐지되었다.

이 시기 관동주에서 시행된 법률은 비록 대부분 일본국의 법률에 의거했으나, 실제로 심판할 때는 대부분의 경우 중국인에게 유리한 조항을 일부러 수정하거나 고의로 왜곡했다. 일본치하의 관동주조차지에서 중국인과 일본인은 법률 앞에서 결코 평등할 수 없었다.

4. 관동주의 경·헌·특기구와 대련 인민의 항일투쟁

경·헌·특은 경찰, 헌병대, 육군특무기관의 약칭이다. 그것들은 일본이 대련지역에 식민통치를 실행하는 폭력도구였다. 일본은 러일전쟁 후에 다시 대련지역을 점령하고 잇따라 경찰·특무·헌병대 등 통치기구를 건립했다.

1) 관동주의 경찰기구

(1) 경찰기구의 연혁

1904년 일본은 점령한 대련지역에 연이어 군정서와 요동수비군사령부를 설치했다. 1905년 요동수비군사령부를 없애고 요동병참감을 개설하고 민정서 내에 경찰사무를 담당하는 부서를 설립했다. 1906년 9월 관동총독부를 관동도독부로 바꾸고 그 아래 민정부와 군정부를 설치하고 다시 민정부 내에 경무과를 설치했다. 동시에 대련, 여순, 금주 등지에 각각 지방경무과를 설치했다. 같은 해 10월 만철부속지에 일본경무서를 설치하고 일본영사관과 분관에 경찰서, 경찰분서 및 경찰파출소를 설치했다. 다음해 7월 관동도독부 민정부의 경무과를 경무부로 승격하여 경무총장을 배치했다. 1919년 4월 관동도독부를 없애고 민정부를 관동청으로 바꾸고 경찰청을 설립하여 관동주 내의 경찰업무를 책임지게 했다. 1921년 관동청 내에 내무국과 경무국을 신설하여 경무국 내에 고등경찰, 경무, 위생 3과를 설치하고, 아울러 관동주 내에 경무서와 경무분서를 설치했다. 1924년 관동주 및 만철부속지의 경무서와 경무분서를 일률적으로 경찰서와 경찰분서로 바꾸었다. 1927년 관동주 내의 경찰분서를 없애고, 아울러 대련에 소방서를 설립했다.

(2) 경찰제도의 제정

관동주 경찰제도의 제정은 모두 당시의 역사적 환경과 일본식민통치의 정치적 필요에 적응하기 위한 것으로, 그것은 관동주에서 일본의 식민통치가 점차 강화되는 과정을 반영하고 있다. 또 그것은 관동주를 기반으로 전 중국을 병탄하려는 허황된 야심을 폭로하고 있다. 관동주 및 만철부속지의 경찰제도는 대체로 아래와 같이 7시기로 나눌 수 있다.

민경통합제 : 일본은 금주, 대련, 여순 통치초기에 군정서를 설치하고, 육군

장교급 군관 중에서 일부 인원을 차출하여 군정위원과 군정서장을 담당하게 하고, 헌병으로 경찰직책을 맡도록 했다. 1905년 6월까지 일본 관동헌병대는 대련 지역에 헌병파견소와 분견소 모두 33곳을 설치하고 헌병 1,363명(장교급군관 14명, 특무대대장 122명, 하사 93명, 병사 1,134명)을 배치했다.[46] 1905년 6월 금주, 대련, 여순군정서의 군사관제를 폐지하고 관동민정서를 설치하여 경무부를 관할했다. 경찰통치를 강화하기 위해 전선의 사병가운데서 215명을 뽑아 각급 경찰기관을 충실하게 했다. 경무부에 경무, 보안, 고등경찰, 위생 4과를 설치하여 금주, 대련, 여순경무서와 대련순사강습소를 관할했다. 시내에 19개의 경찰파출소를 설치하고 향촌에 13개의 경찰파출소를 설치했다. 다음해 9월 1일 관동민정서를 없애고 관동도독부를 설립했다. 관동도독부의 건립에 따라 관동도독부 내에 경찰서를 설치했다. 동시에 금주, 대련, 여순경무서를 각 민정서의 경무계로 바꾸고 일반적인 경찰업무를 책임지게 했다. 이 시기의 제도를 민경통합제라고 부른다.

영사관경찰통합제 : 1908년 1월 남만주 각지에 주재하는 일본영사는 관동도독부 참사관을 겸임하고, 도독부의 경찰은 영사관의 경찰을 겸임하도록 하여 영사관경찰통합제를 실행했다.

경헌통합제 : 1917년 7월 관동도독부 민정부의 경무과를 경무부로 승격하여 경무총장을 배치했다. 관동헌병대장이 경무총장직을 겸임하여 경찰을 지휘 통제하도록 함으로써 경헌 합일의 경헌통합제를 실행했다. 경무총장 아래 3개의 기구를 설립했다. 첫째는 관동청경찰부로 그 아래 경무과, 보안과, 고등경찰과, 위생과를 설치했다. 둘째로 각지에 경찰서와 소방서를 설치했다. 여순, 대련, 대련사하구(沙河口), 대련소강자(小崗子), 대련수상(水上, 즉 부두), 금주, 보란점, 비자와 등 각지에 모두 파출소 176개를 설치했다.

---

[46] 關東廳 編, 『關東廳施政二十年史』, 260~265쪽.

경헌분리제 : 1919년 4월 민정부를 관동청으로 바꾸고 경찰청을 설립하여 관동주내의 경무를 책임지게 했다. 군정부를 관동사령부로 바꾸고, 관동헌병대는 일본헌병사령부가 직접 관할하게 했다. 그 임무는 오로지 관동군에 대한 군사경찰업무만 담당하는 것으로 바꾸었다. 관동헌병대장도 더 이상 경무총장직을 겸임하지 않도록 함으로써 경헌분리제를 실행했다.

민경분리제 : 1921년 6월 경찰청에 경무국과 내무국을 설치하여 경무와 내무를 서로 분리했다. 경무국 내에 고등경찰, 경무, 위생 3과를 설치하고 사무관과 경시를 각과의 과장으로 임명하여 오로지 관동주 내의 경찰업무만을 맡도록 함으로써 민경분리제를 실행했다. 금주, 대련, 여순민정서와 민정지서의 경무과·계는 경무서와 경무지서로 바꾸었다. 금주경무서 아래 보란점, 비자와 경무지서를 설치했다. 다음해 8월 일본은 약탈한 대량의 물자를 일본으로 운송하고 일본교민의 안전을 보장하기 위해 특별히 대련경무서 아래 소강자, 사하구, 수상경무지서를 각각 설치했다. 1923년 보란점, 비자와 경무지서는 경무서로 개칭했다.

제2차 민경통합제 : 1924년 12월 관동주의 경무서와 경무분서를 일률적으로 경찰서와 경찰분서로 바꾸고 다시 민경통합제를 실행했다. 1925년 소강자, 사하구, 수상경무지서를 경무서로 바꾸었다.[47]

제2차 민경분리제 : 1930년 10월 민정서 내의 경정(警政)을 분리하여 따로 금주, 여순, 대련경찰서를 건립했다. 같은 해 10월 22일 대련, 여순민정서를 5서, 즉 대련, 여순, 금주, 비자와, 보란점 민정서로 바꾸어 대련경찰기구는 다시 민경분리제를 실행했다.[48]

---

[47] 關東廳 編, 『關東廳施政二十年史』, 260~282쪽.
[48] 關東廳 編, 『關東廳要覽』, 1930, 89~110쪽.

(3) 관동주 경찰의 기능

경찰조직 가운데 서로 다른 과·계는 서로 다른 기능이 있었다. 경무과의 구체적인 기능은 다음과 같았다. ① 경찰직원 및 관련사항, ② 서장인(署長印)과 서인(署印)의 관리 및 관련사항, ③ 경찰구역의 구분 및 관련사항, ④ 경위(警衛)와 경비 및 관련사항, ⑤ 문서의 접수·발송과 편찬·보관 및 관련사항, ⑥ 통계 및 관련사항, ⑦ 분실물품, 습득물품과 매장물품의 관리 및 관련사항, ⑧ 호적 관리 및 관련사항, ⑨ 경찰에 대한 조문과 기타 복리사항, ⑩ 예산, 결산과 회계 및 관련사항, ⑪ 청사와 숙사의 관리 및 관련사항, ⑫ 숙식 및 관련사항, ⑬ 기타 경찰업무에 속하는 사항.[49]

대련 대광장경찰서

고등경찰과의 구체적인 기능은 다음과 같았다. ① 고등경찰 및 관련사항, ② 출판물의 단속 및 관련사항, ③ 외국의 반일활동 단속 및 관련사항, ④ 체류금

---
[49] 高橋勇八, 『大連市』, 114쪽.

지 및 관련사항, ⑤ 공장과 노동자의 반항활동 단속 및 관련사항.⁵⁰⁾ 고등경찰과는 도시 전역의 주요 공장과 군수공업에 대하여 정찰을 전개하고 방첩활동을 강화했다. 동시에 항일 군중에 대한 방비를 강화하고 특별히 파업사건을 잔혹하게 진압했다. 1916~1932년 사이에 처리한 노동자 파업사건은 517건이며, 파업시간은 장장 2,371일에 달했다.⁵¹⁾

보안과의 구체적인 기능은 다음과 같았다. ① 호구조사 및 관련사항, ② 각 업종의 영업 및 관련사항, ③ 교통과 풍속 및 관련사항, ④ 각 업종의 반일활동 단속 및 관련사항, ⑤ 총포화약과 기타 위험물의 단속 및 관련사항, ⑥ 해안방비와 기타 재해재난의 구조 및 관련사항, ⑦ 여행 중 병에 걸린 사람의 감독관리 및 관련사항, ⑧ 강연, 회의와 자금모집 및 관련사항, ⑨ 동기가 불량한 행위의 단속 및 관련사항, ⑩ 보갑제도 및 관련사항, ⑪ 통치유지와 민중설교 및 관련사항.⁵²⁾ 1909년 6월부터 대련경찰기구는 금주, 보란점, 비자와 등지에서 보갑제도를 실시했다. 즉 10호를 1패(牌)로, 10패를 1갑(甲)으로 하고, 각 경찰서 관내 약간의 갑을 1보(保)로 하여 각각 보장, 부보장, 갑장, 부갑장과 패장을 두었다. 각 세대는 반드시 문 앞에 문패를 달고 문패에 가장의 성명, 가족 수, 동거인 수를 명확하게 기재하도록 규정했다. 또 연대책임제를 실시하여 패 내의 주민 가운데 만약 어떤 사람이 법을 위반하면, 위법자를 처벌함과 동시에 위법자가 소속된 패의 각 호를 일률적으로 처벌한다고 규정했다. 이외에 또 보갑 내에 이른바 자위단조직을 설립하여 경찰통치의 부족을 보완하고 도시와 농촌주민에 대한 감시와 박해를 강화했다. 따라서 일본식민당국은 자위단조직을 크게 발전시켰다. 1931년에 이르러 자위단조직은 합계 54개로 그중 금주에 14개, 보란점에 18개, 비자와에 22개가 있었다. 인원은 합계 5만 9,490명으로 그중

---

50) 高橋勇八, 『大連市』, 114쪽.
51) 關東廳 編, 『關東廳要覽』, 120~128쪽.
52) 高橋勇八, 『大連市』, 115쪽.

금주에 1만 7,201명, 보란점에 1만 9,995명, 비자와에 2만 2,294명이 있었다.53)

사법과의 구체적인 기능은 다음과 같았다. ① 사법경찰 및 관련사항, ② 유치인, 형사혐의자의 감시와 압송 및 관련사항, ③ 검시, 검증 및 관련사항, ④ 범죄즉결 및 관련사항, ⑤ 압송관 및 관련사항.54)

위생과의 구체적인 기능은 다음과 같았다. ① 보건 및 관련사항, ② 방역 및 관련사항, ③ 의무(醫務) 및 관련사항, ④ 가축 및 관련사항, ⑤ 위생 관련 각 업종과 공공위생 및 관련사항.55)

관동주 경찰조직에서 과(혹은 계) 주임 이상의 직무는 모두 일본인이 담당했다. 그 직무는 순사, 순사부장, 경부보(警部補), 경부, 경시보(警視補), 경시 등을 포함했다. 중국인은 단지 저급한 직무를 담당했다. 그 직무는 순포, 특별순포, 순포장, 순사보, 촉탁(고문), 연락원, 밀정 등을 포함했다. 순포는 경찰부와 각 경찰서, 파출소에서 일본순사의 조수가 되어 경찰임무를 집행했다. 일본식민당국이 대련지역에서 민족경시정책을 추진하면서 중국인은 관리를 담당할 권리가 없어졌기 때문에 순포라고 불렸으며 실제로는 경찰이었다. 구체적인 업무의 성질이 달랐기 때문에 사법·경제과(계)에서 순포, 순포장을 맡은 중국인은 형사 혹은 시찰로 불렸다. 호칭이 달랐을 뿐만 아니라 서로 다른 부문에서 순포의 임무도 각각 다른 점이 있었다. 사법과, 경제과의 주요 임무는 전문적으로 '경제범'에 대한 형사정찰과 수사를 하는 것이었다. 보안, 경방(警防), 교통, 소방 등의 과(계)에서 순포의 주요 임무는 각각 화약, 위험물품, 차량, 건축, 방공, 교통, 소방 등을 관리하는 것이었다. 파출소 순포의 주요 임무는 호구관리, 치안유지, 일반 '형사범'의 수사였으며 때로 특무기구 혹은 특무인원을 도와 특무활동을 했다.

---

53) 關東廳 編, 『關東廳要覽』, 91~123쪽.
54) 高橋勇八, 『大連市』, 114쪽.
55) 高橋勇八, 『大連市』, 115쪽.

2) 관동헌병대

(1) 헌병대의 기구연혁

대련헌병대는 일본제국주의가 대련 인민을 침략, 통치, 진압하고 특무활동을 진행하는 최고 권력기구이자 지휘 기관이었다. 러일전쟁 중 일본은 점령지에서 중국 인민의 반항을 진압하고 군사점령을 유지하기 위해 만주파견군 제3군 병참관리부 및 각 야전군으로 하여금 여순 및 각지의 중국을 침략한 일본군 안에 잇따라 헌병대를 설립하도록 했다. 1904년 일본은 대련지역에 군정서를 설치하고 군정서 인원 40여 명으로 종군헌병을 조직하여 현지의 행정사무를 관할하도록 했다. 같은 해 5월 일본 군사관제기간에 대련에 헌병분견소(1906년 헌병분견대와 헌병분대로 확충)를 설치했다. 1905년 군정서를 없애고 관동민정서를 개설하여 요동병참감부[56]에 예속시켰으며, 그에 따라 원래 군정서의 헌병도 민정서로 넘어왔다. 일본헌병총부는 또 여순 신시가지에 관동헌병대를 설립하여 일본본토 도쿄헌병사령부의 지휘 아래 예속시켰으며 군정장관이 관동헌병대의 대장을 겸임했다. 관동헌병대는 각각 여순, 대련, 심양, 봉천, 철령(鐵嶺), 공주령(公主嶺), 안동에 잇따라 헌병분대를 설치하고 관동주 내 및 만철부속지의 군사경찰과 보안경찰을 관장하여, 만철시설의 '보호'와 중국 인민의 항일투쟁에 대한 정찰 진압을 주요 임무로 했다. 동시에 중국 동북지역의 군사, 정치, 경제 정보를 광범하게 수집하여 중국 침략을 확대하는 전쟁 첨병의 역할을 했다.[57] 같은 해 말 민정서에 소속된 헌병인원을 정식으로 관동헌병대로 편성하여 관동총독부에 예속시키고 여순에 헌병대본부를 설립했다. 1906년 9월 관동총독부를

---

[56] 1905년 5월 일본은 만주에서 일본군병참업무와 군사운송업무를 통일적으로 관리하기 위해 만주군총병참감부를 설립하여 그 장관을 병참감이라 부르고 만주군참모장 고다마 겐타로가 겸임하도록 했다. 총병참감부 아래 요동병참감부를 설치했다. 요동병참감부 설립 후 원래의 대련금주·여순군정서를 없애고 관동주민정서를 설립하여 요동병참감부에 예속시키고 관동주민정서장관은 요동병참감에 예속시켰다.

[57] 大連市公安局A檔案, 5.162.1~3.

관동도독부로 바꾸고 그 아래 민정부와 군정부를 설치했다. 관동헌병대는 관동도독부 소속으로 바꾸고 여순분대를 증설했다. 1919년 4월 관동도독부를 폐지하여 민정부는 관동청으로, 군정부는 관동군사령부로 바꾸고 관동헌병대는 일본헌병부 관할로 변경했다.

(2) 헌병대의 기능

1898년 일본이 공포한「헌병령」에 규정하기를 헌병의 주요 임무는 군사경찰, 지역행정경찰, 사법경찰을 감시 감독하는 것이라고 했다. 대련헌병대 조직의 활동을 보면 그 주요 임무와 기능은 다음과 같았다. 비밀정보조직과 정보거점을 건립하여 중요한 공장·광산기업과 복잡한 장소에 특무인원을 파견하여 광범위하게 각 계층의 사상동태를 수집하고 중국 인민의 항일활동을 정찰 진압하는 것, 외국영사관, 외국거류민과 외국상인의 활동을 감시 통제하는 것, 외지에 특무를 파견하여 중국 정치, 경제, 특히 군사정보를 수집하는 것, 일본창고, 병참보급, 공장방위, 군수생산감독 등을 담당하는 것. 헌병대 본부의 각급 인원은 서로 다른 직책이 있었다. 헌병대 대장의 주요 직책은 본부 및 각 분대, 분견대의 활동을 영도하고 지휘하는 것이었다. 부관의 주요 직책은 헌병대장의 조수로서 대장을 대리하여 직권을 행사하는 것 외에도 전 대원의 동원권을 갖고 있었다. 대련헌병대 소속 각 부서의 기능은 아래와 같았다.

전무과(戰務課) : 과장은 헌병대장을 도와 직권을 행사하는데 소속된 전무과를 구체적으로 지휘한다. 전무과는 외사방첩반, 사상대책1반, 사상대책2반, 부두반, 정크반, 과학반, 특고내근반으로 구분되며 임무는 각각 다음과 같았다. 외사방첩반은 외사정보를 수집하고 각국의 영사관, 교민, 중국에 있는 기업을 감시하며 특히 소련영사관을 더욱 엄밀하게 감시 감찰하고, 제멋대로 소련의 반만항일 지하공작원을 체포했다. 사상대책1반은 일본인을 주요 대상으로 하여 정보를 수집했다. 중국의 항일애국자와 지하조직, 특히 중공의 항일활동을 정찰 진압했다. 경제, 문화, 종교, 신문출판, 학교 등 단체의 정보를 조사 연구했다. 진보인사의 활동을 감시 정찰했다. 헌병, 헌보를 중요한 공장과 광산에 파견하고 연락원을 양성하여 정보수집을 맡기고 항일분자의 생산파괴활동을 방지했다. 사회 각 계층의 사상동향을 정찰하고 사회상의 반일상황을 수집했다. 사상대책2반은 '성교회(星交會)' 등 방첩단체의 활동을 지도하고 조선 등 국가 인사의 반만항일활동을 정찰 진압하며 경제정보 및 기타 정치 관련 정보를 수집했다. 부두반은 왕래하는 선원 가운데서 반만항일분자를 수색하고 외국 선박의 활동을 감시하고 대련부두의 일본시설과 생산의 안전을 보호하며 광범위하게 기타 정보를 수집했다. 정크반은 군용과 일반 민간의 증기, 기계, 범선의 선원을 정찰 감시하며 해상 연락원을 양성하여 특히 군용물자를 운송하는 목·범선을 중점 감시하고, 거기에서 반만항일분자를 색출하여 운송의 소통을 보증하고 아울러 기타 정보를 수집했다. 과학반은 우편, 통신, 출판물, 영화의 검사, 각종 증명서, 사진, 지문 등의 기술 감정 및 현장 답사 등을 담당했다. 특고내근반은 문서, 사건 입안, 기소, 정리, 타자를 담당하고 각 분대의 경찰업무를 지도했다.

대련헌병분대 : 대련헌병분대 주수자(周水子)분견대와 금주분견대의 임무는 주로 다음과 같았다. 특고반은 군사특고경찰과 군수공장의 보호를 맡고, 중국 노동자 가운데서 항일애국자를 수사 진압했다. 경무반은 일본군인과 군속을 감독하고 관동주 관내 군사기밀의 보호, 요새에 대한 위해 행위의 감독 단속, 군인 신분의 조사 및 재향군인의 소집과 감독 관리를 맡았다.

여순헌병대 : 여순헌병대는 육해군 군사시설을 파괴하는 항일애국자와 해상으로 잠입하는 중공지하공작원의 정찰 진압, 중국학생의 사상동태 관찰, 일본군 군공장의 안전을 보호하는 일을 했다. 여순헌병분대 소속 요새사령부 헌병실의 주요 임무는 군사상으로 방공, 해상 정보를 수집하는 외에도 정치, 경제, 사상, 노무 및 각계 인사의 동태 정보를 수집하고, 항일애국자 및 공산당 혐의

자를 정찰 진압하는 것이었다.58)

3) 대련특무기구

육군대련특무기관은 관동군참모부 영도 하의 정보기관이었다.

1904년 러일전쟁 기간에 일본 육군참모본부는 각종 경로를 통해 간첩과 특무를 하얼빈, 봉천, 대련 등에 몰래 보내 중국 동북지역과 러시아군에 대한 정찰활동을 전개하고, 동북지역을 침략하는 전쟁을 발동하기 위해 광범위하게 정보를 수집했다.

1905년 일본침략군은 대련지역을 점령한 후 1906년 봉천에 '관동군특무기관'을 건립하고 하얼빈에 특파원을 설치했다. 1907년 일본침략자는 관동군참모부 부원을 파견하여 대련 남산풍정(南山楓町, 지금의 중산구 풍림가楓林街)에 대련육군특무기관을 설립했다. 이 특무기관은 관동군참모부의 정보기관이자 동북을 공격하는 하나의 중요한 특무활동거점이었다. 주요 임무는 봉천특무기관을 도와 동북에서 군사, 정치, 경제, 사회, 종교 등 각 방면의 정보를 수집하는 것이었다. 그 목적은 중국 동북에 대한 침략을 확대하고 아울러 대련 인민에 대하여 이른바 '사상대책'공작을 전개하며 특히 백러시아에 대한 공작을 강화하는데 있었다.

1917년 러시아 10월 혁명 승리 후 관동군정보부는 만주리(滿州里)와 가목사(佳木斯)에 '소원(小原)' '동관(東官)' 공관 특무거점을 설치했다. 1931년 일본군은 9·18사변을 일으켜 중국 동삼성을 탈취한 후 공개적으로 '육군특무기관'의 간판을 내걸었다.

육군대련특무기관은 대련에 주재하는 일본 경·헌·특과 기타 특무기관의 정보공작을 영도하는 일을 담당했다. 관동주의 경·헌·특 기관은 매월 수집한

---

58) 大連市公安局A檔案, 5.162·21~29.

정보를 반드시 육군대련특무기관에 보고해야만 했다. 예를 들어 항일분자를 체포할 필요가 있을 때 반드시 비준을 청해야만 했다. 비정기적으로 헌병대장, 경찰부장, 만철조사부장과 대련에 주재하는 만주국 특무경찰기관 책임자회의를 개최하여 정보를 교환하고 관련 임무를 안배했다. 그러나 특무기관의 정보는 기타 특무부서와 교환하지 않고 직접 관동군정보부에 보고했다.

육군대련특무기관 내에 1실 3반, 즉 서무실(경리계), 러시아반(소련 백러시아 지도과), 지나반(중국공작과), 구미반(구미모략과)을 설치했다. 러시아반은 주로 소련인 및 소련인과 관련 있는 사람을 감시하는 일을 맡았다. 지나반[59]은 주로 중국방면의 정치, 경제, 사회, 종교 등 정보를 수집하는 일을 맡았다. 구미반(구미모략과)은 '러시아인학교' '백러시아사무소' '독일·이탈리아인협회' 등 특무외곽조직을 통해서 전문적으로 영국, 미국, 독일, 이탈리아와 유태인의 정치동향 및 기타 상황을 수집했다.

4) 대련 인민의 항일투쟁

일본식민당국은 대련 인민에게 군사 통치를 실행함으로써 대련 인민들의 각종 반침략활동을 불러일으켰다. 그러나 이 시기 대련 인민이 행한 항일투쟁의 주요방식은 일본식민당국에 의해 '마적(馬賊)'이라고 모함 받았다. 당시 중국인민은 러·일의 침략에 반항하는 투쟁을 전개하면서 대부분 말을 탔기 때문에 일본식민당국에 의해 마적이라고 모함 받았다. 그들은 동으로 비자와에서 서로 노호산(老虎山), 남으로 이십리보(二十里堡), 북으로 성자탄(城子坦)에 이르는 일대에서 활약했다. 통계에 따르면 대련의 마적사건은 1905년 50여 건, 1906년에는 무려 83건에 달했다.[60] 일찍이 1905년 보란점 인민들이 가장 먼저 의거의

---

[59] 지나는 일본이 중국을 얕잡아 부르는 말이며 지나반은 중국공작과를 가리킨다.
[60] 武蓮峰,「上世紀初大連'馬賊'事件」,『大連晚報』, 2006년 4월 9일.

깃발을 올렸다. 그 해 9월 20일 보란점 벽류하(碧流河) 인근 농민('마적') 궈정런(郭正人)이 부대를 거느리고 동노탄향(東老灘鄕, 지금 대련 보란점시 벽류하향)에서 일본군을 습격하여 현장에서 일본군 4명이 죽고 1명이 부상당했다. 다만 투쟁규모가 가장 컸던 것은 비자와 일대에서 활약한 마푸롄(馬福連)이 인솔하는 대오로 가장 많을 때 인원수가 400여 명에 달했다. 이들은 기관총과 대포 등 중화기를 갖추고 여러 차례 일본군에 엄중한 타격을 입혀 위세를 사방에 떨쳤다. 1906년 1월 마푸롄은 비자와파출소에 매수된 한간의 계략에 빠져 벽류하 용왕묘(龍王廟)로 유인 살해되었다.[61] 마푸롄이 희생된 후 그의 옛 부하인 자오창펑(趙長峰)이 항일군 100여 명을 거느리고 1906년 7월 22일 일본군이 점령한 비자와를 공격했다. 그들은 병력을 세 길로 나누어 공격했다. 하나는 경계를 담당하고 철도수비대부터 올 가능성이 있는 일본군 지원병을 저격하도록 했다. 하나는 비자와구역의 일본낭인과 일본상점을 각각 습격했다. 하나는 비자와 일본파출소를 포위 공격하여 일본경찰 3명을 죽였다. 1906년 7월 26일 금주 삼십리보 대염장(大鹽場) 농민 뤼융파(呂永發)가 항일군을 거느리고 사십리보 곽가둔(郭家屯)으로 달려가서 한간 왕밍솽(王明爽)을 잡아 죽였다. 다음 날 뤼융파는 다시 부대를 거느리고 노호산(지금 대련시 금주 칠정산향七頂山鄕) 경찰파출소를 공격하여 일본경찰 다사키 야마요시(多崎山吉)를 죽이고 일본인과 일본 병사 각 1명에게 상처를 입혔다. 1908년 7월 26일 뤼융파는 부대를 인솔하여 금주민정지서 노야묘회(老爺廟會) 회장 장르수(姜日淑)의 집을 포위공격하고 비자와민정지서 차역(差役) 장쥔창(張俊昌)을 죽였다. 같은 해 8월 15일 뤼융파와 그의 부대는 금주 삼십리보 염장에서 일본경찰대대와 만났는데 적은 강하고 아군은 약하여 역량의 차이가 너무 컸다. 뤼융파는 대오를 지휘하여 한편으로 공격하고 한편으로 후퇴하면서 순포 왕위칭(王玉淸)을 사살하고 여러 명의 적

---

[61] 일설에 마푸롄은 1906년 8월 22일 유인당해 죽었다고 한다(武蓮峰, 「上世紀初大連'馬賊'事件」, 『大連晚報』, 2006년 4월 9일).

에게 상처를 입혔다. 같은 해 겨울 뤼융파 부대는 일본군 철도수비대, 일본경찰대와 관동헌병대의 연합공격을 받아 심각한 손실을 입고 해산되었다. 뤼융파는 어쩔 수 없이 먼저 심양으로 잠입했다가 다시 길림성 해룡현(海龍縣)에 은거하다가 후에 한간의 밀고로 말미암아 일본군에게 참혹하게 살해되었다.

금주 삼십리보, 보란점 등지의 자발적인 농민무장세력(1905~1907년)

대련인민의 무장항일투쟁은 장장 3년 동안 견지되다가 1909년 무렵에 이르러 비로소 일본침략자에게 진압되었다. 대련 인민의 항일투쟁은 일본침략세력에게 상당한 타격을 주었다. 그러나 대련 인민도 이 때문에 심각한 대가를 치렀다. 단지 1906년 9월~1907년 2월 사이 금주 서해안에서 피살된 대련항일지사만 해도 75명에 달했다.

금주 삼십리보, 보란점 등지의 자발적인 농민 무장세력(1905~1907년)

5. 관동주의 재정세수체계

1) 관동주 재정세수의 행정체계와 관리

러일전쟁 중 군사행동의 추진에 따라 일본군은 점령지역에 군사행정기구를 건립하여 요남(遼南)과 대련에 군사식민통치를 실행했다. 1904년 5월 6일 일본군은 금주를 점령하고 이튿날 금주군정서를 설립했다. 30일 일본군은 대련을 점령하고 즉시 대련군정서를 설립했다.

일본군은 비록 관동주를 점령했으나 세수체계가 아직 건립되지 않았기 때문에 이 시기에 필요한 경비는 주로 일본 정부의 전시군비에서 지출되었다. 1904년 9월 요동수비군사령부가 설립되어 점령지에서 지세와 영업세를 징수하여 지방행정경비로 지출하기 시작했다. 후에 관동주에서 일본의 통치가 점차 강화됨에 따라 이에 상응하여 세수체계도 수립되었다.[62] 그러나 일본의 중국침략 야욕이 너무 커서 징수한 세금이 지출에 비해 부족하게 되었고, 이 때문에 소요 경비의 일부는 여전히 일본 정부가 보조했다. 1906년 7월 31일 관동도독부 설립 이전 관동주 재정보조금은 주로 일본 육군성이 담당했다. 관동도독부 설립 후 재정보조금은 일본 외무성 담당으로 바뀌었다. 관동도독부 설립 후 그 재정체계는 기본적으로 다음과 같았다. 즉 관동도독은 재정지출의 최고관원으로 '지출명령관'으로 불렸다. 관동도독부 내에 설치한 장관관방, 군정부, 민정부는 각 부 국장이 자기 부서의 재정지출을 관장했으며 '현금전도관'이라 불렀다. 민정부 아래에 설치된 서무과, 경무과, 재무과, 토목과는 각 과장이 과 내의 재정수지업무를 관장했다. 세금징수의 편리를 위해 관동도독부는 또 재정과 안에 세무계를 설치했다.

관동도독부는 대련민정서, 여순민정서, 금주민정서(1908년 대련민정서의 지서가 됨) 3개의 지방행정기구를 관할했다. 서(署)는 재무, 경찰, 위생 등을 포함한 서 내의 일반지방행정을 관할했다. 서 아래 과를, 과 아래 계를 설치했다. 대련민정서의 재무는 재무과에서 관할하고 그 아래 토지계, 직접세무계, 간접세무계, 징세계, 세무상담계, 지가조사계를 설치하고 구체적인 재정사무를 담당했다. 여순민정서는 총무과에서 관할했는데 그 아래 서무계, 재무계, 회계계, 관유재산계, 작업경리계, 수도계, 전기계를 설치했다. 재무과와 총무과는 이름이 다를 뿐 구체적인 재정업무를 담당하는 것은 같았다. 1906년 10월 대련, 여순 등에 '중앙금고파출소'를 설립했다. 1907년 대련중앙금고파출소는 '대련본금고'로, 여순중앙금고파출소는 '대련본금고'의 '지금고'로, 기타 각지는 '대련본금고파출소'로 바뀌었다. 1907년 3월 관동도독부는 「특별회계법」과 「관동주지방비령」를 공포하여 초보적으로 관동주에서 일본식민통치의 재정기초를 다지고 관동도독부의 재정시스템을 가동하기 시작했다. 1915년 일본식민당국은 시제(市制)와 회제(會制)를 설립하고 아울러 시제와 회제[鄕의 회계체제에 따라 시

---

62) 관동주 세수체계는 州 · 署 · 會 3급으로, 3급기구는 행정기구일 뿐만 아니라 또 세수기구였다.

재정과 회재정의 예산제도를 건립했다.

　1919년 일본식민당국은 관동도독부를 없애고 관동청관제를 실행하여 재정기구의 명칭을 관동청특별회계로 고쳤다. 관동청 아래 장관관방, 군정부, 민정부를 설치하고, 민정부 아래 재무과를 설치하여 재정예산을 관리했다. 1921년 민정부를 없애고 내무국과 경찰국을 신설했다. 내무국 아래 재무과를 설치했다. 1922년 내무국에 세무과를 증설했다. 1924년 장관관방 관할의 회계과와 내무국 관할의 재무과를 합병하고 재무부를 설립하여 식민당국의 재정과 관련된 사무를 전권 처리하도록 했다. 1932년 재무부를 재정국으로 바꾸어 재무관리를 강화했다. 1934년 관동청을 관동국으로 바꾸고 재정기구의 명칭을 관동국특별회계로 바꾸었다. 이 시기의 관제에 근거하여 관동주장관의 권력 대부분은 만주국주재 전권대사에게 이관되었다. 그러나 지방비회계에 대하여 관동주장관은 전권대사의 감독 아래 그것을 직접 관리할 수 있는 권한이 있었다.

　1937년 대련민정서가 없어지고 민정서의 권력은 대련시청[大連市役所]으로 이관되었다. 이를 위해 대련세무서를 설립하여 국세와 지방세의 징수를 맡겼다. 이외에 1944년「관동주조세법규류집」의 기록에 의하면 당시 여순과 대련에는 여순세무서, 대련동세무서, 대련서세무서, 대련항세무서 등이 있었다.

　1942년 일본 도죠(東條)내각은 대동아성(省)을 설립하고 대련의 재정을 대동아성 관할로 예속시켰다. 이것은 1945년 일본이 항복할 때까지 계속되었다.

2) 관동주의 재정세수 및 법규

　1907년 3월 관동도독부「특별회계법」과「관동주지방비령」2건의 법령이 반포되어 초보적으로 대련재정 '관동국특별회계(예산)'와 '관동주지방비회계(예산)'의 기본구성, 즉 국가재정과 지방재정을 확립했다. 또 관동주의 세수를 크게 특별회계와 지방비회계 2종류, 즉 국세와 지방세로 확정했다. 1912년 4월 26

일 관동도독부는 「관동주지방세규칙」을 발포하여 지방세를 영업세와 잡세로 나눈다고 규정했다. 두 세의 징수는 또 경상성과 임시성 2부분으로 나누고, 징수의 범위는 생산, 유통, 소비, 수익, 재산, 노무 등의 영역에 미쳤다. 조세의 종류와 세율은 일본식민당국이 수요에 근거하여 확정하고 일련의 법규, 세령의 반포를 통해 실현했다. 특별회계에서 징수하는 조세로는 지세, 염세, 소득세, 거래소세, 주세, 연초세, 임시소득세, 특별법인세, 맥분·시멘트·휘발유세, 특별행위세 및 대동아전쟁특별세 등이 있었다. 영업세와 잡세는 지방비회계에서 징수를 담당했다.

(1) 특별회계에서 징수하는 조세

일본식민통치자는 대련을 점령하자마자 일련의 법규를 발포하고 재정과 세무징수를 시작했다. 1904년 12월 22일 일본 요동수비군사령부는 제1호령으로 「요동수비군행정준칙」을 발포하여 일본군 관할구 내의 주민에게 조세를 징수한다고 규정했다.

염세 : 1905년 5월 8일 요동수비군사령부는 「염세규칙 및 실시세칙」을 반포하고 이에 근거하여 염세를 징수했다. 수출염 1석(石)에 6각(角), 수입염 1석에 1원 5각을 징수했으나 일본염은 제외되었다. 징수방법은 청대를 모방하여 염전 부근에 염무국(鹽務局)을 설치하고 신고에 근거하여 징세했다. 1910년 4월 일본식민당국은 또 「제염염시규칙(制鹽鹽視規則)」을 제정하고 이 규칙에 따라 여순, 보란점, 비자와의 염전소재지에 제염염시소를 설치하고 각 민정서에서 감시원을 파견하여 염세징수와 감독 관리를 담당하게 했다. 1937년과 1939년 염세규칙에 대해 2차례 개정을 진행했다.

지세 : 1905년 10월 25일 관동주민정서는 제6호령으로 「관동주지세규칙」을 발포하고 제정러시아 통치시기의 지세제도를 참조하고 이른바 '간접징세법'을 채택하여 토지의 자연적인 상황 여하에 관계없이 단지 신고에 근거하여 무(畝)

당 은 1각을 징수했다. 이후 관동도독부시기에 은을 금으로 바꾸었다.

아편세 : 1906년 7월 1일 관동주민정서는 제22호령으로 「아편업 및 연관업영업세규칙(鴉片業及烟舘業營業稅規則)」을 반포하여 식민당국은 아편의 수입, 제작, 판매를 통제했다. 아편업의 경영은 개인특허를 실행하여 1906년 판중귀(潘忠國)에게 도급을 주었다가 후에 일본인 이시모토 간타로(石本鑽太郞)에게 넘겼다. 1915년에 이르러 일본식민당국은 이를 대련 굉제당(宏濟堂)에 넘겨주었고, 그렇게 얻은 수입의 대부분은 특허비로 관동주지방재정에 납입했다. 1928년 일본식민당국은 아편경영을 독점하고 같은 해 공포된 「관동청전매국관제(官制)」에 근거하여 대련에 '관동청 전매국'을 설치하고 전매제도를 실행했다. 머지않아 이러한 제도를 만철부속지로 확대하고 아울러 봉천과 장춘에 분점을 설치했다. 아편전매의 수입은 지방재정으로 유입되던 것이 특별회계징수로 바뀌면서 중요한 수입원천이 되었다. 단지 1934년에만 일본식민당국이 아편판매를 특허한 아편굴이 149개, 수입은 무려 637만 엔에 달했다.[63]

거래소세 : 1920년 3월 19일 「관동주거래소세규칙」을 반포하여 다음과 같이 규정했다. 거래소세는 영업세와 거래세를 포괄한다. 영업세는 단지 대련상품거래소에만 적용되며 수취한 매매수속비의 금액에 근거하여 그 15%를 징수한다. 거래세는 일정 금액의 지방채권과 회사채권의 매매에 대해 거래인에게 만분의 1.5를 징수한다. 유가증권 매매는 만분의 3을 징수한다. 상품매매는 만분의 2를 징수한다. 동전과 지폐의 매매는 10만 분의 1을 징수한다.

소득세 : 1920년 7월 31일 일본식민당국은 제227호 칙령을 공포하고 8월 1일부터 「관동주소득세령」을 시행한다고 선포했다. 법인에 대해서 그 자산과 영업소득에 근거하여 보통소득, 초과소득, 청산소득의 소득세를 징수하며, 세액은 각각 보통소득은 5%, 초과소득은 초과액수에 근거해서 4~20%, 청산소득은 5%

---

[63] 關東局 編, 『關東局施政三十年史』, 凸版印刷株式會社, 1936, 727쪽.

를 징수한다고 규정했다. 규정 실시 후 그해 징수한 소득세는 36만 8,381엔이었다. 그 후 「관동주소득세령」을 잇따라 7차례 수정하여 많은 법령과 세칙을 추가했다.

주세 : 1922년 4월 15일 발포한 「관동주주세령」에 의하면 징수대상은 알코올 및 알코올 함유 음료였다. 관동주 안에서 이들 음료를 소비하면 원칙상 일률적으로 주세를 부과하며 세율은 주류에 따라 서로 다른 세율을 적용했다.

연초세 : 1922년 4월 15일 발포한 「관동주연초령」에 따라 관동주 내에서 소비하는 연초는 원칙상 일률적으로 세금을 징수하며 세율은 판매가의 25%였다.

임시소득세 : 관동주 내의 법인 및 비법인 공공단체는 1937년에 잠시 임시소득세를 거두었으며 세율은 소득의 10%로 했다. 소득이 1,000원 미만인 경우는 면세했다.

휘발유 · 시멘트 · 맥분세 : 1937년 6월 28일 일본식민당국은 제291, 292, 293호 칙령을 반포하고 7월 1일부터 「관동주휘발유세령」, 「관동주시멘트세령」, 「관동주맥분세령」을 시행하여 맥분, 시멘트, 휘발유의 생산제조자가 개업, 휴업할 때는 모두 반드시 식민당국에 보고하여 비준을 받아야 한다고 규정했다.

'북지(北支)사변특별세'(1942년 대동아전쟁특별세로 개칭) : 1937년 7월 7일 노구교사변이 폭발하고 일본은 전면적인 중국침략전쟁을 시작했다. 군비를 확충하기 위해 일본식민당국은 즉시 조세징수의 종류를 확대했다. 7 · 7사변 폭발 다음날 소득특별세, 임시소득특별세, 영리특별세, 이익배당특별세, 이자특별세, 물자세 등 6종의 새로운 세금을 추가한다고 공포했다. 8월 26일 제468호 칙령으로 「관동주북지사건특별세령」을 반포하여 증가한 세금의 종류 및 높아진 세율을 법적 형식으로 합법화시켰다. 이렇게 한 후 다시 여러 차례 세금의 종류를 늘리고 세율을 올렸다. 1937년 12월 외화채[外幣債]특별세를 확대 징수했다. 1938년 3월 31일 제211호 칙령으로 「관동주법인자본세령」을 공포하고 법인자본세와 '지나사변특별세'의 징수를 시작했다. 4월 25일 제288호 칙령으로 「관동주임시조세처치조치령」을 공포하여 소득세, 법인자본세, 특별법인세, 한전(旱田)지세와 임시소득이익세의 감면 및 계산 기준에 대해 특별규정을 만들었다. 10월 26일 제702호 칙령으로 「관동주가옥세령」을 공포하고 가옥세를 징수했다. 1941년 태평양전쟁이 발발하자 군비지출을 보상하기 위해 수탈과 약탈에 박차를 가했다. 1942년 3월 27일 일본식민당국은 제255호 칙령으로 「화북사변특별세령」을 「관동주대동아전쟁특별세령」으로 바꾸고 재차 과세범위를 확대하고 세율을 인상했다. 같은 날 연달아 제257, 258, 259, 260호 칙령으로 「관동주청량음료세령」, 「관동주골패(骨牌)세령」, 「관동주광고세령」, 「관동주마권(馬券)세령」을 반포했다. 1943년 3월 31일 제339호 칙령으로 「관동주특별행위세령」을 반포하고 다음해 3월 다시 수정하여, 모든 과세업종 범위 내의 영업행위자는 영업수입을 과세대상으로 하되 규정된 면세점(免稅點)을 초과한 영업액을 계산해서 징수하도록 규정했다.

과세범위가 확대되고 종류가 증가하면서 이미 더는 늘릴 수 없는 지경에 이르렀다. 단지 새로 늘어난 세금 종류만 62종이 넘었고 심지어 본래 지방비회계로 징수했던 몇몇 세금도 모두 특별회계 징수체계로 들어갔다. 유흥세의 징수는 전형적인 사례이다. 1941년 이후의 세율은 더욱 놀라운 경지에 이르러 무려 40~90%에 달했다. 1939년의 징수액은 109만 엔이었으나 1941년 303만 엔으로 증가했고 1943년에는 무려 1,036만 엔에 달하여 1940년 국세총액의 21%를 차지했다.[64]

(2) 지방비회계에서 징수하는 조세

1912년 4월 26일 관동도독부가 발포한 「관동주지방세규칙」에 의하면 지방세는 영업세와 잡세로 구분되었다.

---

[64] 『關東州租稅法規講本』, 1944, 大連市檔案館藏.

일찍이 1905년 4월 요동수비군사령부는 「영업과금세칙(營業課金稅則)」을 공포하여 실시했다. 1906년 4월 20일 관동주민정서 제18호령으로 「관동주영업세규칙」을 반포하여 영업세를 매년 내는 세금으로 규정했다. 그 후 여러 차례의 수정을 거쳐 다음과 같이 규정했다. 무릇 관동주 내에서 고정 장소를 가지고 일정하게 경영을 하는 사람을 징수대상으로 하되, 영업세는 경영 종류에 따라 달라지며, 상품판매액, 자본금액, 저금액, 보험금액, 수입금액 등의 고저에 근거하여 수취세율도 다르게 한다. 중국인과 일본인도 서로 다른 기준에 근거해서 징수한다. 고정 장소가 있는 법인영업세는 연도에 따라 징수한다. 개인영업세는 매년 2차례 징수한다. 은행업은 자본금액의 0.9%, 저축액의 0.4%, 사채 및 차입금액의 0.1%를 수취한다. 보험업은 자본금액의 1%, 보험금액의 2%를 수취한다. 물품판매업은 매출금액에 따라 징수하되 도매와 소매를 구분하여 각각 0.5~2.4%를 수취한다. 제조업, 석탄가스전기공급업, 운송업, 인쇄업, 출판업, 사진업, 가옥임대업, 음식업, 이발미용업 등은 수입금액에 따라 0.8~9‰를 수취한다. 수취세율이 비교적 높은 것은 금전대부업과 실물대여업으로 각각 수입금액의 26‰와 20‰를 수취한다. 개인영업세는 곧 수입금액에 따라 매년 200~2,000엔으로 차등을 두어 수취한다.

1905년 10월 25일 관동주민정서는 제7호령으로 「관동주잡세규칙」을 반포했다. 이 「규칙」에 근거해서 무릇 승용마차, 화물차, 인력거, 자전거, 자동차, 기선, 오락장 및 연기자, 목수, 미장이, 대장장이, 백정, 기녀, 접대부 등에게는 모두 월별로 일정한 비율의 세금을 징수했다. 1942년 3월 28일 관동국 제43호령으로 다시 「관동주잡종세규칙」을 반포하고 1944년 다시 2차례 수정하여 잡세를 부동산취득세와 유흥세(1919년 3월 「특별세부과규정」을 반포하여 유흥세를 징수하기 시작)로 구분하고 전자는 세율을 10%로, 후자는 35%·54%·60% 3등급으로 규정했다.

1919년 5월 22일 「관동주토지증가세(增價稅)규칙」을 반포했다. 이것은 지방세의 일종으로 토지가격이 500엔을 초과하면 세금을 징수하고 500엔 미만이면 면세했다.

(3) 시세와 회세

대련지역에 대한 정치통치와 경제약탈을 강화하기 위해 식민당국은 대련에 주(州), 서(署), 회(會)의 3급행정기구와 재정세수기구를 건립했다. 시제와 회제를 설립하고 그에 상응하는 시재정과 회재정 예산제도를 건립하여 시세와 회세를 징수했다. 시세와 회세는 각각 국세부가세, 지방세부가세, 독립세 3종류를 포함했다. 시세의 독립세는 호별할(戶別割)과 특별세를 포함하며 호별할을 주체로 했다. 회세의 독립세는 호별할, 토지세, 특별세를 포함하며 토지세를 주체로 했다. 아울러 연달아 일련의 법령과 규칙을 공포하여 시세와 회세의 징수를 합리화했다.

1925년 12월 10일 관동청은「회세부과징수규칙」을 공포 실시했고, 다음해 1월「회세특별세규칙」을 공포 시행했다. 토지세의 세율을 명확하게 규정하여 무(畝)당 4각(角)을 징수다. 징수대상은 민유토지의 소유자, 저당 잡힌 사람(抵押者), 차지인(借地人)으로 했다. 1942년에 지가에 따라 40‰를 징수하는 것으로 바꾸고 매년 10월 말 이전에 징수를 완료했다.

1926년 3월 31일 대련시 규칙 제11호로「대련시특별세가옥임대세규칙」을 공포 실시했다.

1931년 6월 10일 대련시 규칙 제2호로 인두세를 징수하는 법칙, 즉「대련시호별할규칙」을 공포하고 다음해 1월부터 농민, 주민, 영업법인, 합작기관을 몇 등급으로 구분하여 호별로 징수한다고 규정했다.

1934년 4월 1일 대련시 규칙 제5호로「대련시특별세출장판매세규칙」을 공포 실시하고 동시에 유흥세(주로 무도장을 가리킴)를 징수하기 시작했다.

1942년 4월 1일 대련시 규칙 제1, 2호로「대련시부가세규칙」과「대련시특별세규칙」을 공포하고 동시에 특별세 가옥임대세를 폐지했다.

같은 해 관동주청은 제1호령으로 회세를 수정하여 회세를 국세부가세와 지방세부가세로 나눈다고 규정했다.

3) 관동주의 재정수지

관동국 특별회계는 국고비(國庫費)라고도 불렸고 직접 일본 정부의 대장성과 외무성이 번갈아 관할했으며 조세, 관유재산의 수입, 정부일반회계지출을 일반행정경비로 지출했다. 관동주 지방비회계는 곧 지방세와 사업수입을 지방교육, 위생, 행정사업 등의 경비로 지출했다.

1907년 특별회계 경상수입은 126만 7,980엔, 임시수입은 300만 5,493엔으로 합계 427만 3,473엔이었다. 그중 정부의 임시 보조금은 300만 엔이었다. 경상지출은 264만 6,150엔, 임시지출은 80만 5,338엔으로 지출합계는 345만 1,488엔이었다(자세한 수지상황은 〈표 2-7〉 참조). 지방비 경상수입은 42만 8,704엔, 임시수입은 46만 6,301엔으로 합계 89만 5,015엔이었다. 경상지출은 39만 8,830엔, 임시지출은 35만 6,948엔으로 지출합계는 95만 5,778엔이었다.

〈표 2-7〉 1907년도 관동국 특별회계 결산표(단위 : 엔)

수입	항목	액수	지출	항목	액수
경상성예산	조세	152,290	경상성예산	관동국	642,523
	국가기업 및 국유재산수입	1,051,743		법원 및 감옥	188,941
	인화수입	38,467		경찰비	724,667
	잡수입	25,480		교육비	21,349
				통신비	993,780
				해무국	47,596
				관측소	19,410
				기타	7,884
	소계	1,267,980		소계	2,646,150
임시성예산	국유물판매금	5,493	임시성예산	사업비	642,350
	보조금	3,000,000		지방비보조	162,988
	소계	3,005,493		소계	805,338
총계		4,273,473			3,451,488

출전 : 官房文書課, 『關東局統計30年志』, 1937.

1916년에 이르러 특별회계뿐만 아니라 지방비회계 역시 수입이 배수로 증가함과 동시에 지출도 급증했다. 1916년의 특별회계 경상수입은 278만 2,610엔, 임시수입은 349만 7,790엔으로 합계 628만 400엔이었다.[65] 경상수입은 거의 1배 증가했고 잡세의 수입은 곧 2.1배 증가하여 7만 8,592엔에 이르렀다. 정부의 임시성 보조금은 도리어 매년 감소하는 추세에 있었다. 이 10년 동안 특별회계의 지출도 점차 증가하여 경상지출은 314만 8,378엔, 임시지출은 105만 9,625엔으로 지출합계는 420만 8,003엔이었다. 지방비회계 경상수입의 증가 폭은 특별회계를 훨씬 초과해서 7.1배에 달했다. 그중 가장 두드러진 것은 잡세의 수입으로, 1916년의 잡세수입은 1907년의 42배였다. 지방비 경상지출은 88만 3,531엔, 임시지출은 226만 9,314엔으로 합계 315만 2,845엔이었다.

날로 팽창하는 지출수요를 만족시키기 위해 일본식민당국은 끊임없이 재정과 세무징수의 종류와 범위를 확대하여 소득세, 거래세, 주세, 연초세 등과 같은 종류의 세금을 연달아 징수하기 시작했으며 재정수입은 해마다 증가했다. 1917~1926년 특별회계의 경상수입은 평균 832만 9,572원, 임시수입은 719만 1,080원으로 합계 1,552만 652원이었다. 9·18사변 후인 1932년 재정수입총액은 3,000만 엔 선을 돌파했다. 일본식민당국의 실제수입은 경상수입이 2,017만 2,831엔, 임시수입은 1,899만 7,619엔으로 합계 3,917만 450엔에 달했다. 이것을 1907년에서 1916년까지 10년간의 평균수입과 비교하면, 경상수입은 약 109%증가하고 임시수입은 약 48%증가하여 총계 약 71% 증가했다.[66] 이는 식민당국 세수가 지속적으로 대폭 상승하는 추세에 있었다는 것을 분명히 보여주고 있다 (〈표 2-8〉 참조).

---

[65] 劉太明 主編, 『帝國主義侵略大連史叢書·稅務卷』, 大連出版社, 1999, 76쪽.
[66] 劉太明 主編, 『帝國主義侵略大連史叢書·稅務卷』, 77쪽.

〈표 2-8〉 1907~1934년 관동주재정수입 상황표*(단위 : 엔)

연도	수입액
1907	4,273,472
1908	5,360,078
1909	5,648,404
1910	6,642,419
1911	6,652,425
1912	6,162,770
1913	5,538,755
1914	5,490,093
1915	5,563,458
1916	6,260,400
1917	7,725,224
1918	9,863,762
1919	12,458,710
1920	14,224,280
1921	16,803,840
1922	19,343,976
1923	19,099,725
1924	18,717,247
1925	17,947,712
1926	19,022,041
1927	22,201,605
1928	26,479,120
1929	27,944,045
1930	25,161,104
1931	24,638,062
1932	30,113,048
1933	39,474,481
1934	39,170,450

*표 가운데 1907년도 수입액은 〈표 2-7〉에 427만 3,473엔으로 되어 있다.
출전 : 『關東州租稅法規講本』, 1944, 81~84쪽. 劉太明 主編, 『帝國主義侵略大連史叢書·稅務卷』, 78쪽 재인용.

일본식민통치시기 1904년 요동수비군사령부가 「요동수비군행정준칙」을 발포하여 일본군 관내의 주민에 대해 조세징수를 시작하면서부터, 식민통치당국이 징수하는 세금의 종류는 적은데서 많게, 세액은 가벼운데서 무겁게 바뀌었다. 7·7사변, 특히 태평양전쟁 폭발 후 군비를 조달하고 더욱 많은 재화를 착취하기 위해 '북지사변특별세'부터 '관동주 대동아전쟁특별세'에 이르기까지 징수하는 세금의 종류를 부단히 새롭게 창출해냈다. 특별회계의 재정수입은 1942년 1억 2,000만 원, 1943년 1억 4,000만 원에 이르렀고 1944년 1억 8,700만 원으로 급증했다.

1926년의 지방비 재정수입은 경상수입이 554만 654원, 임시수입은 426만 2,868원, 합계 980만 3,522원이었다. 1933년 경상수입은 488만 9,900원, 임시수입은 643만 8,524원, 합계 1,132만 8,424원이었다. 1944년 경상수입은 1,119만 3,734원, 임시수입은 575만 5,644원, 합계 1,694만 9,378원이었다.

날로 증가하는 재정수입은 일본식민당국의 식민통치에 경제적 보장을 제공했다. 재정지출은 주로 2가지 방면에서 이루어졌다. 첫째, 각급 통치기구 및 경찰, 감옥 등 통치도구의 정상적인 운영에 쓰였다. 둘째, 더욱 대규모의 침략전쟁에 이용되었다. 1927년 특별회계의 경상지출은 1,348만 5,729원, 임시지출은 442만 9,474원, 합계 1,791만 5,203원이었다. 1926년 지방비회계의 경상지출은 272만 6,475원, 임시지출은 341만 3,222원, 합계 657만 4,750원이었다.[67] 1944년 특별회계의 경상지출은 6,413만 8,092원, 임시지출은 1억 6,403만 8,608원이었다. 지방비회계의 경상지출은 761만 4,546원, 임시지출은 933만 4,832원이었다.

6. 일본이민의 시도 — 어업이민과 만철이민

1) 일본 이민정책의 실시

19세기 말에서 20세기 초 메이지유신을 거쳐 일본은 자본주의 발전의 길로 들어섰다. 본국의 영토가 협소하고 자원이 부족했기 때문에 일본은 적극적으로

---

[67] [역주] 1926년 지방비회계의 경상지출 272만 6,475원과 임시지출 341만 3,222원의 합계는 613만 9,697원이므로 이는 오류로 보인다. 그러나 단순히 합계의 오류인지 혹은 경상지출이나 임시지출의 오류인지 확인할 수 없다.

해외식민지의 확장, 해외자원의 약탈, 해외시장의 쟁탈을 추구했다. 아울러 창끝을 직접 이웃나라인 조선과 중국으로 돌려 조선을 병탄하고, 중국 동북을 점령하고 나아가 전 중국을 정복하며, 아시아를 제패하는 '대륙정책'을 형성했다. 일본 대군벌 야마가타 아리토모(山縣有朋)는 1890년 수상이 된 후 제1회 국회에서 시정연설을 할 때 "대륙은 일본의 생명선"이라는 악명 높은 침략이론을 제기하고 "국가 독립자주의 길은 하나는 주권선을 지키는 것이고, 하나는 이익선을 방위하는 것이다. '주권선'이란 무엇인가? 국가의 강역이 그것이다. '이익선'이란 무엇인가? 우리 주권과 매우 밀접한 관련이 있는 구역이 그것이다"[68]라고 공공연히 떠들었다. 조선과 중국의 동북은 모두 그에 의해 '이익선'의 범위 안으로 편입되었다. 대륙정책의 근본목적은 영토 확장, 즉 군사침략을 통해 다른 나라의 영토를 잠식 병탄한 후 이민을 통해 '군사성과'를 공고히 하는 것이었다. 심지어 어떤 사람은 학자의 명의로 이른바 일종의 이론이라는 것을 제기하여, 일본인을 조선과 중국 동북에 분포시켜야 하며, 이렇게 하면 "타국의 영토를 병탄한다는 불리한 정치책임을 지지 않고, 그것(군사침략)과 같은 이익 및 효과를 얻을 수 있다"[69]고 주장했다. 일본인을 조선과 중국 동북에 분포시키는 것은 구체적으로 조선과 중국의 동북지역으로 이민을 시켜 이들 지역을 전면적으로 통제하는 것을 말한다.

러일전쟁의 승리로 일본은 제정러시아의 수중에서 중국 동북 남부의 이익을 약탈하고 이미 오랫동안 야심을 품고 노리던 여순과 대련을 장악했다. 뒤이어 어떻게 만주를 경영할 것인가가 바로 정부와 민간의 공동 관심사이자 광범위한 관심의 초점이 되었다. 나아가 놀랍게도 일제히 다음과 같이 제기했다. 만주로 이민하여 더욱 많은 일본인을 만주에 정착시켜 그곳이 자연스럽게 일본인의 세

---

[68] 日本近代硏究會, 『近代日本人物政治史』 上, 東洋經濟新報社, 1955, 174쪽 ; 大山梓 編, 『山縣有朋意見書』, 203쪽. 孫克復 等, 『甲午中日海戰史』, 黑龍江人民出版社, 1981, 54쪽 재인용.
[69] 浮田和民, 「日本的外交政策」, 『時代思潮』, 1904년 2월호.

력범위가 되도록 해야 한다. 1909년 3월 당시 일본 외상 고무라 쥬타로는 제국회의에서 '만몽중심론'을 제기하여 '만주와 한국으로 이민'을 적극적으로 주장하고, 또 20년 동안 100만 호를 이민해야 한다고 했다. 후에 만철 초대 총재가 된 고토 신페이는 "만주경영의 가장 중요한 점은 만몽이민 집중주의를 실현하는 것이다"라고 극력 제창했다. 아울러 그는 "만몽을 경영하는 비결"은 "철도경영" "탄광개발" "이민" "목축업의 발전"이며 "그중에서 특히 이민이 가장 상책이다." 그러므로 마땅히 10년 내에 "50만 명의 일본이민자를 만주로 보내야 한다"[70]고 생각했다. 관동군 참모총장 고다마 겐타로는 다음과 같이 제기했다. "전쟁에서 항상 승리하고 패하지 않는 것은 불가능하고, 영구적인 승리는 인구 증감과 서로 관련이 있다." 더욱 많은 일본인으로 하여금 '만몽'에 정착하도록 해야 한다. "그러면 이 지역은 자연히 일본의 강대한 세력범위가 될 것이다. 총과 대포로 빼앗은 땅은 총과 대포로 빼앗길 수 있다. 그러나 만약 이민이 삽과 괭이로 토지를 개척한다면, 총과 대포로 진압하는 것에 비해 상대적으로 훨씬 공고하며 군사점령과 같은 효과를 얻을 수 있다."[71] 후에 관동군도 "20년간 100만 호를 이주시키는" 이민의 논조를 계속 되풀이했다. 동시에 인구가 매년 증가하고 영토와 자원의 압력이 갈수록 심각해지자, 일본은 이민을 일본인구정책을 해결하는 하나의 중요한 절차로 여기고, 곧 척무성(拓務省)을 설치하여 특별히 해외이민을 담당하게 했다.

2) 초기의 어업이민

일본의 만몽에 대한 이민은 3단계, 즉 초기이민, 무력이민, 국책이민으로 나누어진다.

---

[70] 田邊敏行, 『滿洲移民大觀』, 滿洲農業團體中央會, 1938, 5~6쪽.
[71] 浮田和民, 「日本的外交政策」, 『時代思潮』, 1904년 2월호.

초기이민은 9·18사변 이전에 생겨나 대련과 만철부속지에서 진행되었다. 계획적인 대규모 이민이 있기 전에 러일전쟁이 폭발함에 따라 어업이민은 이미 은밀하게 진행되었다. 러일전쟁 중에 군대의 일상적인 공급을 보증하기 위해 일본 정부는 일본어민을 파견하여 일본함대를 따라 대련지역에 가서 어업활동에 종사하도록 했다. 러일전쟁이 종결된 후 일본군대는 대련지역에서 주둔했다. 그들이 먹을 신선한 어류를 확보하기 위해 1905년 5월부터 일본 육군성은 일본 국내의 어선이 대련지역에서 군사수요를 만족시키기 위한 목적의 어업생산을 진행하는 것을 비준했다. 잠깐 동안 대련지역으로 모여든 어선은 600여 척으로 폭증했고, 각종 어업단체는 20여 개, 배를 따라가는 어민이 근 2,000명이었다(자세한 것은 〈표 2-9〉 참조). 이 때문에 관동주민정서는 관동주수산조합을 설립하여 한편으로 어업생산을 지도하고, 다른 한편으로 중국에 와서 어업생산을 하는 일본어민을 보호했다. 관동주수산조합은 실질적으로 대련의 어업자원을 약탈하는 일본의 통치기구가 되었다.

처음에 일본어민은 단지 계절적 생산을 했을 뿐으로 고기잡이철에는 대련에 머물고 겨울에는 일본 혹은 조선으로 철수했다. 이러한 어민들을 대련에 정착시켜 대련을 그들의 어업자원 약탈근거지로 삼기 위해 관동도독부의 경제적 지원 아래 관동주수산조합은 1907년 대련 노호탄(老虎灘) 서구(西口)에 어촌을 건설하고 일본어민이 여기에 정착할 수 있도록 격려했다. 1908년 7월 관동청 수산시험장을 건립하여 각종 어업시험, 예를 들면 포획시험, 제조시험, 양식시험, 어구개량시험 등등을 진행했다. 또 시험장을 이용해서 각종 어업조사와 관측활동을 진행하고, 못의 물을 말려 고기를 잡는 약탈을 진행했다. 어업시장을 독점 통제하기 위해 1909년 1월 만주수산주식회사(대련해양어업공사의 전신)를 건립했다. 이러한 정책과 기구의 보호 아래 대련에 정착하는 일본어민은 점차 증가했다. 1909년에 이미 70여 호에 달하여 일본이 대련에서 식민어업을 발전시키는 기초가 되었다. 게다가 이를 기점으로 대련지역의 어업이민이 날로 증가했다. 일본식민통치자의 이러한 대련의 어업생산과 어업시장을 독점하는 정책은 중국 민족 어업 발전의 목을 졸라 대련지역의 민족 어업을 날로 위축시켜 궁지로 몰아넣었다.

〈표 2-9〉 1906년 일본에서 대련으로 온 어선, 어부 통계표

부현명(府縣名)	선박(척)	어부 수(명)
熊本	92	387
愛姬	80	299
福岡	47	147
大分	38	200
廣島	26	101
香川	19	86
兵庫	12	46
長崎	11	48
崗山	9	34
佐賀	8	23
山口	6	34
愛知	2	5
宮崎	1	9
鹿兒島	0	2
德島	0	2
大阪	0	
高知	0	1
島根	0	1

출전 : 大連市水産局大連水産志編纂委員會 編, 『大連水産志』, 大連出版社, 1994, 138쪽.

3) 만철이민

일본은 남만철도의 권익을 탈취한 후 남만철도 및 연선의 부속지를 경영하기 위해 1906년 일본 천황의 칙령으로 도쿄에 남만주철도주식회사를 설립하고, 이민의 선도자이자 고취자 중 한 사람인 고토 신페이를 초대 총재로 임명했다. 그는 「만철총재취직사유서(滿鐵總裁就職情由書)」에서 "10년 안에 50만 명을

만주로 이주"시켜야 한다고 주장했다. 1907년 3월 5일 만철 총본부가 대련으로 이전하면서 수많은 만철사원 및 부속인원이 관동주와 만철부속지로 이동했다. 게다가 이전에 들어와 관동도독부에 재직하고 있는 일반 인원 및 기타 상공업자들이 있었으므로, 9·18사변이 일어나기 전 대련의 일본인은 이미 23만에 달했다. 그러나 이들은 결코 순수한 의미의 이민이 아니고 그 숫자도 일본 정부의 기대와는 거리가 매우 멀었다.

1908년 6월 초대 만철총재 고토 신페이는 내각대신에게 「만주이민론」이라는 비망록을 제출하여 만주이민의 필요성을 충분히 논증했다. 그 중심사상은 이민을 통해 만철부속지에 일본이민자의 집단거주지역을 형성하고, 그런 후에 중국 동북의 광대한 농촌으로 확대하여 일본인의 세력이 만주에 가득하게 해서 영원히 중국 동북을 점거 경영하는 목적을 달성하는 것이었다. 이 외에 이민을 하면 일본을 위해 충분한 병력자원을 비축하고 전쟁에 필요한 물자를 축적할 수 있다. 러일전쟁에 패했다고 해서 러시아가 일본에게 굴복할 리 없으며, 형세로 보아 반드시 힘을 길러 일본에 보복할 것이므로, 필히 이민의 길을 통해 적에 맞서 싸울 준비를 해야 한다고 했다. 일본이민사업의 발전을 촉진하기 위해 그는 만철총재로 취임한 후, 만철부속지 내의 농경에 적합한 토지 4,400ha를 매우 저렴한 가격으로 흩어져있는 개인 자유이민자들에게 임대하여 일본이민자들이 만주에 정착할 수 있도록 격려하고, 그들로 하여금 일본이 만주농촌에서 발전할 수 있는 기초가 되도록 하고자 했다. 그러나 그들 가운데 대다수는 기회를 틈타 투기거래를 하고 토지를 고가로 현지 중국인에게 전대하여 앉아서 임대료를 벌면서 자신은 돈벌이가 더 잘되는 상공업을 경영했다.

이에 1913년부터 만철은 시험적으로 이민의 경영방식을 바꾸는 일에 착수하여 만철 연선 수비부대에서 농업경험과 농사열의가 있는 퇴역병을 선발하여 이민실험을 하기로 결정했다. 이들은 일정한 군사훈련을 소화하고 신체조건이 좋고 조직기율이 강하며 또 만주의 기후와 생활환경에 적응된 사람들이므로, 만약 충분한 원조와 지도만 주어지면 반드시 마음 놓고 농사지으며 만주에 정착하여 이민의 중견이 될 수 있을 것이다. 게다가 일단 전쟁이 발생하면 그들은 곧 전투에 투입될 수 있었다. 퇴역병 이민의 성공을 보증하고 그들로 하여금 이민한 땅에 뿌리내리도록 하기 위해 만철은 인원의 선발에 대해 엄격한 요구를 제시했다. "토지를 임대하여 경작하는 자는 반드시 이주하여 정착하고자 하는 뜻이 확고해야 하고 가족을 동반하되 가족 중 2명 이상은 농업노동에 적합한 자여야 한다." 또 다음과 같이 규정했다. 피선발자는 반드시 "상당한 경영자금을 보유하고 아울러 최소한 1년간의 생활비용을 준비해야 한다." 경영의 방법 및 농작물의 선택은 "회사의 안배에 따라야 한다." "수비대사령관의 추천서, 신분조사서 및 본인의 경영계획서, 경지임대경작신청서 등을 제출해야 한다."[72]

다른 한편 퇴역병 이민의 성공을 보증하기 위해 만철은 영리추구라는 근본 목적의 포기도 불사하고 이민자들에게 최대한도의 특혜정책과 육성조치를 취했다. 예를 들면 매호의 임대토지는 4~6만 평(坪),[73] 임대기간은 12년, 수취하는 임대료는 최저로 낮추어 당시 만철부속지 이외 지역 임대료의 1/8에 해당했으며 일반적으로 4리(厘)정도이고 최고 6.5리였다. 곤궁해서 임대경작에 필요한 돈을 낼 수 없는 퇴역병들에 대해서는 신청서에 근거하여 300원 이내의 현금을 대출하여 농기구를 사고 집을 짓는데 사용하되 3년 거치 10년 분할 상환하도록 했다. 기타 지역의 토지를 임대 경작할 경우 만철은 이민자 및 그 가족에 대해 승차특혜를 주었다. 즉 만철회사의 선로를 이용하는 경우 운임을 면제해주었다. 일본 내지 및 조선철도국의 선로를 이용하면 운임을 반으로 감해주었다. 해로로 대련에 올 때 오사카(大阪)상선과 일본유센(郵船) 두 회사의 배를 타면 비용을 반감해주었다. 만주이민을 신청한 퇴역병에 대해서 만철회사는 또 부대에게 그들이 퇴역하기 전 2~3개월 동안 수시로 근무에 참가하는 것을 면제

---

72) 滿鐵興業部農務課,『關于獨立守備隊退役兵從事農業者之調査』, 1929.
73) 1평은 3.3058㎡에 해당한다.

하여, 그들이 완전 무장으로 외출하여 토지경작수속, 가옥건축, 기계와 도구를 구매할 수 있도록 허락해 달라고 요구했다. 1914~1917년까지 4년 동안 이주자는 모두 34호, 임대경작 토지는 630.6정보(町步)였다. 만철은 생활, 설비, 교통 등의 방면에서 이민자들에게 양호한 조건을 제공하기 위해 최대한도로 특수정책과 보호를 제공하고 전심전력으로 안치했다. 또 공주령(公主嶺)과 웅악성(熊岳城)의 농사학교를 농사실습소로 바꾸어 이민자의 농업기술지식을 훈련하고 제고하는데 이용했다. 그러나 이러한 퇴역병 이민은 농업에 매달리지 않고 경영성과가 좋지 않으며 타 업종으로 전업하는 등의 원인 때문에 끊임없이 경작을 중지하는 현상이 출현했다. 1916년 4호가 경작을 그만두었고 이후 매년 모두 퇴출자가 있었다. 게다가 2호가 사망하여 9·18사변 이전 원래의 34호 중 단지 절반인 17호만 남았다.

퇴역병 이민이 실패하자 만철은 드디어 개인자유이민의 형식으로 변화를 시도하여 회사기구를 설립해서 농업이민의 발전을 보증하기로 결정했다. 이를 위해 1921년 1,000만 엔을 투자하여 봉천에 동아권업주식회사를 설립하고 각종 수단으로 토지를 점유하여 이민사업을 성공적으로 경영하고자 했다.

1927년 다나카 기이치(田中義一)가 등장하여 만몽 침략계획을 적극적으로 추진하기 시작하면서 재차 만주이민문제를 제기하고, 아울러 이것을 일본 정부의 중요한 침략정책의 일환으로 추진했다. 1928년 만철부총재 마쓰오카 요스케(松岡洋右)는 일본의 중국 동북에 대한 초기이민을 전면적으로 분석한 후 제기하기를 "현재의 경색된 중일관계를 소통하는 근본대책은 현지에 정착하고 있는 일본농민을 이식하는데 있다"[74]라고 했다. 1928년 2월 만철은 대련의 일본상인에게 위탁하여 민간소유지 2,564정보, 관에서 넘긴 토지 366정보를 사들였다. 4월 대련농사주식회사를 설립했다. 1929년 만몽 진출업무를 전적으로 관리하는

---

[74] 顧明義 主編, 『大連近百年史』 下, 1161쪽 재인용.

척무성을 설립하고 조직적이고 계획적으로 대규모 이민을 시작하여 5,000정보의 토지를 마련해서 대련지역으로 500호를 이주시키되 5년 안에 완성하고자 했다. 같은 해 3호, 1930년 57호를 이주시켰으며, 1931년에 이르러 협신자(夾信子), 이가둔(李家屯), 찬자하(贊子河), 양수방(楊樹房), 금창(金廠), 삼십리보, 소련포(小蓮泡), 여순 등에 실제로 이민자 74호가 있었다. 그중 협신자 농업구 5호, 이가둔 농업구 8호, 찬자하 농업구 15호, 양수방 농업구 19호, 삼십리보 농업구 4호, 소련포 농업구 12호였다. 그들 가운데 1/3은 일본 국내에서 모집되어 왔고, 2/3는 만철퇴직사원, 농업실습소의 졸업생, 퇴직관리, 회사직원 등을 포함한 원래 이미 중국 동북에 거주하고 있던 농가로부터 왔다. 그들은 호당 평균 8정보의 토지를 분배받았다. 그러나 진정으로 농사짓는 농호는 많지 않고 대부분은 토지를 전대하여 중국인들이 경작했으며 그들은 다른 업종으로 바꾸거나 혹은 앉아서 전대소득을 누렸다. 소수만이 지속적으로 농사를 지었는데 그들도 대부분 채소와 과일 등의 농산물과 부산물을 재배했고 식량작물을 재배하는 사람은 매우 적었다. 1932년 이후 이민 활동은 중지되었다. 1937년 대련농사주식회사는 다시 이민계획을 조정하여 326호의 이민을 계획했다. 그러나 이 시기 일본의 이민정책은 이미 변화가 발생하여 북만주를 이민입식을 위한 중점지역으로 삼았다. 이로써 관동주이민은 현실적인 국책의 의미를 상실했으며 그들이 제정한 계획도 실현될 수 없었다. 1939년에 이르러 이주민은 단지 66호만 남았고 대련농사주식회사 역시 만주척식공사 등의 이민기구에 의해 대체되었다.

제3장

'만철왕국'의 발흥

1. 만철의 설립

러일전쟁 후 남만철도는 일본의 전리품이 되었지만, 남만철도를 어떻게 경영할 것인가에 대해서는 일본 통치계급 내부에서도 각기 다른 견해들이 존재하고 있었다.

1906년 1월 7일 일본 정우회총재 사이온지 긴모치(西園寺公望)는 내각을 구성했다. 그리고 1월 중순 일본 내각은 남만철도를 경영하기 위해 '만주경영조사위원회'를 조직하여 육군대장 고다마 겐타로(兒玉源太郎)를 위원장으로 삼고, 외무성차관 진다 스테미(珍田捨巳), 정무국장 야마자 엔지로(山座圓次郎),[1] 대장성차관 와카쓰키 레이지로(若槻禮次郎), 주계국장 아라이 겐타로(荒井賢太郎), 체신성차관 나카쇼지 렌(仲小路廉), 경리국장 세키 소우키(關宗喜)를, 후

---

[1] [역주] 원문에서는 山座園次郎라고 한 것은 오류로 보인다.

에는 또 육군성차관 이시모토 신로쿠(石本新六), 농상무성상공국장 모리타 모키치(森田茂吉), 외무성참사관 구라치 데츠키치(倉知鐵吉), 법제국참사관 도케 히토시(道家齊) 등의 사람들을 보충하여 위원회 위원으로 삼았다.2)

고토 신페이(後藤新平)가 초안한 「만주경영경개(梗槪)」의 영향을 받아 고다마 겐타로는 '관영방안' 쪽으로 많이 기울어져 있었다. 그것은 정부가 직할하는 만주철도청을 따로 설치하여 이를 철도 경영 기관으로 하자는 것이었다. 「만주경영경개」는 아래와 같이 서술하고 있다.

> 만주를 경영하는 유일한 비결은 바로 표면상 철도 경영으로 위장하여, 암암리에 각종 시책들을 실행하는 것이다. 이러한 비책에 근거하여 조차지 내의 통치 기구와 철도 경영 기구는 확연하게 분리되어야 하며, 철도를 경영하는 기구는 반드시 철도 경영 외에 정치·군사와 전혀 무관한 것으로 위장해야 한다.……철도를 경영하는 기구로 따로 만주철도청을 세우고 그것을 정치적 직할 기구로 삼아, 철도 경영, 선로 수비, 광산 채굴, 이민 장려, 지방 경찰 건립, 농공업 개량, 러시아와 청나라에 대한 교섭 사무, 군사 정보 공작 정리를 책임지며, 평시에는 철도 인원의 기술 교육 훈련을 함께 관리한다.3)

고다마 겐타로는 이 '관영방안'이 매우 마음에 들어, 만약 이 방안을 실행할 수 있다면 장차 일본식민사에서 찬란한 한 페이지를 장식할 수 있으리라 여겼다. 그러나 이 방안은 다른 사람들의 반대에 부딪쳤다. 외무성에서는 다음과 같이 생각했다. 「포츠머스조약」의 관련규정에 따라 남만철도는 "오직 상공업을 목적으로 한 철도이며, 결코 군사적 목적으로 경영되는 철도가 아니다(제7조)." 중·일 「회의동삼성사의정약(會議東三省事宜正約)」에서 일본 정부는 이미 "중·러 양국

---

2) 蘇崇民, 『滿鐵史』, 中華書局, 1990, 13쪽. 蘇崇民의 『만철사』는 비교적 방대한 역작이다. 책 전체는 60만 자이며 역사적 사실을 상세하고 분명하게 서술했다. 더욱 귀중한 것은 이 책이 대량의 자료를 번역·인용하고 있다는 점이다. 이 책은 만철사 연구의 필독서이자 입문서이다.
3) 鶴見祐輔, 『後藤新平』 第2卷, 後藤新平伯傳記編委會, 1937, 678~679쪽.

이 정한 조차지 및 철도 건설에 관한 원래 협정을 규정대로 실행할 것을 승낙했다." 이 때문에 일본 정부의 남만철도 경영은 관영 방식을 채택해서는 안 되며 마땅히 '민영방안'을 채택해야 한다. 외무성이 제정한「만주철도기요(紀要)」에서 외무성은 민간주식회사 하나를 설립하여 정부가 획득한 철도 및 기타 특권에 부수된 이익 재산을 현금으로 환산하여 주식에 출자하고, 주주의 형식에서는 명의상 중·일 양국의 공동 사업으로 하자고 주장했다. 이 방안은 비록 민영방안을 기초로 했으나, 관영방안에 있는 철도를

고다마 겐타로(兒玉源太郎)

핵심으로 하는 다각적 경영 방침을 흡수하여, 일본이 동북에서 식민침략기구를 설립하는 기초를 닦아주었다. 대장(大藏)대신 사카타니 요시로(阪谷芳郎) 역시 "만주에 대해서는 물론 마땅히 적극적인 방침으로 대처해야 하지만 어쨌든 중국 영토이므로 철도와 탄광의 경영을 일본 정부에서 진행하는 것은 적절하지 않으며 사설 기업이 맡는 것이 바람직하다"고 생각했다.[4] 이런 상황 아래 고다마는 부득이 자신의 '관영방안'을 버리고 민영방안으로 바꾸었다.

1906년 3월 14일 만주경영조사위원회는 자세한 연구를 거친 뒤 일본 정부에 보고서 1건과 문서 2건을 제출했다. 보고서에서 만주경영조사위원회는 "만주의 경영은 러·일조약 및 중·일조약에 의거하여, 제국의 권력에 속하는 철도를 경영하고 그에 부속된 탄광 개발을 중점으로 삼는 것이 비교적 훌륭한 계책이니" "따로 목표를 만들고 회사조직을 채택하는 방법에 의해 유지될 수 있을 것

---

4) 蘇崇民,『滿鐵史』, 14쪽 재인용.

이다"라고 생각했다. 만주경영조사위원회가 정부에 제출한 2개의 문건 중 하나는 남만철도주식회사의 설립과 관련된 칙령 초안으로 천황에게 보낼 칙령으로 반포할 예정이었다. 다른 하나는 회사설립위원회에 명령하여 집행할 명령초안으로 일본 정부에 보낼 회사설립위원들에게 비밀리에 발급될 예정이었다. "칙령은 단지 대체적인 윤곽만을 규정하며, 무릇 자본금 액수, 정부와 개인 자본의 분담액 등 세상에 공개되면 도리어 불리해질 사항에 관해서는 모두 회사에 하달된 또 다른 명령서 속에 규정했다."[5] 5월 22일 일본 정부는 내각회의 형식으로 진지한 토론을 거친 후 주식회사를 조직하여 남만철도를 경영하며 아울러 그것을 '남만주철도(또는 철로)주식회사'라고 부르기로 결정했다. 6월 7일 일본 천황은 142호 칙령의 형식으로 '남만주철도주식회사' 설립 문건을 공포했다. 문건의 전문은 아래와 같다.

　　제1조 정부는 남만주철도주식회사를 설립하여 만주지방에서 철도 운수업을 경영하는 것을 허락한다.
　　제2조 회사의 주식은 모두 기명자(記名者)로 하며, 주식 소유자는 중·일 양국 정부 및 중·일 양국 사람에 한정한다.
　　제3조 일본 정부는 만주철도 및 그 부속재산과 탄광을 그 출자 자본으로 충당할 수 있다.
　　제4조 회사는 신규 모집할 주식 총액수를 여러 차례 나누어 모집할 수 있다. 그러나 제1차 모집액은 총액의 1/5 이하로 할 수 없다.
　　제5조 주식 자본의 제1차 불입액은 최소한 주식의 1/10에 이르러야 한다.
　　제6조 회사는 대련시에 본사를 두고 도쿄에 지사를 설치한다.
　　제7조 회사는 총재 1명, 부총재 1명, 이사 4명, 감사 3~5명을 둔다.
　　제8조 총재는 회사를 대표하여 업무를 총괄하고, 부총재는 총재 유고시 직무를 대리하고 총재가 결원일 때 직무를 대행한다. 총재 및 부총재가 모두 유고시에는 정부에서 이사 1명을 지명하여 총재의 직무를 대리한다. 감사는 회사의 업무를 감사한다.

---

[5] 宿利重一, 『兒玉源太郞』, 東京 : 對胸舍, 1938, 760~761쪽.

제9조 총재와 부총재는 천황의 재가를 받아 정부에서 임명하되 임기는 5년이다. 이사는 50주 이상을 소유한 주주 중에서 정부가 임명하고 임기는 4년으로 한다. 감사는 주주총회에서 주주 가운데 선임하며 임기는 3년으로 한다.

제10조 총재, 부총재 및 이사의 보수와 수당은 정부에서 정한다.

제11조 총재, 부총재 및 이사는 재직 중에는 어떤 명칭을 쓰든 모두 다른 직무 혹은 상업에 종사할 수 없다. 그러나 정부의 인가를 얻었을 경우에는 이 제한에 들어가지 않는다.

제11조 2항 회사는 1년을 영업 연도로 정하여 만약 그 영업 연도에 주식 배당금을 분배할 희망이 확실히 있을 시에는 그 영업 연도가 가기 전에 1차례에 한하여 일정 시기 동안 정부 이외의 주주들에게 일정 금액을 나누어줄 수 있으며, 그 액수는 예상되는 주식배당률의 절반에 이미 낸 주식불입금을 곱한 금액으로 한다. 그러나 그 금액은 반드시 작년 영업연도의 흑자 이월금액 이내여야 하며, 또 주식불입금의 3/100 이내여야 한다.

상기 항의 규정에 따라 분배하는 금액은 해당 영업연도의 계산에서 회사 전체의 재산으로 간주하며, 주주의 변동 여부를 막론하고 해당 영업연도의 계산에 따라 정부 이외의 주주에게 나누어 주는 주식배당금에서 이를 공제해야 한다.

제11조 3항 회사가 회사채를 모집할 때는 여러 차례로 나누어 불입할 수 있다. 회사채 총액은 모집한 주식자본의 2배까지 도달할 수 있으나, 자본 총액을 초과할 수는 없다.

제11조 4항 회사채의 모집 및 정관의 변경은 반드시 총자본금 반액 이상의 주주들이 출석해야 하며, 그 의결권의 과반수로서 이를 결정한다.

제12조 정부는 남만주철도주식회사에 감리관을 두어 회사의 업무를 감시하게 한다. 감리관은 사업의 시설을 감사할 수 있고 회사의 금고 장부 및 각종 문서 물품들을 검사할 수 있다. 감리관은 필요하다고 생각될 경우 회사에 명하여 영업상의 각종 회계 및 형편을 보고하게 할 수 있다. 감리관은 주주총회 및 기타 각종 회의에 출석하여 의견을 진술할 수 있으나 의결권자의 수에는 들어갈 수 없다.

제13조 정부는 회사의 사업에 대해 감독상 필요한 명령을 내릴 수 있다. 관동군사령관은 회사의 업무 중 군사와 관련된 것에 대해서는 필요한 지시를 할 수 있다.

제14조 회사의 결의 혹은 직원의 행위가 법률 명령 또는 회사의 목적에 위반되거나 공익에 방해가 되거나 감독관청의 명령사항을 집행하지 않을 시 정부는 그 결의를 취소하거나 직원을 해직할 수 있다.

제15조 정부는 필요하다고 생각될 때 제국 내의 철도에 관한 법령규정을 회사에 활용할 수 있다. 앞항의 상황을 만났을 때 정부는 마땅히 법령 적용 사실을 회사에 미리 알려야 한다.

제16조 본 령에 특별히 규정되지 않은 것은 상법 및 부속법령의 규정을 활용한다.

제17조 메이지 33년 칙령 제366호는 본령에 의해 설립되는 회사에 적용되지 않는다.

부칙

제18조 정부는 설립위원을 두어서 남만주철도주식회사 설립에 관한 모든 사무를 처리하게 한다.

제19조 설립위원은 정관을 제정하여 정부의 인가를 얻은 후 제1차 주식 자본을 모집할 수 있다.

제20조 설립위원은 제1차 주식 자본모집이 끝났을 때 주식인수증을 정부에 올리고 회사 설립허가를 청원해야 한다.

제21조 앞 조항의 허가를 얻었을 시에 설립위원들은 마땅히 속히 제1차 주식 대금을 달라고 재촉해야하며 대금을 넘겨받은 후 설립위원들은 속히 창립총회를 소집해야 한다.

제22조 창립총회가 끝났을 시에 설립 위원들은 마땅히 업무를 남만주철도주식회사 총재가 접수하도록 넘겨주어야 한다.6)

8월 10일 일본 정부는 또 체신대신 야마가타 이사부로(山縣伊三郞), 대장(大藏)대신 사카타니 요시로, 외무대신 하야시 다다스(林董)의 명의로 비철(秘鐵) 제14호 문건으로 만철설립위원회에 명령을 발포했다. 명령서 전문은 다음과 같다.

---

6) 筱崎嘉郞, 『大連』, 355~357쪽.

명령서

남만주철도주식회사

　　설립위원장 데라우치 마사다케(寺內正毅)

　　그 외 위원 80명에게 명령한다.

이 명령은 이하의 조항에 따라 남만주철도주식회사 설립에 관한 모든 사무를 관리한다.

　　　　체신대신　　　　야마가타 이사부로(山縣伊三郎)

　　　　대장대신 법학박사　사카타니 요시로(阪谷芳郎)

　　　　외무대신 자작　　　하야시 다다스(林董)

제1조 회사는 마땅히 메이지 38년 12월 22일에 조인한 일·청의 만주에 관한 조약의 부속협약에 근거하여 아래의 철도 운수 사업을 경영한다.

一. 대련—장춘 간 철도

一. 남관령(南關嶺)—여순 간 철도

一. 대방신(大房身)—유수둔(柳樹屯) 간 철도

一. 대석교(大石橋)—영구(營口) 간 철도

一. 연대(烟臺)—연대탄광 간 철도

一. 소가둔(蘇家屯)—무순 간 철도

一. 봉천—안동현(安東縣) 간 철도.

제2조 앞 조항의 철도는 마땅히 회사가 영업을 개시한 날로부터 만 3년 이내에 궤간 폭 4피트 8인치 반의 레일로 개축해야 한다.

대련—장춘 간의 철도 내에서 대련에서 소가둔까지 구간은 반드시 복선으로 건설해야 한다.

제3조 회사는 연선의 주요 정거장에 반드시 승객들의 숙식 및 화물의 저장에 필요한 각종 시설을 설치해야 한다.

선로에서 항만에 이르는 지점에는 반드시 수륙 운수의 연결에 필요한 설비들을 건설해야 한다.

제4조 회사는 철도의 이익을 위해 아래의 부속사업을 경영할 수 있다.

一. 광업, 특히 무순 및 연대의 탄광개발

一. 수운업

一. 전기업

一. 주요 철도 화물의 위탁판매업

一. 창고업

一. 철도부속지에서 토지 및 부동산경영

一. 기타 정부의 허가를 받은 영업

제5조 회사는 정부의 인가를 거쳐 철도 부속 사업 용지 내에 토목·교육·위생 등 필요한 설비를 건설한다.

제6조 회사는 정부의 인가를 거쳐 철도 부속 사업 용지 내의 주민들에 대해 수수료를 징수하거나 기타 필요 경비를 분할 징수할 수 있다.

제7조 회사의 자본 총액은 2억 엔이며 그중 1억 엔은 제국정부가 출자한다.

각 주식의 금액은 100엔이다.

제8조 앞 조항의 정부 출자는 아래에 기록된 재산으로 충당한다.

一. 기존 철도

一. 철도에 부속된 모든 재산. 그러나 조차지 내의 재산 가운데 정부가 지정한 것은 제외.

一. 무순 및 연대탄광

제9조 정부는 현재 사용하고 있는 차량 및 봉천-안동현 간의 경편 철도의 레일과 부속품을 적절한 가격으로 회사에 판매한다.

제10조 정부 보유주식 이외의 주식은 일본과 청나라 양국 사람 중에서 모집해야만 한다. 청국 정부가 주식 인수를 희망할 시 회사는 마땅히 이를 허락해야 한다.

제11조 각 영업연도에 회사가 분배하는 주식배당금이 중·일 양국 정부 이외의 주주(이하 주주로 약칭)가 불입한 주식 자금에 대해 6리(厘) 이율로 주기에 부족할 때는 설립 등기한 날로부터 15년(1년을 2개의 영업 연도로 나눌 시에는 30영업 연도)까지 한정해서 정부에서 이를 보상해준다. 단 보상액은 어떤 경우에도 주주가 불입한 금액의 연이자 6리의 비율을 초과할 수 없다.

제12조 각 영업 연도에 회사의 주식배당금이 6리를 넘지 않을 때는 정부가 보유한 주식에 대해서는 주식배당금을 분배하지 않는다.

청국 정부의 보유주식은 마땅히 제국정부의 보유주식에 비추어 처리한다.

제13조 회사가 철도 개축 혹은 부속사업을 경영하기 위해 발행하는 회사채 및 이 회사채를 정리하거나 상환하기 위해 발행하는 회사채에 대해서 정부는 이자지급을 보증하고 필요할 때에는 원금지불도 보증한다.

정부가 보증하는 회사채의 액면금액은 정부가 인수하는 주식에 속하지 않는 주식의 총액 중에서 이미 불입한 금액을 뺀 나머지 금액을 초과하지 않는다.

제1항의 회사채는 빚진 해로부터 25년 이내에 상환한다.

제14조 앞 조 제1항의 취지에 따라 발행하는 회사채에 대해서는 대금을 불입한 다음달부터 정부는 회사채의 이자에 대해 같은 금액을 보상해 준다.

주주의 불입금에 대해 분배하는 배당금이 연이율 6리의 비율을 초과할 시 그 초과금액은 최우선적으로 회사채 이자에 충당해야 하고 이때 앞항의 보상금은 이 충당액을 공제한 후에 지급한다.

제15조 회사의 이윤은 앞 조항의 회사채 이자를 지불한 후에도 아직 잉여가 있을 시에는 이익 배분 비율에서 총 주식에 대해 각자의 불입금에 따라 균일하게 나누고, 그 잉여금은 일·청 양국 정부가 이윤을 나누어 가져야 한다.

제16조 제11조 및 제14조에 규정된 정부 보상금은 연이율 6리의 비율로 이자를 매년 원금에 가산하여 정부에 대한 회사의 채무로 한다.

회사 총 주식의 배당금 분배가 연이율 1푼의 비율을 초과할 시 그 초과액으로 앞 항목의 채무를 상환한다.

제17조 제13조의 회사채 불입금에서 사용 잔액은 마땅히 대장성 예금부로 예입해야 한다.

제18조 회사가 매년 결정하는 주식불입금 및 모집할 회사채의 예산, 채권의 액면가, 발행가격, 이자율, 발행일자 및 조건 등은 반드시 정부의 인가를 받아야 한다.

제19조 회사가 제정하는 회계 및 영업에 관한 규정은 반드시 정부의 인가를 받아야 한다. 앞 조항의 규정 및 정관을 변경하려 할 때도 역시 위와 동일하다.

제20조 매 영업연도의 사업계획·사업비, 영업수지의 예산·결산, 배당금 분배율은 반드시 정부의 인가를 거쳐야 한다. 변경하고자 할 시에도 마찬가지이다.

제21조 회사는 정부가 정한대로 반드시 아래의 사항을 보고해야 한다.

一. 사업비 및 영업수지 현황

一. 일반사업의 실제 상황

제22조 회사는 정부의 허가 없이 중요 권리 및 재산을 처분하거나 혹은 이를 담보로 제공할 수 없다.

제23조 정부는 필요 시 특별사안에 한하여 운송비의 인하를 명령할 수 있다.

제24조 정부는 필요 시 회사에게 관련사업 시설의 신설 혹은 변경을 명령할 수 있다.

제25조 회사는 정부가 정한대로 언제든지 철도·토지 및 기타 물품을 정부가 사용하도록 제공할 의무가 있다.

제26조 본 명령서에서 언급한 정부의 보상 및 보증에 관한 조항은 제국의회의 협찬을 거쳐 확정한다.[7]

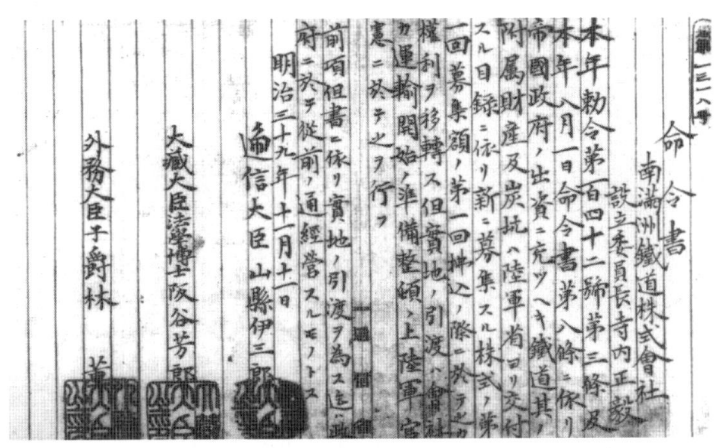

삼대신명령서(三大臣命令書)

7월 13일, 즉 일본 천황의 제142호 칙령이 반포된 후 일본 정부는 곧 '남만주철도주식회사설립위원회'를 설립하여 고다마 겐타로를 위원장으로 삼고 동시에 "또 관련 있는 관리, 참의원과 중의원 의원 및 경제계의 대표인물 중에서 80명을 위원으로 임명했다."[8] 7월 24일 고다마가 갑자기 뇌출혈로 사망하자 25일

---

[7] 南滿洲鐵道株式會社, 『南滿洲鐵道株式會社十年史』, 大連 : 滿洲日日新聞社, 1919, 21~26쪽.
[8] 東亞同文會 編, 胡錫年 譯, 『對華回憶錄』, 商務印書館, 1959, 316쪽.

에 일본 정부는 다시 육군대신 데라우치 마사다케를 위원장으로 지명했다. 8월 7일 야마가타 이사부로는 다시 만철설립사무의 관련수속문제에 대해 진일보한 지시를 내렸다. 8월 10일 만철설립위원회는 참의원 안에 설립위원회사무소를 설치했다. 같은 날 설립위원회는 제1차 전체위원회 회의를 개최했고 야마가타 이사부로, 사카타니 요시로와 하야시 다다스도 열석했다. 회의에서는 만철사무장정과 의사규칙을 결정하고, 상무위원회 위원과 장정조사위원이 선출되었다. 8월 11일 장정위원회는 시부자와 에이이치(澁澤榮一)⁹⁾를 위원장으로 선출했고, 데라우치 마사다케는 또 8명의 상무위원과 13명의 정관조사위원을 지명했다. 8월 11일 설립위원회는 또 공사비견적조사위원회를 설립했고, 데라우치 마사다케는 9명의 공사비견적조사위원을 지명하고 철도작업국 국장 히라이 세이지로(平井晴二郞)를 위원장으로 삼았다. 8월 18일 일본 정부는 남만주철도주식회사 설립위원회가 천황의 제142호 칙령과 삼대신명령서에 의거하여 초안한 「남만주철도주식회사장정」과 공사비견적을 비준했다. 9월 10일 만철은 공개주식모집을 시작했다. 1주에 200엔으로 모두 10만 주였다. 그중 이사와 감사의 몫으로 1,000주를 남겨둔 것을 제외하면 실제로 9만 9,000주를 모집했다. 10월 5일 주식모집이 끝났다. 민간에서 주식을 구매한 주주는 1만 912명에 달했다. 그중 1주를 구매한 자는 5,499명, 1주 이상을 구매한 자는 5,413명이었다. 민간주식구입의 극단적인 분산은 만철에 대한 일본 정부의 절대적인 지배를 보증해 주었다.

   11월 1일 설립위원회는 체신대신에게 남만주철도주식회사 설립신청서를 제출했고 당일에 비준 받았다. 13일 일본 정부는 고토 신페이를 만철 초대 총재로 임명하고 이어 나카무라 요시코토(中村是公)¹⁰⁾를 만철부총재로 임명했으며 동시에 각 이사들을 임명했다.¹¹⁾ 19일 만철은 제1기 감사를 선출했다.¹²⁾ 26일 회

---

9) [역주] 본문에서 澁'則'榮一이라 한 것은 오류로 보인다.
10) [역주] 통칭 나카무라 제코.

사는 도쿄 간다구(神田區)의 도쿄기독교청년회관에서 설립대회를 개최했다. 다음날 회사는 도쿄 아자부구(麻布區) 마미아나정(狸穴町)의 가와무라(河村) 백작의 관저에 회사의 본사를 설치했다. 같은 날 설립위원회 위원장 데라우치 마사다케의 대표인 세키 소우키 위원과 고토 신페이의 대표이자 만철부총재인 나카무라 요시코토는 설립사무소에서 만나 만철에 관련된 모든 사무 및 재산 장부의 인수인계 절차를 마쳤다. 12월 7일 만철은 회사 창립 등기 수속을 마무리했다.

고토 신페이가 만철총재에 임명된 후 11월 19일 일본 "천황은 특별한 영예를 내려 그를 궁으로 불러 음식을 베풀고 아울러 칙어를 하사하여 남만주철도는 사업이 고되겠지만 관계가 극히 중대하니 최대한 노력해주길 바란다고 했다. 고토는 성지(聖旨)를 받은 후 감격하여 눈물을 흘렸고, 수뇌부의 인선이 확정된 후 즉시 업무 전개를 준비했다."13) 12월 5일 고토 신페이는 만철간부 전원을 이끌고 도쿄에서 관동도독부 민정장관 이시즈카 에이조(石塚英藏)와 정식으로 회견했다. 7일 고토 신페이는 또 만철이사 전원에게 훈계하기를 관동도독부와 만철 사이의 관계 문제는 마땅히 도독부의 의지를 받들어야 한다고 했다. 22일 만철부총재 나카무라 요시코토는 만철의 각 이사들을 이끌고 고베(神戶)에서 일본배 데츠레이마루(鐵嶺丸)에 올라 대련으로 향했고 27일 도착했다. 28일 나카무라 요시코토는 만철의 각 이사들을 이끌고 여순으로 달려가서 관동도독과 육군부를 특별 예방했다. "이어 곧 연선 각지로 가서 현지 시찰을 진행했다. 그 중 이누즈카 신타로(犬塚信太郎)는 더욱 북쪽인 하얼빈으로 가서 중동철도국

---

11) 1기 이사 : 國澤新兵衛(철도기사), 田中淸次郎(三井物産), 久保田政周(櫪木縣知事), 野野村金五郎(日本興業銀行 영업부장), 犬塚信太郎(三井物産), 淸野長太郎(秋田縣知事), 久保田勝美(日本銀行國庫局長). (東亞同文會 編, 胡錫年 譯, 『對華回憶錄』, 320쪽 참조)
12) 1기 감사 : 中橋德五郎, 河上謹一, 瀧兵右衛門, 馬越恭平, 岩下淸周. (東亞同文會 編, 胡錫年 譯, 『對華回憶錄』, 320쪽 참조)
13) 東亞同文會 編, 胡錫年 譯, 『對華回憶錄』, 320쪽.

의 호르바트(Хорват Дмитрий Леонидавич) 및 부국장 시르코프(Ширков)의 성대한 환영을 받았다."14) 다음해 2월 11일 만철은 대련에 임시사무소를 설치하고 아울러 4월 1일 야전철도제리부(野戰鐵道提理部)15)로부터 각종 사업을 접수하는 문제를 상의하여 결정했다. 3월 5일 천황은 제22호 칙령을 반포하여 회사 총본부의 대련 이전을 명했다. 31일 철도제리부와 만철의 각종 인수인계 절차가 이미 준비 완료되었으므로 철도제리부는 대련 서공원(西公園, 지금 대련의 노동공원)에서 해산식을 거행했다. 4월 1일 만철은 예정대로 철도제리부로부터 철도 및 각종 부속 사업을 접수했다. 같은 날 만철은 정식으로 대련에서 영업을 시작했다.

남만주철도주식회사

4월 15일 고토 신페이는 도쿄에서 일본철도총국총재 히라이 세이지로를 만

---

14) 東亞同文會 編, 胡錫年 譯, 『對華回憶錄』, 320~321쪽.
15) [역주] 원문에서 野戰鐵路提調部라 한 것은 오류로 보인다.

철고문으로 초빙했다. 5월 7일 오후 1시 고토는 요코하마마루(橫濱丸)를 타고 대련의 임지에 도착했다. 5월 23일 고토는 대련에서 만철 '본사 각 기구 직무 규정'과 각 과장·소장 등의 인선을 공포했다. 인선은 아래와 같았다.

총무부 서무과장	沼田政三郎
회계과장	朝倉傳次郎
출납과장	山本佶
계사(稽査)과장	이사 野野村金五郎
건축과장	이사 久保田勝美
운수부 영업과장	이사 國澤新兵衛
건설과장	堀三之助
항무과장	이사 田中淸次郎
공작과장	吉野又一郎
광업부 지질과장	木戶忠太郎
판매과장	이사 犬塚信太郎
지방부 서무과장 겸 위생과장	茂泉敬孝
대련의원 원장	岩一太
무순탄광 소장	大八木喬朶16)

만철 사업을 경영하는 동안 청 정부의 '양해'를 얻기 위해 5월 23일 고토는 영구(營口)에서 북경으로 출발했고 25일 오후 6시에 도착했다. 북경에서 고토는 "관계있는 각 방면의 고관대작들을 두루 방문했다. 27일 광서제 및 서태후를 알현하고 황제가 친필로 쓴 글씨와 그림 등을 하사받았다." 6월 9일 고토는 대

---

16) 東亞同文會 編, 胡錫年 譯, 『對華回憶錄』, 322쪽. 7월 1일 고토는 또 "제국대학 교수 岡松參太郎를 이사로 임명했다. 11월 犬塚이사의 판매과장직을 면직하고, 朝倉傳次郎로 바꾸어 임명했으며 따로 安田錐藏를 회계과장에 임명했다. 1908년 1월 또 미쓰비시회사에서 공학박사 松田武一郎를 선발하여 무순탄광 광장으로 삼았다. 같은 해 4월 河西健次를 대련병원 병원장에 임명했다."(같은 책, 322쪽)

련으로 돌아왔다. 러시아와의 관계를 개선하기 위해 고토는 또 다음해 4월 28일에 이사 오카마쓰 산타로(岡松參太郎)와 함께 대련에서 출발하여 러시아 방문길에 올랐다. 5월 13일 모스크바에 이르고 15일에 페테르부르크에 도착했다. 러시아 체류기간 동안 고토는 "차르를 알현하고 러시아 재무대신 코코브초프(В. Н. Коковцов)를 여러 번 만났고 또 중동철도부총재 온책나(溫策羅)와 회담을 진행하여 일본과 러시아 철도의 연계를 교섭하기 위한 기초를 닦았다. 러시아에 머문 2주일 동안 그는 러시아 각 방면의 책임 있는 인물들과 접촉하여 상당히 깊게 의견을 교환했다."[17] 5월 30일 러시아 수도를 출발하여 6월 30일 일본으로 돌아왔다.

일본이 독자적으로 남만철도를 경영하는 것은 중·일「회의동삼성사의정약(會議東三省事宜正約)」, 중·러「동성철로공사속정합동(東省鐵路公司續訂合同)」과 중·러「합판동성철로공사장정」의 관련 규정에 위배되는 것이었다. 중·일「회의동삼성사의정약」의 제2조는 명확하게 규정하기를 "일본국 정부는 중·러 양국이 정한 조차지 및 철도 건설에 관한 원래 협정을 규정대로 실행할 것을 승낙한다. 이후로 일이 생기면 중국 정부와 잘 합의하여 결정한다"[18]라고 했다. 중·러「동성철로공사속정합동」에서는 명확히 규정하기를 "이전에 정한 동성철도의 건설과 관리에 관한 합동의 각 절에 따라" "동성철도의 남만주지선(남만철도 포함—인용자)을" "건설하여 경영 관리한다"[19]라고 했다. 이것은 곧 중·러「합판동성철로공사장정(合辦東省鐵路公司章程)」의 관련규정에 따라 남만철도를 건설하고 경영한다는 것이다. 중·러「합판동성철로공사장정」에는 아래와 같이 더욱 명확하게 규정하고 있다.

---

[17] 東亞同文會 編, 胡錫年 譯, 『對華回憶錄』, 323쪽.
[18] 王鐵崖 編, 『中外舊約章匯編』 第2冊, 三聯書店, 1959, 339쪽.
[19] 王鐵崖 編, 『中外舊約章匯編』 第1冊, 783~784쪽.

화아도승은행(華俄道勝銀行)은 철도를 건설하고 관리하기 위해 따로 회사 하나를 세우는데 이름은 중국동성철로공사라고 한다. 회사가 사용하는 관인은 중국 정부에서 발급한다. 회사의 장정은 러시아회사의 기존 규칙에 따라 일률적으로 처리한다. 모든 주식은 오직 중국과 러시아의 상인·백성들만 구매할 수 있다. 회사의 총판은 중국 정부에서 선발하여 파견하고 그 공비(公費)는 회사가 지급하며 총판은 수도에 거주한다. 총판의 책무는 위 은행 및 철도회사가 중국 정부로부터 위탁받은 사무를 힘써 실행하는가 여부를 수시로 사찰하는데 있다. 위 은행·회사와 모든 중국 정부·관리와의 교섭 사무 역시 총판이 관할한다. 위 은행은 특별히 경수인(經手人)을 수도에 파견하여 모든 사무를 가까이에서 상의하여 처리하도록 한다(제1조).[20]

만철은 거리낌 없이 조약을 위반하고 독단적으로 남만철도를 경영했다. 이에 대해 청 정부는 비록 1906년 11월 10일 일본 정부에 항의를 표시하고, 1907년 3월 1일 일본 정부에 답변을 요구했지만, 더 이상 다른 행동은 하지 않았다. 일본 정부는 청 정부가 연약하여 기만할 수 있다는 약점을 간파하고, 청 정부의 항의에 대해 "당장에 묵살하고 거들떠보지도 않으며" 오히려 난폭하게 청 정부에게 "(일본)제국정부의 정당한 시책에 대해 온 힘을 다해 돕고 다시는 방해하지 말 것"[21]을 요구했다. 일본 정부의 핍박 아래 청 정부는 이를 내버려둘 수밖에 없었다.

일본 정부가 독단적으로 남만철도를 경영하는 것은 일석이조의 효과를 가져왔다. 그것은 중국자본을 배척할 뿐만 아니라[22] 동시에 서양자본도 배척함으로써 일본 자신의 침략 이익을 최대한 보장했다. 일찍이 1905년 여름 러·일의

---

[20] 王鐵崖 編, 『中外舊約章匯編』 第1冊, 672~673쪽.
[21] 蘇崇民, 『滿鐵史』, 32쪽 재인용.
[22] 만철이 주식을 모집할 때 중국인들에게 모집한 적은 없었다. 그러나 키니((Kinney, H. W), 『今日的東北(Manchuria Today)』의 기록에 의하면 겨우 "몇 장의 주식이 중국 직원의 소유가 되었다"([美] C. F. Remer 著, 張學楷·趙康節 等 譯, 『外人在華投資』, 商務印書館, 1959, 358쪽 재인용)고 한다.

강화가 진행될 때 미국 '철도왕' 해리먼(E. H. Harriman)은 미국 정부의 사주를 받고 급히 일본에 건너가 남만철도를 사들이려 기도했다. 그는 일본 정부와 협의한 후 10월 12일에 일본 수상 가쓰라 다로(桂太郎)와「만철 구매에 관한 예비각서(關于收買滿鐵豫備節略)」에 서명했다. 해리먼은 그날 일본을 떠나 미국으로 돌아갔다. 그러나 이 협의는 외상 고무라 주타로(小村壽太郎)의 단호한 반대로 무산되었다. 10월 15일 고무라는 미국에서 일본으로 귀국하여 일본 정부가 해리먼과 남만철도의 매각에 합의했다는 사실을 알고 단호히 반대했다. 고무라는 말하기를 "일본 정부가 중국 정부와 교섭하기 전에" 해리먼과 협의를 체결하는 것은 "법률적인 근거가 없다." "남만철도를 모두 미국인에게 팔아넘기는 것은" "결국 일본 국민의 용서를 받지 못할 것이다"[23]라고 했다. 고무라의 단호한 반대 아래 일본 정부는 협약을 파기하기로 결정했다. 그 협약 파기의 이유 역시 "남만철도는 오직 중·일 양국 사람만이 주주가 되어 경영할 수 있는 회사"라는 핑계였다. 비록 후에 해리먼이 거듭 남만철도의 구매를 고집하고, 미국 정부 역시 '남만철도 중립 건의'를 제기했으나, 일본 정부는 시종일관 "일본은 오직 만주에서만 중국의 기타 부분과 상이한 철도 관리 방법을 채택할 이유가 없다고 생각한다"는 등의 이유를 들어 거절함으로써[24] 끝내 미국의 기도를 무산시켰다.

고무라 주타로(小村壽太郎)

   일본 정부가 제멋대로 조약을 어기고 남만철도를 경영한 것은 단지 일본의 야만적인 전횡을 폭로한 것일 뿐만 아니라, 더욱 중요한 것은 일본이 중국 동북을 분할하여 자신의 것으로 만들려 했던 오만방자한 야심을 폭로한 것이다.

---

23) 東亞同文會 編, 胡錫年 譯,『對華回憶錄』, 312쪽.
24) 東亞同文會 編, 胡錫年 譯,『對華回憶錄』, 313~314쪽.

2. 고토 신페이의 '시정방침'

고토 신페이(1857~1929)는 일본 이와테현(岩手縣) 미즈사와정(水澤町) 사람으로 후쿠시마현(福島縣) 요코스카의학교(橫須賀醫學校)를 졸업했다. 세이난(西南)전쟁 시기에는 오사카육군병원의 의사로 있었고 후에 아이치현립병원(愛知縣立病院)에서 의사로 일했으며 1881년 원장이 되었다. 그 후 유학을 떠났고 1892년 귀국하여 위생국 국장을 지냈다. 1893년 소마(相馬)사건[25] 때문에 체포 투옥되었다가 뒤에 무죄 석방되었다. 청일전쟁이 터진 후 육군차관 고다마 겐타로에게 재능을 인정받아 임시육군검역부 사무관장을 맡았다. 1896년 대만총독부 위생고문이 되었다. 같은 해 고다마는 대만총독이 된 후 파격적으로 그를 민정장관으로 발탁했다. 1906년 '공로'를 인정받아 남작을 수여받았고, 같은 해 11월 13일 고다마의 지명을 받아 만철총재에 임명되었다.

일찍이 1906년 8월 22일 즉 고다마에게 지명 받은 지 오래지 않아 고토는 일본 정부에 「만철총재취임사유서」를 제출했다. 「사유서」에서 고토는 다음과 같이 논술했다.

> 러일전쟁은 만주 일전으로 인해 형세가 결정될 리 없습니다. 제2차 전쟁이 언제 도래하든지 만약 승리할 자신이 있다면 곧 기선을 제압해야 합니다. 만약 아직 자신이 없다면 신중하게 기회를 기다려야 합니다. 그러면 설령 다시 싸워서 승리하지 못한다 할지라도 우리는 아직 물러설 곳이 있을 것입니다. 요컨대 일본은 만주에서 언제나 주도적인 입장에서 적을 제압하고, 쉬면서 힘을 비축했다가 피로한 적군과 싸우는 위치에 있어야 합니

---

[25] 소마사건이란 호주인 소마(相馬誠胤)가 의사와 만나지도 않은 상황에서 의사로부터 정신병자로 진단받고 진단서가 발급된 사건을 가리킨다. 당시 집사와 '관리인'이 "주인이 미쳤다"는 이유로 주인의 가산을 침탈하는 사건이 자주 발생했고 고토 신페이는 이런 불량한 풍습을 근절해야 한다고 결심하고 있었다. 그래서 그는 소마사건을 알게 된 후 즉시 위생국장의 신분으로 조사를 진행했다. 그러나 결국 소마가 정신병을 앓고 있음이 사실로 드러났고, 그 때문에 고토는 도리어 의사에 의해 무고죄로 고발당했다.

다. 만몽을 경영하는 비결은 첫째로 철도를 경영하는 것이고, 둘째로 탄광을 개발하는 것이고, 셋째로 이민이며, 넷째로 목축업을 발전시키는 것입니다. 그중 특히 이민이 가장 상책입니다. 오늘날 한국의 종주권이 자주 문제가 되고 있지만, 열강들이 감히 강압하지 못하는 까닭은 바로 일본의 조선에 대한 이민이 열강들보다 앞서 있음이 이미 논쟁의 여지가 없는 사실이기 때문입니다. 종주권의 획득은 전쟁과 외교의 결과라고 쉽사리 결론짓기 어렵습니다. 철도의 경영을 통해 10년 안에 50만 명의 일본 국민을 만주로 이주시켜야 합니다. 그때가 되면 러시아가 비록 강하다고 해도 감히 가볍게 전쟁을 일으키지 못할 것입니다. 화전(和戰)과 완급(緩急)의 주도권은 무사히 우리의 손에 쥐어져 있을 것입니다.……만주에서 우리가 만약 50만 명의 이주민과 수백만 마리의 가축을 보유할 경우, 전쟁을 하는 것이 만약 우리에게 유리하면 나아가 적국을 침략할 준비를 할 수 있을 것입니다. 만약 우리에게 불리하면 쉽게 움직이지 않고 적을 평화로 대하며 적당한 시기를 기다릴 수 있을 것입니다. 이것이 만주와 한국의 경영에 대한 저의 주장입니다.[26)]

여기에서 볼 수 있듯이 고토는 '만철'과 '만주' 경영의 중점을 가상의 제2차 러일전쟁에 두고 있었다. 바로 이러한 이유 때문에 그는 '철도경영' '탄광개발' '이민' '목축업의 발전'을 주장하고 아울러 "그중 특히 이민이 가장 상책"이라고 여겼던 것이다. 고토가 '이민'을 가장 중요한 위치에 놓은 이유는 그가 보기에 만약 50만 명의 이주민만 있다면 "그때가 되면 러시아가 비록 강하다고 해도 감히 가볍게 전쟁을 일으키지 못할 것이고" 화전(和戰)과 완급(緩急)의 주도권은 일본인의 손에 쥐어져 있을 것이기 때문이었다. 마땅히 지적해야 할 것은 고토의 이러한 사상은 그 유래가 이미 오래된 것이란 점인데, 일찍이 1905년 러일전쟁의 초연

고토 신페이

---

26) 南滿洲鐵道株式會社, 『南滿洲鐵道株式會社十年史』, 110~111쪽.

이 아직 자욱할 때 그는 곧 이러한 견해를 제출했다. 그해 가을 고토는 일본 수상 가쓰라 다로의 위탁을 받고 요양(遼陽)으로 가서 만주군 총참모장 고다마 겐타로를 위문할 때 이러한 주장을 명확하게 제출했다. 그는 말하길 만주에서 "반드시 철도 경영에 중점을 두어야 하며 대세로 봐서 러시아와 제2차 교전을 준비해야 한다"고 했다. 고토의 견해는 고다마에게 매우 깊은 인상을 남겼다. 나중에 고다마는 감격하여 고토에게 "지금까지 만주를 어떻게 경영할 지 그 방침을 두고 당신처럼 이렇게 승패득실을 따져 상세하고 주도면밀하게 논한 것을 들어본 적이 없다"고 했다.[27] 바로 이러한 토대를 바탕으로 고토는 다음해 8월 「취임사유서」에서 상술한 사상을 제기했던 것이다.

고토 신페이는 이러한 방안을 '문장적(文裝的) 무비(武備)'라고 칭했다. 후에 그는 행구락부(幸俱樂部)에서 강연할 때 이르기를 "남만의 경영이……'만철'을 주체로 하지 않을 수 없는 이유는 우선 당시의 총리대신 사이온지(西園寺) 후작 및 기타 인사들이 모두 나의 의견인 '문장적 무비'를 받아들인데 있다. 이른바 '문장무비'를 간단히 말하면 바로 문사(文事) 설비를 이용해서 외부의 침략에 대비하고, 사변이 돌발했을 때 무단적(武斷的)인 행동을 겸하게 하는 것이다"[28]라고 했다. 또 이르기를 "식민정책은 결국 '문장적 무비'이다. 왕도의 깃발을 내걸고 패도의 실(實)을 행하는 것은 금세기 식민정책에서 피할 수 없는 것이다"[29]라고 했다. 고토 신페이의 사위인 쓰루미 유스케(鶴見祐輔)는 고토 신페이의 '문장적 무비'사상을 이야기할 때 이르기를 '문장적 무비'의 중심은 "광의의 경제발전에 있다." 그러나 또 "경제 방면에만 국한되는 것은 아니다. 교육·위생·학술상에서 만약 넓은 의미의 문화 사회를 견실하게 건설하지 못한다면 이는 진정한 '문장적 무비'를 완성했다고 할 수 없다. 다시 말해 오직 그날, 즉

---

[27] 草柳大藏 著, 劉耀武 等 譯, 『滿鐵調査部內幕』, 黑龍江人民出版社, 1982, 24쪽.
[28] 鶴見祐輔, 『後藤新平傳・滿洲經營篇』 下, 太平洋協會出版部, 1944, 10~11쪽.
[29] 鶴見祐輔, 『後藤新平傳・滿洲經營篇』 下, 11쪽.

우리나라의 대륙정책이 모든 만주 민중들의 생활 속에 관철되어 민중들이 자연스럽게 우리의 경영을 기뻐하여 이른바 군중 기반을 획득할 때가 되어야만, 타인들이 감히 우리를 넘보지 못할 것이고, 대륙경영은 비로소 확고한 지위를 차지하게 될 것이다. 오직 그때가 되어야만 백작의 '문장적 무비'가 진정으로 실현되었다고 할 수 있을 것이다"[30)]라고 했다. 고토 신페이의 '문장무비' 사상에 대해서 저명한 만철사 전문가 셰쉐스(解學詩)는 "고토의 식민 주장은 새로운 것이 아니며 신구 식민주의자들이 모두 이미 시행해왔던 문무겸시(文武兼施)의 당근과 채찍 정책으로, 그 핵심은 사람들이 좋아하는 것을 던져주고 사람들의 약점을 잡아, 사람들로 하여금 일본에 귀의하게 하고 일본에 귀부하게 하는 것일 따름이다"[31)]라고 했다. 고토의 '문장(文裝)'은 의심할 바 없이 '당근'이며 '무비(武備)'는 '채찍'이므로 셰쉐스 선생의 관점은 분명 옳은 것이다. 그러나 만철 치하의 중국 인민들에게는 오직 '채찍'만 있고 '당근'은 없었던 것 같다.

    고토의 주장은 고다마의 칭송을 받았다. 고다마는 고토의 주장을 "상세하고 주도면밀하다"고 일컬었고 아울러 자신이 만주경영위원장으로 부임할 때 고토를 만철총재로 지명했다. 고토의 주장은 일본 정부의 지지도 받았다. 이로부터 「만철총재취임사유서」는 바로 고토 신페이는 물론이고 만철의 후임 총재들이 중국 대련과 남만주에 대해 침략을 진행하는 시정 강령이 되었다. 그중 '철도경영' '탄광개발' '이민' '목축업의 발전'은 만철의 대 중국 경제침략에서 가장 중요한 것이 되었다.

---

30) 鶴見祐輔, 『後藤新平傳·滿洲經營篇』 下, 10~11쪽.
31) 鶴見祐輔, 『後藤新平傳·滿洲經營篇』 下, 11~13쪽.

3. 만철의 성격

만철은 이중의 성격을 가졌다. 즉 한편으로 그것은 영리를 위주로 하는 국가독점자본주의기업이며, 다른 한편으로 그것은 중국 동북과 기타 지역을 향해 침략을 확대하는 임무를 맡은 식민침략기구였다.

1) 국가독점자본주의기업으로서의 만철

만철이 가진 국가독점자본주의기업으로서의 성격은 주로 아래 몇 가지 방면에서 표현된다.

첫째, 만철의 성립 과정을 보면 정부로부터 직접 통제를 받았다. 상술한 바와 같이 1905년 러일전쟁이 끝난 후 일본 정부는 철도 경영 위주의 철도회사 설립을 결정했다. 1906년 6월 7일 일본 정부는 천황 제142호 칙령의 형식으로 '남만주철도주식회사'의 설립을 선포했다. 7월 13일 일본 정부는 러일전쟁 때 만주군 총사령부의 총참모장이자 육군대장이었던 고다마 겐타로를 남만주철도주식회사 설립위원장으로 임명했다. 아울러 위원 80명을 선임하고 만철설립위원회를 설립하여 만철의 건설 계획 업무에 착수했다. 고다마가 죽은 후 일본 정부는 또 육군대신 데라우치 마사다케를 만철설립위원장으로 임명했다. 8월 1일 일본 정부는 체신대신 야마가타 이사부로, 대장대신 사카타니 요시로와 외무대신 하야시 다다스 등 삼대신의 「명령서」를 반포했다. 「명령서」는 만철의 경영 범위, 자본 출처, 주식 이윤, 회사채 대차(貸借) 및 상환 방법, 정부와 만철의 관계 등을 규정했다. 8월 10일 설립위원회는 제1차 회의를 열고 데라우치 마사다케는 8명의 상무위원과 13명의 정관조사위원을 지명했다. 그중 상무위원은 모두 정부관원들이었고 정관조사위원 중에도 정부관원이 6명을 차지했다. 8월 11일 데라우치 마사다케는 또 9명의 견적조사위원을 지명하여 조사위원회를 구성했다. 그중 정부관원은 5명을 점했으며 위원장은 철도작업국장 히라이 세이지로 였다. 8월 14일 위원회는 회사장정을 제정하고 통과시켰다. 8월 18일 일본 정부는 「남만주철도주식회사장정」과 공사비견적을 비준했다. 11월 11일 일본 정부는 고토 신페이를 만철 초대 총재로 임명했다. 1907년 3월 5일 일본 정부는 또 칙령 제22호의 형식으로 만철에게 명하여 총본부를 도쿄에서 대련으로 옮기게 했다. 4월 1일 만철은 정식으로 대련에서 영업에 들어갔다. 여기에서 볼 수 있듯이 만철은 완전히 일본 정부의 통제 아래 설립되었다.

둘째, 만철의 자금구성을 보면 삼대신 「명령서」에서 이에 대해 명확하게 규정하고 있다. "회사의 자본총액은 2억 엔이고, 그중 1억 엔은 제국정부가 출자한다." "정부가 출자한" 1억 엔은 남만철도와 "철도에 부속된 일체의 재산", "무순 및 연대탄광"의 자산을 환산하여 출자한 것으로 정부는 실제로 어떤 자산도 투입하지 않았다. 또 규정에는 "정부 보유 주식 이외의 주식은 일본과 청나라 양국 사람 중에서 모집해야만 한다"고 되어 있다. 그런데 실제로는 중국인들에게 주식을 모집한 적이 없다. 동시에 일본 정부는 대외에 2,000만 엔(10만 주)의 주식을 모집하고 나머지 8,000만 엔은 회사채(즉 만철의 외부 차관) 형식으로 모집하기로 결정했다. 1906년 9월 10일부터 만철은 대외에 주식모집을 시작했고 10월 하순에 이르러 주식모집은 끝났다. 2,000만 엔의 주식은 모두 1만 912명의 주주들을 모집했다. 이는 만철 주식에 대한 정부의 절대적인 통제[32]를 보증했다. 2,000만 엔의 주식이 1만여 명의 수중에 분산되어 있는 것은 말할 필요도 없고, 설령 한 사람의 손에 들어 있다고 하더라도 정부 주식과 맞서기에는 절대적으로 무력한 것이었다. 만철의 자금구성은 만철에 대한 정부의 절대적인 통제를 보증했다.

셋째, 만철의 주요 관원들의 탄생을 보면 모두 정부에서 임명한 자들이었다.

---

[32] 정부는 주식의 83.3%를 차지하고 기타 1만 912명의 주주들이 16.7%를 차지한다.

여기에 대해서는 일본 천황이 1906년 6월 7일 반포한 142호 칙령과「남만주철도주식회사」장정에 모두 명확하게 규정되어 있다. 칙령에는 다음과 같이 규정하고 있다. "총재와 부총재는 천황의 재가를 받아 정부에서 임명하되 임기는 5년이다. 이사는 50주 이상을 소유한 주주 중에서 정부가 임명하고 임기는 4년으로 한다. 감사는 주주총회에서 주주 가운데 선임하며 임기는 3년으로 한다." "총재, 부총재 및 이사의 보수·수당은 정부에서 정한다." "총재, 부총재 및 이사는 재직 중 어떤 명칭을 쓰든 모두 다른 직무 혹은 상업에 종사할 수 없다. 그러나 정부의 인가를 얻었을 경우에는 이 제한에 들어가지 않는다." 만철장정에는 "총재와 부총재의 임기는 5년이며 천황의 결재를 거쳐 정부에서 임명한다. 이사의 임기는 4년이며, 정부는 보유 주식이 50주 이상인 주주 중에서 임명한다. 감사의 임기는 3년이며, 주주총회를 거쳐 주주 중에서 선임한다"[33]고 규정하고 있다. 여기에서 볼 수 있듯이 만철의 중요 관원들은 모두 정부에서 임명한 자들이었다.

넷째, 정부와 만철의 관계를 보면 만철은 일본 정부의 통제 아래 생산 경영을 진행했다. 사실상 만철은 정부의 지도 아래 생산 경영을 진행할 뿐만 아니라, 만철이 빌린 '회사채'의 상환도 정부가 "그 이자 지불을 보증"했고 "필요할 때는 그 원금의 지불도 보증"했다. 여기에 대해 일본 정부는 제142호 칙령과 삼대신 명령서에서 모두 명확하게 규정하고 있었다. 예컨대 칙령에서는 다음과 같이 규정했다. "정부는 남만주철도주식회사에 감리관을 두어 회사의 업무를 감시하게 한다. 감리관은 사업의 시설을 감사할 수 있고 회사의 금고와 장부 및 각종 문서와 물품들을 검사할 수 있다. 감리관은 필요하다고 생각될 경우 회사에 명하여 영업상의 각종 회계 및 형편을 보고하게 할 수 있다." "정부는 회사의 사업에 대해 감독상 필요한 명령을 내릴 수 있다." "회사의 결의 혹은 직원의 행위가

---

[33] 滿史會 編, 東北淪陷十四年史編寫組 譯, 『滿洲開發四十年史』 上, 1988, 180쪽.

법률 명령 또는 회사의 목적에 위반되거나 공익에 방해가 되거나 감독관청의 명령사항을 집행하지 않을 시 정부는 그 결의를 취소하거나 직원을 해직할 수 있다." "정부는 필요하다고 생각될 때 제국 내의 철도에 관한 법령규정을 회사에 활용할 수 있다." 명령서의 내용은 다음과 같다. "회사가 철도 개축 혹은 부속사업을 경영하기 위해 발행하는 회사채 및 이 회사채를 정리하거나 상환하기 위해 발행하는 회사채에 대해서 정부는 이자지급을 보증하고 필요할 때에는 원금지불도 보증한다." "회사가 매년 결정하는 주식불입금 및 모집할 회사채의 예산, 채권의 액면가, 발행 가격, 이자율, 발행일자 및 조건 등은 반드시 정부의 인가를 받아야 한다." "회사가 제정하는 회계 및 영업에 관한 규정은 반드시 정부의 인가를 받아야 한다." "매 영업연도의 사업 계획·사업비, 영업수지의 예산·결산, 배당금 분배율은 반드시 정부의 인가를 거쳐야 한다. 변경하고자 할 시에도 마찬가지이다." "회사는 정부가 정한대로 사업비 및 영업수지 현황, 일반사업의 실제 상황을 반드시 보고해야 한다." "회사는 정부의 허가 없이 중요 권리 및 재산을 처분하거나 혹은 이를 담보로 제공할 수 없다." "정부는 필요 시 특별 사안에 한하여 운송비의 인하를 명령할 수 있다." "정부는 필요 시 회사에게 관련 사업 시설의 신설 혹은 변경을 명령할 수 있다." "회사는 정부가 정한 대로 언제든지 철도·토지 및 기타 물품을 정부가 사용하도록 제공할 의무가 있다." "본 명령서에서 언급한 정부의 보상 및 보증에 관한 조항은 제국의회의 협찬을 거쳐 확정한다."

 마르크스주의의 기본원리에 따르면 한 기업의 성격은 기업 생산에서의 사회 관계, 다시 말해 '기업의 생산수단 소유 형식', '각기 다른 사회 집단들의 생산에서의 지위 및 생산물 분배 형식' 등의 방면에서 고찰을 진행해야 한다는 사실을 우리는 알고 있다. 생산수단 소유제의 형식에서 보면 일본 정부는 만철에 대해 의심할 바 없이 절대적인 독점권을 가지고 있었다. 각기 다른 사회 집단들의 만철 내에서의 지위로 보면, 만철의 주요 관원들은 모두 정부가 임명한 자들이었다. 이외에도 만철은 설립 과정에서 정부의 통제를 받았을 뿐만 아니라 생산 경영에서도 정부의 통제를 받았다. 이로부터 알 수 있듯이 만철은 틀림없는 국가독점기업이었다. 그것을 자본주의적 기업이라고 말하는 것은 만철이 단지 일개 국가독점기업이었을 뿐만 아니라 영리를 주요 목표로 하는 기업이었기 때문이다. 그 운영은 기본적으로 자본주의적 운영 법칙에 따라 진행되었다. 즉 그것은 하나의 국가독점기업이었을 뿐만 아니라 동시에 하나의 주식회사로서, 생산물은 상품의 형식으로 판매되고 기업 경영의 목적은 최대한 잉여 가치를 착취하는 것이었으므로 하나의 자본주의기업이기도 했다. 그러므로 만철은 틀림없는 국가독점자본주의기업이었다고 할 수 있다.

2) 중국 동북과 기타 지역에 대한 식민침략 확장기구였던 만철

만철은 국가독점자본주의기업이었을 뿐만 아니라 중국 동북과 기타 지역으로 침략을 확대하는 임무를 맡은 식민침략기구였다. 이것은 주로 다음과 같은 사실에서 드러난다.

(1) 만철은 군사적 성격을 농후하게 가지고 있었다.

① 만철총재의 임명을 보면 농후한 군사적 성격을 띠고 있었다. 17명의 만철 총재 중 5명은 군부에서 추천하거나 군부에서 직접 임명하여 일을 맡겼다. 예컨대 고토 신페이(1906.11.13~1908.7.6), 하야시 히로타로(林博太郞, 1932.7.6~1935.8.2), 마쓰오카 요스케(松岡洋右, 1935.8.2~1939.3.24), 오무라 타쿠이치(大村卓一, 1939.3.24~1943.7.14), 고히야마 나오토(小日山直登, 1943.7.14~1945.4.13)는 모두 군부에서 추천하거나 혹은 군부에서 직접 임명하여 만철총재가 되었다. 그중 고토 신페이는 당시 참모총장 겸 만주경영위원장이었던 고다마 겐타로의 추천을 받아 만철 초대총재가 되었고, 하야시 히로타로는 육군대신 아라

키(荒木)가 추천한 사람이며, 마쓰오카 요스케, 오무라 다쿠이치, 고히야마 나오토는 관동군에서 직접 임명한 사람들이다. 만약 고토 신페이의 임명이 군사적 색채가 충분히 드러나지 않는다고 하더라도, 나머지 4명의 임명은 군사적 색채가 매우 뚜렷하다. 기타 4명이 만철총재로 부임했을 때는 바로 일본이 대대적으로 중국 침략을 준비하고 있거나 혹은 이미 대대적으로 중국을 침략한 (예컨대 7·7사변) 때였으며, 기타 대규모 침략전쟁(예컨대 태평양전쟁)을 준비하거나 이미 진행하고 있을 때였다. 대규모의 침략전쟁은 대량의 침략물자를 필요로 했다. 군부가 만철총재를 추천하거나 직접 임명한 목적은 바로 만철이 일본군이 침략전쟁을 발동하는데 필요한 각종 물자를 최대한도로 충족시켜야 했기 때문이다. 이에 대해 마쓰오카 요스케는 조금도 숨기지 않고 "시대는 확실히 비상시기에 처해 있고, 군부는 바야흐로 만주에서 열심히 노력하고 있으니, 만철도 반드시 측면에서 지원하여 국가를 위해 공동으로 노력해야 한다"[34]라고 했다.

② 만철이 건설한 철도를 보면 경영, 개축, 또는 건설을 막론하고 모두 분명한 군사적 성격을 띠고 있었다. 1906년 즉 러일전쟁이 끝난 지 오래지 않아 제정러시아는 흑룡강(제정러시아는 '아무르'라고 부름)철도를 건설하기로 결정하고 1908년 착공했다. 이 철도가 건설된 후에는 시베리아철도가 하바로프스크에 직접 도달할 수 있을 뿐만 아니라, 하바로프스크와 블라디보스토크 사이의 철도와 연결할 수 있었기 때문에 상당히 높은 군사적 가치를 가지고 있었다. 제정러시아의 흑룡강철도 건설이 일본에 미치는 압력에 대응하기 위해 1906년과 1908년 일본 정부는 안봉(安奉)철도와 남만철도의 개축을 강행하고(모두 협궤에서 표준궤로 변경) 아울러 1911년 압록강철교를 가설하기로 결정했다. 1931년 12월 16일, 즉 9·18사변 이후 오래지 않아서 관동군사령관 혼조 시게루(本

---

[34] 『滿洲評論』 第9卷 6號, 昭和 10年, 蘇崇民, 『滿鐵史』, 472쪽 재인용.

莊繁)는 만철총재 우치다 고사이(內田康哉)에게 편지를 보내 다음과 같이 말했다. "북만주에서 제국의 세력은 이번 사변을 거치면서 장차 비할 바 없이 증대될 것이며 대소련 작전에 필요한 준비도 그에 상응하여 더욱 강화되어야 한다. 이 때문에 우리의 위력이 아직 중동철도에 미치지 못한 상황 아래, 단지 만철선만을 유일한 연락선으로 의지하는 이 점이 제국으로 말하면 잠시도 안심할 수 없으므로 최대한 빨리 완성",35) 즉 최대한 빨리 "군부가 희망하는 철도의 건설을"36) 완성해야 한다. 군의 지시에 따라 만철은 철도건설을 가속화했다. 1943년 10월에 이르러 만철이 동북·화북·내몽골에 이미 건설하여 개통한 철도는 신노선 5,149.9㎞와 복선 888.6㎞를 헤아렸다. 이 철도들은 어떤 것은 대소련 작전을 준비하고, 어떤 것은 열하(熱河)의 항일군을 포위공격하고, 어떤 것은 화북으로 병력을 수송하고, 어떤 것은 동북으로 이민하기 위해 건설한 것이었다. 이로부터 만철이 건설한 철도는 그것이 신설이든 개축이든 모두 분명한 군사적 성격을 가지고 있었다는 사실을 알 수 있다.

③ 일본이 만철부속지에 군대의 주둔을 강행한 것은 어떤가. 러일전쟁 후 일본이 만철부속지에 관동군을 주둔시킨 것은 어떠한 법률적 근거도 없는 것이었다. 비록 러·일 양국이 서명한「포츠머스조약·부약(附約)」에 규정하기를 "양 협정국은 수비병을 두어 만주에 있는 각자의 철도노선을 보호할 수 있으며, 수비병의 인원수는 1㎞에 15명을 넘지 않는다"37)라고 했다. 그러나 이 규정은 청 정부의 동의를 얻은 적이 없다. 반대로 청 정부는 일본 정부와「회의동삼성사의정약·부약」을 체결할 때 "러·일 양국이 동삼성에 주둔시킨 군대 및 철도수비대를 조속히 철수하기를 강력히 희망한다"고 제기했다. 일본 정부 역시 당시

---

35) 吉林省社會科學院滿鐵史資料編輯組 編,『滿鐵史資料·路權篇』第2卷 4分册, 中華書局, 1979, 1108~1109쪽.
36) 吉林省社會科學院滿鐵史資料編輯組 編,『滿鐵史資料·路權篇』第2卷 4分册, 1108쪽.
37) 王希智·韓行方 主編,『大連近百年史文獻』, 257쪽.

에는 승낙하면서 "만약 러시아가 철도수비대의 철수를 승낙하거나 혹은 중·러 양국이 따로 적절한 방법을 상의하여 결정한다면, 일본국 정부는 예외 없이 그대로 처리할 것을 승낙한다." "혹시 만주지방이 안정되어 중국이 외국의 인명과 산업을 모두 주도면밀하게 보호할 수 있게 되면 일본국 역시 러시아와 동시에 철도수비대를 철수시킬 수 있다"[38]고 했다. 만약 일본이 남만철도에 군대를 주둔시킨 것이 「포츠머스조약」과 「회의동삼성사의정약·부약」에 근거한 것이라고 발뺌하려 든다면, 안봉철도에 군대를 주둔시킨 것은 이러한 조약마저 없는 것이었다. 그러나 일본은 마찬가지로 군대주둔을 강행했다. 소련은 10월혁명 후 철도수비대를 전부 철수시켰지만, 일본은 과거와 마찬가지로 철군을 거부하며 뻔뻔스럽게 떠나지 않았다. 1906년 6월 7일 일본 정부는 제142호 칙령 「남만주철도주식회사성립에 관하여(關于南滿洲鐵道株式會社成立)」를 반포하여 명확하게 규정하기를 "관동군사령관은 회사의 업무 중 군사와 관련된 것에 대하여 필요한 지시를 내릴 수 있다"고 했다. 1919년 4월 11일 일본 정부는 제142호 칙령을 반포하여 다시 규정하기를 "관동군사령관은 (만철)의 회사업무 중 군사와 관련 있는 것에 대하여 필요한 지시를 내릴 수 있다"고 했다. 이것은 곧 만철이 성립 초기부터 무력으로 중국을 침략하는 관동군이라는 전차(戰車) 위에 철저하게 묶여 있었다는 것을 분명하게 나타낸다. 만약 관동군이 부속지에 주둔하는 것에 대해 만철이 간여할 수 없었다고 한다면, 만철이 일본 정부에 의해 관동군이라는 전차 위에 묶이게 되었던 바로 그때 만철의 성격은 이미 변화가 발생하여, 더 이상 단순한 자본주의 기업이 아니라 군사적 성격을 농후하게 머금은 중국 침략집단(적어도 준 군사화 집단)이 되었다고 할 수 있다.

④ 만철은 직접 혹은 간접적으로 일본이 일으킨 중국침략전쟁에 참여했다.[39] 9·18사변에 참여하는 부분에서 만철은 연이어 대규모 군용열차를 출동

---

[38] 王鐵崖 編, 『中外舊約章匯編』 第2冊, 340쪽.
[39] '간접적 참여'라는 것은 주로 일본군이 만철이 통제하고 있는 철도와 항구를 이용해서 중국 침

시켜 관동군을 동북 각지로 운송했다. 전사하거나 부상당한 일본군에게는 많은 조위금을 지급하여 중국을 침략한 일본군의 사기를 북돋았다. 관동군에게 300만 엔을 빌려주어 "이 전쟁 기계가 전속력으로 돌아가도록 했다." 그리고 만주국의 성립에 참여하는 등의 일을 했다. 7·7사변에 참여하는 방면에서 만철은 일본의 중국 침략을 위해 대규모 군용열차를 제공했을 뿐만 아니라, 약간의 만철인원은 직접 장갑차를 몰아 중국 인민을 학살하는 행위 등에 참여했다.

⑤ 만철은 각종 기회를 이용해서 수단과 방법을 가리지 않고 중국과 기타 국가 혹은 지역에 대해 정보수집공작을 진행했다. 일찍이 1907년 만철은 조사부를 설립하여 "만주 및 몽골을 으뜸으로 하고, 그와 중대한 관계가 있는 중국 본토 및 시베리아와 러시아 서부를 버금으로 하여" "정치·법률·경제·교통·문화 등에 관한" 정보를 조사했다.[40] 1932년 1월 만철은 또 관동군의 요구에 응하여 경제조사회를 설립했다. 이 조사회는 형식상 만철기관이었지만 실제로는 관동군의 기관으로 관동군을 위해 정보수집공작을 진행했다. 1939년 만철은 관동군과 일본 정부의 동의 아래 대(大)조사부를 설립했다. 이는 당시 일본 최대의 '국책조사기관'으로 인원수는 가장 많을 때 2,345명, 예산경비는 무려 1,000여 만 엔에 달했다. 이 조사부는 일본 정부를 위해 봉사할 뿐만 아니라 동시에 일본군의 중국 침략을 위해서도 봉사했다. 그들은 중국을 침략한 일본군이 위탁한 대량의 조사임무를 잇따라 맡았다. 예컨대 그것은 중국의 항전능력조사, 일본 '만주' 중국 경제 집단의 능력조사, 전시경제조사, 전쟁자원과 요새지의 지리조사, 대소련 전비와 정보조사, 남양군정조사 등으로 군사적 색채가 극히 선명했다.

략 병력의 파견 배치와 군사 수송 활동을 진행하는 것을 가리킨다.
40) 解學詩, 『隔世遺思―評滿鐵調查部』, 人民出版社, 2003, 50쪽 재인용.

(2) 일본 정부와 관동군의 힘을 빌려 중국의 동북과 화북으로 경제침투와 확장을 진행했다

만철은 설립초기에는 그 경영범위가 주로 남만철도(안봉철도 포함), 무순탄광과 연대탄광(지금의 요양遼陽 경계 안)이었다. 9·18사변 후 만철은 관동군의 지지 아래 잇따라 중국 동북의 모든 철도를 약탈했다. 만주국 설립 후 만철은 계속해서 중국 동북의 모든 수륙 교통 운수의 경영 독점권을 약탈했다. 7·7사변 후 만철은 또 일본 정부의 지지 아래 중국 화북의 모든 철도를 약탈했다. 1945년 일본이 항복하기 전까지 만철이 경영하는 철도는 이미 9·18사변 이전의 1,140여 km에서 1만 6,500여 km[41]로 확장되었다. 이와 동시에 만철은 또 관내·외의 농업, 임업, 공업, 광업, 상업, 금융, 해상운수, 도시운수, 건설, 과학기술, 신문, 서비스, 문화와 교육 등의 업종으로 침투하고 확장했다. 1906년 만철이 처음 설립되었을 때는 자본이 단지 2억 엔에 불과했지만, 1945년 일본이 항복하기 전에 이르면 자본 총액이 이미 50억 9,300만 엔에 달하게 된다.

(3) 중국 동북지역으로 이민을 하거나, 혹은 일본의 관련기관이 진행하는 중국 동북지역으로의 이민 활동을 지지·지원했다

일찍이 1906년 고토 신페이는 「만철총재취임사유서」에서 중국 동북으로 50만 명을 이주시키자는 주장을 제기했다. 1914년부터 만철은 중국 동북으로 이민을 보내기 시작했다. 1914~1918년 만철은 만철수비대의 퇴역병 중에서 이민 34호(戶)를 조직했다. 1929년 4월 만철은 대련에 대련농사주식회사를 설립하고 600호의 이민을 계획했다. 그러나 1929년 4월~1932년 4월까지 겨우 농민 73호를 이주시켰다. 1937년 대련농사주식회사는 또 326호의 이민을 계획했지만, 이 때 일본 정부의 대중국 이민의 중점이 이미 '관동주'에서 중국 동북의 기타 지역으

---

[41] 그중 관내는 5,000여 km, 관외는 1만 1,400여 km.

로 바뀌었으므로 이 이민 계획은 실현되지 못했다. 1933년 만철은 300만 엔을 동아권업주식회사에 빌려주어 이민에 필요한 비용으로 삼도록 했고, 후에 다시 200만 엔을 추가했다. 1937년 8월 만주척식회사가 설립되어 20년 내에 중국 동북으로 100만 호(500만 명)를 이민시킬 계획을 세웠고 만철은 1,000만 엔(이 회사의 자금은 합계 5,000만 엔)을 출자했다. 1935년 4월~1937년 4월 만철은 또 중국 동북의 철도연선에 23개의 철도 자경촌(自警村, 즉 농업경영과 철도경비를 목적으로 한 '이민촌')을 설립하고 무장농민 432호를 이주시켰다. 1938년부터 만철은 또 철도자경촌훈련소(후에 '만주개척 청년의용대 만철훈련소'로 개칭)를 세우기 시작하여 1940년까지 모두 31개소를 설립했다. 1941년부터 또 매년 2,000명의 청소년들에게 이민 훈련을 진행했으며 기한은 3년으로 했다. 이와 동시에 만철은 철도 운수와 의료 등의 방면에서도 이민자들에게 편의를 제공했다. 1939년 만철은 또 자신에게 예속된 철도총국 부속국 내에 척식과를 설치하여 전문적으로 이민사업을 책임졌다.

(4) 만철부속지 내에서 식민통치를 진행했다

만철은 설립된 후 계속해서 대규모 토지를 접수·구매·강점하여 만철부속지를 세우고 아울러 부속지 내에 행정기구를 건립하고 형태만 바꾼 징세를 하여 식민통치를 실행했다. 1907년 4월 만철은 와방점(瓦房店)·대석교(大石橋)·요양(遼陽)·봉천(奉天, 지금의 심양沈陽)·공주령(公主嶺)·안동(安東)·무순(撫順) 등지에 거류민회(居留民會)를 설치하여 잠시 만철을 대신하여 지방사무를 처리하게 했고, 동시에 거류민회에게 "세금 징수권한을 주었다."[42] 같은 해 7월 만철은 대석교·요양·공주령·봉천에 지방부판사사무소(地方部辦事事務所)를, 8~9월에는 철령과 장춘에 사무소를 설립하고, 이후 또 본계(本溪)·안동

---

[42] 滿史會 編, 東北淪陷十四年史編寫組 譯, 『滿洲開發四十年史』 下, 417쪽.

등에 사무소를 설립했으며, 1936년에 이르면 이미 연이어 13개 사무소를 설립했다. 그리고 1907년 9월 28일 만철은 부속지에서 징세하기 시작했다. 또 오래지 않아 사칙 제15호의 형식으로 「공비 및 수속비규칙(公費及手續費規則)」을 공포하여 세비를 호구세[戶別捐]와 잡세[雜捐] 등으로 나누었다. 그중 호구세는 모두 11등급으로 나누었고 잡세는 3종으로 했다.

만철은 한편으로 일본이 일으킨 중국침략전쟁에 직접 참여하거나 혹은 일본의 중국침략전쟁을 위해 봉사했다(예컨대 정보수집 등). 다른 한편으로 또 온갖 방법을 써서 중국 동북지역과 화북지역에 경제적 침투와 경제적 확장을 진행하거나, 이민을 진행하거나, 일본의 관련단체가 전개하는 이민활동을 지원했다. 여기에서 볼 수 있듯이 만철은 확실히 틀림없는 식민침략기구였다. 사실 만철 초대총재 고토 신페이나 훗날 일본 수상 다나카 기이치(田中義一)를 막론하고 이 점에 대해서는 모두 부인하지 않았다.

고토 신페이는 「만철총재취임사유서」에서 "만철총재는 상업회사를 경영한다는 명목으로" "식민정책을 추진한다는 중대한 책임을 지고 있습니다"라고 했다. 또 "처음에 '남만주철도주식회사'가 설립되어 제가 총재로 추천된 것은 아마도 '만철'을 영리를 목적으로 하는 철도사업으로 보지 않고, 만철로 하여금 제국의 식민정책 혹은 제국 발전의 선봉대가 되도록 하려는 뜻에서 나왔을 것이며, 그 원래 취지는 확실히 이와 같습니다"라고 했다. 만철의 이사 오카마쓰 산타로는 "만철은 실질적으로는 정부가 회사의 이름을 빌려 기관의 실상을 행하는 것으로, 남만철도주식회사로 하여금 정부를 대신하여 남만주를 경영하도록 하고자 했다"[43]라고 했다.

일본 수상 다나카 기이치는 1927년 7월 천황에게 상주한 「다나카주절(田中奏折)」에서 다음과 같이 말했다.

---

43) 張福全, 『遼寧近代經濟史(1840~1949)』, 中國財政經濟出版社, 1989, 63쪽.

이른바 만몽이란 봉천(지금의 요녕성), 길림, 흑룡강 및 내외 몽골을 말합니다. 넓이는 7만 4,000방리(方里)이며 인구는 2,800만 명입니다. 우리 일본제국의 국토(조선 및 대만 제외)와 비교하면 3배가 넘습니다. 인구는 겨우 우리나라의 1/3입니다. 땅이 넓고 인구가 희박하여 다른 이들로부터 부러움을 사고 있을 뿐만 아니라, 농업, 광업, 삼림 등의 물자가 풍부하여 현재 그에 필적할 만한 것이 없을 정도입니다. 우리나라는 그 부의 원천을 개척하여 제국의 영원한 영화를 배양하고자 특별히 남만주철도회사를 세워 일본과 지나의 공존공영의 미명을 빌려 그 땅의 철도·해운·광산·삼림·강철·농업·축산업 등의 산업에 투자한 금액이 4억 4,000여만 엔에 달합니다. 이는 진실로 우리나라 기업 중에서 가장 웅대한 조직입니다. 또 명목상으로는 비록 반관반민이지만 그 실권은 정부에서 쥐고 있습니다. 만약 만철회사에 외교, 경찰 및 일반 정치권력을 넘겨주어 그로 하여금 제국주의를 발양하고 특수회사를 형성하도록 한다면, 의심할 바 없이 제2의 조선총감이 될 것입니다.[44]

이는 바로 다나카가 보기에 만약 만철에게 "외교, 경찰 및 일반 정치권력"을 부여하게 되면 만철은 바로 제2의 조선주재 일본총독부가 된다는 것을 말한다. 단지 만철에게 외교, 경찰 및 일반 정치권력이 없기 때문에 제2의 조선총독부라고 할 수 없을 따름이다. 사실상 만철은 비록 제2의 조선총독부(즉 식민정부라는 뜻)라고 할 수 없지만, 만철이 하는 모든 행위를 보면 만철은 영락없는 식민침략기구였다.

만철이 이중의 성격을 가졌다는 것은 몇몇 일본학자들도 이를 부인하지 않는다. 쓰루미 유스케는 그가 저술한 『고토 신페이전(後藤新平傳)』에서 다음과 같이 서술했다.

신영토(대만) 통치에 참여하여 9년 동안 참담한 경영을 한 그들은 바야흐로 정신을 집중하여 전후의 대륙 경영 문제를 사고했다. 당시 그들(고토)의 머릿속에 떠오른 것은 바로 영국이 인도를 통치한 수법이었다. 즉 사람들이 모두 알고 있는 영국의 인도 경략은 1600

---

[44] 國難資料編輯社, 『日本大陸政策的眞面目』, 生活書店, 1937, 3쪽.

년에 창립한 무역회사―전명(全名)은 동인도회사―에서 시작되었다. 그들은 엄숙한 관제 군제를 시행하지 않고, 본모습을 숨긴 채 무역회사를 개설하고, 무역을 한다는 명분으로 인도대륙을 정복하는 실질을 행하여, 그곳에 묻힌 무궁무진한 금은보화를 빼앗아 영국으로 가져갔다. 그들은 그 약탈의 실효는 모방하지 않고 그 경영방식을 채택했다. 이것이 아마 백작 심중의 사상이었을 것이다. 백작은 이 새로운 시도를 고다마에게 전달했고 고다마는 자세히 꿰뚫어보고 즉시 이 중대한 책략을 받아들였다. 이것이 바로 만철회사 탄생의 유래이다.45)

사실 영국 동인도회사와 비교하면 만철은 그보다 더하면 더했지 덜하지 않았다.

역사학자 쑤충민(蘇崇民)은 이렇게 말했다. "만철은 식민침략기구이자 국가독점자본주의기업이었다. 이러한 이중성은 만철로 하여금 한편으로 침략 권익의 확대를 최고 원칙으로 삼아 필요할 경우 손익을 고려하지 않고 그 경제적인 이익을 소비하여 일본의 침략을 확대하는 정치 혹은 군사적 요구에 복종하게 했다. 다른 한편으로 만철은 또 최대한도의 이윤 수탈을 목표로 삼아 비생산적인 지출과 '국책'적인 부담을 감소시키려고 힘썼다. 이것이 바로 한 몸으로 동시에 두 가지 임무를 맡는 만철의 근본적인 성격이었다."46) 쑤충민의 이러한 견해는 의심할 바 없이 매우 정확한 것이다.

4. 만철기구의 변화

만철의 기구는 일찍이 여러 차례 변화가 발생했다. 만철기구의 변화는 만철 '사업'의 흥망성쇠를 반영한다.

---

45) 鶴見祐輔, 『後藤新平傳・滿洲經營篇』 上, 650쪽.
46) 蘇崇民, 『滿鐵史』, 37쪽.

1906년 만철은 초창기 때 모두 5개의 부(1908년 12월 부를 과로 변경), 즉 총무부(만철의 일상사무담당), 조사부(만철의 정보센터), 운수부(만철의 철도운수담당), 광업부(무순탄광 이외의 만철의 광산채굴담당), 지방부(만철부속지의 사무관리담당), 무순탄광, 대련병원(지금의 심양철도국 대련병원)을 설치했다. 후에 다시 만철중앙시험소,47) 부두사무소,48) 동아경제조사국(1908년 도쿄에서 성립)이 늘어났다. 자세한 내용은 〈표 3-1〉과 같다.

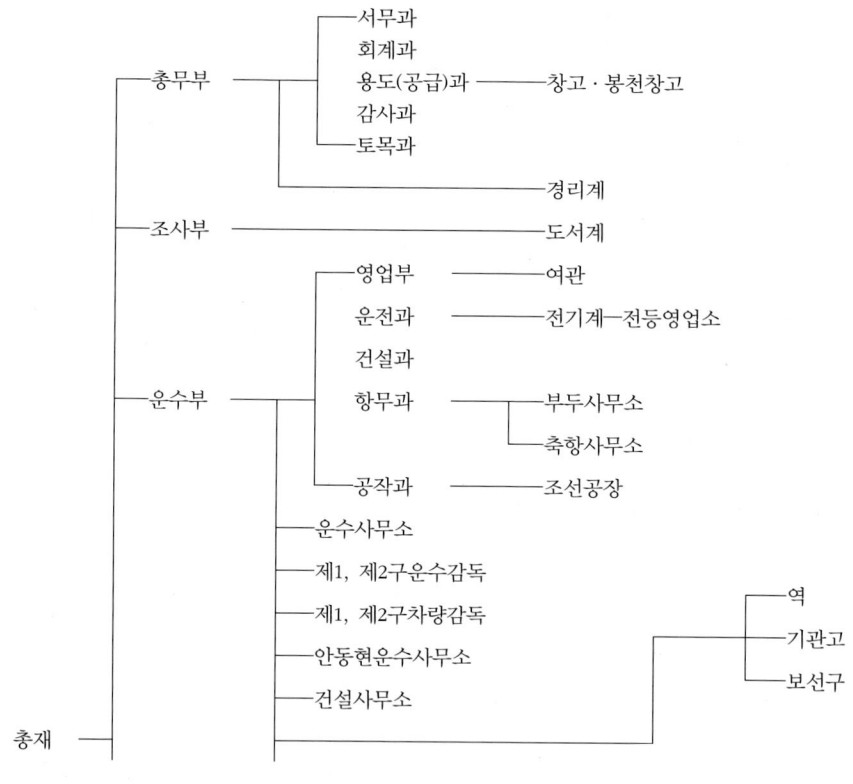

〈표 3-1〉 만철조직기구 일람표(1907년 4월~1908년 12월)

---

47) 1907년 10월 대련에 설립, 원래 관동도독부 관할이었으나 1910년 만철로 이관, 현재 중국과학원 대련화학물리연구소 소재지.
48) 1907년 4월 설립하여 대련잔교사무소라고 칭했으며 10월에 부두사무소로 개칭.

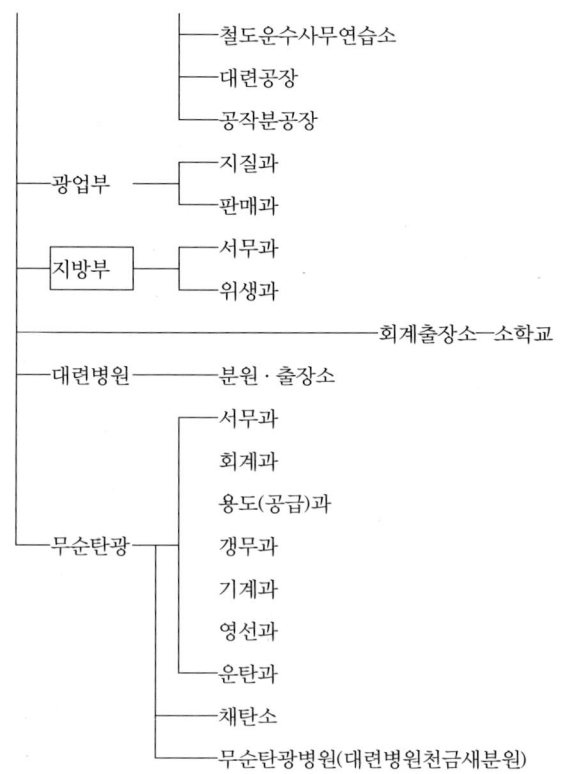

출전 : 南滿洲鐵道株式會社總裁室地方部殘務整理委員會, 『南滿洲鐵道株式會社附屬地經營沿革全史』 上, 南滿洲鐵道株式會社, 1939(昭和 14年), 44쪽의 8.

1912년 12월 노무라 류타로(野村龍太郞)가 만철총재에 취임했다. 이때 원래의 기구는 이미 만철의 수요를 감당할 수 없게 되었다. 1914년 5월 노무라는 만철기구를 개혁하여 원래의 5개 과를 5개의 부와 3개의 직속기구, 즉 총무부, 운수부, 계리부(計理部, 재정관리담당), 광업부(무순탄광 이외의 광산채굴담당), 지방부, 무순탄광, 도쿄지사(도쿄의 사무담당), 경성관리국(도쿄에서 만철의 토목건축을 담당)로 고치고, 원래의 중앙시험소, 부두사무소, 동아경제조사국은 직속기구에서 총무부 예하로 돌렸다. 자세한 내용은 〈표 3-2〉와 같다.

〈표 3-2〉 만철기구 변동표(1914년 5월~1918년 1월)

```
                                    ┌ 서무과
                           ┌ 사무국 ─┤
                           │        └ 조사마과 ─ 도서관
                           │         ┌ 제1과
                           │         │ 제2과
                  ┌ 총무부 ─ 교섭국 ─┤
                  │        │         └ 청가공속소
                  │        │         ┌ 보선계
                  │        └ 기술국 ─┤ 토목과 ─── 보선계
                  │                  └ 건축과
                  │   동양경제조사국
                  │   영마마구소
                  │   봉천공소·함평공소
                  │   마당사마소         ┌ 상해지소·경도출장소
                  │                      ┤ 한동지소·영구지소
                  │   총장사마소                              (서무·계산)
                  │   사항구공장 ──────┬ 각과              (설계·창고)
                  │   (3·5계조)         │                     (공무·창고)
                  │                     │                     (전기)
                  │   전기창공소 전등공소 ├ 자장
                  │   (장공소전기부)     │ 임원건실과
                  │   가신창공소 신영공소 └ 보조과(요양)
                  │   (창공소가신부)                    ┌ 서무·공장·이용
                  │   중앙시설소  ───────┬ 각과        │ 전기화학제산(精絲染織)
                  │   (3·5계조)           │             │ 화학양조·하성·
                  │   지철염수소          └ 공기를제조  │
                  │   한산공창  순계공─사항공안마솔소
                  │   (6·3철지·7·5패지)
                  │   (주간)
                  │                    ┌ 영업과 ─ 화단계
  이사장 ─┬ 안산부 ─┤ 안전과              ─ 차량계
  (총재)   │        └ 철도종관영업소
           │         ┌ 회계과
           ├ 계리부 ─┤ 회도과
           │        └ 어가차출장소(어가차출소)
           │         ┌ 광업마과
           ├ 광업부 ─┤ 판매과 ─ 출소
           │                          ┌ 선하포·공항
           │         ┌ 지향공─교육공수소(교화공속소)    │ 여학안동장
           │         │ 하향안─길림동영의원              │ 선실경보마과
           ├ 지향부 ─┤                                  │ 실한하승공수공소
           │         │                                  │ 실어공안마교포
           │         │                                  └ 장춘사상품진열소
           │         │ 지향사마소
           │         │ (4·미계조)
           │         │ 남만하공─(봉천하공)
           │         │ 가  산도서관(도서열람)
           │         │ 남만종합공
           │         │ 대련하공파
           │         │ 지공사병원
           │         │ 신공시송공소─파장
           │         └ 참고품진열소
           │         ┌ 서마과
           │         │ 용동마과
           │         │ 안마마과
           │         │ 경마마과              ┌ 연계단소
           ├ 무순탄광 ─┤ 기계마과            │ 연대단소
           │         │ 토공마과              │
           │         └ 마신탄이광
           │         ┌ 서마계
           ├ 도교지사─┤ 회계계
           │         ┌ 서마마과(총마과)
           │         │ 안산마과(영양마과·사동차마)
           └ 장성관구 ─┤ 공마마과        ┌ 공출장소
                     │ 영미마과        │ 공리장
                     └ 진설마과        └ 건설사마소
```

출전 : 南滿洲鐵道株式會社總裁室地方部殘務整理委員會, 『南滿洲鐵道株式會社附屬地經營沿革全史』上卷, 44쪽의 8

1917년 7월 구니사와 신베에(國澤新兵衛)가 만철총재에 취임했다. 1918년 1월 구니사와는 다시 만철기구를 개혁하여 원래의 8개 직속기구를 1실 4부제, 즉 사장실, 총무부, 광업부, 지방부 및 대련관리국으로 고쳤다.

1930년 6월에 이르러 만철의 '사업'은 이미 최상의 상태에 도달했다. 만철기구 역시 경영 규모의 확대에 따라 완전해지고 더욱 커지게 되었다. 이 시기의 만철은 이미 원래의 1실 4부제에서 12부로 발전했다(〈표 3-3〉 참조). 9·18사변 후 만철기구는 다시 변화가 발생했다. 그 변화의 상황은 〈표 3-4〉와 같다. 1936년 11월 만철기구는 또 중대한 변화가 발생하여 곧 원래 12부의 기초 위에서 1실(총재실), 4부(경리부·용도부用度部·산업부·지방부), 2국(철도총국·신경新京사무국), 1광(무순탄광), 3소(중앙시험소·천진사무소·상해사무소), 1사(도쿄지사), 2회(경제조사위원회·기술위원회)와 1감사역(監査役, 전임), 1참여(參與), 합계 16개 직속기구로 발전했다(〈표 3-5〉 참조).

1932년 8월 일본 정부는 육군대장 무토 노부요시(武藤信義)가 관동군사령관으로 부임하는 기회를 이용해서 만주의 일본기구들에 대해 개혁을 진행했다. 개혁의 방향은 이른바 '삼위일체'체제를 실행하는 것이었다. 그것은 무토 노부요시가 관동군사령관에 취임하는 동시에 만주국주재 일본특명전권대신과 관동장관을 겸임하게 하는 것이었다. 만철은 관동군의 통제 아래 놓이게 되어 권력이 크게 줄어들었다. 1937년 12월 만철부속지가 '만주국'으로 이전됨으로써 만철의 권력이 크게 영향을 받았을 뿐만 아니라 정치적 색채 역시 크게 약화되었다. 그러나 설령 그렇게 되었다고 할지라도 만철은 여전히 방대한 조직이었고, 일본제국주의의 중국 침략사업에서 변함없이 중요한 역할을 했다(〈표 3-6〉, 〈표 3-7〉 참조).

〈표 3-6〉 만철조직기구 일람표(1945년 8월 15일)

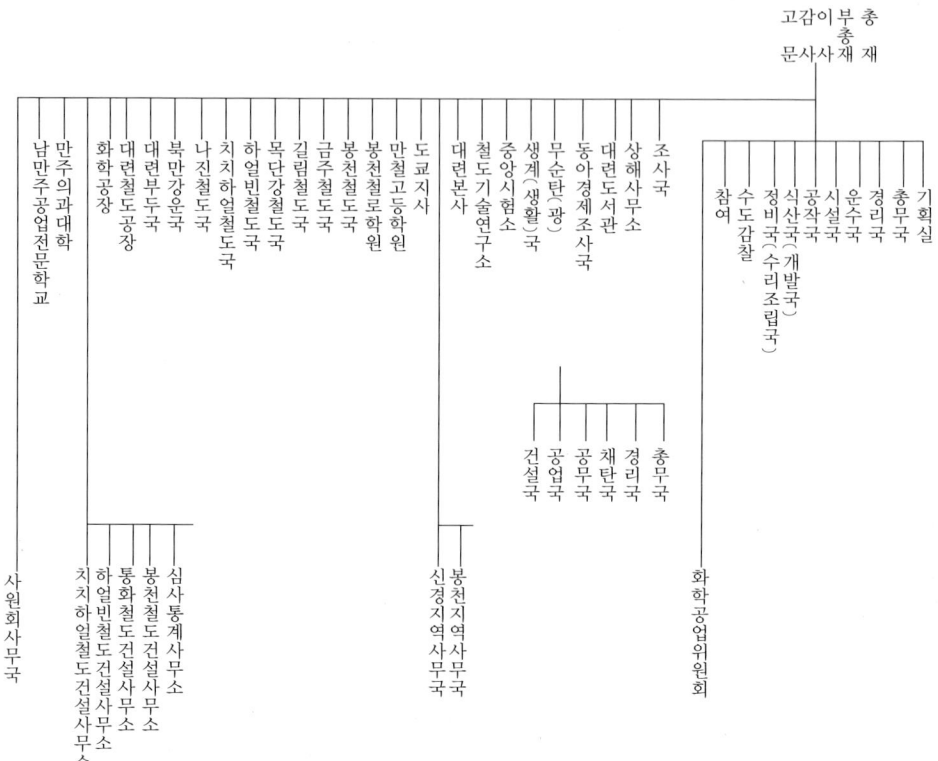

출전 : 江上照彦, 『滿鐵王國興亡的四十年』, 日本選定出版株式會社, 1980, 208쪽.

〈표 3-7〉 1937년 이후 만철조직기구표

```
                                                    ┌ 만선계
                                        ┌ 서무과 ─┤ 인사계
                                        │          ├ 조사계 ─── 일만사진촬영
                                        │          └ 경리계
                             ┌ 총무실 ─┤
                             │          │          ┌ 지방계
                             │          │          ├ 지방선전계
                             │          └ 지방과 ─┤ 도시건물계 ─── 봉천소·하얼빈출장소·國·撫圖·마산출장소
                             │                                      안산출장소·교토출장소·영구출장소
                             │                                      신경주재원·공주소·전주재원·각지 이동선전
                             ├ 정리부                    ┌ 학사계
                             │                            ├ 초등교육약계
                             │                            ├ 중등교육약계
                             ├ 운수부               ┌ 학무과 ─┤ 중도교약계
             ┌ 지하부 ─┤                       │          ├ 체육계           ┌ 봉천·대련·신구장하지
             │            │                       │          ├ 위생학교계 ─┤ 대원진·무순·금주·북한진의도서관
             │            │            ┌ 학무과 ─┤          └ 지하교계     └ 영분교·무순·신한구·북한진의도서관
             │            │            │          │
             │            │            │          ├ 의무계
             │            │            │          ├ 보건위생계
             │            │            │          ├ 학교의무위생      ┌ 무순선·영하·한산·봉천·상가·신경·마산·한동
             │            │            │          └ 공회                ├ 공의
             │            │            │                                (대련·장춘시·해성·안산·창도
             │            │            │                                 북가마·교마·계관산·봉조구·다롄)
             │            │            │          ┌ 토목공무계
             │            │            │          ├ 토목공사계
             │            │            │          ├ 감수급계          ┌ 공마계
             │            │            └ 공사과 ─┤ 열차토목계 ─── 대한공사마수 ─ 토목계
             │            │                       ├ 수해계                          └ 설비계
             │            │                       ├ 감상건축계
             │            │                       ├ 열하건축계
             │            │                       └ 설비계                ┌ 서무과
             │            │                                                ├ 인사과
             ├ 신영부   ┌ 지하총무관리소          ┌ 대련공사마수 ─┤ 교약과
             │         ┤  영업부약과계           │                   └ 시설과
             │          │ 지하사마수               │
             │          │                          │
             ├ 철도총부 ┤ 남사마약과(봉천) ─── 박수박지관·원한공회
             │          │ 남만공회만철계 ─── 박철망지관하
             ├ 마산본부
             │                                        ┌ 성약과
             │                                        ├ 창업과
             │          ┌ 교약과수(봉천) ─────┤ 보사기과
             │          │                            └ 서마계
             │          │          ┌ 교약지관
             ├ 중앙시험소
             │          │          ┌ 중하─신경·봉천제1·봉천제2·신경·한동·마산
             │          │          ├ 영한─신경·봉천제日·봉천 남·신경북도·신경남류·한동·마산
             │          │          ├ 상하철교─신경·연장
             │          │          ├ 청철철원도─연야
             │          ├ 중하합고 ┤ 남만본마약과(봉천)
             │          │          ├ 아한북한합약수
             │          │          ├ 마산관합약수
             │          │          └ 봉계종공합약수
             │          │                                  ┌ 서마계
             │          │                        ┌ 대련 ──┤ 열규과
             ├ 도요처 ─┤ 도성화 ─┤                   ├ 하한과
             │          │         │         ┌ 서사계   ├ 총무과
             │          │         └ 봉천 ──┤ 상사계   └ 철영과
             │          │                    └ 서마계
             │          │
             │          ├ 아항약수
             │          │
             ├ 복지마수 │
             │          ├ 의료 ── 하한편·대약교·영아·한산·상양·소가·서·철공·계약·사평가·공주·신경
             │                    용정한·한봉·한동·방석구·마산·한춘·수사한항·통하·도본
             │                    적봉·청석·창원진·연성·가목석·하얼빈·안공·도문
             │          └ 남산수 보양하
             │                              ┌ 서마계
             ├ 신경지사         ┌ 지하과 ─┤ 토목공계
             ├ 참부             │          └ 건축공계
             ├ 창업하         ─┤             ┌ 金鵬·白城子·青島·青成·八島·三笠·樊木·順天등
             │                   │              │ 북가마·교마·야련진·역연역·공화진·도로관·봉인·공영희
             ····· 정계조사약수
             ····· 기술약수
             ····· 공마약수
```

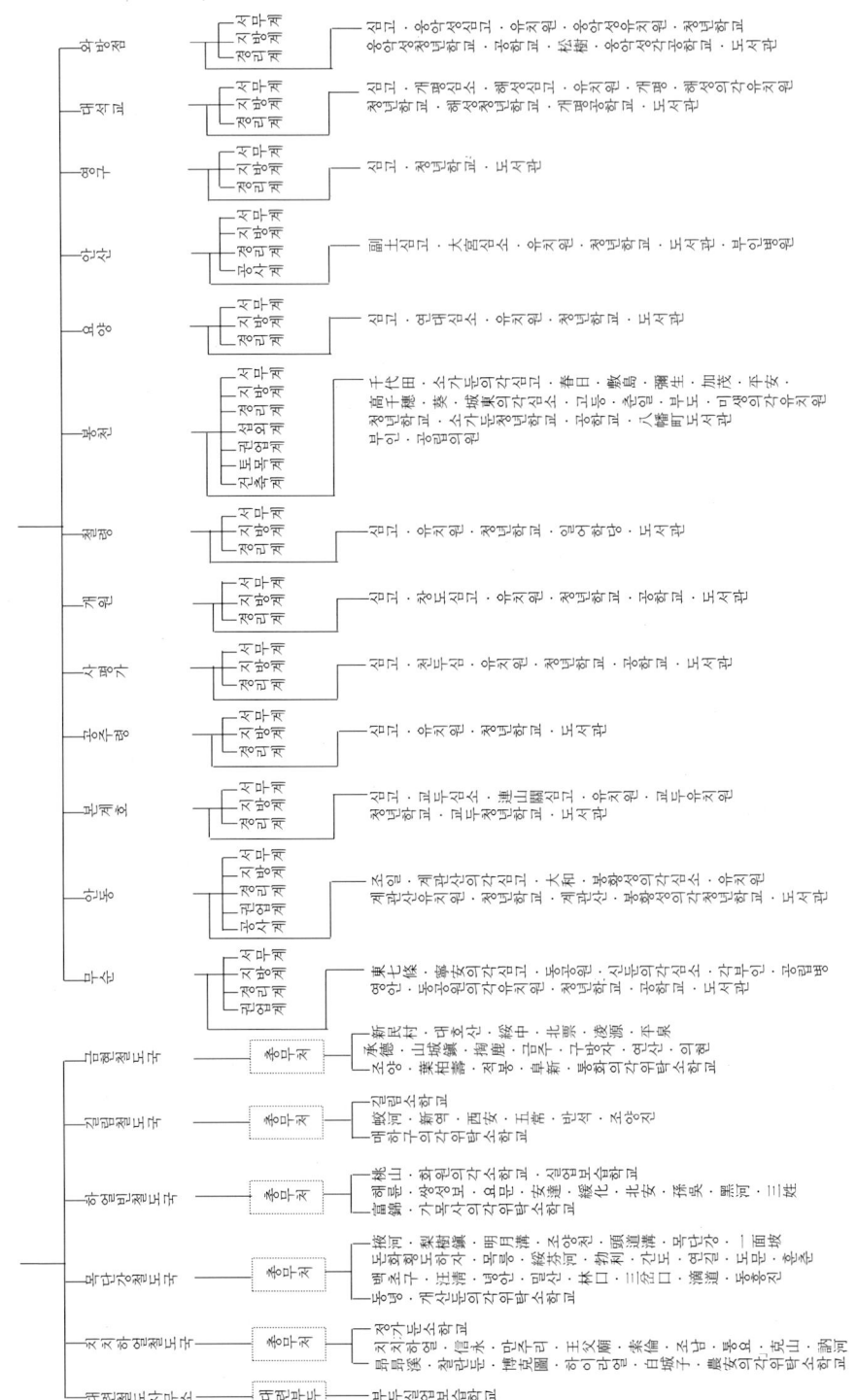

만철이 실행한 것은 총재책임제였다.[49] 총재·부총재가 "정부의 의도에 따라 임명되는 것"이기 때문에 총재·부총재의 임명은 분명한 정치적 색채를 띠고 있었다. "메이지 초기의 번벌(藩閥)정부시대에 고토 신페이 등 4명의 총재는 모두 관료였으나(그중 1명의 군인, 1명의 철도기술자를 포함), 다이쇼(大正) 중기 이후 정당정치가 확립되면서" "정당세력의 영향이 뚜렷하게 나타났다."[50] 하야가와 센키치로(早川千吉郞, 1921년 5월~1922년 10월 만철총재 재임)에서부터 센고쿠 미쓰구(仙石貢, 1929년 8월~1931년 6월 만철총재 재임)에 이르기까지 인물들의 임명은 두드러지게 정당정치의 색채를 띠고 있었다. 그 후 '만주국'의 끊임없는 '발전'에 따라 만철이 맡고 있던 정치적 임무는 만주국주재 일본전권대사에게 넘어가고 지방행정은 만주국으로 이전되어 만철의 정치적 색채는 희미해지게 되었다. 바로 이러한 이유 때문에 철도기술자 출신의 오무라 다쿠이치와 야마자키 모토키(山崎元幹)가 요행히 만철총재에 취임할 수 있었던 것이다.

만철은 '국책회사'로서 정부의 감독과 지도를 받았다. 정부 관제의 변화로 말미암아 만철과 정부의 관계 역시 계속해서 변화했다. 『만철개발40년사』는 그 변화를 대체적으로 7개 시기로 나누고 있다.

1. 우정·재정·외교 삼대신 감독시대 메이지 39년(1906년) 8월
2. 우정대신 감독시대 메이지 41년(1908년) 7월
3. 내각 총리대신 감독시대
    甲 철도원 주관시대 메이지 41년(1908년) 12월
    乙 척식국 주관시대 메이지 44년(1911년) 8월
    丙 척식국·철도원 공동관리시대 다이쇼 2년(1913년) 5월
    丁 철도원 주관시대 다이쇼 2년(1913년) 6월

---

[49] 1917년 7월 총재직은 이사장으로 바뀌었고, 이어 다시 사장으로 바뀌었다가 1929년 8월 다시 총재로 바뀌어 일본이 항복할 때까지 이어졌다.
[50] 滿史會 編, 東北淪陷十四年史編寫組 譯, 『滿洲開發四十年史』 上, 98쪽.

戊 척식국 주관시대 다이쇼 6년(1917년) 7월
4. 내각 총리대신·철도대신 감독시대
甲 척식국·철도원 공동관리시대 다이쇼 9년(1920년) 5월
乙 척식사무국·철도원 공동관리시대 다이쇼 11년(1922년) 10월
丙 척식국·철도원 공동관리시대 다이쇼 13년(1924년) 12월
5. 척무대신 감독시대 쇼와 4년(1929년) 6월
6. 내각 총리대신시대
대만(對滿)사무국 주관시대 쇼와 9년(1934년) 12월[51]
7. 대동아대신 감독시대 쇼와 17년(1942년) 11월.[52]

이와 동시에 만철은 지방에서 관동도독(1906~1919년)과 관동장관(1919~1932년)의 감독을 받았으며, 1932년부터 다시 관동군의 감독을 받기 시작했다.

5. 만철의 경영범위

만철이 경영하는 범위는 극히 광범해서 크게는 철도에서 작게는 도시교통·서비스업 등에 이르기까지 빈틈만 있으면 뚫고 들어갔다.

만철이 경영하는 철도는 처음에는 겨우 남만철도 및 그 지선에 지나지 않았다. 이른바 남만철도란 장춘(長春)에서 대련 사이의 철도로 전체 길이는 824km이며, 지선은 4개로서 여순선(여순—주수자周水子)은 50.8km, 무순선(撫順線, 소가둔蘇家屯—무순)은 52.9km, 연대탄광선(연대—연대탄광)은 15.6km, 영구선(대석교大石橋—영구營口)은 21.5km였다.

그러나 만철은 여기에 만족하지 않고 계속해서 각종 수단을 써서 동북지역

---

[51] 원문은 14월이라고 되어 있다. 일본의 對滿사무국이 1934년 12월에 설립되고, 설립된 후 곧 만철 등 관련 기관을 통합하기 시작했던 것으로 보아, 그 시간은 마땅히 12월이 되어야 한다. 14월은 인쇄 착오로 보인다.
[52] 滿史會 編, 東北淪陷十四年史編寫組 譯, 『滿洲開發四十年史』 上, 181~182쪽.

의 철도들을 약탈했다. 그 결과 1931년 9·18사변이 발발하기 전까지 연이어서 아래 나열하는 10개의 철도를 약탈했다. 길장(吉長)철도(길림—장춘, 1912년 완공, 위탁경영, 9·18사변 후 만철에 귀속) 127·7km, 길돈(吉敦)철도(길림—돈화敦化, 1928년에 영업 시작) 210.5km, 사정(四鄭)철도(사평四平—정가둔鄭家屯) 92.8km, 계성(溪城)철도(본계本溪—우심대牛心臺) 14.9km, 천도(天圖)철도(개산둔開山屯—연길延吉) 111km, 정통(鄭通)철도(정가둔—통요通遼) 114.5km, 정조(鄭洮)철도(정가둔—조남洮南) 228.1km, 조앙(洮昂)철도(조남洮南—삼간방三間房) 220.1km, 내자산(奶子山)철도(교하蛟河—내자산) 10km, 금성(金城)철도(金州—성자탄城子疃, 성자탄은 지금의 성자탄城子坦) 102.1km.53)

위에서 서술한 철도 중에서 특별히 언급할 가치가 있는 것은 영구철도와 안봉철도이다. 영구철도는 원래 제정러시아가 "남만주철도를 건설하는데 필요로 하는 자재, 양식과 사료를 실어 나르기 위해" 건설된 철도였다. 중국과 러시아의 1898년 「동성철로공사속정합동(續訂合同)」 제3조에 의하면 다음과 같이 규정하고 있다. 영구철도는 "남만주철도가 준공되어 철도에서 무역이 통행하게 된 후 회사는 마땅히 중국 정부의 통지에 따라 여러 지선(즉 영구철도 - 인용자)을 철거해야만 한다. 요컨대 철도구간을 측량 확정하여 구간을 넘겨준 날로부터 8년이 지나면 반드시 철거해야만 한다."54) 그러나 일본은 영구철도를 강점한 후 상술한 중국과 러시아가 맺은 규정의 집행을 거절했을 뿐만 아니라, 도리어 다시 5km를 강제로 건설하여 철도가 영구에 더욱 근접하게 했다. 1909년 9월 4일 일본 정부는 또 청 정부에게 강요하여 「동삼성교섭오안조관(東三省交涉五案條款)」을 체결했다. 그 속에서 "중국 정부는 대석교에서 영구까지 지선을 남만주철도의 지선으로 인정하며, 남만주철도의 기한이 만료되면 일괄 중국에 돌려준다. 아울러 그 지선을 영구까지 연장하는 것을 허락한다"55)고 규정했다. 여

---

53) 滿史會 編, 東北淪陷十四年史編寫組 譯, 『滿洲開發四十年史』 上, 210~211쪽.
54) 王鐵崖 編, 『中外舊約章匯編』 第1册, 784쪽.

기에 이르러 일본의 영구철도 약탈은 합법화되었다.

안봉철도는 원래 러일전쟁기간에 일본군이 독단적으로 건설한 군용 경편(輕便)철도로 전후에 마땅히 철거해야 하는 것이었다. 그러나 일본 정부는 철거하지 않았을 뿐만 아니라 반대로 1905년 12월 청 정부를 핍박하여「회의동삼성사의정약」을 체결하고 아울러「부약(附約)」에서 "중국 정부는 안동현(安東縣)에서 봉천성성(省城)까지 건설된 행군(行軍)철도를 여전히 일본 정부가 계속해서 경영하게 하되 각국의 상공업 화물을 운반하는 선로로 바꿀 수 있도록 허락한다"고 규정했다. 또 이 철도가 개축된 후 1924년이 되면 "가격을 매겨 중국에 매각한다"[56]고 규정했다. 여기에 이르러 일본의 안봉철도 약탈 역시 합법화되었다. 1907년 4월 일본 정부는 안봉철도를 만철에 넘겨 경영하게 했다. 1909년 만철은 돌연히 안봉철도를 협궤에서 광궤로 고쳐야 한다는 주장을 제기했으나 청 정부에게 거절당했다(이유는 조약의 내용에 어긋난다는 것이었다). 1909년 8월 6일 일본 정부는 청 정부에게 최후통첩을 보내어 만약 청 정부가 허락하지 않으면 장차 "우리 마음대로 개축할 것"이라고 밝히고, 아울러 군경의 보호 아래 시공을 강행했다. 이런 상황 아래 청 정부는 압력에 굴복했다. 8월 19일 쌍방은 봉천에서「안봉철로절략(安奉鐵路節略)」을 체결했고 청 정부는 어쩔 수 없이 일본이 제기한 모든 요구를 받아들였다. 안봉철도의 개축 공사는 1909년 8월 7일 시작하여 1911년 11월 11일 선로 전체가 개통되었다. 전체길이 268.8km, 점유 면적 2,058.6ha, 크고 작은 교량이 205개였다. 1910년 4월 4일 안봉철도를 개축할 때 일본 정부는 또 청 정부에게 강요하여「압록강철교가설협정」을 체결하고, 1911년 압록강에 철교를 가설하여 안봉철도가 조선의 경의선과 연결되도록 함으로써 후에 일본이 대규모 중국침략전쟁을 일으키는 조건을 제공했다.[57]

---

55) 王鐵崖 編,『中外舊約章匯編』第2冊, 599쪽.
56) 王鐵崖 編,『中外舊約章匯編』第2冊, 340~341쪽.
57) 안봉철도와 경의철도가 연결된 후 일본 도쿄에서 심양까지는 겨우 60시간밖에 걸리지 않았으

만철은 철도를 경영하는 동시에 농업, 임업, 공업, 광업, 상업, 금융, 해상운수, 도시운수, 건축, 과학기술, 신문, 서비스, 문화와 교육 등의 업종도 경영했다.[58] 1931년 9·18사변 전에 이르면 만철이 직접 경영하거나 투자 관계에 있는 회사는 이미 60~70여 개에 달했다(〈표 3-8〉 참조).

〈표 3-8〉 9·18사변 이전의 만철관련기업 일람표*

회사 명칭	건립 연도	경영자	회사 소재지	자본금(만 엔)			
				법정	실재	만철 부분	만철 점유 비율(%)
농림업							
滿鮮坑木주식회사	1919.12.21	만철	안동	300	120	120	100
東亞勸業주식회사	1922.1	일본인	봉천	1,000	250	240	96
扎免采木公司	1922.11.14	만철	하얼빈	600	600	305.6	50
대련농사주식회사	1929.4	만철	대련	1,000	500	500	100
광공업							
東亞烟草주식회사	1906.11	일본인	도쿄	1,150	730	-	-
撫順탄광	1907.4	만철	무순	-	7,912	7,912	100
만주제분주식회사	1906.12	일본인	철령	575	355	2	0.56
안산제철소	1918.5	만철	안산	-	2,087	2,087	100
開平鑛務	1912.6	-	런던	200	196	5	2.55
復州탄광	1913	중일합작	복주	200	125	63	50
남만제당주식회사	1916.12.15	일본인	봉천	1,000	1,000	26.95	2.7
대련유지공업	1916.5.1	일본인	대련	100	75	44	58.6
沙河口鐵路工廠	1907.4	만철	대련	-	-	-	-
鞍山振興鐵鑛公司	1916	중일 합작	봉천	-	582	528	90.7
요양철도수리공창	1907	만철	요양	-	-	-	-
남만광업주식회사	1918.4	중일 합작	대석교	360	135	68	50.3
대련제유주식회사	1918.9.25	일본인	대련	300	91	-	50
대련공업	1918	일본인	대련	50	50	25	50
만몽모직주식회사	1918.12.27	일본인	봉천	1,000	500	10	2
大和染科制布회사	1919	만철	대련	200	50	50	100
산동광업주식회사	1923	일본인	청도	500	225	99	44
만주방적주식회사	1923	일본인	요양	500	375	94	25
압록강水電공사	1923	중일합작	봉천	409	-	205	-
동양요업주식회사	1925.12	일본인	도쿄	500	200	60	30
昌光硝子주식회사	1925	일본인	도쿄	300	300	120	40

며, 해로에 비해 시간이 절반 정도 단축되었다.

[58] 당시(1931년) 사람은 만철이 경영하는 기업을 다음과 같이 정리했다. "공업·신탁·금융·보험·운수·교통·창고·광업·상업·농업·토목건축·가스·신문 등."(婁立齋, 「南滿洲鐵道公司之特質及其史的發展」, 『東方雜誌』 第28卷 24號)

대련요업주식회사	1925	만철	대련	120	120	120	100
남만주초자회사	1925	일본인	대련	30	30	5	16.7
남만주가스주식회사	1925	일본인	대련	1,000	1,000	500	50
남만전기주식회사	1926	만철	대련	2,500	2,200	2,200	100
일본精蠟주식회사	1929	만철	대련	200	200	200	100
교통운수							
營口水道電氣	1906	중일합작	영구	200	100	55	55
대련기선주식회사	1915	만철	대련	2,570	1,445	1,445	100
溪碱철도공사	1916	일본인	본계	57	57	40	70
장춘운수주식회사	1917.12	중일합작	장춘	50	12.5	1	8
극동운수조합	1918	만철	하얼빈	100	100	100	100
대련도시교통	1925	만철	대련	500	400	400	100
金福철도공사	1925	일본인	대련	400	200	5	2.5
국제운수주식회사	1925	만철	대련	500	340	340	100
福昌華工公司	1925	만철	대련	180	180	180	100
日滿倉庫주식회사	1929	만철	도쿄	1,500	1,450	1,450	100
상업							
官營거래소	1916	중일 합작	장춘	100	25	13	52
장춘거래소	1917	중일 합작	장춘	10	10	5	50
만주시장	1917	중일 합작	봉천	17	17	8	47
무순시장	1918	중일 합작	무순	10	10	1	10
금융							
대련화재해상보험	1922	일본인	대련	200	50	17	34
東亞興業	1909	일본인	도쿄	2,000	1,320	3	0.23
中日實業	1913	일본인	도쿄	500	500	6	1.2
奉天交易所信託	1921	일본인	봉천	50	50	25	50
부동산·토목하청							
關東工業土地	1909	일본인	대련	250	250	125	50
東亞土木	1920	중일 합작	봉천	500	130	63	48
하얼빈토지건축	1920	만철	하얼빈	50	50	50	100
鞍山부동산신탁	1921	중일합작	안산	100	100	43	43
阪神築港	1929	일본인	고베	1,000	370	148	40
신문							
滿洲日日	1907	만철	대련	75	75	75	100
盛京時報	1925	일본인	봉천	35	35	20	57
哈爾濱日日	1922	일본인	하얼빈	20	20	15	75
기타							
湯崗子온천	1920	중일 합작	탕강자	100	25	13	52
遼東旅館	1930	일본인	대련	100	90	50	55.6
登瀛閣	1928	중일 합작	대련	25	2.5	1.5	60

* 오랫동안 학계는 대부분 만철 관련 회사는 57개(婁立齋,「南滿洲鐵道公司之特質及其史的發展」,『東方雜誌』28-24 ; 張福全,『遼寧近代經濟史(1840~1949)』, 66쪽)라고 생각해왔다. 사실 만철 관련 회사는 57개를 훨씬 넘는다. 표에 나열된 59개 외에도 이 시기에 만철이 투자하거나 혹은 관여했던 다소 중요한 기업으로는 다음과 같은 것이 있었다. 철령전등국(1911년 4월), 요양전등국(1911년 10월), 新邱탄광(1918년 2월), 만주선거주식회사(1923년 설립, 1931년 대련기회사에 합병), 동시베리아윤선무한공사(1918년 4월 설립), 大華전기야금공사(1918년 3월 설립, 중일 합작, 자본금 7만 5,000, 만철 7만), 공주령농사시험장(1913년 4월), 淸和公司(1908년 11월 3일~1912년

4월 27일, 만철 자금 8만 4,716.37엔), 중일합작몽고산업공사(1919년 11월 26일), 주식회사하얼빈 거래소(1921년 9월~1924년 10월 18일), 調辦所(1907년 8월 1910년 12월 匿名組合調辦所로 개조되었고, 1911년 만철소비조합으로 변경). 여관업 방면에서는 잇따라 大和旅館(대련, 1907), 대화여관(여순), 대화여관(장춘), 대여관(대련), 대여관(봉천) 등을 개설했다.

출전 : 『南滿洲鐵道株式會社十年史』, 『南滿洲鐵道株式會社第二次十年史』, 『南滿洲鐵道株式會社第三次十年史』, 張福山, 『遼寧近代經濟史(1840~1949)』, 蘇崇民, 『滿鐵史』 중의 관련 자료에 근거하여 작성.

    만철기업 중에서 가장 대표적인 것은 무순탄광과 안산제철소였다. 무순탄광은 원래 중국인이 개발한 것이었다. 1901년 청나라 후보지현 웡서우(翁壽)와 상인 왕청야오(王承堯)가 동시에 채굴을 원했고 청 조정은 웡서우와 왕청야오가 "구역을 나누어 채굴하도록" 허락했다. 다음해 웡서우와 왕청야오는 각각 무순매광공사와 화흥리공사(華興利公司)를 세워 채굴을 진행했다. 오래지 않아 웡서우와 왕청야오는 광산 권리를 다투다 갈등이 생겨났다. 웡서우는 러시아상인과 공동채굴계약을 체결했지만 러시아상인은 신용을 지키지 않고 탄광을 강점했고, 웡서우는 채굴권을 청 조정에게 회수당했다. 웡서우에게 대항하기 위해 왕청야오는 화아도승은행에 차관 6만 냥을 빌렸지만, 청 조정은 외국 차관을 빌리는 일은 정부에서 '가부를 결정'해야 한다고 생각했다. 청 조정이 아직 '가부를 결정'하기도 전에 러일전쟁이 터졌다. 전후 일본은 강제로 이 광산을 러시아인의 산업으로 지정하여 몰수했다. 왕청야오는 여러 차례 "교섭하여 광산을 되찾아 달라"는 글을 올렸고 청 조정 역시 여러 차례 일본과 교섭했지만 모두 거절당했으며 그 후 유야무야되었다. 1905년 일본은 또 그 지역에서 중국인이 경영하는 3곳의 탄광을 강점하여 합쳐서 함께 경영하며 '무순탄광'이라 개명했다.

    1907년 4월 일본 정부는 무순탄광을 만철에 넘겼다. 만철은 탄광을 접수한 후에 경영을 확대하기 위해 계속해서 대동향(大東鄕)에 2개의 수직갱(1910, 1911년)을, 고성자(古城子)에 노천광을, 용봉광(龍鳳鑛)에 사갱(斜坑, 1918년)을, 신둔(新屯)의 사갱과 고성자의 제2 노천광(1919년)을 건설했다. 1920년 5월 만철은 또 225만 엔의 가격으로 탑련(塔連)탄광을 매입하고 그것을 무순탄광의 일개 광구로 만들었다. 1931년 9·18사변 전에 이르러 만철은 무순에 모두 채탄소 7개, 광산갱 12개를 건설했다(〈표 3-9〉 참조).

〈표 3-9〉 9·18사변 이전에 만철이 무순에서 건설한 채탄소(采煤所)와 광산갱도 일람표

채탄장 명칭	광산갱(鑛井)	영업개시 연월	1930년도 석탄생산량
고성자(古城子)	古城子 노천광(大山 남쪽 갱 포함)	1915년 4월	1,716,800
양백보(楊柏堡)	楊柏堡 노천광	1928년 11월	245,200
동강(東岡)	東岡 노천광	1926년 12월	221,000
대산(大山)	大山 본갱(本井)	1911년 4월	588,000
	大山 남쪽 갱(南井)	1907년 4월	358,000
동향(東鄕)	東鄕 본갱(本井)	1911년 6월	323,600
	東鄕 남쪽 갱(南井)	1907년 4월	349,400
노호대(老虎臺)	老虎臺 갱(井)	1907년 4월	342,600
	萬達屋 갱(井)	1915년 4월	521,400
용봉(龍鳳)	新屯 갱	1920년 4월	517,600
	龍鳳 갱	1918년 10월	277,400
	塔達 갱	1920년 12월	47,940
합계			6,598,100
연대(烟臺)	(支鑛)	1908년 10월	142,500

출전 : 蘇崇民, 『滿鐵史』, 200~201쪽.
[역주] 합계 6,598,100은 5,508,940의 오류로 보인다.

만철은 무순탄광에 대해 약탈적인 경영을 했기 때문에 생산량이 매년 높아져서, 1907년 석탄생산량이 겨우 23만여 톤이던 것이 1930년에 이르면 이미 650여 만 톤에 달하게 된다(〈표 3-10〉, 〈표 3-11〉 참조).

〈표 3-10〉 1907~1930년 무순탄광의 채탄량

연도	석탄생산량(톤)	연도	석탄생산량(톤)
1907	233,329	1919	2,762,674
1908	490,761	1920	3,158,439
1909	693,226	1921	2,738,413
1910	899,192	1922	3,784,200
1911	1,324,520	1923	4,883,000
1912	1,471,217	1924	5,504,300
1913	2,179,202	1925	5,681,680
1914	2,149,815	1926	6,414,060
1915	2,162,575	1927	6,839,870

1916	2,044,409	1928	6,710,720
1917	2,311,445	1929	6,825,610
1918	2,521,164	1930	6,550,060

출전 : 蘇崇民, 『滿鐵史』, 201~202쪽.

〈표 3-11〉 무순탄광의 노동자 생산률, 임금, 석탄 생산비, 판매가격표*

연대	노동자 1인당 생산량(톤)	노동자 1인당 임금(厘)	1톤당 생산비(元)	1톤당 판매가(元)
1907	1.09	804	2.593	7.92
1908	1.04	546	1.917	6.50
1909	1.23	409	1.496	5.86
1910	1.24	367	1.278	5.76
1911	1.16	337	1.320	5.95
1912	1.22	354	1.470	5.94
1913	1.14	350	1.642	6.05
1914	1.13	338	1.749	6.13
1915	1.16	337	1.797	5.79
1916	1.21	366	2.062	6.58
1917	1.21	452	2.219	8.62
1918	1.20	569	3.546	11.56
1919	1.18	817	5.463	16.46
1920	1.17	682	5.493	19.02
1921	1.31	566	3.953	12.78
1922	1.84	679	2.979	12.44
1923	1.75	603	2.993	11.99
1924	2.00	717	2.980	11.67
1925	2.13	681	3.100	11.40
1926	2.10	675	3.349	11.13
1927	2.20	682	3.173	11.38
1928	2.58	726	2.791	11.38
1929	2.64	722	2.297	10.71
1930	3.35	810	2.072	8.79
1931	5.66	878	1.692	7.44

*원주 : "① 노동자 1인당 생산량은 갱내 중국 광산노동자의 1노동일당 생산량이다. 톤은 영국 톤이다. ② 노동자 1인당 임금은 갱내 중국 광산노동자의 1노동일당 임금이다. 리(厘)는 엔이다. ③ 톤당 생산비는 임금(모든 직원과 노동자의 임금, 재직 수당, 퇴직 수당, 가족 수당, 상해 수당, 여비, 상여금, 주택 등. 그중 대다수는 중국 광산노동자들이 누릴 수 없는 것이었다), 감가상각비, 갱도와 노천광의 석탄 채굴 준비 공사비, 석탄 채굴 경비(각종 자재, 보수, 전력, 석탄, 화약, 충전용 모래, 갱목, 비품, 문구 등등), 옛 갱도의 정돈비, 노천 채탄 박리 비용 등을 포함한다. ④ 판매가격은 일반시장에서의 판매가격을 가리키며 만철의 자사용(自社用) 석탄과 직공용 석탄은 여기에 포함되지 않는다. 다만 각지의 소매 시가를 말하는 것은 아니다."

출전 : 解學詩 主編, 『滿鐵史資料』 第4卷 1分冊, 219쪽.

안산제철소는 만철이 안산철광을 약탈하기 위해 건립한 철강공장이다. 1909년 8월 만철은 안산철광의 매장량이 매우 풍부하다는 것을 알고 철광채굴권을 빼앗아 현지에 제철소를 세우기로 결정했다. 같은 해 10월 만철은 봉천지방정부와 더불어 그것을 합작 경영하는 청화공사(淸和公司)를 사주하여 그 명의로 철광을 사들이려 했지만 성공하지 못했다. 이와 동시에 만철은 또 일본상인 이치하라 겐지로(市原源次郎)를 사주하여 그의 명의로 청 정부와 "안산철광의 채굴권을 획득"59)하기 위해 교섭을 했다. 이렇게 교섭이 진행되는 가운데 만철은 더 이상 기다리지 못하고 직접 나서 청 정부와 교섭을 했고 그 때문에 이치하라의 활동은 중단되었다. 1913년 2월 5일 만철은 정식으로 심양주재 일본총영사 오치아이 겐타로(落合謙太郎)에게 의뢰하여 그를 내세워 청 정부와 교섭을 진행했다. 1914년 12월 1일 만철과 봉천지방정부의 교섭이 중대한 진전을 보이고 있을 때 북경정부 농상부의 제522호령이 전해졌다. "철광은 아주 중요한 산업으로 식염·석유의 사

일제시기의 무순 노천탄광

례에 따라 국가가 전적으로 경영해야 한다. 이후 광산업자들이 철광허가증을 신청하더라도 일률적으로 발급하지 않을 것이다."60) 철광을 수탈하려던 만철의 기도는 중대한 타격을 입었다. 그러나 일본 정부는 결코 단념하지 않고 직접 나서서 북경정부와 교섭하여 안산철광의 채굴권을 획득하기로 결정했다. 1914

---

59) 解學詩 主編, 『滿鐵史資料』 第4卷 3分冊, 949쪽.
60) 解學詩 主編, 『滿鐵史資料』 第4卷 3分冊, 963쪽.

년 2월 26일 일본 외무대신 가토 다카아키(加藤高明)는 주중공사 히오키 에키(日置益)에게 전보를 보내 직접 중국 정부와 교섭하게 했지만 성과가 없었다. 이때는 바로 제1차세계대전 기간으로 일본은 이미 중국 청도(靑島), 교주만(膠州灣), 교제(膠濟)철도를 점령했으며, 아울러 1915년 1월 18일 위안스카이(袁世凱)에게 21개조를 제출하고 이어 최후통첩을 보내 위안스카이를 압박하고 있었다. 같은 해 5월 25일 위안스카이는 강요에 못 이겨 일본과 「남만주 및 동부 내몽골에 관한 조약(關于南滿洲及東部內蒙古之條約)」을 체결했다. 그중 「부속조약3항」에 "일본국 신민들이 남만주"의 봉천성(안산철광 포함)과 길림성 남부에서 "이미 탐사 혹은 채굴하고 있는 광구 이외의 각 광산을 신속히 조사 선정하면 중국 정부는 즉시 그 탐사 혹은 채굴을 허가한다"[61]고 규정했다. 이에 이르러 안산철광을 수탈하려던 만철의 기도는 결국 실현되었다.

만철은 비록 일본 정부를 통해 안산철광의 채굴권을 수탈했지만, 중국 법률에는 "일본 신민은 오직 중국 인민과 합작해야만 광업을 경영할 수 있다"고 규정되어 있었다. 그러므로 만철은 부득이하게 중국 상인이자 한간인 위충한(于衝漢)을 중국 측 대표로 하고 만철 봉천공소장(奉天公所長)인 가마타 야스케(鎌田彌助)를 일본 측 대표로 하여 1916년 봉천에 '중일합판진흥철광무한공사(中日合辦振興鐵鑛無限公司)'를 설립하여 안산 채광업을 경영했다. 진흥공사가 설립된 후 만철은 다음과 같이 결정했다. "총국 : 봉천에 설치하며 주로 민국정부와의 교섭 업무를 관장한다." "채광총국 : 안산에 설치하며 채굴 관련 업무를 관장한다."[62] 진흥공사는 설립 후 1916년 4월 중국 정부가 발급한 「농상부탐광허가증(農商部探鑛執照)」 탐자(探字) 제25, 26, 27, 28, 29, 30, 31, 32호를 획득했다. 다음해 3월 진흥공사는 또 봉천공서(奉天公署)와 재정청에 등록을 마치고 요양·해성 일대의 광구 8개를 수탈했다. 8개 광구의 상황은 〈표 3-12〉와 같다.

---

[61] 王鐵崖 編, 『中外舊約章匯編』 第2冊, 1103쪽.
[62] 解學詩 主編, 『滿鐵史資料』 第4卷 3分冊, 1001쪽.

〈표 3-12〉 만철이 수탈한 8개 광구*

현 이름(縣名)	광구 소재지	면적
요양현	孤山子, 大孤山	3방리(方里) 172무(畝)
요양현	櫻桃園 山地	3방리 246무
요양현	鞍山역 鞍山 山地	4방리 185무
요양현	王家堡子	3방리 426무
요양현	鞍山역 맞은편 山地	4방리 514무
요양현	關門山 山地	1방리 160무
해성현	안산역 일대 小嶺子, 火龍寨, 梨樹房身 산지	4방리 335무 49방장(方丈)
해성현	안산역 일대 甸池溝 鐵石山 산지	1방리 220무

*1방리는 540무에 해당한다.
출전 : 解學詩 主編, 『滿鐵史資料』 第4卷 3分册, 997~998쪽의 자료에 의거하여 작성함.

만철은 8개 광구를 수탈한 후에도 여전히 만족하지 못하고 1916~1921년 사이 다시 계속해서 본계(本溪), 개평(盖平, 지금의 개현盖縣), 해성 등의 현에서 13곳의 석회석·장석(長石)·마그네사이트 등의 광구와 일단산(一担山) 등 3곳의 광구를 수탈했다(〈표 3-13〉, 〈표 3-14〉 참조). 이 광구들은 9·18사변 이전에는 채굴되지 않았다.

〈표 3-13〉 1916~1920년 만철이 수탈한 13곳의 광구

현명	광구명	광산 종류	면적	명의	권리 취득 년월
本溪縣	火連寨	석회석	미상	公司	1916~1925년
海城縣	上鷹窩	장석(長石)	538무	공사	1917년 4월
해성현	楊家南溝	장석	1방리 7무	공사	1917년 4월
개평현	聖水寺	마그네사이트	1방리 355무	공사	1917년 2월
개평현	小聖水寺	마그네사이트	3방리 1무 9방장	공사	1917년 2월
개평현	轉山子	마그네사이트	250무	공사	1917년 2월
개평현	小高壓屯	마그네사이트	3방리 192무	공사	1917년 2월
해성현	大鏵子峪	마그네사이트	1,005무 260	위충한	1918년 3월
해성현	前勒峪	마그네사이트	1,388무 232	위충한	1917년 8월
해성현	廟兒溝聖水寺	마그네사이트	345무 417	위충한	1919년 4월
해성현	范家峪	마그네사이트	1,362무 270	위충한	1919년 2월
해성현	廟兒溝郭家堡寺	마그네사이트	1,757무 900	위충한	1919년 6월
해성현	前後紅土嶺子	마그네사이트	258무 600	위충한	1920년 4월

출전 : 解學詩 主編, 『滿鐵史資料』 第4卷 3分册, 1021쪽

〈표 3-14〉 1921년 만철이 수탈한 3곳의 광구

현명	광구명		광구 면적
요양현	一担山	胡家廟子 老虎峪 金家嶺子	4방리 138무(2,298무)
요양현	新關門山	關門山, 馬圈子 三道溝 금가령자	4방리 505무(2,665무)
요양현	白家堡子	肯家堡子 호가묘자	4방리 136묘(2,296무)

출전 : 解學詩 主編, 『滿鐵史資料』 第4卷 3分冊, 1019쪽.

    1916년 9월 만철은 대련 사하구(沙河口)공장에 임시설계계(系)를 설치했다. 같은 해 12월 또 만철본사 내에 '제철소창립위원회'를 설립했다. 1917년 3월 '안산공장주비처'를 설립했다. 1918년 5월 15일 안산제철소는 정식으로 설립되었다. 1919년 4월 29일 제1고로(高爐) 점화식이 거행되고 안산제철소는 조업에 들어갔다.

    안산제철소가 조업을 시작한 후 제1차세계대전이 이미 끝났기 때문에 철강 수요량이 격감했고,[63] 이에 더하여 안산철광의 절대 다수가 빈광(철함유량 40% 이하)이었다. 그 때문에 만철의 경영이 어려워져 해마다 적자가 났다. 후에 만철은 빈광처리법을 발명하여 철강 생산단가를 대폭 낮추고,[64] 여기에 더하여 1927년부터 일본 정부가 만철에게 매년 100만 엔(1930년부터 80만 엔으로 감소)의 보조금을 줌으로써 만철의 경영상태가 점차 호전되었다. 1926년 2호 고로가

---

[63] 일본의 선철 가격은 1918년 9월 톤당 541엔에서 1921년 9월 말 70엔으로 하락.
[64] 톤당 선철 생산비는 1920년 91.19엔에서 1923년 54.60엔, 1928년 28.52엔으로 하락.

조업을 시작하고 1930년 3호 고로가 조업에 들어갔다. 이때 안산제철소의 연간 생산량 역시 1919년의 3만 2,000톤에서 1931년에는 26만 9,000톤으로 증가했다 (〈표 3-15〉 참조).

〈표 3-15〉 안산제철소의 선철[生鐵]생산량 및 생산비(1919~1931년)

연도	합계(톤)	각 고로별 생산량			생산량 증가지수(%)	생산비용	
		제1고로(톤)	제2고로(톤)	제3고로(톤)		1톤당 생산비(엔)	지수(%)
1919	32,126	32,126	-	-	100	130.712	100.0
1920	76,094	76,094	-	-	237	91.199	70.0
1921	58,107	42,649	15,458	-	182	78.973	60.0
1922	67,492	-	67,492	-	210	69.736	53.3
1923	73,461	-	73,461	-	229	54.605	41.7
1924	96,021	38,889	57,132	-	299	58.077	44.4
1925	89,676	89,676	-	-	279	67.363	51.5
1926	165,054	97,955	67,099	-	514	51.303	39.3
1927	203,445	103,060	100,385	-	633	35.241	35.6
1928	224,460	107,725	116,735	-	699	28.520	21.8
1929	210,443	94,155	110,487	5,801	655	32.187	24.7
1930	288,433	-	114,874	173,559	898	29.376	22.5
1931	269,494	-	108,354	161,140	-	-	-

출전 : 解學詩 主編, 『滿鐵史資料』 第4卷 3分冊, 1199쪽.

만철이 경영하는 기업은 거대한 악성종양처럼 중국 동북의 대지 위에 깊이 뿌리를 박고 중국 인민의 재산을 필사적으로 흡수하여 중국 인민에게 거대한 재난을 가져다주었다.

6. 만철의 투자, 이윤 및 이윤 분배

1906년 6월 7일 일본 정부는 천황 제142호 칙령을 반포하고, 8월 1일 삼대신 명령을 반포하여 만철의 자본총액을 2억 엔으로 결정했다. 그중 1억 엔은 정부가 현물로 충당하고 나머지 절반은 민간에서 '모집'했다. 천황의 칙령에는 아울러 "주식자본의 제1차 실제 불입금은 최소한 주식자본의 1/10에 이르러야 한다"고 규정했다. 9월 10일 만철은 공개 주식모집을 시작했다. 11월 7일에 주식모집은 끝났다. 비록 이번 주식모집이 모두 합쳐 10만 주 2,000만 엔을 모집했지만, 실제로는 겨우 1/10, 즉 200만 엔을 불입 받았다. 1912년 6월 1일의 제2차 주식 대금 지불 때는 600만 엔을 불입 받았다. 같은 해 10월 1일, 1913년, 1914년에 각각 제3차, 제4차, 제5차 주식 대금 지불이 있었고, 제5차 주식 대금 지불이 끝난 뒤에야 만철은 제1차로 모집한 주식을 겨우 모두 청산할 수 있었다. 제2차 주식모집은 1913년 7월 16일(일설에는 9월 1일)부터 시작되었다. 이번에는 모두 40만 주, 4,000만 엔을 모집했다. 그러나 제1차 주식 대금 지불은 겨우 출자금의 1/10, 즉 400만 엔에 불과했으며, 1915년 10월 11일의 제2차 불입금도 단지 399만 8,280엔을 받았을 뿐이었다(〈표 3-16〉, 〈표 3-17〉 참조).

〈표 3-16〉 1914년 만철의 자본모집 현황

		모집개시일	주식수	금액(엔)
일본 정부주식(현물환산가격)			1,000,000	100,000,000
민간주식 이미 모집한 부분	제1차	1906.9.10	200,000	20,000,000
	제2차	1913.7.16	400,000	40,000,000
	제3차		600,000	60,000,000
민간주식 미 모집 부분			400,000	40,000,000

출전: 滿鐵, 『統計年報(大正四年度)』, 1917, 3쪽.

〈표 3-17〉 1915년 만철이 모집한 자본의 불입 현황

	제1차 주식모집		제2차 주식모집	
	불입 일자	금액(엔)	불입 일자	금액(엔)
제1차	1906. 11. 7	2,000,000	1913. 9. 1	4,000,000
제2차	1912. 6. 11	6,000,000	1915. 10. 1	3,998,280
제3차	1912. 10. 1	4,000,000	-	-
제4차	1913. 6. 1	4,000,000	-	-
제5차	1914. 5. 1	4,000,000	-	-
도합		20,000,000		7,998,280
합계				27,998,280

출전: 滿鐵, 『統計年報(大正四年度)』, 3쪽.

만철의 성립 초기에 국내 자본은 겨우 200만 엔으로, 이 200만 엔에 의지하여 만철을 운영하는 것은 거의 불가능했다. 이러한 상황 아래 만철은 부득이 일본 정부의 지시 아래 국외에서 자금을 빌려야 했다.

만철이 국외에서 도입한 자금은 명목상 만철의 회사채였지만 실제로는 일본 정부에서 원금과 이자의 지불을 보증한 것이었으므로 이 외채는 사실 일본의 국채였다.

만철이 빌린 외채는 주로 영국에서 온 것이었다. 1907년 7월~1910년 1월 만철은 영국에서 연이어 4차례 회사채를 모집했다. 그 금액은 모두 합쳐 1,400만 파운드, 일본화폐로 환산하면 1억 3,668만 2,000엔이었다. 1914년에 이르러 제2차 회사채 200만 파운드를 상환한 것 외에 아직 영국에게 1,200만 파운드, 일본화폐로 1억 1,715만 6,000엔의 빚이 있었다. 선이자를 제하고 실제 수령한 금액은 1억 864만 241엔이었다. "만철은 이 거액의 사채를 이용해서 우선 미국에서 기관차 차량을 구매하고, 이어 영국·독일·러시아에서도 기관차 차량과 레일을 구매함으로써 창업의 난관을 넘어갔다."[65] 이와 동시에 만철은 또 이 회사채를

만철 용도사무소(用度事務所) 창고

이용해서 "남만철도를 표준궤로 개축하고, 복선을 부설하고, 안봉선을 개축하고, 철도공장을 건설하고, 대련항을 확장했다."[66]

만철은 설립 후 특히 제1차세계대전 기간 동안 빠르게 발전했다. 그래서 1920년 만철은 2억 4,000만 엔을 증자, 즉 만철 명의의 자본을 2억 엔에서 4억 4,000만 엔으로 늘리기로 결정했다. 이는 만철 성립 이래 제1차 증자였다. 이번 증자에 대해 만철은 여전히 정부주식과 민간주식이 각각 절반씩 차지하는 방식을 택하기로 결정했다. 일본 정부가 주식 가운데 절반을 차지할 수 있도록 보증하고 동시에 정부의 부담을 증가시키지 않기 위해 만철은 1억 2,000만 엔에 달하는 영국 회사채를 일본 정부가 부담하도록 결정했다. 이렇게 하여 일본 정부는 만철에게 한푼도 주지 않으면서 동시에 만철의 주식 절반을 보유하게 되었다. 1억 2,000만 엔의 민간주식은 1920년 말에 이르러 이미 실제로 2,000만 엔이 불입되었고, 1929년 말에 이르면 이미 7,000만 엔이 실제로 불입되었으며, 5,000만 엔은 아직 불입되지 않았다. 이때 만철은 "또 런던에서 발행한 사채 약 4,000만 엔(3,909만 2,000엔) 및 일본에서 발행한 채권 2억 5,750만 엔이 있었다. 이 외에도 회사이윤에서 나온 적립금 1억 8,860만 엔이 있었다."[67] 1930년 8월 만철의 중국 현지자본을 보면 "그중 기업자산은 6억 9,080만 엔, 행정 및 문화 방면에 투자한 재산은 1억 450만 엔, 중국 정부에 대출한 금액은 5,070만 엔으로 3개 항의 합계는 8억 4,600만 엔이었다. 그 가운데 일본 정부에서 지출한 것은 대략 4억 4,000만 엔 혹은 4억 5,000만 엔이었다."[68] 이 시기 만철의 투자 증가 상황은 〈표 3-18〉, 〈표 3-19〉와 같다.[69]

---

[65] 蘇崇民, 『滿鐵史』, 54쪽.
[66] 蘇崇民, 『滿鐵史』, 55쪽.
[67] [美]雷麥 著, 蔣學楷·趙康節 等 譯, 『外人在華投資』, 359쪽.
[68] [美]雷麥 著, 蔣學楷·趙康節 等 譯, 『外人在華投資』, 359쪽.
[69] 미국 학자 레머는 이 시기 만철의 투자 문제에 대하여 다음과 같이 언급했다. "일본의 남만철도에 대한 실제 지출의 계산 문제에 관해 저자는 1930년 8월 도쿄지사의 경리와 토론한 적이 있

〈표 3-18〉 1929년 3월말 만철자본의 불입 현황(단위 : 만 엔)

종류별	불입액	미불입액	계획
일본 정부주식	21,715.6	288.4	22,000
일본민간주식	17,000.0	5,000	22,000
합계	38,715.6	5,284.4	44,000

출전 : 滿鐵, 『統計年報(昭和三年)』, 1930, 4쪽.
[역주] 일본 정부주식 미 수금액의 288.4는 284.4의 오류로 보인다.

〈표 3-19〉 만철 사업비의 증가 상황(1907~1930)*

항목		1907		1911		1916	
		금액(만 엔)	지수 (1907=100)	금액(만 엔)	지수 (1907=100)	금액(만 엔)	지수 (1907=100)
사업비 합계		1,404.9	100	11,545.8	822	15,889.5	1,131
그중:	철도	909.9	100	6,579.3	723	7,596.2	835
	항만	52.3	100	982.9	1,878	1,878.8	3,590
	광산	66.5	100	899.7	1,353	1,998.6	3,005
	제철소	-		-		-	
	전기	12.5	100	457.3	3,654	510.6	4,080
	가스	-		98.4	163	146.3	243
	지방시설	90.2	100	829.3	920	1,554.0	1,723
	기타	273.5	100	1,698.9	621	2,205.0	806

항목		1921		1926		1930	
		금액(만 엔)	지수 (1907=100)	금액(만 엔)	지수 (1907=100)	금액(만 엔)	지수 (1907=100)
사업비 합계		47,444.4	3,377	59,392.3	4,228	74,206.9	5,282
그중:	철도	17,884.8	1,988	22,503.9	2,473	27,023.1	2,970
	항만	3,801.2	7,264	5,410.5	10,339	8,320.1	15,899
	광산	11,563.6	17,386	12,912.7	19,414	11,787.2	17,722
	제철소	3,390.6	762	4,590.2	1,032	2,771.7	623
	전기	1,360.8	10,874	-		-	
	가스	345.0	573				

다. 이 경리의 추정에 의하면 1907년 4월에 회사가 영업을 개시한 이래 일본이 실제로 지출한 것은 약 4억 4,000만 엔이었다. 회사 소유 재산은 일본의 대(對)중국 투자의 40%를 차지했다. 그중 기업 자산은 6억 9,080만 엔, 행정 및 문화 방면에 투자한 재산은 1억 450만 엔, 중국 정부에 대출한 금액은 5,070만 엔으로 3개 항의 합계는 8억 4,600만 엔이었다. 그 가운데 일본이 지출한 것은 대략 4억 4,000 혹은 4억 5,000만 엔이었다. 도쿄지사 경리의 말은 이와 같았다. 그는 회사 재산은 약 10억 엔이라고 했다. 일본이 실제로 투자한 것이 약 1/2을 차지한다. 런던에서 차입한 것 및 일본 정부가 원래 가지고 있던 재산이 대략 1/4을 차지한다. 이윤 중에서 공탁한 적립금 및 기타 비교적 적은 항목의 수입이 약 1/4를 차지한다."([美]雷麥 著, 蔣學楷·趙康節 等 譯, 『外人在華投資』, 359~360쪽)

| 지방시설 | 3,599.5 | 3,992 | 7,536.1 | 8,358 | 17,627.2 | 19,549 |
| 기타 | 5,498.9 | 2,011 | 6,438.9 | 2,354 | 6,677.6 | 2,442 |

* 아마노 모토노스케(天野元之助)의 통계는 레머의 통계와 약간 차이가 있다. 1930년의 통계숫자에서 두 사람은 서로 1억여 엔의 차이가 난다. 두 사람의 통계에서 이렇게 큰 오차가 발생한 까닭은 아마도 아마노 모토노스케의 통계에 만철 관련 회사의 투자 통계가 들어가 있지 않기 때문일 것이다.

출전 : 天野元之助, 「滿洲經濟的發達」, 『滿鐵經濟調査月報』, 1932-7.

만철이 경영하는 남만철도와 부속사업은 일본에게 거대한 경제적 이익을 가져다주었다. 장푸취안(張福全)의 통계에 의하면 1907~1930년까지 23년간 "(만철의) 영업수입은 14배로 증가하여 매년 평균 12%씩 늘어났다." 1907~1912년 사이 만철의 "연평균 영업수입은 2,293만 엔에 달하여 초보적인 경영단계라고 말할 수 있다." 1913~1918년에는 "연평균 영업수입이 7,806만 엔에 달하여 확장단계였다고 할 수 있다. 이 단계의 연평균 영업수입은 초기단계보다 2.4배 증가했다." 1919~1930년 사이 "연평균 영업수입은 1억 8,544만 엔에 달하여 가히 독점단계였다고 할 수 있다. 이 단계의 연평균 영업수입은 확장단계에 비해 다시 1.4배 증가했다."[70] 자세한 내용은 〈표 3-20〉과 같다.

〈표 3-20〉 만철의 각 시기 영업수입

시기	영업수입 총액(만 엔)	연평균 수입액(만 엔)	연평균 증가율(%)
1907~1912	13,758	2,293	21.8
1913~1918	46,836	7,806	21.8
1919~1930	222,528	18,544	4.8

출전 : 張福全, 『遼寧近代經濟史(1840~1949)』, 75쪽.

만철의 주요 영업수입의 원천은 철도와 탄광이었다. 이 두 항목의 수입이 차지하는 비중은, 높은 해에는 90%에 가까웠고 낮은 해에도 80% 가까웠다(자세한 상황은 〈표 3-21〉 참조).

---

[70] 張福全, 『遼寧近代經濟史(1840~1949)』, 74~76쪽.

〈표 3-21〉 만철의 철도·탄광수입이 전체 수입에서 점하는 비중

	영업총수입	그중		영업수입에서 점하는 %	
		철도 수입	광산 수입	철도	광산
1907	1,254	977	132	77.9	10.5
1908	1,762	1,254	270	71.2	15.3
1909	2,311	1,502	403	65.0	17.4
1910	2,478	1,567	575	63.2	23.2
1911	2,816	1,753	646	62.2	22.9
1912	3,355	1,991	919	59.3	27.4
1913	4,242	2,228	1,437	52.5	33.9
1914	4,462	2,322	1,408	52.0	31.6
1915	4,379	2,389	1,265	54.6	28.9
1916	5,240	2,782	1,665	53.1	31.8
1917	6,943	3,446	2,191	49.6	31.6
1918	9,626	4,499	3,582	46.7	37.2
1919	15,313	6,706	6,475	43.8	42.3
1920	17,474	8,532	6,478	48.8	37.1
1921	14,710	7,820	4,000	53.2	27.2
1922	16,996	8,781	5,314	51.7	31.3
1923	18,570	9,227	6,392	49.7	34.4
1924	19,418	9,256	6,870	47.7	35.4
1925	20,160	9,740	6,845	48.3	34.0
1926	21,569	10,792	7,615	50.0	35.3
1927	23,065	11,342	8,279	49.2	35.9
1928	24,043	11,864	8,717	49.3	36.3
1929	24,100	12,211	8,437	50.7	35.0
1930	19,252	9,058	6,244	47.0	32.4

출전 : 張福全, 『遼寧近代經濟史(1840~1949)』, 75쪽.

만철의 이윤과 분배 상황은 〈표 3-22〉, 〈표 3-23〉과 같다.

〈표 3-22〉 만철의 이윤과 분배(1908~1914)*(단위 : 만 엔)

		1908	1909	1910	1911	1912	1913	1914
	이익금	211.4	577.2	370.8	366.7	492.6	716.7	754.1
	전년도 이월금	160.2	180.3	231.7	246.5	231.1	215.1	262.5
	이상 합계	371.6	757.5	602.5	613.3	723.8	931.8	1016.6
분배	법정 적립금	10.6	28.9	18.5	18.3	24.6	35.8	37.7
	정부 분배	-	250.0	150.0	180.0	200.0	250.0	250.0
	정부이외 주주 배당금	12.0	12.0	12.0	12.0	54.0	105.8	142.0
	위 제2 배당율	-	-	-	-	-	17.6	47.3
	특별 적립금	150.0	200.0	150.0	150.0	200.0	200.0	250.0
	직원 상금 및 교제비	18.7	35.0	25.4	21.8	30.0	30.0	30.0

퇴직 직원 위로금		-	-	-	-	-	30.0	3.5
내년 이월금	180.3	231.7	246.5	231.1	215.1	262.5	256.1

*표에서 정부 이외 주주의 배당률은 매년 6%였고, 제2 배당률은 1913년 1%, 1914년 2%였다.
출전 : 滿鐵, 『統計年譜(大正三年)』, 1916, 55쪽.
[역주] 1909년의 231.7는 231.6, 1910년의 246.5는 246.6, 1911년의 231.1은 231.2, 1912년의 723.8은 723.7, 1913년의 262.5는 262.6의 오류로 보인다.

〈표 3-23〉 만철의 이윤과 분배 (1915~1928)*(단위 : 만 엔)

연도	본연도 이윤	본연도 분배액(이윤+작년도 이월금)	법정공적(公積) 과 특별공적	정부분배	정부 이외의 주주분배	회사채 상환기금	기타
1915	808.0	1,064.1	290.4	250.0	208.0	-	30.0
1916	1,010.8	1,296.5	300.5	250.0	240.0	-	30.0
1917	1,492.6	1,968.5	574.6	250.0	317.3	-	36.0
1918	2,219.3	3,009.9	611.0	350.0	520.0	700	47.0
1919	2,437.5	3,219.4	621.9	350.0	661.7	700	71.0
1920	2,739.2	3,554.1	637.0	544.6	888.8	700	65.0
1921	3,138.6	3,857.4	656.9	933.8	920.0	700	76.5
1922	3,508.0	4,078.2	675.4	933.8	1,020.0	700	65.0
1923	3,479.6	4,163.6	674.0	933.8	1,040.0	700	118.0
1924	3,455.3	4,153.1	672.8	933.8	1,040.0	700	100.0
1925	3,486.5	4,193.1	674.3	933.8	1,066.7	700	100.0
1926	3,415.8	4,134.1	970.8	933.8	1,200.0	-	150.0
1927	3,627.4	4,507.0	1,083.6	933.8	1,290.0	-	250.0
1928	4,255.3	5,204.9	1,213.0	1,150.9	1,556.5	-	265.0

* '기타' 항목은 직원 퇴직기금, 장려금 및 교제비와 퇴직 직원 위로금을 포함한다.
출전 : 滿鐵, 『統計年譜(昭和三年)』, 1930, 82~83쪽.

    1930~1931년 세계경제의 불경기, 중국이 직접 건설한 철도의 영향, 중동철도와의 경쟁, 중국 반일운동의 끊임없는 고양 때문에 만철의 경영은 곤경에 처했다. 기록에 의하면 1930년 만철의 이윤율은 겨우 5.6%, 1931년에는 겨우 3.3%였다(〈표 3-24〉 참조).[71]

---

[71] 1931년 만철의 영업수입에 영향을 끼친 것은 상술한 원인 외에도 관동군이 9·18사변을 일으킨 영향도 있었다.

〈표 3-24〉 1929~1931년 만철의 이윤과 분배(단위 : 만 엔)

연도	평균 불입자금	이윤	이윤율(%)	이윤분배(%)		미분배 이윤율(%)
				정부	민간	
1929	38,715.6	4,550.6	11.8	5.3	11.0	미상
1930	38,715.6	2,167.3	5.6	4.3	8.0	-5.8
1931	38,715.6	1,259.9	3.3	2.0	6.0	-15.4

출전 : 杜恂誠, 『日本在舊中國的投資』, 94쪽.

통계에 의하면 1907~1931년까지 24년간 만철의 "전체 이윤분배는 일본 정부에 지급한 주식배당금이 1억 4,500만 엔(17.5%), 재단에 지급한 주식배당금이 2억 엔(24.1%), 회사채 이자 3억 엔(36.1%), 적금 1억 8,800만 엔(22.3%)이었다."[72] 비록 만철이 일본 정부에게 거대한 이윤을 가져다주긴 했지만, 일본 정부의 중국 침략 야심이 너무 컸기 때문에, 일본 정부가 만철에서 얻은 수입을 중국 동북침략에 사용하는 과정에서 결국 지출이 수입보다 많았다. 기록에 의하면 일본 정부가 "1907~1908년 이래" 관동주에 지불한 보조비는 "매년 약 300만 엔에 달했다." "1914년까지 보조비 총액은 2,180만 엔에 달했다." 매년 남만철도 철도수비대를 유지하는 비용은 "600만~1,100만 엔"이었다. 이들 군대와 철도수비대의 비용총액은 1907~1914년 사이 "매년 평균 1,200만 엔"[73]이었다. 즉 1907~1914년 사이 합계 9,600만 엔을 지출했다. 1915~1931년 동안 일본 정부가 관동주에 보조해 준 경비총액은 이미 5,600만 엔, 매년 평균 329만 엔에 달했다. "군비(헌병 및 철도수비대 비용) 지출은 매년 평균 1,100만 엔, 전 기간 동안 합계 1억 9,000만 엔을 지출했다."[74] 바꾸어 말하면 1907~1931년 동안 일본 정부는 관동주에서 일본의 식민통치를 유지하기 위해 보조금 합계 7,780만 엔을 지출했고, 남만주 침략에 필요한 철도수비대를 유지하기 위해 총 경비 2억 8,600만 엔을

---

[72] 張福全, 『遼寧近代經濟史(1840~1949)』, 77쪽.
[73] [美]雷麥 著, 蔣學楷·趙康節 等 譯, 『外人在華投資』, 332~333쪽.
[74] [美]雷麥 著, 蔣學楷·趙康節 等 譯, 『外人在華投資』, 364~365쪽. 레머는 또 이 책의 364~365쪽에서 1915~1931년 일본 정부가 관동주에 보조해 준 경비의 상세한 항목을 자세히 열거했다. 상세한 항목은 아래와 같다.

지출했다. 두 항목의 합계는 3억 6,380만 엔이었다. 그러나 같은 시기 일본 정부가 만철의 경영을 통해 얻은 수입은 겨우 1억 4,500만 엔이었으므로 이 수입을 공제하고도 일본 정부는 다시 2억 1,880만 엔을 지출해야만 했다.

7. 만철의 정보기구

만철은 정보 업무를 극도로 중시하여 일찍이 고토 신페이가 만철총재로 부임할 때 곧 정보 부서를 설립했다. 1931년 9·18사변 전에 이르러 만철의 정보기구는 대체로 아래와 같았다.

1) 만철조사부와 하얼빈사무소 조사과

1907년 4월 설립된 만철조사부는 만철이 설립한 최초의 정보기관이었다. 조사부는 만철의 5개 부서 가운데 하나로 기타 4개 부서와 마찬가지로 만철총재 밑에 직접 예속되어 있었고, 아울러 철도·탄광·지방경영과 함께 만철의 4대 지주로 불렸다. 초대 부장은 오카마쓰 산타로였다.

1915년	2,233,000	1924년	4,000,000
1916년	1,937,000	1925년	4,000,000
1917년	2,007,000	1926년	3,000,000
1918년	2,007,000	1927년	3,000,000
1919년	2,103,000	1928년	4,000,000
1920년	3,000,000	1929년	4,000,000
1921년	3,250,000	1930년	4,550,000
1922년	4,000,000	1931년	5,000,000
1923년	4,300,000		

그 외에 東亞同文會 編, 胡錫年 譯, 『對華回憶錄』을 보면 다음과 같은 기록이 있다. "관동주의 재정은 시작부터 지금(1932년을 가리킴-인용자)까지 이미 30년에 달하지만, 현재까지 보조금을 여전히 줄일 수가 없어 도독부가 문을 연 이래 매년 평균 300만 엔을 보조했으며, 지금까지 보조금이 이미 약 1억 엔에 달하고 있다. 그러나 아직 발전 과정 중에 있으므로 보조를 취소하면 아마 곤란이 있을 것이다."(308쪽)

만철조사부

오카마쓰 산타로(1871~1921)는 일본 구마모토현 사람으로 저명한 한학자 오카마쓰 오코쿠(岡松甕谷)의 셋째 아들이었다. 1894년 도쿄제국대학 법과를 졸업하고 1896년 독일·프랑스·이탈리아 3개국에 유학하면서 민법과 국제사법(私法)을 전공했다. 1899년 귀국한 후 교토제국대학 교수로 재직했고 1901년 법학박사학위를 받았다. 일찍이 대만총독부의 의뢰를 받아 대만의 풍속 습관에 대한 조사를 진행했다. 남만주철도주식회사가 설립되었을 때 만철이사를 맡았다(1907~1914).

만철조사부가 성립된 후 고토와 오카마쓰가 이 조사부에 맡긴 임무는 "만주 지역의 일반 경제 및 관례를 조사하는 것이었다."[75] 사실 그들이 하는 일은 만철이 만주를 경영하는데 필요한 동북의 "옛 관습조사 및 관동군이 필요로 하는 군사 지질"이었다. 이러한 점은 가와무라 류타로(川村鉚太郎)가 과장으로 재임할 때 특히 분명하게 표현되었다. 그때는 중국의 정국이 불안정하여 만철의 효과와 이익에 직접 영향을 끼쳤기 때문이다.

---

[75] 南滿洲鐵道株式會社, 『南滿洲鐵道株式會社十年史』, 905쪽.

만철조사부는 성립되었을 때 겨우 13명뿐이었다.76) 그러나 조사부의 '사업'이 끊임없이 발전함에 따라 인원이 부단히 증가하여 가장 많을 때는 87명에 달했다. 조사부는 설립초기에 인원수가 비록 적었지만 인원들이 비교적 영리하고 수완이 있었다. 그중에는 "러시아어의 고수 모리 미카게(森御蔭, 나중에 다나카 기이치 참모총장과 러시아 호르바트Хорват Дмитрий Леонидавич 중장의 회담을 통역), 중국어의 대가 모리 시게(森茂), 토지법과 관유지제도의 권위자 가메부치 다쓰나가(龜淵龍長), 미우라 요시오미(三浦義臣), 이사카 히데오(井坂秀雄) 등이 있었다."77) 만철조사부의 인원수에 관한 자세한 내용은 〈표 3-25〉와 같다.

〈표 3-25〉 만철조사부(과)의 인원(촉탁 포함) 통계표

부-과 별 구분	연도	인원수	촉탁 인원수
조사부	1907년(明治40년)	13	
	1908년(明治41년)	34	
조사과	1909년(明治42년)	33	
	1910년(明治43년)	45	
	1911년(明治44년)	48	
	1912년(大正1년)	45	
	1913년(大正2년)	55	
	1914년(大正3년)	56	
	1915년(大正4년)	49	
	1916년(大正5년)	53	5
	1917년(大正6년)	38	5
	1918년(大正7년)	55	

---

76) 草柳大藏는 14명으로 기록하고 있다. 草柳大藏 著, 劉耀武 等 譯, 『滿鐵調查部內幕』, 87쪽. 山根幸夫 等 編, 周啓乾 監譯, 『近代日中關係史硏究入門』을 보면 『實錄滿鐵調查部內幕』(즉 『滿鐵調查部內幕』)은 "草柳大藏이 현존하는 많은 관련 인사들을 인터뷰하여 쓴 것"이라고 한다(臺北: 金禾出版有限公司, 1995, 262쪽). 曹志勃 등이 편역한 『近代日中關係史硏究指南』에서는 이 구절을 "또 현재 생존하고 있는 많은 관련인사들에 대한 이해를 바탕으로 한 자료로는 草柳의 『滿鐵調查部實錄』상·하권이 있다"라고 번역하고 있다(哈爾濱船舶工程學院出版社, 1992, 245쪽). 草柳의 『滿鐵調查部內幕』은 "현존하는 많은 인사들을 인터뷰하여 쓴 것"이다. 따라서 이 책은 가히 믿을 수 있는 역사 혹은 역사서로 대우해야 하며 이 책이 제공하는 관련 자료도 마땅히 사용할 수 있는 것이다.

77) 草柳大藏 著, 劉耀武 等 譯, 『滿鐵調查部內幕』, 87쪽.

연도		
1919년(大正8년)	68	2
1920년(大正9년)	56	3
1921년(大正10년)	78	4
1922년(大正11년)	72	8
1923년(大正12년)	87	14
1924년(大正13년)	73	12
1925년(大正14년)	77	13
1926년(昭和1년)	71	18
1927년(昭和2년)	67	15
1928년(昭和3년)	69	20
1929년(昭和4년)	69	18
1930년(昭和5년)	67	12
1931년(昭和6년)	41	5

출전 : 『滿鐵統計月報』, 解學詩, 『隔世遺思－評滿鐵調査部』, 42쪽 재인용.

조사부가 설립된 후 또 같은 해 4월 지질과가 설립되어 무순탄광과 지질을 조사했다. 7월 오카마쓰 산타로는 동아경제조사국의 설립을 준비하기 위해 유럽을 시찰했다. 10월 조사부는 연대와 와방점 탄광의 광상(鑛床)을 조사했다. 12월 『시보(時報)』(부정기 간행물)를 창간했다. 1908년 경비문제로 인해 조사부는 부에서 과로 축소 개편되었고(총무부 관할로 귀속)[78] 과장은 가와무라 류타로가 맡았다.

만철조사과가 비록 부에서 과로 축소 개편되었으나 가와무라 류타로의 과원들에 대한 요구는 여전히 매우 엄격했다. 과원들은 "지세·수질·도로·자원·인품 등의 항목을 조사할 때 반드시 먼저 '발로 뛰었다'(즉 현지 조사를 한다는 의미－인용자). 그 외에 가와무라 과장은 사람됨이 매우 철저하며 조사 인원 개개인에게 독창적인 연구를 요구했다. 작은 일 하나마다 그는 모두 실제로 검사하며 관여했고, 과장의 동의가 없으면 과원은 조사하러 나갈 수 없었다. 특히 보고서를 쓰는 단계에서 그는 문헌자료와 현지조사 간의 관계를 상세하게 물어보았다. 이 때문에 보고서를 쓸 때 마감시간을 정한 적이 없었다."[79]

---

[78] 蘇崇民의 『滿鐵史』에는 인원수가 "줄어 겨우 8명만 남았다"고 기재되어 있다. 413쪽.
[79] 草柳大藏 著, 劉耀武 等 譯, 『滿鐵調査部內幕』, 87~88쪽.

만철조사과 사무실

　　1918년 1월 만철기구에 개혁이 진행되어 마쓰오카 긴페이(松岡均平)는 만철조사과와 동아경제조사국의 총 고문으로 임명되어 지도를 맡고, 이시카와 데쓰오(石川鐵雄)는 조사과 과장으로 부임했다. 이시카와를 과장으로 임명한 후 만철은 조사과의 부차적인 임무들을 모두 면제하여 조사과로 하여금 조사 활동에 전념할 수 있게 했다. 같은 해 조사과는 『만몽전서(滿蒙全書)』를 출판했다. 이 책은 "만철조사과가 설립된 후 10여 년 동안 축적한 모든 성과들을 대외에 널리 선양한 것으로"[80] 책 속에서 "만몽의 자연 및 문화의 전모"를 소개했다. 1923년 4월 사다 고지로(佐田弘治郎)가 조사과 과장을 맡은 후 조사과의 활동범위는 한층 더 확대되어 새로이 철도·교통망과 일반사항에 대한 조사가 추가되었고, 과 내에 교통계와 정보계가 설치되었다. "교통계의 업무는 철도예정선 및 연도의 상황을 조사하는 것이었고, 이는 중국의 여대(旅大) 회수에 대항하여 권익을 확대하기 위한 준비 공작이었다." "정보계는 정보의 수집·분석·연구·정리를

---

[80] 山田豪一, 『滿鐵調査部』, 67쪽, 蘇崇民, 『滿鐵史』, 414쪽 재인용.

책임졌다." "정보수집의 중점은 당연히 중국 정부의 동태, 군벌전쟁의 귀추에 두어졌으며, 일본 정부의 내부 사정, 정당과 군벌의 동향도 포함되었다."[81] 1927년 조사과는 다시 법제·산업·상사(商事)·무역·통계·교통·자료·서무 등 9개의 계로 구분되었다. 만철조사부의 예속 관계 상황은 〈표 3-26〉과 같다.

〈표 3-26〉 만철조사부(과) 예속 관계표

시간	명칭	예속 관계
明治 40년(1907) 4월 23일	조사부(성립)	총무부 사무
明治 41년(1908) 12월 7일	조사과(개칭)	
大正 3년(1914) 5월 15일	조사과	
大正 7년(1918) 1월 15일	조사과	총무부
大正 11년(1922) 1월 17일	조사과	사장실 서무과
大正 12년(1923) 4월 21일	조사과	총무부
昭和 5년(1930) 6월 14일	조사과	
昭和 7년(1932) 12월	조사과(폐지)	

출전 : 『滿鐵調査機關要覽』, 昭和 10년, 9쪽. 解學詩, 『隔世遺思-評滿鐵調査部』, 42쪽 재인용.

"조사과는 설립부터 1932년 12월 폐지될 때까지 25년 동안 『만철조사자료』 162종, 자료휘편 12종, 교섭자료 20종, 조사자료 11종, 조사보고서 26종, 각종 소책자 75종 및 러시아어 번역자료, 중국어 번역 조사자료와 동북과 화북에 관한 각종 경제통계 등을 출판했다."[82] 이외에 만철조사부는 또 『만철조사시보』 (1919년 12월~1931년 8월, 1931년 9월~1944년 2월에는 『만철조사월보』로 변경), 『북경만철월보』(1924년 5월~1929년 8월), 『만철지나월지(月志)』(1929년 11월~ 1933년 3월), 『상해만철계간』(1937년 4월~12월) 등의 간행물을 출판했다. 그중 "『만철조사월보』에 등재된 논문은 중국 상황에 대한 당시 일본 지식계의 인식 가운데 최고 수준을 반영하여, 일본의 침략사 연구에서 간과할 수 없는 중요한 자료이다."[83]

---

81) 蘇崇民, 『滿鐵史』, 414쪽.
82) 蘇崇民, 『滿鐵史』, 415쪽.
83) 蘇崇民, 『滿鐵史』, 415쪽.

만철조사부가 출판한 수백 종의 간행물 중에서 대표적인 간행물

1923년 만철은 또 하얼빈사무소에 조사과를 설립했다. 1908년 만철은 제정러시아와 업무상 관계 때문에 하얼빈으로 사람을 파견하여 러시아와 교섭을 진행하도록 했다. 1909년 만철은 하얼빈에 일만상회(日滿商會)를 설립하여 만철이 생산한 석탄을 판매하도록 했다. 후에 업무가 확대되자 1915년 8월 일만상회를 만철하얼빈판매출장소로 고쳤고, 1917년 2월 15일 다시 만철하얼빈공소(公所)로 고쳤다. 1923년 4월 21일 또다시 공소를 만철하얼빈사무소로 고치고 그 밑에 운수과·서무과·조사과를 설치했다. 조사과의 역량을 강화하기 위해 이시카와 데쓰오는 "시마노 사부로(島野三郎)와 미야자키 마사요시(宮崎正義) 등 러시아어에 통달한 베테랑"을 이곳으로 파견했다.

이 조사과의 주요 임무는 소련에 대해 조사를 진행하는 것으로 일찍이 계속해서 소련의 『공농러시아연구총서(工農俄國硏究叢書)』 전6권(1927년 번역 완료), 『공농러시아조사자료(工農俄國調査資料)』 전36권(1928년 출판 발행), 『러시아경제총서(俄國經濟叢書)』 전29권(1933년 번역 완료)을 번역 출판했고, 부정기 간행물 『러시아어번역조사자료(俄文飜譯調査資料)』, 정기 간행물 『하얼빈사무소조사시보』(1926년 12월 종간)를 출판했다. 1935년 3월 만철이 원래 소련이 경영하던 중동철도를 인수할 때, 이유는 알 수 없으나, 소련은 "회의실의 탁자부터 물 끓이는 주전자까지 모두 남겨두었으며" 심지어 제정러시아 때 조사한 북만주에 대한 "자료조차 모두 원래 그대로 봉한 채 남겨두었다. '하얼빈사무소'는 먼저 이 자료들을 번역하는 일에 착수했다. 특별 초청 형식으로 고용된 러시아인과 중국인은 가장 많을 때 무려 45명에 달했다."[84]

하얼빈사무소 조사과가 소련에 대해 진행한 정보 조사 공작은 상당히 치밀하고 정확한 것이었다. 이 점에 대하여 미국에서 출생한 제2세대 일본 교민은 다음과 같이 이야기했다. 미국 "국무원 관리들이 시베리아의 삼림 자원을 연구하면서 대학과 국회도서관에서 대량의 관련 자료들을 처음부터 끝까지 열람했다. 어떤 것은 너무 전문적이고 어떤 것은 너무 단편적이어서 실로 만족스럽지 못했고 마지막으로 비로소 만철의 자료를 찾게 되었다. 이 자료는 단지 일개 철도회사가 발행한 자료에 불과할 뿐만 아니라 보고자의 이름도 없었기 때문이다. 처음에 그는 다소 경시하는 마음이 있었으나 자료를 완독한 후 곧바로 큰 소리로 탄식을 하며 말하길 '아차! 처음부터 이 자료를 읽었더라면 다른 책들은 읽을 필요가 없었을 텐데!'라고 했다.……그의 말에 의하면 이 자료 속에는 시베리아 삼림의 위치, 수종, 성장속도, 벌채방법, 운송노선이 기재되어 있을 뿐만 아니라, 심지어 삼림에 서식하고 있는 동물의 종류 및 그 습성까지 서술되어 있었다."[85] 이로부터 만철 정보기관의 소련에 대한 정보조사가 얼마나 치밀하고 정확했는지 알 수 있다.

1927년 11월 하얼빈사무소 조사과는 정보과와 자료과로 바뀌었다. 1931년 9·18사변 후 관동군이 하얼빈으로 진격할 때 사무소는 또 특별히 임시국사무소를 설립하고 아울러 2개의 정보반을 설치하여 관동군에게 각종 정보를 제공

---

84) 草柳大藏 著, 劉耀武 等 譯, 『滿鐵調査部內幕』, 100쪽.
85) 草柳大藏 著, 劉耀武 等 譯, 『滿鐵調査部內幕』, 99쪽.

했다. 동북 전역이 일본의 식민지로 완전히 전락한 후 하얼빈사무소는 더 이상 존재해야 할 이유가 없었으므로 1935년 5월 22일 폐지되었다.

2) 동아경제조사국

동아경제조사국은 만철이 도쿄지사 내에 설립한 경제조사기관이자 일본 국내 최초의 정보기관이었다. 1908년 9월 14일 도쿄 미쓰비시회사에 설립되었으며 초대국장은 오카마쓰 산타로, 후임 국장은 마쓰오카 긴페이였다. 그 아래 자료과와 편집과를 두었다. 조사국을 설립한 목적은 다음과 같았다. "첫째, 서양 문명국가의 식민지 정책 및 경제 사회의 각종 문제를 연구하여 만철뿐만 아니라 우리나라(일본-인용자, 이하 동일) 정부기관을 위해 참고 자료를 제공하고……둘째, 세계 각국에 일본의 식민정책, 특히 만주정책의 진상을 소개하는 것을 목적으로 한다. 만약 외국이 우리나라의 정책에 대해 오해가 있을 경우 조사국은 이를 해명하고, 만약 외국인이 질문할 경우 조사국은 답변을 제공함으로써 상호 이해를 강화해야 한다."[86]

동아경제사무국의 "골간은 독일인을 중심으로 한 '고용된 외국 국적 인원'이었다." 조사국은 계속해서 독일 단치히 공과대학 교수인 기사(奇思)박사, 독일 내무부 참사이며 일찍이 애상시(愛桑市)의 부시장을 맡았던 개합의모랍특 유덕불이덕(盖哈依牟拉特·維德弗爾德) 박사, 만헤임고등상업학교 교수인 패림특(貝林特) 박사를 초빙했다. "이외에 기사(奇思)를 따라 함께 일본에 온 독일 국적의 유태인 파오모불이덕(巴烏姆弗爾德)도 있었으며 그는 자료 정리 방면에서 기술이 뛰어났다."[87] 독일인과 협력한 일본인으로는 도쿄대학에서 경제정책을 가르치던 마쓰오카 긴페이 박사, 베를린육군사관학교에서 일본어를 가

---

[86] 草柳大藏 著, 劉耀武 等 譯, 『滿鐵調查部內幕』, 62쪽.
[87] 草柳大藏 著, 劉耀武 等 譯, 『滿鐵調查部內幕』, 66쪽.

르쳤던 이치카와(市川) 법학사(法學士), 후에 일본공산당의 창시자 가운데 한 명이 되는 사노 마나부(佐野學), 후에 독일 나치당 선전부장 괴벨스와 절친한 친구가 되는 오카노에 모리미치(岡上守道, 필명은 구로다 레이지黑田禮二), 러시아유학생 시마노 사부로 등 10여 명이 있었다.

동아경제조사국의 주요 업무는 각국에서 출판한 경제 문제 관련 도서, 잡지, 신문, 정부관보, 문서, 공기업과 사기업의 공문 등을 수집하는 것이었으며 총 숫자는 10여 만 종에 달했다. 종류별로 완비되어 있고 분류가 과학적이었기 때문에 국장 마쓰오카 긴페이는 매우 만족스럽게 "본 조사국은 어떠한 자료를 막론하고 5분 이내에 즉시 제공할 수 있다"[88]고 했다.

동아경제조사국의 경비는 해마다 달라서 설립 초기에는 매년 경비가 4만 엔에 달했다가 1917년 1만 8,000엔으로 떨어지고, 1920년 7만 5,000엔으로 늘어났다가 1927년 다시 5만 3,000엔으로 떨어졌다. 1920년 5월 동아경제조사국은 각 재벌과 대기업의 54개 조사 기구와 연합하여 공동으로 '조사기관연합회'를 설립했다. 1927년에 이르면 연합회에 참가한 기구는 이미 121개에 달했다.

동아경제조사국은 1915년부터 『경제자료』 180여 책, 소책자와 총서 1백 수십 편을 출판했으며 1928년에는 월간 『동아』를 출판했다. 1929년 경비문제 때문에 만철의 통제 아래에서 벗어나 독립적인 법인단체가 되었고, 1939년 4월 만철대조사부가 설립되자 조사국은 다시 만철대조사부에 편입되었다.

3) 임시경제조사위원회

1927년 7월 야마모토 죠타로(山本條太郎)는 야스히로 반이치로(安廣伴一郎)를 대신하여 만철사장(당시 만철총재는 이미 사장으로 개칭)이 되고 마쓰오카 요스케는 부사장이 되었다. 야마모토는 사장이 된 후 "회사사업에 직접적으로

---

[88] 草柳大藏 著, 劉耀武 等 譯, 『滿鐵調査部內幕』, 64쪽.

이익이 되는" 자료를 얻기 위해 11월 실제 업무 경험이 있는 인원 130여 명을 선발하여 '임시경제조사위원회'를 조직했으며 위원장은 이시카와 데쓰오가 맡았다. 위원회는 아래에 4개의 부를 두었다. 제1부의 간사는 이시카와 데쓰오가 겸임하고, 제2부의 간사는 이가라시 야스시(五十嵐保司), 제3부의 간사는 사토 데이지로(佐藤貞次郎), 제4부('민정民情' 즉 노무·사회·지방 계통의 조사를 담당)의 간사는 이시모토 겐지(石本憲治), 총무는 상무간사인 오쿠무라 신지(奧村愼次)가 맡았다(임시경제조사위원회의 인원수는 〈표 3-27〉 참조).

〈표 3-27〉 임시경제조사위원회 인원수 표

연도	인원수	위탁수
1927	128	1
1928	120	2
1929	84	

출전 : 滿鐵, 『統計月報』, 昭和 2~4년도.

조사위원회의 조사 범위는 상당히 광범하여 "도로·운수·짐마차의 연구에서 시작하여 만몽에서 비육한 쇠고기를 어떻게 일본에 공급할 것인가 하는 문제에 관한 연구까지 백여 가지를 헤아렸다."[89] 구체적으로 말하면 교통, 전기, 금융, 항만, 공장, 만몽우(滿蒙牛), 축산, 사료, 대두, 농림, 광산과 광물, 외국상인, 중국노동자, 회사사업 등을 모두 포괄했다. 조사위원회가 『임시경제조사자료』(또는 『임경자료』)의 이름으로 간행한 인쇄물은 35편이었다.

1929년 8월 야마모토 죠타로는 그를 만철총재로 밀었던 다나카 기이치 내각이 무너지자 만철총재의 직무에서 밀려나 일본으로 귀국하여 전적으로 정우회(政友會)의 당무 활동에 종사하게 되었다. 이 때문에 임시경제조사위원회 역시 어느새 해산되었다.

임시경제조사위원의 조사결과는 비록 야마모토의 사직 때문에 실행할 수는

---

[89] 草柳大藏 著, 劉耀武 等 譯, 『滿鐵調査部內幕』, 270쪽.

없었지만, 업무와 조사를 결합시키는 방법은 후에 설립되는 경제조사회에서 계속해서 사용되었으며, 아울러 경제조사회 작업의 기점이 되었다.

이 시기 만철은 또 도쿄지사 내에 '만철의 만주와 조선 역사지리조사부'(滿鐵滿洲和朝鮮歷史地理調査部, 일명 '만철지리역사조사부')를 설립했다. 이 조사부는 도쿄대학 교수 시라토리 구라키치(白鳥庫吉) 박사가 주도한 것이었다. 시라토리는 1905년 학술강연을 하기 위해 유럽을 방문했는데 "가는 곳마다 모두 '아시아 연구'를 진행하고 있었다." 이에 대해 시라토리는 매우 큰 감명을 받아 귀국 후 "일본은 마땅히 아시아 연구의 리더가 되어야 한다"고 주장했으나 호응하는 사람이 없었다.[90] 이러한 상황 아래 시라토리는 문부성에 근무하는 자기의 친구 사와야나기 세타로(澤柳政太郎)를 통해 고토 신페이에게 편지를 써서 만몽연구의 중요성을 다음과 같이 논술했다. "학술상으로 말하면 두 가지 방면에서 만주와 한국지역에 대한 철저한 연구의 필요성을 논술할 수 있습니다. 첫째는 학술적 관점에서 출발하여 연구를 진행하는 것이고, 둘째는 만한경영의 실제적 필요에서 출발하여 연구를 진행하는 것입니다. 말할 필요도 없이 현재의 각종 사업들은 모두 마땅히 견실한 학술적 기초 위에서 건립되어야 합니다……"[91] 고토 신페이는 시라토리의 요구를 받아들여 1908년 만철도쿄지사에 명하여 아자부마미아나(麻布狸穴)에 있는 가옥(원래 가와무라川村 백작의 사저)을 그에게 빌려주어 쓰게 했다. 이렇게 해서 조사부가 성립되었다. 이 조사부에는 오직 시라토리 및 그의 조수 츠다 소키치(津田左右吉) 등뿐이었다. 시라토리는 조선에서 조사하는 동안 한성에서 대량의 도서를 발견하고 후에 만철이 출자하여 이를 구입했다. 1913년 츠다의 『조선역사지리』 2권은 바로 이를 바탕으로 쓴 것이다. 1914년 이케우미 히로시(池內宏)는 『문록경장지역(文祿慶長之役)』[92]을 출판했다. 같은 해 만철부총재 이토 다이하치(伊藤大八)는 "영리

---

[90] 당시 일본의 풍토는 구미 연구 일변도의 형세를 이루고 있었다.
[91] 草柳大藏 著, 劉耀武 等 譯, 『滿鐵調査部內幕』, 52쪽.

기업인 만철에게 이런 연구소는 불필요하다"[93]고 생각하여 이를 폐지했고, 시라토리는 할 수 없이 도쿄대학으로 돌아가 연구를 계속했다.

8. '국가 안의 국가' — 만철부속지

1) 만철부속지의 기본적인 상황

이른바 만철부속지란 바로 만철이 남만철도와 안봉철도 및 그 지선에서 점용한 중국토지이다.

남만철도와 안봉철도 및 그 지선의 전체길이는 1,129.1km이며, 만철부속지는 바로 이 1,129.1km 길이의 철도 선상에 분포해 있었다. 그중 남만철도의 점유면적은 가장 넓은 곳은 426.72m, 가장 좁은 곳은 42.67m였으며, 안봉철도의 점유면적은 가장 넓은 곳은 36.1m, 가장 좁은 곳은 16.76m였다.

만철부속지는 그 유래로 말하면 아래와 같이 몇 가지가 있었다. 첫째,「포츠머스조약」에 의거하여 러시아의 수중에서 접수한 원래의 남만철도 소속의 토지, 둘째, 러일전쟁 기간에 일본군이 강매 강점한 토지, 셋째, 만철이 중국인의 수중에서 강매·강제조차·강점한 토지, 넷째, 기타 일본인 혹은 일본 조직이 강매·강제조차·강점한 후 만철에게 넘겨준 토지.

만철의 토지에 대한 욕심은 끝이 없었기 때문에 만철부속지의 면적은 해마다 증가했다. 1907년 4월 만철이 일본군의 수중에서 접수한 토지는 겨우 149.7 km^2뿐이었으나, 1908년 7월 말 182.7km^2, 1931년 482.9km^2, 1936년 524.3km^2로 증가하여, 26년 만에 만철부속지의 면적은 순수하게 2.5배 늘어났다. 만철부속지 중에

---
[92] [역주] 임진왜란과 정유왜란의 일본측 명칭.
[93] 草柳大藏 著, 劉耀武 等 譯, 『滿鐵調査部內幕』, 53쪽.

서 점유 면적이 100만㎡ 이상인 지역은 〈표 3-28〉과 같다.

〈표 3-28〉 만철부속지의 점지면적이 100만㎡ 이상인 지역표(단위 : ㎡)

大連	9,292,923	甘井子	1,594,045	瓦房店	2,508,224
得利寺	1,847,515	熊岳城	4,472,613	盖平	3,331,901
大石橋	3,676,211	海城	2,438,501	牛家屯	3,833,653
鞍山	18,441,137	遼陽	6,481,109	烟臺	3,283,173
蘇家屯	1,664,400	奉天	11,729,027	新臺子	1,156,139
鐵嶺	6,349,640	開原	6,634,451	昌圖	3,651,123
雙廟子	3,439,759	虻牛哨	1,176,175	四平街	5,476,571
公主嶺	8,783,579	陶家屯	1,844,181	大屯	1,097,322
新京	6,142,219	本溪湖	1,160,207	鳳凰城	2,528,154
安東	5,369,050	撫順	68,397,059		

출전 : 『南滿洲鐵道株式會社附屬地經營沿革全史』 上, 南滿洲鐵道株式會社, 1939, 33~34쪽.

비교적 중요한 만철부속지 몇 개를 살펴보면 다음과 같다.

(1) 장춘부속지

이 부속지는 만철이 설립된 후 중국인의 수중에서 사들인 토지이다. 1905년 「포츠머스조약」에 규정하기를 "러시아 정부는 장춘(관성자)에서 여순구(旅順口)까지의 철도 및 일체의 지선을" "일본 정부에게 이양한다"고 했다. 그러나 조약에는 관성자역(장춘역)의 귀속문제에 대한 규정이 없었다. 그 결과 쌍방은 역의 귀속문제를 두고 논쟁을 벌였고 여러 차례의 교섭을 거쳐 1907년 관성자역은 일본과 러시아 쌍방의 소유로 한다는 합의에 도달했다. 비록 쌍방이 이 일에 대해 합의를 했지만 실행하기에는 어려움이 매우 컸으므로, 최후에 쌍방은 관성자역의 가치를 112만 9,786루블로 정하고 쌍방이 분할 소유하기로 결정했다. 후에 러시아가 그중 반값을 일본에게 상환하고 기차역을 넘겨받았으며, 일본은 다른 땅을 구해서 역을 건설하기로 했다. 일본은 기차역과 장춘시 사이에 있는 토지 즉 중국 지방정부가 상가와 길장(吉長)철도의 역을 건설하는데 쓰려고 준비해둔 토지를 마음에 들어 했고 아울러 겨우 37만 9,092엔의 낮은 가격으로 이를 사들였다(당시 엔과 루블의 비교 가격은 대체로 비슷했고 일본은 러시아가 일본에게 준 56만 393루블 가운데 68%만 사용하여 관성자역보다 훨씬 넓은 토지를 사들였기 때문에 낮은 가격이라고 할 수 있음). 이 토지는 기차역 부지와 선로 용지를 포함하여 모두 503.8㏊였다. 1925년 만철은 또 부속지 북쪽에 있는 토지 100만㎡를 사들이고, 1932년 다시 부속지 서부에 있는 토지 72만 8,000㎡를 사들였다. 이렇게 하여 만철부속지의 토지는 모두 676만 3.300㎡가 되었다(이 숫자와 〈표 3-28〉의 '신경(新京)'부속지 면적은 완전히 부합하지 않는다).

장춘부속지의 면적이 끊임없이 증가함에 따라 인구 역시 부단히 증가했다. 인구 증가 상황은 〈표 3-29〉와 같다.

〈표 3-29〉 장춘부속지 인구통계표*

연도	호수(戶數)	인구	연도	호수(戶數)	인구
1932	3,480	15,627	1935	7,148	32,430
1933	5,025	23,715	1936	7,788	33,281
1934	6,463	30,109			

* 그 외에 滿史會 編, 東北淪陷十四年史遼寧編寫組 譯, 『滿洲開發四十年史』 下, 430쪽에는 장춘부속지 인구를 아래와 같은 표로 싣고 있다.

연도	호수(戶數)	인구
1907년	37	235
1911년	954	2,881
1917년	총 호수 3,128 그중 일본인 1,562	총 인구 16,491 일본인구 4,781
1931년	총 호수 5,914 그중 일본인 2,556	총 인구 32,636 일본인구 10,161
1936년	7,788호	33,281

출전 : 『南滿洲鐵道株式會社附屬地經營沿革全史』 中, 341쪽.

(2) 안동부속지

안동부속지는 주로 중국인의 토지를 구매한 것이었다. 1904년 4월말에서 5월 초 일본군은 안동을 점령한 후 즉시 안동에 일본인회를 설립하고 아울러 회비를 징수하기 시작했다. 1906년 만철이 설립된 후 중국인의 수중에서 토지를 구매하여 안동부속지를 건립했다. 1910년 만철은 안봉철도 개축 과정에 또 선로 용지와 기차역부지 17.7ha를 수매하고, 후에 다시 안동현의 육도구(六道溝)와 칠도구 등지의 민간 토지 2만여 무(畝)를 강점하여 일본인 시가지를 건립했다. 1923년 원래 거류민단에서 경영하던 지역이 만철의 경영으로 편입되었다. 1936년에 이르러 안동의 만철부속지는 모두 5.36㎢의 토지를 보유했다.[94]

안동부속지의 면적이 끊임없이 증가함에 따라 부속지 내의 인구 역시 부단히 증가했다. 1936년에 이르러 부속지 인구는 이미 7만여 명에 달했다(〈표 3-30〉 참조).

〈표 3-30〉 안동부속지 인구표

연도	호수(戶數)					인구				
	일본인	조선인	중국인	외국인	계(計)	일본인	조선인	중국인	외국인	계(計)
1909	318		96		414	836		490		1,326
1914	366	8	141		04	1,032	40	682		1,754
1919	934	117	581	2	1,634	2,835	582	3,657	3	7,077
1922	1,052	233	600	1	1,890	2,975	1,120	4,272	2	8,369
1923	2,329	939	6,232	3	9,503	9,342	3,982	24,363	4	37,691
1928	2,384	1,546	6,977	7	10,914	10,096	7,103	38,511	17	55,725
1933	2,752	2,578	8,978	5	14,313	12,599	12,389	42,077	17	67,082
1936	3,679	3,004	9,544	5	16,232	15,536	14,786	46,557	16	76,985

출전 : 『南滿洲鐵道株式會社附屬地經營沿革全史』 下, 722쪽.
[역주] 1914년의 호수합계 504는 515, 1922년의 호수합계 1,890은 1,886, 1928년의 인구합계 55,725는 55,727, 1936년의 인구합계 76,985는 76,895의 오류로 보인다.

(3) 무순부속지

무순(撫順)부속지는 만철부속지 중에서 면적이 가장 큰 부속지였다. 무순부속지는 그 유래로 말하면 주로 만철이 사들인 토지였다. 만철은 1908년 4월 무

---

[94] 滿史會 編, 東北淪陷十四年史遼寧編寫組 譯, 『滿洲開發四十年史』 下에는 다음과 같이 기록되어 있다. 안동부속지의 면적은 8.38㎢이다. "부속지 : 335.9717만㎡, 移管地 : 502.6495만㎡, 합계 : 838.6212만㎡(그중 철도 용지는 131.5619만㎡이다)."(431쪽) 이 숫자는 〈표 3-28〉의 안동부속지 면적과 완전히 일치하지는 않는다.

순탄광을 접수한 후 탄광용지와 시가지용지를 사들이기 시작했다. 1908년 "서쪽으로 고성자에서 노호대에 이르는 일대의 용지와 양백보연락소(楊柏堡聯絡所)에서 혼하(渾河) 강변에 이르는 무순선 용지" 총 면적 116만 8,118평을 사들였다.95) 이어서 또 "동향광(東鄕鑛)과 수비대연병장 용지 1만 8,873평"을 사들이고 동향광을 개착했다. 1912년 천금채(千金寨) 바깥의 토지 103만 823평을 사들였다.96) 1931년 9·18사변 전에 이르면 만철이 사들인 토지는 이미 1,766만 426평(9만 4,306.6무에 해당)에 달했다. 1927년부터 중국 정부가 국토의 도매(盜賣)를 엄금했기 때문에, 이때부터 만철은 가짜 명의인을 써서 비밀리에 토지를 사들이기 시작했다. 그 이후 만철이 사들인 토지 중에서 121만 4,795평은 가짜 명의를 이용하는 방식으로 구매한 것이며 이는 만철이 사들인 토지의 약 7%를 점했다.97) 무순부속지의 인구 변화는 〈표 3-31〉과 같다.

〈표 3-31〉 무순부속지 인구표

연도	호수(戶數)	인구	연도	호수(戶數)	인구
1907	825	5,669	1928	7,075	61,908
1917	4,488	24,046	1929	9,206	71,426
1918	5,412	30,428	1930	12,572	79,299
1919	5,475	35,979	1931	11,754	71,311
1920	7,590	41,354	1932	11,121	66,033
1921	11,447	39,461	1933	12,364	74,058
1922	29,176	39,783	1934	13,436	79,511
1923	27,162	49,000	1935	15,062	89,640
1927	5,571	50,290	1936	16,727	100,365

출전: 『南滿洲鐵道株式會社附屬地經營沿革全史』 下, 948~949쪽.

(4) 안산부속지

안산부속지는 무순부속지에 비해 작은 부속지였다. 이 부속지의 건립은 안강(鞍鋼)제철소의 건립과 직접적인 관계가 있다. 1909년 만철은 안산일대에서

---

95) 解學詩 主編, 『滿鐵史資料』 第4卷 1分冊, 151쪽.
96) 解學詩 主編, 『滿鐵史資料』 第4卷 1分冊, 152쪽.
97) 解學詩 主編, 『滿鐵史資料』 第4卷 1分冊, 157쪽.

철광을 발견한 후 안산철광의 채굴권을 빼앗기로 결심했다. 1916년 7월 만철은 봉천에 진흥철광공사(振興鐵鑛公司)를 설립하고 아울러 1917년 요양현과 해성현의 8개 광구 1만 4,678무의 철광 채굴권을 획득했다. 계속해서 만철은 또 진흥철광공사의 명의로 요양 대고산(大孤山)과 왕가보자(王家堡子) 등지에서 3,528무의 토지를 구입하여 각각 "숙사·운광선(運鑛線)·경편철도용지와 작업용지로 사용했다." 1917년 만철은 제철소 공장건설 및 안산시 시가지용지를 위해 요양 입산둔(立山屯) 일대의 토지 415만 8,957평을 사들이고, 1918년 다시 36만 2,216평을 사들였다. 1921년 또 요양현 일단산(一担山), 신관문산(新關門山), 백가보자(白家堡子) 등 6개 광구 7,259무의 광구채굴권을 획득했다. 이들 토지 중에서 제철소 공장건물 건설용지로 사용한 것은 겨우 161만 3,000평이며, 나머지는 만철부속지의 중요 구성부분이 되었다(〈표 3-32〉 참조).

〈표 3-32〉 만철의 안산부속지 구매 상황표*(단위 : 坪)

구입년도	철도부분 용지	제철부분 용지		
	철도 용지	공장 용지	수원(水源) 용지	철관(鐵管) 용지
1917		1,613,060.600	156,908.550	16,982.600
1918			113,510.300	106,089.950
1920	173,079.480		28,352.450	
1921			1,110.200	3,342.900
1923		443,942.639		
1924				
합계	173,079.480	2,057,003.239	299,881.500	126,415.450

구입년도	송전(送電)용지	지방부분 용지	합계
		시가지 용지	
1917		2,372,007.659	4,158,957.409
1918		142,615.950	362,216.200
1920		664,034.910	865,466.840
1921			4,453.100
1923	7,700.457		451,643.096
1924		735,231.600	735,231.600
합계	7,700.457	*3,296,868.000	*5,960,948.126

*원주 : "① 위에 열거한 구매 토지표는 쇼와 5년 12월 안산지방사무소에서 만든 것이다. ② 위 표의 철도용지 17만 3,097평 48 및 공장용지 44만 3,942평 639는 당초 모두 시가지 용지로 구매한 것이다."
원편자주(原編者注) : "상세한 항목의 숫자와 맞지 않는다."
출전 : 解學詩 主編, 『滿鐵史資料』 第4卷 3分册, 1102쪽.

안산부속지의 인구 증가 상황은 자세히 알려져 있지 않으며 단지 1936년 말 인구가 모두 3만 7,000명이었다는 것만 알 수 있다. 구체적인 상황은 〈표 3-33〉과 같다.

〈표 3-33〉 1936년 말 안산부속지 인구표

	호수(戶數)	인구		호수	인구
일본인	4,727	18,080	조선인	120	715
중국인	2,726	18,789	합계	7,573	37,584

출전 : 『南滿洲鐵道株式會社附屬地經營沿革全史』 中, 432쪽.

(5) 영구부속지

영구부속지는 우가둔(牛家屯)과 영구 신시가지 두 부분으로 구성되었다. 우가둔은 만철이 제정러시아로부터 물려받은 부속지였다. 1898년 6월 24일 중·러 쌍방이 체결한 「동성철로공사속정합동」에는 규정하기를 청 정부는 제정러시아가 "남만주철도를 건설하는데 필요한 자재, 식량과 사료를 운반하기 위해" 대석교에서 영구까지 철도를 건설하는 것을 허락한다고 했다. 이를 위해 제정러시아는 영구부근의 우가둔 토지를 구매하여 철도부속지로 만들었고, 그 후 러일전쟁에서 제정러시아가 패하자 만철은 남만철도를 물려받는 동시에 우가둔부속지도 물려받았다. 우가둔부속지는 모두 390만 2,858㎡로 그중 철도용지는 102만 9,591㎡, 지방시설용지는 287만 3,267㎡였다. 영구 신시가지는 1904년 러일전쟁 시기에 일본군이 강매한 토지였다. 그 해 7월 일본군은 영구를 점령하고 아울러 영구에 군관서를 설립했다. 군관서가 설립된 후 영구의 옛 시가지 서쪽 청퇴자(青堆子) 일대에서 민간 토지 2,500무를 강매하여 일본인거주지로 만들었다. 1905년 9월 「포츠머스조약」이 체결된 후 일본군은 동북에서 철수하기 시작했다. 일본 정부는 신시가지를 조계로 바꾸려고 준비했으나[98] 일본 군

---

[98] 1905년 12월 22일 중·일 양쪽이 체결한 「會議東三省事宜正約·附約」에 규정하기를 "봉천성에

부의 반대에 부딪치게 되어 그것을 만철부속지에 편입시켜 관동도독의 관할 아래 두었다. 1907년 일본 정부는 그것을 만철부속지에서 떼어내어 거류민단의 거주지로 만들고 영사가 감독하게 했다. 이후 일본 정부는 또다시 그것을 만철부속지에 편입시켰다. 영구 신시가지의 점유면적은 161만 178㎡로 그중 만철이 점유한 토지는 85만 516㎡(철도용지 45만 6,910㎡, 지방시설용지 38만 4,606㎡), 육군용지는 65만 9,952㎡(그중 회사 차용 토지 65만 2,923㎡, 육군 전용 토지 7,029㎡), 사유지가 9만 9,708㎡였다. 영구부속지의 인구 변화는 〈표 3-34〉와 같다.

〈표 3-34〉 영구부속지의 연도별 호수, 인구표

연도	일본인		조선인		중국인		외국인		합계	
	호수	인구	호수	인구	호수	인구	호수	인구	호수	인구
1907	111	251			7	120			181	371
1912	38	102			18	123			56	225
1917	58	227			23	120			81	347
1922	50	180			37	192			87	372
1927	558	2,282	17	69	336	1,950	3	12	914	4,313
1932	682	3,042	157	803	221	2,900	3	5	1,063	6,750
1936	1,034	4,240	117	640	207	2,009	2	4	1,360	6,893

출전: 『南滿洲鐵道株式會社附屬地經營沿革全史』中, 300~301쪽.
[역주] 1907년 호수합계 181은 118의 오류로 보인다.

(6) 봉천부속지

봉천부속지는 만철부속지 중에서 가장 중요한 부속지였다. 봉천은 동북의 정치경제의 중심지일 뿐만 아니라 남만철도·안봉철도·경봉(京奉)철도와 봉해(奉海)철도의 교차점이었기 때문이다. 바로 이런 이유 때문에 봉천부속지는 극히 중요하게 인식되었다. 봉천부속지는 주로 3개 방면에서 유래했다. 첫째는 만철이 러일전쟁 기간에 일본군이 점유했던 토지를 접수한 것이고, 둘째는 만

서 이미 항구를 개방한 영구 및 비록 개항을 허락했으나 아직 개항하지 않은 安東縣과 奉天府의 각 지방에서 일본 조계를 구획하는 방법은 마땅히 중·일 양국 관원이 따로 상의하여 정한다'라고 했다.

철이 구매한 토지이고, 셋째는 제정러시아 스파이의 것을 몰수한다는 명목으로 강점한 토지이다.

러일전쟁 시기에 일본군이 점유한 토지를 접수하는 방면에서, 1907년 만철이 설립된 후 일찍이 육군의 수중에서 봉천부속지 677ha를 접수했으나, 1916년 일부 일본육군이 불법 강점한 토지를 원 주인에게 돌려주고 601ha가 남았다.

구매방면에서 1917년 5월 만철은 하라구치 분스케(原口聞一)라는 일본인을 내세워 봉천─혼하 간 철도 서편의 공업 용지를 사들이게 하여 1926년까지 모두 2만 747평을 구매했다. 후에 또 도미야스 다쓰지로(富安辰次郎)라는 일본인을 내세워 만철을 위해 8,504평을 구매하게 했다. 1922년 하라구치 분스케는 또 장촨우(張舛五)라는 중국인과 결탁하여 만철을 위해 영구임대 상업용지 650무(실제 면적은 650무에다가 650무의 40%를 더한 토지)를 획득했다. 만철은 1923년 토지 26만 5,430.70평, 1925년 토지 12만 3,494.46평을 구매했다. 1926년 토지 3만 2,399.46평을 구매하는 외에 부속지 이남의 인접지 172.1ha를 구매했다. 1929년 일본인이 임대한 상업용지 5만 509평을 구매했다. 이 기간 동안 만철은 또 몇 차례 구매 규모의 확대를 시도했지만 구매의 어려움 때문에 할 수 없이 중지했다.

제정러시아 스파이의 것을 몰수한다는 명목으로 토지를 강점한 방면에서 1905년 3월 러일전쟁 기간에 일본군은 봉천을 점령한 지 오래지 않아 곧 제정러시아의 스파이 지펑타이(紀鳳臺)의 재산을 몰수한다는 명목으로 지펑타이 및 다른 사람의 토지 2만 9,383평을 몰수했다. 1918년 2월부터 만철은 부속지 면적을 확대하기 위해 관동군이 점거하고 있던 십간방(十間房)의 토지를 구매할 준비를 했다. 1921년 10월 양쪽은 합의를 이루어 만철에서 일단 10만 엔을 지불하고 그 땅을 구매했다. 1923년 12월 5일 양쪽은 다시 양도계약을 체결하고 만철이 관동군에게 18만 3,644.25엔을 지불함으로써 만철은 드디어 그 땅의 사용권을 획득했다(1924년 1월 15일 정식으로 인도). 십간방의 토지는 원래 일본군이 제정러시아 스파이의 것을 몰수한다는 명목으로 강점한 토지였으나, 그중 1만 5,366평(85무 2분)의 토지는 중국인 리핀싼(李聘三)의 소유였다. 그래서 리핀싼은 만철과 여러 차례 교섭하여 땅을 반환하거나 가격을 협상해서 구입할 것을 요구했지만 만철은 시종일관 거들떠보지도 않았다. 1928년까지 시간을 끌자 리핀싼은 더 이상 참을 수 없게 되어 만철을 기소하기로 결정했고, 만철은 어쩔 수 없이 리핀싼의 요구를 들어주기로 했다. 1929년 5월 22일 양쪽은 합의를 이루어 만철은 리핀싼에게 5만 5,000엔을 지불했고 리핀싼은 만철의 십간방 토지 점유의 합법성을 인정했다.

1926년에 이르러 만철의 봉천부속지는 모두 1,043.76ha의 토지를 보유하게 되었다. 그중 시가지는 909.26ha, 철도용지는 134.5ha였다. 봉천부속지의 인구 상황은 〈표 3-35〉와 같다.

〈표 3-35〉 봉천부속지의 호수, 인구표

연도	호수		인구	연도	호수		인구
1907	일본인	282	907	1936	일본인	15,202	65,565
	조선인				조선인		1,732
	중국인	109			중국인		21,581
	외국인				외국인		602
	합계	391	1,846		합계	15,202	89,480
1934	일본인	10,854	약 50,000	1937	일본인	15,726	70,073
	조선인		1,606		조선인	213	1,727
	중국인		18,000		중국인	2,562	21,217
	외국인		710		외국인	170	513
	합계	13,781	70,740		합계	18,671	93,530

출전 : 滿史會 編, 東北淪陷十四年史遼寧編寫組 譯, 『滿洲開發四十年史』 下, 429쪽.
[역주] 1907년의 인구합계 1,846은 907, 1934년의 호수합계 13,781은 10,854, 인구합계 70,740은 70,316의 오류로 보인다.

2) 일본이 부속지에서 실행한 식민통치

(1) 정규군대의 불법 주둔

러일전쟁 후 일본은 러·일의 「포츠머스조약·부속협정」의 규정에 의거하여 남만철도 및 그 지선에 정규군대를 주둔시키기 시작했다. 1905년 9월 일본은 요양에 '관동도독부'를 설치하고 동시에 사단사령부를 설치했다. 아울러 철령과 대련 유수둔에 각각 여단사령부를 설치하고, 여순·유수둔·요양·철령에 각각 보병 1개 연대(그중 요양 보병연대는 1개 대대가 적었음)를 설치하고, 공주령에 1개 기병연대를 두고 해성에 1개 야포연대를 두고 요양에 1개 공병연대를 두었으며, 요양 보병연대 중에서 1개 대대를 따로 봉천에 주둔시켰다. 1909년 4월 남만철도의 개축공사가 완공된 후 일본은 또 남만철도를 보호한다는 명목으로 단독으로 수비대를 설립했다. 수비대사령부는 공주령에 있었으며 사령부는 6개 대대를 관할했다.

1919년 4월에 이르러 일본 정부는 명령을 내려 원래의 관동도독부를 폐지하고 새로운 관동청관제를 실행했다. 그것은 원래 관동도독부에 예속되어 있던 육군부를 분리하여 관동군 사령부를 설립하여 만철부속지의 모든 일본군대를 통괄하는 것이었다. 이로부터 남만철도부속지의 일본군대는 관동군으로 이름이 바뀌었다.[99]

---

[99] 9·18사변 이전 관동군 숫자에 대해서는 제각기 견해가 다르다. 1931년 8월 동삼성 지방관리가 조사한 바에 의하면 9·18사변 이전 관동군의 총수는 "2만 4,677명, 그중 철도수비병이 5,400명, 항공업무자 1,860명, 헌병 1,937명, 사복경찰 720명, 정식군대의 장병이 1만 4,760명이었다"고 한다(『中日問題之眞相』, 374쪽, 蘇崇民, 『滿鐵史』, 387쪽 재인용). 顧明義 등이 주편한 『日本侵占旅大四十年史』와 『帝國主義侵略大連史叢書·大連近百年史』(遼寧人民出版社, 1999)에서는 모두 1만 4,000명이었을 것이라고 한다(위의 책, 30·374쪽). 일본학자 楳本捨三는 9·18사변 이전 관동군의 숫자는 "1개 사단과 6개 독립대대 총 1만 400명"이었을 것이라고 한다. "당시로 말하면 1개 사단은 평상시 정원이 9,000명이며, 그중 1/3 이상은 원래의 부대소재지에 머물러 있고 2/3에 약간 못 미치는 숫자 즉 5,000명이 만주에 주둔하다가 2년마다 1번씩 교대했다. 독립대대는 1개 대대가 약 900명이며, 6개 대대면 합계 5,400명이 된다."(楳本捨三 著, 高書全 等 譯, 『關東軍秘史』, 上海譯文出版社, 1992, 30쪽) 그리고 일본학자 關寬治와 島田俊彦은 9·18사변 이전 관동군의 숫자는 "1만 수백명"이라고 했다(關寬治·島田俊彦 著, 王振鎖 等 譯, 『滿洲事變』, 上海譯文出版社, 1983, 116쪽). 그 외에 일본 정부가 1931년 9월 24일 즉 9·18사변 후 오래지 않아 발표한 성명을 보면 다음과 같이 이야기하고 있다. 9·18사변 "당시 남만철도 연변을 지키는 일본군 병력은 총계 1만 400명에 불과했으나, 그 주위에는 22만 명의 중국군대가 있었다."(復旦大學歷史系日本史組編 譯, 『日本帝國主義對外侵略史料選編(1931~1945年)』, 40쪽) 이로부터 9·18사변 이전 관동군의 숫자는 1만 400명이었음을 알 수 있다.

일본이 부속지에 군대를 주둔시키는 것은 아무런 법률적 근거도 없는 행동이었다. 그러나 일본은 군대주둔을 강행했고 청 정부 역시 어찌할 방법이 없었다. 사실 철도부속지에 군대를 주둔시키는 나쁜 선례를 처음으로 남긴 것은 일본이 아니라 제정러시아였다. 일찍이 1897년 5월, 곧 중동철도의 착공 전야에 제정러시아 정부는 재무대신이 직접 통솔하는 경비대 즉 중동철도수비대를 설립하기로 결정했다. 그해 6월 차르 니콜라이 2세는 명령을 발포하여 특별한 대우와 후한 보수를 주고 러시아와 유럽 기타 지역에서 750명(5개 중대)의 코사크 지원병을 모집하여 철도수비대를 조직하여 중동철도에 진주시키고, 아울러 제4외(外) 카스피해(즉 카스피해 이동 지역)보병영 영장인 게른그로스(А. А. Гернгросс) 상교(上校)를 파견하여 철도수비대사령관으로 삼았다. 1898년 말 또 1개 중대를 증강하고 1899년 "또 러시아에서 조직한 3개 제대(梯隊)를 보충했다"(합쳐서 11개 중대). 1900년 6월 1일, 즉 동북 의회단운동이 터지기 전에 이르러 중동철도 및 그 지선의 제정러시아 주둔군은 이미 "8개 보병중대, 19개 기병중대, 1개 독립정찰대, 합계 군관 62명, 보병 1,950명, 코사크기병 2,450명, 말 2,005필을 보유하고 있었다."[100] 주둔군의 상황은 아래와 같았다.

   1. 아르군하(Argun River, 額爾古納河) 지선(즉 지금의 만주리―하얼빈 사이―인용자) :
     제8보병중대와 제18기병중대―하이라얼역(海拉爾站)
     제13기병중대―흥안령역(興安嶺站)
     제6기병중대―찰란둔역(扎蘭屯站)
     제5기병중대―부랍이기역(富拉爾基站)
     제11기병중대―치치하얼(齊齊哈爾站)
     제5보병중대의 1/2―선오차역(船塢車站)(지금의 하얼빈 강북江北―역자)

---

[100] [俄]В. В 戈列岑 著, 李迷笑 等 譯, 『中東鐵路護隊參加一九〇〇年滿洲事件紀略』, 商務印書館, 1984, 112쪽.

2. 송화강(松花江)지선(즉 지금의 하얼빈―수분하―인용자) :

제5보병중대의 1/2–하얼빈 부두(하얼빈 부두는 부두구埠頭區라고도 부르며 지금의 하얼빈 도리구道里區 일부분에 해당―역자[101])

제7보병중대, 제7·제19기병중대―하얼빈

제1보병중대―대방신령(大房身嶺, 二層甸子[102])역

제1소대(排)―길림성성(吉林省城)

제4기병중대―모아산역(帽兒山站)

제9기병중대―일면파역(一面坡站)

제10기병중대―석두하자역(石頭河子站)

제14기병중대―횡도하자역(橫道河子站)

제12기병중대―마도석역(磨刀石站)

제4보병중대―마교하역(馬橋河站)

제17기병중대―수분하역(綏芬河站)

제2기병중대―길림성(城) 내

3. 여순구 지선(즉 지금의 하얼빈―여순구―인용자) :

제1기병중대―서둔(西屯, 雙城堡)역

제3보병중대―노소구역(老小溝站)

제15기병중대―관성자역(寬城子站)

제8·제16기병중대―철령역(鐵嶺站)

제3기병중대―대석교역(大石橋站)

제6보병중대―웅악성역(熊岳城站).[103]

    제정러시아가 중동철도 및 그 지선에 군대를 주둔시킨 것은 일본이 남만철도에 군대를 주둔시킨 것과 마찬가지로 법률적 근거가 없는 것이었다. 중·러

---

[101] 원서(原書)의 역자.
[102] 원주 : "二層甸子는 즉 지금의 玉泉이다."
[103] [俄]B. B 戈列岑 著, 李逃笑 等 譯, 『中東鐵路護隊參加一九〇〇年滿洲事件紀略』, 112~113쪽.

의 「어적상호원조조약(御敵互相援助條約)」이나 「합판동성철로공사합동장정」 및 「여대조지조약」, 「동성철로공사속정합동」을 막론하고 모두 제정러시아에게 군대 주둔권을 주지 않았다. 「합판동성철로공사합동장정」에서는 러시아 군대가 중동철도에 진입하는 것에 대해 다음과 같이 명확하게 규정하고 있다. "무릇 러시아 해군과 육군 및 군수품이 국경을 통과하여 러시아가 그것을 다른 곳으로 보낼 때 이 선로를 지나는 것은 마땅히 동성철도공사가 직접 나서서 국경을 넘어갈 때까지 운송을 책임지게 하며 환적하거나 부득이 연도에서 잠시 정차해야 할 때를 제외하고 다른 원인 때문에 중도에서 머물 수 없다."[104] 제정러시아는 중동철도 및 그 지선에 군대를 주둔시키는 것이 불법이라는 것을 알면서도 여전히 중동철도에 군대주둔을 고집했다. 청 왕조를 속이기 위해 제정러시아는 철도수비대가 정규군대가 아니라 철도회사 스스로 철도를 '보호'하기 위해 고용한 러시아 인부(役)라고 우겼다. 다른 한편 철도수비대 장병들의 견장을 모두 황룡 도안으로 장식된 금장으로 바꾸도록 명하여 표면적으로 보기에는 철도회사 고용인의 모습처럼 보이도록 하려고 기도했다.

러일전쟁 후 일본과 제정러시아는 그들이 체결한 「포츠머스조약」의 규정에 의거하여 중동철도와 남만철도에 군대주둔을 강행했고 청 조정은 어찌할 방법이 없었다.

1917년 10월혁명 이후 오래지 않아 소련은 중동철도 및 하얼빈에서 장춘까지 철도수비대를 전부 철수시켰다. 그러나 일본군은 여전히 뻔뻔스럽게도 떠나지 않았고 중국 정부는 역시 어찌할 방법이 없었다. 여기에서 그들의 강도 같은 일면을 볼 수 있다.

---

[104] 王鐵崖 編, 『中外舊約章匯編』 第1册, 674쪽.

(2) 불법통치의 실시

일본이 만철부속지에서 행한 불법통치는 주로 만철을 통해 진행된 것이었다.[105] 만철이 설립되기 전에는 주로 야전철도제리부를 통해 진행되었다. 야전철도제리부는 1904년 6월 도쿄에서 설립되었고 7월 초 대련으로 이전되었다. 일본 정부가 철도제리부를 설립한 주된 목적은 제리부로 하여금 일본군 점령구 내의 원래 제정러시아가 경영 관리하던 철도를 접수하여 관리 경영하는데 있었으며, 당연히 여기에는 철도부속지도 포함되었다. 1907년 4월 1일 만철이 설립된 후 남만철도는 만철의 관리로 귀속되고 야전철도제리부는 해산되었으며 철도부속지는 철도와 함께 만철로 넘어갔다. 만철이 부속지를 접수한 후 "관동도독부령(令)으로 제정된 거류민회 규칙에 근거하여 와방점·대석교·요양·봉천·공주령·안동·무순 등지에 설치된" 거류민회가 잠시 만철을 대신하여 지방 사무를 처리했다. 동시에 거류민회에게 "세금 징수 권리를 부여했다."[106] 같은 해 4월 만철은 특별히 지방부를 설치하여 부속지 사무를 책임지게 했다.[107] 지방부가 설립된 후 7월에 대석교·요양·공주령·봉천·철령 등지에 지방부 부원들을 파견하여 지역사무(주로 대부사무)를 처리하고 거류민회의 활동을 감독하게 했다. 부속지의 행정관리를 강화하기 위해 같은 해 10월 만철은 거류민회를 폐지하고 따로 출장소와 파출소를 설치하여 관리하기로 결정했다. 이를 위해 만철은 계속해서 와방점·대석교·요양·봉천·철령·공주령·장춘·산성(山城)·창도(昌圖) 등지에 출장소와 파출소를 설립하고, 무순에는 탄광서무과를 설치하고, 대련에는 만철본사 직속출장소를 설립하여 부속지 주민에게 공

---

[105] 부속지 내의 행정사무는 만철의 책임으로 돌아가고, 외교사무는 일본영사관의 책임으로 돌아가고, 군대(즉 관동군)는 총독(후에는 관동장관과 관동군사령관)이 책임졌으며, 경찰과 사법사무는 총독과 훗날의 관동장관·관동청장관이 책임졌다.
[106] 滿史會 編, 東北淪陷十四年史遼寧編寫組 譯, 『滿洲開發四十年史』 下, 417쪽.
[107] 지방부 아래 2개의 과를 설치했다. 하나는 서무과로 부속지의 토지·건물·개발·교육·산업 등을 책임지고, 다른 하나는 위생과로 부속지의 병원과 위생 사항을 책임졌다.

비와 수속비를 징수하기 시작했다. 이와 동시에 만철은 또 안동에 안동현사무소를 설치하고, 사하구(지금의 대련시 사하구구沙河口區), 개원(開原), 사평가(四平街)에 경리부를 설치했다. 1915년 11월부터 만철은 또 상술한 지역에 지방사무소를 설립하여 부속지의 모든 사무를 책임지게 했다. 1936년에 이르러 만철이 부속지에 설립한 사무소는 이미 13개나 되었다(〈표 3-36〉 참조).

〈표 3-36〉 만철이 부속지에 설립한 사무소

지방사무소	위치	관할구역
와방점 지방사무소	瓦房店	관동주 경계선에서 蓋平까지(개평 불포함)
대석교 지방사무소	大石橋	개평에서 湯岡子까지(탕강자 불포함), 대석교에서 영구까지(영구 불포함)
영구 지방사무소	營口	영구
안산 지방사무소	鞍山	탕강자에서 首山까지 (수산 불포함)
요양 지방사무소	遼陽	수산에서 沙河 및 烟臺煤鑛線까지
봉천 지방사무소	奉天	사하에서 新臺子까지, 蘇家屯에서 姚千戶屯까지, 소가둔에서 榆樹屯까지
철령 지방사무소	鐵嶺	신대자에서 中固까지 (중고 불포함)
개원 지방사무소	開原	중고에서 滿井까지 (만정 불포함)
사평가 지방사무소	四平街	만정에서 郭家店까지(곽가점 불포함)
공주령 지방사무소	公主嶺	곽가점에서 劉房子까지 (유방자 불포함)
본계호 지방사무소	本溪湖	요천호둔에서 草河口까지 (초하구 불포함)
안동 지방사무소	安東	초하구에서 안동까지
무순 지방사무소	撫順	榆樹臺에서 무순까지 (유수대 불포함)

출전 : 『南滿洲鐵道株式會社附屬地經營沿革全史』上, 54쪽.

1907년 만철은 또 와방점·대석교·요양·봉천·공주령 등 5개 지역에 '출장소위원회'(후에 '자순咨詢위원회'로 개칭되고, 1921년 '지방위원회'로 변경)를 설립하고 사무 인원을 '공선(公選)'으로 뽑았다. 이것은 만철의 "예산 편성, 부세 심의"의 자문기구가 되었다.

(3) 경찰제도의 불법 건립

만철부속지에 경찰제도를 설립한 것은 관동도독부(후에는 관동주청)였다.[108]

---
[108] 관동도독부가 부속지 내에 설립한 경찰은 크게 둘로 나뉘어졌다. 하나는 행정경찰로 부속지

1906년 7월 31일 일본 정부는 「관동도독부 설치에 관한 칙령(關于關東都督府設置之勅令)」을 공포하여 다음과 같이 규정했다. 관동도독은 "관동주를 관할하고 남만주 철도노선의 보호감독을 겸하며 아울러 남만주철도주식회사의 업무를 감독한다." "도독은 관내의 안녕과 질서를 유지하고 철도노선을 보호하기 위해 필요시 병력을 사용할 수 있다."[109] 이에 근거하여 관동도독은 관동주에서 실행하는 경찰 제도를 만철부속지까지 확대했다. 같은 해 10월 3일부터 관동도독은 대석교·봉천·공주령에 경무서를 설치하기 시작했고 이어서 와방점·안산 등에도 경찰서를 설치했다. 1922년에 이르러 일본식민정부는 이미 부속지 내에 영구경무서(와방점과 대석교지서를 관할), 요양경무서(안산지서를 관할), 봉천경무서(무순, 본계호本溪湖지서를 관할), 철령경무서(개원지서를 관할), 장춘경무서(사평가四平街, 공주령지서를 관할), 안동경무서와 더불어 205개의 파출소를 설치했다.[110] 1937년 12월 일본은 부속지를 '만주국'에 넘겨주기 전까지 이미 잇따라 다음과 같이 19개의 경찰서를 설립했다. 와방점경찰서, 대석교경찰서, 안산경찰서, 요양경찰서, 영구경찰서, 소가둔경찰서, 철령경찰서, 개원(開原)경찰서, 봉천경찰서, 무순경찰서, 사평가경찰서, 공주령경찰서, 범가둔(范家屯)경찰서, 신경(新京)경찰서, 본계호경찰서, 봉황성(鳳凰城)경찰서, 안동경찰서, 봉천영사(奉天領事)경찰서, 신경영사경찰서.[111]

경찰서의 증가에 따라 경찰의 숫자 역시 나날이 팽창하여 "1906년 931명이던 경찰이 1913년 1,583명, 1920년 1,773명, 1931년에는 이미 2,500명으로 증가했으며, 경찰초소는 196곳이었다."[112] 1937년에 이르러 경찰의 총 숫자는 이미 3,347

내의 일본인을 관리하는 외에도 부속지 내의 상공업과 여론의 조사 관리를 책임졌다. 다른 하나는 사법경찰로 전적으로 부속지 내 인민들의 반항 투쟁 진압을 책임졌다.
[109] 王希智 等 主編, 『大連近百年史文獻』, 292~293쪽.
[110] 張洪祥 主編, 『近代日本在中國的植民通治』, 天津人民出版社, 1996, 75쪽 참조.
[111] 顧明義 等 主編, 『大連近百年史』 上, 585쪽.
[112] 蘇崇民, 『滿鐵史』, 379쪽.

명에 달했다.113)

(4) 불법적이고 비정상적인 형태의 징세

1907년 9월 28일 만철은 사칙 제12호 「부속지거류자규약(附屬地居留者規約)」을 공포하여 다음과 같이 선포했다. 무릇 부속지에 거주하는 자, 장기체류자, 토지·건축물 사용자와 소유자는 반드시 만철이 제정한 각종 규칙을 준수하고 아울러 '공비'를 부담해야 하며, 그렇지 않으면 경찰력을 이용해서 부속지에서 퇴출시킬 것이다.114) 이어서 만철은 또 사칙 제15호 「공비 및 수속비규칙(公費及手續費規則)」을 공포하여 공비를 호구세와 잡세로 나누었다. 호구세는 모두 11등급으로, 잡세는 수익세·소비세·교통세 3종류로 나뉘어졌다. 호구세는 주로 "구역 내 거주자의 재력에 비추어 징수했고" 재산세와 소득세의 성격을 겸하고 있었다. 만철은 1907년부터 부속지 내에서 징세를 시작했고, 후에 세금 징수가 끊임없이 증가하여 "1907년 호구세가 1만 8,847엔, 잡세가 7,198엔이었다. 1913년 호구세는 9만 7,429엔으로, 잡세는 8만 4,661엔으로 증가했고……1929년 절정에 달하여 호구세는 69만 2,701엔, 잡세는 35만 3,524엔이었다."115) 이와 동시에 만철은 또 1918년 부속지 밖의 중국 인력거·마차·화물차도 세금을 징수한다고 규정했으나,116) 중국의 반대에 부딪쳐 할 수 없이 취소했다. 1926년 만철 봉천사무소는 다시 위에서 말한 사람들에게 강제로 징세를 시작했으나 마찬가지로 중국인 차부(車夫)들의 불만을 야기해 파업이 일어났다. 후에 만철이 중국 정부로부터 1만 5,000엔의 도로보수비를 강탈하여 징세를 대체함으로써 이 일은 비로소 일단락되었다.

---

113) 顧明義 等 主編, 『大連近百年史』 上, 584쪽.
114) 蘇崇民, 『滿鐵史』, 375쪽.
115) 高橋嶺泉, 『滿鐵地方行政史』, 滿蒙事情調查會, 쇼와 2년, 738쪽 ; 蘇崇民, 『滿鐵史』, 377쪽 재인용.
116) 상술한 인력거·마차·화물차는 모두 이미 중국 정부에 세금을 납부하고 있었다.

1937년 이른바 만주 치외법권 폐지와 만철부속지 '이양' 서명식

    1932년 3월 만주국이 수립됨에 따라 동북 전역은 일본의 식민지로 전락했고, 만철부속지는 더 이상 존재할 이유가 없어졌다. 1937년 11월 5일 일본 정부와 만주국은 「일본국과 만주국 간의 만주국에서의 치외법권 폐지 및 남만주철도 부속지의 행정권 이양에 관한 조약(日本國與滿洲國間關于廢除在滿洲國的治外法權及轉讓南滿洲鐵道附屬地行政權條約)」을 체결하여 규정하기를 일본국 정부는 "마땅히 남만주철도부속지의 행정권을 만주국 정부에게 이양해야 한다"[117]라고 했다. 그해 연말 행정권 '이양'이 끝났고[118] 이로부터 만철부속지는

---

117) 中央檔案館 等 合編, 『日本帝國主義侵華檔案資料選編·僞滿傀儡政權』 第3冊, 中華書局, 1994, 132쪽.

118) 『潮海辰海(관동주청 경찰부 부장을 지낸 인물)筆供』에 의하면 "남만주철도부속지의 인계 사항은 다음과 같았다. ① 신경·범가둔·사평가·개원·철령·봉천·소가둔·무순·안산·요양·대석교·영구·와방점·본계호·봉황성·안동 등지의 각 경찰서 및 관내 파출소의 모든 설비 및 경비 시설. ② 경시·경부·경부보·순사·순포 합계 3,500명(외무성 경찰을 겸하여 錦州·承德·赤峰·鄭家屯 등 일본영사관에 파견된 경찰 포함). ③ 관동국의 간부, 관동주청 장관 御影池辰雄(만주국 내무국 장관으로 파견), 관동군 경무부 경무과의 靑木(만주국 警務司 特高科長으로 파견). ④ 경비 설비 가운데 중요한 것: 비행기 1대, 소총 및 권총 각각 3,000

더 이상 존재하지 않게 되었다.[119]

자루, 경기관총 30정, 박격포 20문, 탄약 다수, 대형차 및 대형 화물차 약 40대, 기타 30대(추산). ⑤ 남만철도부속지의 소득세·영업세·법인소득세·각종세법·징세기구 및 세무 직원(다수는 만주국으로 인도)." (中央檔案館 等 合編, 『日本帝國主義侵華檔案資料選編·僞滿傀儡政權』第3冊, 143쪽)

[119] 별도로 전범 古海忠之의 자백에 의하면 다음과 같은 사실을 알 수 있다. 만철은 "부속지의 교육·토목·위생 등 지방의 일반행정을 담당할 필요가 있었다. 이를 위해 1934년 1,367만 엔, 1935년 900만 엔, 매년 평균 1,000만 엔을 지출했다." 부속지가 인도된 뒤에는 "더 이상 이러한 돈을 지출하지 않게 되었다." "관동군은 원래 만철로 하여금 약 900만 엔의 철도경찰경비를 부담하게 했으나 철도경찰이 치안부로 이관되었기 때문에 이 경비는 만주국에서 대신 부담하게 되었다." 그래서 만철은 "재정에서 매우 큰 이익을 얻었다." "자산을 넘겨주었으나 일·만 양국 정부가 (만철에게) 보상을 해주었기 때문에 만철의 자산 내용은 더욱 좋아졌다."(中央檔案館 等 合編, 『日本帝國主義侵華檔案資料選編·僞滿傀儡政權』第3冊, 139~140쪽)

제4장

관동주 식민공업기반의 확립

　러일전쟁 전 대련공업의 대형공장은 러시아인이 창립한 비교적 큰 공장 및 중국 민족공업의 비교적 큰 유방(油坊), 양조장, 요업 등을 포함하여 29개가 있었다. 일본이 대련을 점령한 후 대련은 일본의 중국침략 교두보가 되었다. 중국의 재부를 더욱 빠르게 약탈하기 위해 일본식민당국은 대련식민공업의 발전과정을 가속화했다. 1908~1912년의 5년 동안 대련에서 공장은 77개에서 204개로 증가했고, 자본금은 420만 엔 미만에서 2,242만 엔으로 증가했다. 제1차세계대전이 끝난 후 공장 수는 이미 294개에 달했고 자본금은 6,500만 엔 가까이 증가했다.[1] 시멘트, 유방, 요업, 식품가공 등이 빠르게 발전했다.

---

[1] 顧明義 等 主編, 『日本侵占旅大四十年史』, 284쪽.

1. 기계제조업의 대표주자 사하구공장

사하구(沙河口)공장의 전신은 러시아 점령시기의 동청철도기관차제조소였다. 1899년 제정러시아는 대련을 침입한 후 지금의 중산구(中山區) 승리교(勝利橋)의 동쪽 북편, 조선소 서쪽 단결가(團結街)와 민주가(民主街) 일대에 동청철도기관차제조소를 건설했다. 이 제조소는 2년에 걸쳐 완성되었고, 그 안에는 기계, 제련, 주철, 탱크로리제조, 객차·화차 수리소, 기관차조립장 등의 공장을 설치하여 1903년 경영을 시작했다.

1906년 9월 러일전쟁 종결 후 일본군 야전철도제리부가 동청철도기관차제조소를 접수 관리하면서 대련공장으로 개칭했다. 1907년 4월 남만주철도주식회사가 설립된 후 다시 일본군 야전철도제리부의 수중으로부터 대련공장을 접수하여 만철에서 경영하는 기관차 차량의 수리를 맡겼으며 4월 23일부터 영업을 시작했다. 당시 노동자 943명, 직원 59명이 있었으며 대부분이 일본인과 러시아인으로 중국인 노동자는 겨우 18명이었다. 공장건물은 목재로 된 구조에 양철판을 덮은 아주 초라한 건물이었고, 설비는 낡고 기계설비는 부족하여 "공장이라고 말할 수 없을 정도였다."[2] 만철이 공장을 접수한 후 3피트 6인치의 레일을 4피트 8인치 반의 표준궤로 교체했고, 한편으로 미국에서 기관차 205대, 객차 95대, 화차 2,090대, 트럭 100대의 부품을 구입하여 대련공장에서 조립했다. 1907년 5월~12월 첫 번째 기관차·화차·객차가 조립되었다. 생산규모가 급속히 커짐에 따라 1908년 6월 1일에 이르러 기관차 122량, 객차 69량, 화차 1,331량, 트럭 100대가 조립되었다.[3] 만철의 경영규모가 방대해짐에 따라 원래의 공장지대가 협소하여 기관차 차량의 생산수요를 맞출 수가 없었다. 생산규모 확대를

---

[2] 南滿洲鐵道株式會社, 『南滿洲鐵道株式會社十年史』, 1919, 363쪽.
[3] 鐵道部大連機車車輛工廠廠志編纂委員會 編, 『鐵道部大連機車車輛工廠廠志』, 大連出版社, 1993, 5쪽.

위해 만철은 공장을 대련교외 북쪽 4km 지점의 사하구로 옮기기로 결정했다.

만철 사하구철도공장 전경

1908년 7월 8일 새로운 공장이 착공되기 시작했고, 공장구역과 주택구역 및 부속시설들이 동시에 건축되었다. 1911년 7월 5일 새 공장이 완성되어 원래의 공장은 전부 새 공장구역으로 옮겨졌고, 8월 9일부터 새 공장은 생산을 시작했다. 이 공장은 대련 사하구에 위치하고 있었으므로 '만철사하구철도공장'이라고 했으며, '대련철도공장' 혹은 '사하구공장'이라고도 불렸다. 새 공장에는 모두 631만 엔이 투자되어 공장건물 49동이 새로 건설되었으며 점유면적은 177만 8,136㎡였다. 그중 공장구역의 점유면적은 91만 6,340㎡, 주택구역의 점유면적은 86만 1,796㎡였다. 동시에 기관차 26량과 객차 36량, 화차 130량을 수용할 수 있었다. 1911년 12월 잇달아 제련, 선반(旋盤), 주철, 거푸집, 탱크로리, 객차, 대차(臺車), 제재(製材), 화차 등의 작업장과 창고가 만들어졌고, 여러 종류의 기계기구설비를 개선하고 확충했으며, 대량의 기계와 크레인 운수 등의 설비를 설치했다. 단지 선반 작업장만 해도 차륜선반 6대, 선반 140대, 밀링머신 8대,

드릴링머신 26대, 보링머신 7대, 그라인더 6대, 원각선반 12대, 평삭반[落地車床] 5대와 실내 10톤 기중기 3대, 실외 10톤 기중기 1대, 17톤 기중기 1대, 증기 기중기 12대를 설치했다. 조립작업장에는 100톤 천장 기중기 1대와 30톤짜리 2대가 설치되었다. 공장 내 철도 운수선 및 증기기관차 수리라인 22개, 화차수리라인 6개, 객차수리라인 9개가 세워졌다.

공장구역은 6곳의 관정이 있었으며, 독립된 수로를 거쳐 공장용수로 공급되었고, 1일 공급능력은 1,300톤이었다. 전기의 사용은 만주전업회사가 설치한 전용 변전소를 통해 공급했고 공장 수전실을 거쳐 각각의 수용처로 보내졌다. 공장에 필요한 기술자를 배양하기 위해 공장직공견습양성소를 세우고 1909년 12월 1일 1기 견습생을 모집했다. 소학교, 병원, 우체국, 목욕탕, 구락부, 대차(貸借)점포, 유도·검도체육관, 신사, 대사교회(大師敎會), 교회당 등의 시설이 새롭게 만들어져서, "이 철도공장으로 말하자면 매우 신식이고 광대한 것이었다."[4] 새 공장 건설 후 생산능력은 매우 향상되었고 차량의 생산과 수리능력을 구비했을 뿐만 아니라, 각종 기계 용구를 생산하는 능력까지 갖추게 되어 당시 중국 동북에서 가장 큰 공장이 되었고 아시아에서도 선두에 있었다. 매년 차량 668량을 만들 수 있었고, 그중 기관차는 20량, 객차는 48량, 화차는 600량이었다. 차량 4,200량을 수리 조립할 수 있었고 그중 기관차는 240량, 객차는 360량, 화차는 3,600량이었다. 만철에 속해있던 안동(安東)공장과 공주령(公主嶺)공장은 각각 1912년과 1913년 사하구공장에 합병되었으며, 1918년에 만철 예하의 요양(遼陽)공장도 사하구공장의 관할로 귀속되었다. 1928년 사하구공장은 대련공장으로 개칭되었다. 1931년 요양공장은 운영이 중지되어 생산업무와 기계설비가 사하구공장으로 합병되었고, 사하구공장은 대련철도공장으로 개칭되었다.

공장 영업초기에는 주로 만철에서 사용하는 증기기관차·객차·화차의 개

---

[4] 東亞同文會 編, 胡錫年 譯, 『對華回憶錄』, 333쪽.

사하구철도공장의 기관차 조립

조·조립·수리의 업무가 중심이 되었고, 동시에 만철 사내 일반 철도용품의 제조와 수리를 담당했고 사외 약간의 공업기계와 공사설비의 가공을 담당했으며, 그 외 철도차량의 제조를 겸업했다. 1912년부터 공장은 증기기관차를 자체 제작할 계획을 세우고, 아울러 12월 관리기구를 만들었다. 1914년 첫 번째 화물운송 증기기관차를 만들었다. 증기기관차의 제조 성공은 생산 규모의 확대를 촉진하여 작업장이 증축되었고 생산능력은 끊임없이 향상되었다. 만철 사내에서 필요한 차량은 완전히 사하구공장 안에서 생산할 수 있었으며, 동시에 또한 석탄가스·전기·부두·탄광 등의 업종에서 필요한 기계 설비를 생산했다. 1915~1916년 또 주강·주조·교빈(鉸鑌) 등의 작업장이 새롭게 만들어졌고, 1916년부터 안산(鞍山)제철소의 각종 기계 설비 재료의 제조와 대련기계제작소의 일부 주문품을 도급받기 시작했으며, 조선철도의 기관차 12량, 본계호매철공사(本溪湖煤鐵公司) 화차 39량, 인도차이나철도기관차 3량을 만들었다. 1916년 말까지 연간 생산능력은 증기기관차 112량, 객차 242량, 화차 1,530량을 수리하고, 증기기관차 12량, 객차 6량, 화물열차 137량을 새로 조립하는 데까지 도달했다. 1917년 무순탄광 전용의 전기기관차를 만들고, 주물 작업, 조립, 총 조립 등의 작업장을 증설했다. 전 공장의 노동자 수는 5,472명으로 그중 중국노동자는

3,087명, 일본노동자는 2,394명이었다. 연간 생산총액은 994만여 엔에 달했다.[5]

당시 사하구공장의 기술 수준은 일류였다. "1914년 독자적으로 설계한 수리희형(收利希型) 화물운송기관차를 만들었고, 1916년 박서니형(啪西尼型) 여객운송기관차를 만들었으며, 1917년 무순탄광용 전기기관차를 만들었다. 1921년 이후 화물운송기관차 득잡형(得卡型) 및 여객운송기관차 박서서형(啪西西型)을 새롭게 만들었다. 1926년 또 3기통식 화물운송기관차 미잡니형(咪卡尼型)을 만들었다. 1927년 급행열차를 견인하는 기관차인 박서구형(啪西摳型)을 만들었다. 1931년 교제(膠濟)철도를 위해 미잡두형(咪卡兜型) 기관차를 만들었다. 이 공장은 또 무순탄광을 위해 60톤 공기 덤프차를 만들었다."[6] 1934년 '아세아'호 특급 열차를 만들어 대련에서 장춘(長春)간의 철도노선에 투입했으며 1935년 9월 하얼빈까지 연장했다.

사하구철도공장에서 생산한 아세아호 특급열차

제1차세계대전이 끝난 후 서구 자본주의국가에서 경제위기가 발생했고 일본도 그 속에 휘말렸다. 공장의 대량 주문이 없어져 만철회사는 어쩔 수 없이 사

---

5) 滿鐵 編, 『大正六年度統計年報』, 1918, 112쪽.
6) 蘇崇民, 『滿鐵史』, 97쪽.

하구공장의 생산규모를 축소하여 각종 기계설비의 생산을 정지하고 차량의 제조와 수리만 맡았다. 공장의 생산임무가 대량으로 감소하여 생산능력이 현저하게 남아돌았다. 이에 사하구철도공장은 기계의 간소화, 임시 휴업, 노동자 감축 등의 방법을 채택하여 경제위기에서 초래된 손실을 만회하려 했다. 1920년 전체 공장노동자가 3,069명으로 감소되었는데 그중 중국인 노동자가 1,621명이었다. 1926년까지 2,334명으로 줄어들었으며 그중 중국인 노동자는 1,162명이었다. 1931년 전체 공장의 종업원 수는 1,398명뿐이었다.

9·18사변 후 일본은 중국 동북지역에 대한 침략에 박차를 가했다. 대련철도공장의 업무량이 급증하여 생산 경영활동이 바빠졌다. 각종 기관차를 생산, 조립, 수리할 뿐만 아니라, 만철회사 내외 및 군사부문의 각종 주문품을 접수했다. 일반 객·화차를 생산했으며, 또한 군용 철도장갑차와 장갑자동차 및 특수 차량, 예를 들어 냉장차, 보온차, 통풍차, 오토바이, 군도(軍刀) 등 군용물자를 생산했다. 이것들은 모두 직접적으로 전쟁에 이용되었다. 대련지역은 원재료가 부족하여 대련철도공장은 일본으로부터 기관차 부속품과 부품을 주문하여 채우고 끊임없이 노동자를 보충하고 작업장을 증축하고 설비를 늘렸다. 1932년 선반 15대, 기중기 4대를 늘렸다. 1936년 종업원은 3,880명으로 증가했다. 대련철도공장은 일본의 침략전쟁에 필요한 군수물자의 공급을 보증하기 위해 고속으로 운행되었으며, 1945년 일본 항복까지 줄곧 군수품 생산의 중요한 근원이었다. 관동군참모부의 가타쿠라 다다시(片倉衷)는 대련철도공장을 다음과 같이 평가했다. "만철의 사에키 후미오(佐伯文郎) 중좌와 만철 종사자들은 본군의 요구에 따라 신속하게 열차를 제공하여 실로 사람을 즐겁게 했다."[7] 대련철도공장은 일본이 중국에 대한 군사 확장 및 경제 약탈 및 대륙정책을 실현하는 중요한 기지였다.

---

7) 復旦大學歷史系日本史組 編譯, 『日本帝國主義對外侵略史料選編(1931~1945)』, 16쪽.

2. 대련시멘트공업의 효시 오노다시멘트공장

러일전쟁이 끝난 후 일본은 러시아의 요동반도 이권을 취득했고 이후 일본의 독점 자본은 잇달아 이곳으로 사업을 이전 확장했다. 대련지역은 시멘트의 원료인 석회석과 점토의 매장이 풍부하여 시멘트공장을 세우기에 매우 적합했고, 게다가 저임금의 노동력 자원이 풍부했다. 일본인은 이곳의 시멘트제조업 개발을 대단히 중시했다. 일본 야마구치현(山口縣) 아사군(厚狹郡) 오노다정(小野田町)에 설립된 '오노다시멘트제조주식회사(小野田洋灰制造株式會社)'는 전쟁이 끝나자마자 바로 중국 동북에 와서 광산자원을 조사하고 이곳에 공장건립을 준비했다. 조사를 거쳐 최종적으로 대련시 서북 교외의 포애자(泡崖子)를 선택했다. 1907년 봄 새 공장의 공사를 시작했고 2년여의 건설기간을 거쳐 1909년 6월 1일 오노다시멘트제조주식회사 대련지사(통칭 오노다시멘트공장)가 준공되어 가동을 시작했다.

오노다시멘트제조주식회사 대련지사

공장은 모두 700만 엔을 투자하여 여열보일러, 석탄보일러, 발전기, 전동기, 점토건조기, 석회석조쇄기, 원료분쇄기, 원료재분쇄기, 석탄건조기, 시멘트가마, 석탄시멘트분쇄기기, 준장(樽裝 또는 罇裝)포장기, 부대포장기 등 기계설비를 사들이고, 철도·직원주택·의무실·초등학교건물·공장건물의 부속설비를 건설했다. "공장부지는 41억 5,366만㎡, 원재료지는 27만 2,205㎡, 공장건물은 3억 8,720만㎡, 그 외 건축물은 1억 2,970만㎡였다."[8] 창립 초기 오노다시멘트공장은 직경(∅) 2×30m의 회전 가마 2대를 보유하여 예상 연간생산능력은 3만 톤이었다. 1922~1923년 1차 확장으로 직경(∅) 3/2.5×60m의 회전 가마 1대를 늘려서 예상 연간생산능력을 13만 6,000톤으로 늘렸다. 1927~1928년 2차 확장으로 직경(∅) 3×60m의 회전 가마 1대를 늘려서 예상 연간생산능력을 25만 톤에 달하게 했다.

비록 두 차례 확장을 거쳐 예상 연간생산능력이 25만 톤에 도달했으나, 실상 오노다시멘트공장의 생산은 줄곧 예상 생산능력에 이르지 못했다. 1921년 시멘트는 연간 생산량 3만 9,600톤이었고 1차 확장을 거친 후 시멘트의 연간 생산량은 약 11만 톤에 달했다. 2차 확장 후 1929년 시멘트 20만 5,700톤을 생산했으며, 이것은 일본 항복 이전의 최고 생산량이었다. 공장의 제품은 포틀랜드시멘트로, 주로 일반 시멘트와 극세조강(極細早强)시멘트 2가지였으며, 일찍이 백색 시멘트를 시험 제조하기도 했다. 당시 동북지역에서 오직 오노다시멘트공장만이 조강(早强)시멘트를 생산할 수 있었다. 시멘트는 드럼통 포장, 마대 포장, 종이포대 포장 혹은 소량 포장으로 판매했다(〈표 4-1〉 참조).

---

[8] 關東局文書課 編, 『關東局施政三十年業績調査資料』, 1927, 421쪽.

〈표 4-1〉 1909~1945년 오노다시멘트제조주식회사의 연간생산량통계표*(단위 : 톤)

연도	생산	연도	생산	연도	생산	연도	생산	연도	생산
1909	9,754	1917	37,700	1925	85,704	1933	184,842	1941	111,716
1910	25,763	1918	38,592	1926	111,095	1934	162,401	1942	166,631
1911	23,882	1919	37,524	1927	111,893	1935	-	1944	-
1912	31,108	1920	32,545	1928	151,364	1936	179,602	1945	52,452
1913	33,399	1921	39,610	1929	205,712	1937	153,125		
1914	35,016	1922	40,596	1930	194,509	1938	154,872		
1915	37,790	1923	51,183	1931	162,045	1939	160,759		
1916	37,746	1924	103,387	1932	108,792	1940	122,048		

*표에서 1920년의 생산량은 孔經緯, 『日俄戰爭至抗戰勝利期間東北的工業問題』에서 32,695 톤이라고 했다(遼寧人民出版社, 1958, 17쪽).
출전 : 大連水泥廠志編纂委員會 編, 『大連水泥廠志』, 69쪽.

오노다시멘트공장의 시멘트제품은 처음에는 '용(龍)표'라는 상표로 '미쓰이물산주식회사(三井物産株式會社)'를 통해 65%가 동북시장에서 판매되었으며, 20%는 주로 화남과 화중지방에서, 15%는 일본과 대만 그리고 남양군도의 동부 각국에서 판매되었다. 일본 오노다공장에서 생산하는 '용'표 시멘트는 당시 상해시멘트공장에서 생산하는 '코끼리(象)'표 시멘트, 천진 계신(啓新)시멘트공장에서 생산하는 '말(馬)'표 시멘트와 더불어 3사가 정립하는 형세를 이루었다. 1938년 12월 만주국은 '만주공동시멘트주식회사(滿洲共同水泥株式會社)'를 설립하여 일만상사주식회사(日滿商事株式會社)를 주요 주주로 삼아 시멘트제품의 전매를 맡겼다. 이렇게 하여 오노다시멘트공장의 시멘트판매는 일만상사주식회사에 귀속되었다. 5·30사건[9] 이후 중국 인민이 일본상품을 보이콧하여 화남과 화북에서 오노다시멘트공장의 시멘트 판매는 나날이 위축되고 판매량은 떨어져, 최종적으로 '용'표는 화북과 화남의 시멘트시장에서 퇴출되었다.

동시에 일본제국주의는 전면적이고 장기적인 중국 점령 목적을 실현하고자 중국 동북에서 대량의 군사시설을 건설했다. 이 때문에 오노다시멘트공장의 시멘트는 80%가 중국 동북에서 소비되었으며, 중국 내지로 팔려나간 것은 8.4%에

---

[9] [역주] 1925년 5월 30일 중국 상해에서 일어난 반제국주의 민중운동을 말한다.

불과했다. 오노다시멘트공장이 조직 관리를 위해 채택한 것은 주식회사 취체역(取締役, 이사회) 지도하의 지배인(공장장) 책임제였다. 취체역지배인은 최고 권력을 장악했으며, 초대지배인은 가사이 신조(笠井眞三)였다. 전체 노동자의 20%를 차지하는 일본인이 공장의 모든 권력을 장악하고 주요 기술부서를 점유했다. 취체역지배인 아래는 공무과(工務課)·회계과·판매과·노무과가 갖추어져 있었다. 공무과는 공장의 생산과 품질검사를, 회계과는 공장의 경제 관리를, 노무과는 공장의 노동 관리를 담당했다. 과 아래는 계를 두었으며 회계계, 창고계, 분석계, 수선계, 포장적출(包裝積出)계, 제조계, 서무계, 판매계, 노무계 등 총 9개의 계가 있었다. 또 분석계 아래의 또 화학실험실과 물리실험실은 생산품 분석시험을 맡았다. 당시 검사설비와 방법이 비교적 진보적이었고 때문에 질 좋은 극세조강시멘트를 생산할 수 있었다. 수선계 아래의 수선공장은 전 공장의 기계설비에 대한 통일적인 수선 관리를 담당했다.

 1924년 7월에 이르러 공장에는 875명의 노동자가 있었고, 이들은 시멘트의 생산과 설비의 보수를 담당했다. 하역과 채석 등의 막노동과 중노동은 광산사무소에서 관리했고 대부분은 용역 형식을 취했으며, 중국인을 고용하여 쿨리의 우두머리로 삼아 그로 하여금 임무를 책임지고 완성하게 했다. 평소 광산에서 채석과 하역을 담당하는 사람은 대략 200명 정도였고, 점토의 적재와 운반을 담당하는 사람은 대략 450명 안팎이었다.

 9·18사변 이후 일본 아사노시멘트주식회사(淺野水泥株式會社)는 잇달아 요양·길림·하얼빈 등지에 시멘트공장을 개설하여 오노다시멘트주식회사와 경쟁했다. 중국 동북에서 개업한 기타 일본자본의 시멘트공장과 경쟁하기 위해 1934년 4월 오노다시멘트주식회사는 안산제철소에 고로(高爐)시멘트 생산 공장을 건립했다. 연간 설비생산능력은 13만 톤이었으며 열료(熱料)[10]와 광재(鑛

---

[10] [역주] 고온으로 구워낸 점토.

滓)11)를 3:2의 비율로 섞어 고로시멘트를 제조했다. 공장이 생산에 들어간 후 사용자들의 고로시멘트 성능에 대한 인식이 부족하여 안산공장의 시멘트는 경쟁에서 줄곧 불리한 위치에 있었다.

안산시멘트공장이 설립되어 생산에 들어간 후 오노다시멘트주식회사의 규모가 확대되었고 이에 따라 이름을 관동주오노다시멘트주식회사로 바꾸어 본사를 대련에 두고 대련공장과 안산공장을 관할하게 했다. 다른 시멘트회사와 경쟁하고 산업에서 유리한 위치를 차지하기 위해 1936년 심양(瀋陽)에서 장춘 사이에 있는 천두(泉頭)역에 천두시멘트공장을 세우고, 1941년에는 요양에 소둔(小屯)시멘트공장을 설립했다. 1943년 만주국 정부는 시멘트 생산을 통제하기 위해 만주시멘트생산통제조합을 만들었다. 1945년 만주시멘트생산통제조합은 하얼빈시멘트제조회사 소속의 하얼빈공장, 목단강(牡丹江)공장, 동만(東滿)시멘트회사 소속의 묘령(廟嶺)공장을 관동주오노다시멘트제조주식회사의 관리 아래로 예속시켰다. 이때가 되어 관동주오노다시멘트주식회사는 모두 대련, 안산, 천두, 소둔, 하얼빈, 목단강, 묘령의 7개 공장을 소유하게 되어 대련의 8대 공장 가운데 하나가 되었다.

3. 대련의 요업

요업은 대련지역의 전통 민족공업 가운데 하나이며, 일찍이 1898년 이전 대련지역에는 이미 벽돌·기와·석회를 제조하는 요업이 나타났다. 제정러시아가 여순·대련지역을 조차한 후 항구와 시가지의 조성을 위해 대량의 벽돌·기와·석회가 필요했기 때문에 대련지역 요업의 발전을 어느 정도 자극했다. 일

---

11) [역주] 광석 재련 후 남은 찌꺼기.

본이 대련을 점령한 후 일본식민당국은 통치의 필요, 대규모의 토목공사, 공장의 건설을 위해 요업의 발전을 해마다 시정 계획에 포함시켰으며 때문에 요업공장의 수는 계속 증가했다. 당시 여순 관내에는 19개의 벽돌가마가 있었고, 대련에는 7개의 벽돌과 석회가마가 있었다. 1911년에 이르러 대련지역에는 요업공장 25곳이 있었다. 이 시기 중국의 민족요업은 여전히 상당한 지위를 차지하여 어느 정도 우위를 점하고 있었다. "사하구기차역에서 금주공로에 이르는 길 양쪽은 자못 중국요업공장에 의해 독점되고 있는 느낌이 들었다."[12] 벽돌을 굽는 가마는 보통가마에서 관요(串窯)로 발전하고, 다시 관요에서 최신식의 호프만식 회전요(轉盤窯)로 발전하여 요장(窯場)의 생산방식은 점차 변화 발전했다. 회전요의 사용으로 원가가 절반으로 줄어들었고 여기서 생산된 벽돌은 일본상인이 경영하는 요장의 가격보다 보통 평당 0.35원에서 0.4원 정도 저렴했다. 제품의 질은 일본과 비교하여 약간 떨어졌으나 가격적으로 우세하여 사람들은 중국 요장의 제품을 더욱 즐겨 사용했다. 그럼에도 불구하고 중국인이 경영하는 요장은 일본상인과 비교될 수 없었다. 자금과 규모가 작아 연간생산액은 1만 원 정도였으며, 경쟁력 부족으로 일본상인 요장에 밀려서 수시로 폐업하는 위기에 처했다. 일본식민당국의 부양 아래 일본상인의 요장은 빠르게 발전했다. 벽돌을 제조하는 요업공장이 발전했을 뿐 아니라, 유리를 제조하는 요업공장이 출현하여 점차 대련 요업을 독점하기에 이르렀다.

---

[12] 髙橋勇八, 『大連市』, 264쪽.

대련요업주식회사

    일본상인이 경영하는 대표적인 요업공장은 대련요업주식회사였다.
    1907년 만철중앙시험소가 설립된 후 주로 응용개발연구를 진행했으며 특히 화학공업의 시험개발에 힘썼다. 1910년 만철은 관동도독부로부터 만철중앙시험소를 인수하고 요업을 발전시키기 위해 요업과(窯業課)를 설치하여 요업 원료 조사에 착수했으며 각종 요업제품을 시험 제작했다. 실험과정에서 복주(復州)의 내화점토를 발견하고 1913년 내화벽돌공장을 세워 내화벽돌과 규석벽돌을 시험 제작했다. 1916년에 이르러 내화벽돌공장은 일정한 생산능력을 갖추게 되어 오노다시멘트공장, 사하구공장, 가와사키(川崎)조선공장, 안산제철소 및 무순·하얼빈·천진·조선 등지에 내화벽돌을 공급할 수 있었다. 동시에 연간 생산량 1만 2,000톤의 내화벽돌설비를 설치하고 1920년 만철요업공장으로 개칭했다. 1925년 7월 개편을 거쳐 일본 자본의 주식제 기업인 대련요업주식회사가 되었다. 만철은 이 회사의 주식 전부를 인수했으며 일본인 히로사키 고이치(廣

崎浩一)가 사장을, 기노시타 시노부유키(木下忍之)가 주임을 맡았다. 공장의 소재지는 대련 영정(榮町) 2번지(지금의 서강구西崗區 영화가榮華街)였으며 회사부지는 1,677평이었다. 120만 엔을 투자하여 공장건물 등 건축물 19동, 벽돌가마 12개, 부속가마 7개, 215마력 전동기 4대를 설치했으며 연간 생산능력은 1만 2,000톤이었다. 대련요업주식회사는 요업공장의 업무와 설비를 이어받아서 모든 재산·채무·채권을 승계하여, 무상으로 대고산(大孤山) 규석광산과 영성자(營城子) 석회석광산의 채굴권을 보유하게 되었으며, 고급 내화벽돌을 생산했다. 특별히 규석벽돌을 생산하여 일본의 제강·제철·조선업에 공급하는 외에도 마그네시아벽돌과 내화시멘트를 생산했다. 제품의 대부분은 관동주에서 판매되었고 일부는 동북3성·조선·대만·일본 등지로 팔려나갔다.

요업과는 복주의 점토광산을 발견하여 1913년 내화벽돌공장을 개설하고 동시에 또 소형자기공장을 세워 1914년 자기식기를 생산했다. 1917년 공장규모가 확대됨에 따라 자기공장은 경질자기와 명품자기를 생산할 수 있게 되었다.

4. 일본의 대련제유공업에 대한 투자

일본이 대련에서 경영한 대두착유공업은 대부분 수출을 위한 것이었다.

1907년 2월 일청(日淸)제유주식회사 대련지점이 설립되었다. 자본금은 600만 엔이었고 회사소재지는 대련 보정(寶町) 3번지(현재 중산구中山區 대련유지大連油脂공업 본사)였다. 이 회사는 주로 콩기름, 기타 식물성기름, 깻묵을 제조·응용·가공하고 이들 상품과 잡곡 비료류를 판매 혹은 위탁 판매하는 일을 했다. 제품은 일본 내지로 수출하는 외에 콩기름은 유럽으로 수출했다. 1921년 1일 생산량은 콩깻묵 7,000덩이와 콩기름 1만 7,500kg이었으며, 연간 총생산가치는 418만 엔에 달했다.

대련 사아구(寺兒溝) 미쓰이두유(三井豆油) 분점

또 일본 미쓰이물산은 1907년 5월 중·일합자의 삼태유방(三泰油坊)을 설립했다. 자본금은 50만 엔(일본자금 30만 엔, 중국자본 20만 엔)이었으며 회사소재지는 대련 천대전(千代田)광장(지금의 2·7광장)이었다. 주로 콩깻묵과 콩기름을 생산했으며 제품은 미쓰이물산이 도맡아 판매했다. 1914년 착유기를 118대로 늘리고 연간 1만 2,000kg을 착유했으며 1932년 자본금 50만 엔을 증가했다. 이 합자기업은 일본인만이 경영을 담당할 수 있었으며, 일본재벌 '미쓰이'가 중국 동북에 세운 최대의 식량·식용유 독점유방으로 매년 수익이 무려 1억 원에 달했다. 삼태유방의 발전은 일본재벌이 합작한 유방기업 가운데 중국 민족자본을 병탄하는 전형적인 사건이었다.

7·7사변 이전 '미쓰이'는 원래의 착유시설을 전부 새로운 냉기압착기로 바꾸고, 건조설비와 분쇄기 20대를 증설했으며, 자금이 500만 엔으로 급증했다. 1일 생산능력은 콩깻묵 5,000덩이와 콩기름 1만 2,500kg이었고 연간 총생산가치는 415만 엔에 달했으며 "일청제유와 함께 대련 유방업계의 맹주로 불렸다."[13] 이에

---
13) 高橋勇八,『大連市』, 266쪽.

그치지 않고 '미쓰이'는 콩원료의 구매를 독점하기 위해 동북의 교통선로에 구매거점을 두루 세웠으며, 주로 '농민－해당지역 곡물창고－집산지 곡물창고－유방 혹은 수출상으로 연결되는 대두유통루트를 구축했다.14) 이 루트는 일본이 중국의 대두·콩기름·콩깻묵을 약탈하는 주요 경로가 되었다.

또 다른 회사인 풍년제유주식회사(豊年制油株式會社)는 1915년 9월 대련에 지점을 냈고, 공장은 석견정(汐見町) 13번지(지금의 춘해가春海街)에 있었으며, 주로 '풍년'표 콩깻묵, 콩기름, 특제유(特制油), 간장원료, 사료 등을 생산·가공·판매했다. 이와 같이 1915년에 이르러 일본 착유업은 자본금이 198만 5,000엔, 생산액이 540만 3,000엔에 달하여 1908년과 비교해서 각각 58.8%와 2.6배 증가했다. 착유업이 전체 공업에서 차지하는 비중은 자본금이 55%, 생산액이 24.5%였다.15)

1916년 5월 또 대련유지(油脂)공업주식회사(대련유지화학공장의 전신)가 설립되었다. 자본금은 100만 엔, 공장은 향취정(香取町) 27번지(지금의 중산구 학사가學士街)에 있었으며 만철이 회사의 주식 36%를 인수했다. 제품은 공업용 경화유, 식용 경화유, 비누원료, 양초원료, 각종 비누, 마가린, 인조라드, 땅콩유 경화, 야자유 경화, 샐러드유 등이 있었고, 아울러 황산과 산소의 제조와 중개판매를 겸했다. 그러나 이 회사는 설립된 후 매년 적자였기 때문에 어쩔 수 없이 1925년 1월 자본을 25만 엔으로 삭감했다.

1918년 9월 25일 설립된 대련제유주식회사도 만철이 투자한 기업이었다. 이 회사는 자본금이 300만 엔으로 경영범위는 기름제품과 부산물의 매매·도매업·창고업을 포함했다. 만철은 자금지원 외에도 기술상의 지원, 예를 들면 새로운 콩기름 추출법을 연구하거나 콩깻묵을 사료로 만드는 시험을 하는 등의

---

14) 小林英夫, 熊達雲 譯, 「奉天軍閥的經濟基礎·經濟特徵及其崩潰的過程」, 中國社會科學院近代史硏究所 編, 『國外中國近代史硏究』 第8輯, 342~345쪽.
15) 張福全, 『遼寧近代經濟史』, 82~83쪽.

도움을 주었다. 또 운송비 할인, 운송보조금 지급 등의 방법으로 증산을 장려했다. 만철의 지원으로 말미암아 1926년 대련제유주식회사는 콩깻묵 4,000만 덩이를 생산하여 동북지방 총생산량의 56%를 차지했다.

5. 대련의 전력산업

대련지역의 전력산업은 동북지역에서 가장 먼저 시작된 것으로 북양수군(北洋水師)의 여순공장에서 비롯되었다. 1884년 11월 동북 첫 번째 전보선로인 여순과 대련사이의 전보선로가 준공되었고, 1885년 3월 또 다른 전보선로가 완공되어[16] 전체 길이는 887km로 대련지역에는 여순구(旅順口)와 금주 두 곳에 관전국(官電局)이 설치되었다. 제정러시아는 여순과 대련을 강제 조차한 후 군사적 목적을 위해 여순발전소를 건설했다. 1901년 대련도시행정건설과 선거(船渠)공장의 전력사용을 확보하기 위해 대련발전소 건설에 착공하여 1902년 완공하여 가동에 들어갔다. 대련발전소는 42Hz의 3상교류발전기 4대를 설치하여 총 용량이 900KVA였으며 발전 전압은 230V였다. 러일전쟁 후 일본군방비대 해군공작부는 대련발전소를 접수했다. 1907년 남만주철도주식회사가 인수했고 이때부터 만철이 대련전력산업을 독점하는 역사가 시작되었다. 당시 이 발전소의 주요 설비 가운데 발동기와 발전기는 헝가리 근차회사(根茨會社)가 제조한 것이었고 보일러는 랭커셔형(蘭開夏型)이었으며 총 발전능력은 750KVA였다.

대련발전소는 건설초기에 직경 7피트, 길이 30피트의 랭커셔형 보일러 7대, 근차회사가 제조한 350마력 회전속도 158의 수형복식(竪型復式) 원동기 3대와 60마력짜리 2대, 근차회사가 제조한 3상교류 250KVA 330V 42Hz의 직접전동기

---

[16] 원문에는 1885년 3월에 만들어진 전보선로가 동북 최초라고 되어 있으나, 저자에게 확인한 결과 오류였으므로 바로잡았다.

3대, 3상교류 150KVA 330V 42Hz 1대, 직류 36kW 60V 직접전동여자기(勵磁氣)기 2대를 보유했다. 대련의 전력사용량이 나날이 증가함에 따라 대련발전소의 규모는 이러한 수요를 감당하기에 턱없이 부족했고, 또 일본이 대련에서 시행하는 각종 식민사업의 발전 요구에 부응하지 못했다. 그래서 대련발전소는 구식 기계를 점차 신식터빈발전기로 바꾸기 시작했다. 1907~1911년 연이어 25Hz 1,000KVA 3상교류발전기 3대를 설치했고, 1908년 전차운행과 전등 및 동력수요의 현저한 증가로 인해 4대의 응급직류발전기를 설치했으며, 1912년 1,875KVA 3상교류발전기 세트 3대를 증설하고, 동시에 제정러시아가 여순과 대련을 통치하던 시기에 남긴 250kW 발전기 3대와 응급으로 설치한 4대의 직류발전기 가운데 2대를 철거했다. 각지에서 새로운 발전소가 계속 건설되었다. 1914년 설비용량 75kW의 와방점(瓦房店)발전소가 건설되었다.

6. 대련식품가공업

1) 주류제조업

주류제조와 콩기름제조업은 동북의 2대 전통공업으로 불렸다. 동북지방의 주류제조는 고량(수수)을 원료로 하여 중국 특유의 고형(固形) 발효법을 사용했다. 고량주양조는 백주양조[燒鍋]라고도 불렸다. 청대에 정부는 대련지역에 백주양조 금지정책을 실시했으나, 요양지역에서는 백주양조가 매우 성행했다. 이 때문에 대련지역의 백주는 모두 요양지역 일대에서 운반해온 것이었다. 대련 현지인들은 모두 황주(黃酒)를 양조했으며 비자와(貔子窩)와 수사영(水師營) 등지에 황주 양조업자가 있었다. 일본은 대련을 점령한 후 금지령을 폐지하여 백주영업이 자유롭게 되면서 대련지역에 백주양조장이 나타났다. 그러나 황주양조장이 백주양조장보다 많았다. 1920년 여순 관내의 삼간보(三澗堡)·수사영(水師營)·영성자(營城子)에 있었던 황주양조업자 38호는 모두 자본금이 적은 소규모 개인업자였으며 가장 많은 곳도 600원 미만이었다. 금주에는 영업액이 4,000원 이상인 업자가 2집, 보란점에는 백주양조장이 2집, 비자와에는 양조업주가 6집, 대련시내에는 백주양조장이 2집, 황주양조업이 4집이 있었으며 시내의 영업액이 다른 지방보다 훨씬 높았다. 백주양조는 연간 영업액이 2만 원 가량이었고, 황주양조의 영업액은 1,000~5,000원 가량이었다. 이 시기 일본 상인 가운데 양조업에 종사하는 사람은 아직 많지 않았다. 일본인은 일본술을 즐겨 마셨으며 그 술은 전부 일본에서 수입했다. 일본인 이민이 많아짐에 따라 일본술의 소비량도 증가했다. 동북에서 연간 소비량은 2만 4,000석에 달했으며 대련 한 곳에서만 1만석 정도가 소비되었다. 그러나 매년 수입량은 2만 1,000석 가량으로 일본술은 공급이 부족했으며 그 부족분은 동북에서 생산된 청주가 보충했다. 대련에서 반드시 5,000석을 생산하고 철도 연변 각지에서 3,000석을 생산해야만 비로소 부족분을 메울 수 있었다. 그래서 1907년 이후 일본 스즈카(鈴鹿)상점이 청주 생산을 시작했으며 이후 양조업자가 증가하기 시작했다.

2) 장류(醬類)제조업

이 시기 대련에서는 간장과 된장제조업이 나타났다. 일본인은 간장과 된장을 즐겨 먹었다. 일본인 이민이 대량으로 증가하여 간장과 된장의 수요량이 크게 증가했다. 중국인도 일본인의 영향을 받아서 이를 조미료로 사용하게 되었다. 대련에는 간장과 된장을 제조하는 대두·밀·소금 등의 원료가 매우 풍부하여 간장과 된장의 양조는 이익을 취할 수 있었다. 이에 '토모에양행(巴洋行)'이 일본인 간장양조의 효시가 되었고, 잇달아 이케다(池田)지점 대련공장이 자본금 150만 엔을 투자하여 대련에 대련장유(醬油)주식회사를 설립했다. 1929년 연간 간장생산량은 1만 989석, 가치는 33만 2,313엔이었다. 생산된 된장은 오로지 일본인에게만 공급되었으며 1929년 생산량은 24만 5,000여 관(貫),[17] 가치는 12만 5,000여 원이었다. 이 시기 일본인이 대련에서 경영한 조미료 생산공장의 상황은 〈표 4-2〉와 같다.

〈표 4-2〉 일본인이 대련에서 경영한 조미료 생산공장 상황

공장명칭	건립시기	자본금(만엔)	연평균종업인수	1919년생산액(만엔)
醬油釀造合名會社	1909	2.5	16	2.0
吉村商會	1910	0.2	5	0.3
池田商店	1910	1.5	10	15.8
小川洋行	1910	1.0	16	4.4
合資會社	1917	1.0	7	4.2
島吉合名會社	1917	5.0	10	1.3
滿洲醬油釀造會社	1918	10.0	12	6.0
醬油釀造株式會社	1919	20.0	660	12.0
合資會社泰東公司	1919	5.0	4	2.2

출전 : 張福全, 『遼寧近代經濟史(1840~1949)』, 116쪽.

1927년 3월 쇼와(昭和)공업주식회사가 설립되어 '아지노모토(味之素)'를 제조하기 시작했고 세계적으로 명성을 누렸다.

3) 식량가공업

1909년 일본인은 대련에서 정미업을 시작했다. 가장 일찍 설립된 것은 오야구미(大矢組)정미소였다. 일본인 이민이 대량으로 유입되면서 식량 수요가 끊임없이 증가했고 그에 따라 대련·무순·안동(安東) 등지에 계속해서 정미가공공장이 생겨났다. '대련전분(大連澱粉)' '대련정량(大連精糧)' '만주정미(滿州精米)' 등의 곡물가공공장은 1917~1920년 사이에 설립되었다. 이들 공장은 모두

---

[17] 1관은 3.759kg이다.

일본인이 경영했고 자본금은 50만 엔 이상이었다. 그중 규모가 비교적 큰 것은 1928년 2월 대련 산현통(山縣通) 213번지(현재 인민로人民路)에 설립된 만주정곡주식회사(滿洲精穀株式會社)였으며, 공장은 삼립정(三笠町) 6번지(지금의 부귀가富貴街)에 있었다. 공장에는 곡물건조용 다층건물과 노천건조장이 있었고 주로 수수·옥수수와 그 외 잡곡을 정밀하게 가공하여 도시 주민에게 제공했다. 이밖에 돼지·닭·거위·말 사육용 혼합 사료를 가공 판매했다. 제품은 대부분 여순·대련·일본 내지에서 판매되었다.

4) 기타 식품가공업

이상의 식품가공업 외에도 대련에서는 또 얼음(冰)과 음료 등의 제조와 생산이 나타났다. 1911년 일본인 고지마 고키치(兒島幸吉)는 단독 투자로 제빙공장을 창립하여 냉동에 사용하는 인조얼음을 생산하여 자연산얼음을 대체했다. 회사의 역량을 강화하기 위해 1917년 대련 상반정(常盤町) 23번지(지금의 중산구 청니와교靑泥窪橋)에 대련제빙주식회사를 설립했다. 투입자본금은 50만 엔이었고 공장은 대련 입선정(入船町) 1번지(지금의 채시가菜市街)에 있었다. 1926년 150만 엔을 더 투자했고 후에 다시 요동냉장주식회사를 사들여서 투자액이 225만 엔으로 증가했다. 전부 4개의 제빙(공)장에 직공 300명을 보유하여 1일 생산능력이 200톤에 달했다. 주로 냉장얼음을 취급하면서 청량음료와 냉동창고업을 겸했다. 제품 중에서 사자표 청량음료가 비교적 유행했다. 제빙업은 주로 농산물과 그 부산물의 신선도 유지와 의료위생사업에 이용되었다. 만철은 이를 매우 중시하여 지원했다.

9·18사변 후 대련지역의 식품공업은 빠르게 발전했다. 1933년 식품가공업의 생산액은 370만 3,174원, 1934년에는 296만 7,806원, 1935년에는 337만 3,201원이었다. 1935년 말에 이르러 대련지역의 식품공장은 모두 130곳으로, 그중 대련

82곳, 여순 32곳, 금주 7곳, 보란점 1곳, 비자와 7곳이었다. 이 한해 식품공업 판매액은 370만 7,795원으로, 그중 관동주 259만 5,094원, 만주 85만 1,678원, 중국 기타 지역 19만 8,057원, 조선 5,903원, 일본 5만 1,626원, 해외 5,437원이었다.[18]

---

[18] 『東亞經濟事情叢刊』第4輯, 顧明義 等 主編, 『大連近百年史』下, 1061쪽 재인용.

제5장
대련항의 형성

1. 대련항의 건설

1898년 3월 27일 제정러시아는 청 정부를 압박하여 「여대조지조약(旅大租地條約)」을 체결하고 대련지역을 점령했다. 3일 후 러시아는 여순구(旅順口)를 제정러시아 태평양함대의 제2기지로 삼고, 대련만 연안에 입지를 선정하여 시베리아 최대의 무역항과 도시를 세울 것이라고 선포함으로써 대련 축항의 서막을 열었다.

항구의 입지 선정은 항구의 미래 및 발전과 관련되었기 때문에 제정러시아는 이를 아주 중시했다. 좋은 항구를 선택하기 위해 러시아는 동성철도공사 부총재 개이패차(蓋爾貝次)를 파견하여 전문가 조사단을 조직하고 대련에 가서 현장 조사를 하도록 했다.

조사단은 처음에 유수둔(柳樹屯, 현재 대련만진大連灣鎭)에 항구를 건설하고자 했다. 그러나 자세히 조사한 후 다음과 같은 사실을 알게 되었다. 유수둔은 항구의 남쪽이 완전히 열려 있어 쉽사리 태평양 동남계절풍의 영향을 받을 수 있다는 점, 해저에 진흙과 모래가 비교적 많아 장기간 쌓이면 토사로 막힐 수 있다는 점, 후배지가 좁아 항구도시를 발전시킬 공간이 상대적으로 협소하다는 점이었다. 결국 조사단은 유수둔을 포기하고 다른 장소를 물색하기로 결정했다.

이어서 조사단은 여순구 부근해안에 대한 조사도 진행하여, 여순 군항 서쪽에 있는 해만(海灣)이 여객과 화물 양용의 대형 무역항구를 건설하는데 매우 알맞을 뿐만 아니라 항구도시로 발전시킬 공간도 비교적 넓다는 것을 발견하고 여순 군항 서쪽에 무역항 건설을 주장했다. 그러나 이 계획은 제정러시아 태평양함대사령관과 군부의 일치된 반대에 부딪쳤다. 그들은 군항과 무역항이 한 곳에 있으면 많은 불편이 초래될 것이며 군항의 안전에도 영향을 미칠 것이라고 했다. 그래서 조사단은 여순 군항 서쪽에 항구도시를 건설하려는 계획을 포기하고 별도의 다른 장소를 찾을 수밖에 없었다.

1898년 4월 하순부터 개이패차(蓋爾貝次)를 우두머리로 하는 제정러시아 전문가그룹은 여순에 주둔한 제정러시아 해군의 협조 아래 다시 대련 연안에 있는 각 해만의 상황에 대해 하나씩 탐사와 측량 및 조사를 진행하여 항구도시의 건설에 비교적 적합한 청니와(靑泥窪)를 발견했다. 신중을 기하기 위해 5월 22일 러시아점령군제독 해군소장 두바소프(Дубасов)와 개이패차(蓋尒貝次)는 다시 군부와 전문가로 조직된 특별위원회를 이끌고 청니와 등 해만에 대한 최종 조사를 진행하여 청니와가 대형 무역항의 건설에 이상적인 곳이라고 결정했다.

대련만 서남해안에 있는 청니와는 황해와 면하고 삼면이 육지로 둘러싸여 있고 만의 입구는 동쪽으로 향한 반 폐쇄 형태를 이루고 있었다. 북쪽에는 대흑산(大黑山)이라는 천연 장벽이 있어, 겨울에 시베리아로부터 불어오는 비교적 강한 찬 공기의 습격을 막아주기 때문에 청니와 해만은 설령 겨울이라고 하더라도 물결이 일지 않고 얼지 않았다. 게다가 해만에는 큰 강의 유입이 없어 진흙과 모래가 비교적 적게 쌓이고, 수역은 수백 킬로미터에 이르고 수심은 10~33m 정도였다. 여기에 항구를 건설하면 대형 선박의 운항과 정박에 적합할 뿐만 아니라, 청니와에서 4.5㎞ 떨어진 마란하(馬欄河)에는 풍부한 지표수와 지하수가 있어 도시의 식수 수요를 충당할 수 있었다. 동시에 요남(遼南)은 구릉지대이기 때문에 평탄한 곳이 비교적 적으나, 청니와의 지세는 넓고 평탄하여 도시의 건설과 발전을 위해 매우 큰 공간을 제공할 수 있으므로 청니와에 항구도시를 건설하는 것은 응당 현명한 행동이었다.

　6월 4일 특별위원회는 청니와에 항구도시를 건설하는 일에 관한 상세한 보고서를 준비하여 제정러시아 재무대신 비테(С. Ю. Витте)에게 올렸고, 비테는 이것을 제정러시아 정부에 전달하여 심사하도록 했다. 제정러시아 정부는 심사와 논증을 거친 후 청니와에 항구도시를 건설하는 계획에 매우 만족하여 바로 비준하고, 차르 니콜라이 2세에게 보고했다. 6월 10일 니콜라이 2세는 동성철도 공사에 즉각 대련만 청니와에 항구도시 건설공사를 시작하도록 명했다.

　1899년 8월 11일 차르정부는 다시 명을 내려 대련항을 자유항으로 선포하고 세계 각국의 상선에 개방했으며, 도시를 '달니이(Дальний)'로 명명했다. 이를 위해 차르는 특별히 칙령을 반포했다. 칙령의 내용은 다음과 같다.

　　아국 영토는 유라시아를 가로 질러 방대한 영토로 이루어져 있기 때문에 동서 양 반구 인류의 화평과 왕래에 공헌할 필요가 있고 이것이 신의 뜻이다. 이 역사적인 임무를 실현하기 위해 우리 제국은 다행히 청국의 우의를 얻었다. 그것은 대련만, 여순 및 부근 영토의 사용권을 양도함으로써 대 시베리아철도가 청나라의 영토를 통과하여 출해구인 황해에 도달할 수 있도록 한 것이다. 청국 황제폐하와 정부의 현명한 결단으로 말미암아 구세계 양 대륙의 양 변경이 한 철도에 의해 직접 연결될 날이 이미 멀지 않다. 이것은 장차 각국 국민의 왕래를 위해 무한한 이익을 가져다줄 것이며, 세계의 무역활동으로 하여금 새로운 영역을 확대하도록 할 것이다.

　　이와 같이 하나의 보람 있는 계획을 실현하고자 하는 소망이 날로 절박해지고 있다. 철도를 개통할 때 반드시 그 종점인 대련이 지닌 중요한 지위를 주의 깊게 고려해야 한다. 짐은 이미 '대련만을 점령한 후 이 항만을 세계 각국의 상선에 대해 일률적으로 평등하게 개방한다'고 선언한 바 있다. 이 점을 명백히 해석할 필요가 있다. 제국은 장차 단계적으로 이 항만 부근에 하나의 도시를 건설할 것이며, 짐은 그것을 '달니이'로 명명하는 것이 가장 적합하다고 생각한다. 동시에 장래 이 도시의 상업적 발전을 기대하며 1898년 3월 15일(서기 27일) 중러조약에 의거하여 러시아가 이 항만을 보유하는 기간 동안 다음에 열거한 조건 아래 자유항과 자유무역의 권한을 부여한다.

① 무릇 재무대신이 결정한(혹은 변경할 필요가 있는) 도시, 항만 및 부근 구역 내에서는 각종 수출입 화물에 대해 관세를 징수하지 않는다.

② 위에서 부여한 자유무역의 권한은 항구가 통과세, 정박비 및 기타 비용을 부과하는 것을 방해하지 않는다.

③ 모든 입항하는 선박은 전염병 예방을 위해 발포하는 검역관련규칙을 엄수해야 한다.

④ 자유무역의 권한을 향유하는 지역으로부터 러시아 경내로 수입하는 상품은 외국화물 수입에 관한 일반규정에 따라 반드시 검사를 받고 관세를 납부해야만 비로소 제국 경내로 들어올 수 있다.

이 평화 사업에 신의 가호가 있기를 기도하며 재무대신에게 이 도시 및 항만 건설의 감독을 위임한다.[1]

1898년 말 제정러시아 정부는 동성철도공사 부총재 개이패차(蓋尒貝次)와 총공정사(總工程師) 사하로프(Сахаров)를 임명하고 대련 항구와 도시건설방안을 수립하도록 했다. 1899년 봄 제정러시아 정부는 또 사하로프를 동성철도건항사무소(東省鐵路建港事務所) 소장으로 임명했다. 사하로프와 개이패차(蓋尒貝次)는 근 반년의 노력을 기울여 대련 축항 및 도시건설계획을 수립하고 차르정부에 보고했다. 9월 28일 차르정부는 이를 심사하여 통과시켰다. 계획의 전체적 구상은 대련 동쪽의 청니와를 대련항의 항만구역으로 확정하는 것이었

---

[1] 呂林岫 譯,「沙皇關於建立自由港達裏尼市的勅令」, 王希智 等 主編,『大連近百年史文獻』, 283~284쪽.

다. 항만구역 건설의 전체적 계획은 대련항에 최종적으로 바다로 곧장 뻗은 돌제식(突堤式) 부두 4개를 완성하여 1,000톤급 선박 100척이 동시에 정박할 수 있게 하며 연간 물동량[呑吐量] 520만 톤을 처리하는 것이었다. 또 항만구역 안에 철도를 깔아 동성철도 남만지선(南滿支線)과 서로 연결되도록 했다. 항구의 건설 규모가 비교적 컸기 때문에 항구건설계획은 두 기간으로 나뉘어 진행되었다. 제1기 공정은 1899년부터 1903년까지 돌제식 부두 2개, 안벽 부두 1개, 그리고 1,000톤급 배 25척이 머물 수 있는 정박지를 건설하여 연간 물동량 130만 톤을 처리하는 것이었다. 제1기 공정은 전체 계획의 1/4을 완성하는 것이었다. 1903년 말 예정대로 1기 공정이 완성되었다.

1899년 대련 무역항 1기 공정계획도

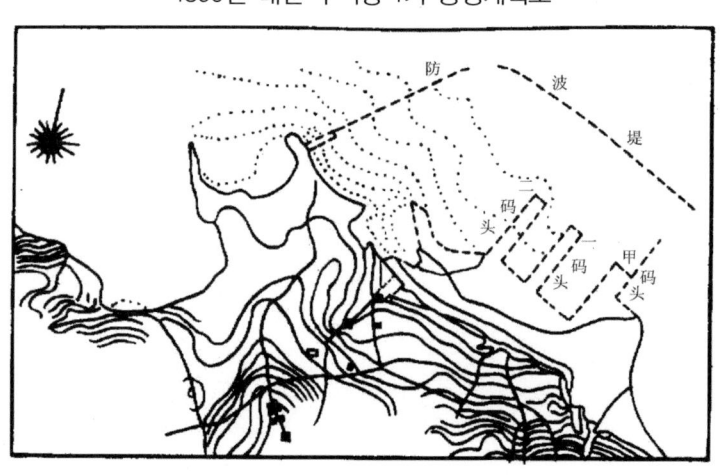

설명 : 周永剛 主編,『中國水運史叢書·大連港史』, 106쪽 및 관련 자료에 의거하여 제작

1904년 제정러시아는 3,000만 루블을 투자하여 대련항 제2기 공정건설을 시작했으나, 러일전쟁의 발발로 인하여 제2기 공정은 시작하자마자 어쩔 수 없이 중단되었다.

제정러시아 통치시기 대련항 항구

작업중인 대련항 건설노동자

일찍이 1899년 8월 11일 즉 제정러시아가 대련항을 자유항으로 선포할 즈음, 대련항은 아직 완성되지 않았기 때문에 자유항 계획은 실시할 수 없었다. 제정러시아는 잠정적으로 여순항을 무역항으로 선포하고 각국 상선을 받아들여 무역을 진행했다. 이에 각국 상선이 끊이지 않고 계속 입항했다. 1900년 여순에 입항한 각국 상선은 728척, 1901년에는 823척, 1902년에는 665척이었다. 이 시기 여순에 들어온 상선의 상황은 〈표 5-1〉과 같다.

〈표 5-1〉 1900~1902년 여순 입항 선박*

국적	1900년	1901년		1902년		합계	
	선박수	선박수	적재톤수	선박수	적재톤수	선박수	적재톤수
러시아	265	403	389,863	301	108,813	969	488,676
일본	185	129	39,643	231	75,595	545	115,238
영국	81	222	104,374	81	62,703	384	167,077
중국	55	-	-	43	12,774	98	12,774
독일	74	19	6,566	2	2,466	95	9,012
노르웨이	40	41	25,434	-	-	81	25,453
덴마크	12	7	미상	3	4,758	22	4,758
오스트리아	5	1	미상	2	2,643	8	2,643
미국	5	1	801	2	7,349	8	8,150
조선	3	-	-	-	-	3	-
벨기에	1	-	-	-	-	1	-
프랑스	1	-	-	-	-	1	-
스웨덴	1	-	-	-	-	1	-
합계	728	823	566,700	665	277,072	2,216	843,772

*원주: "1901년 입항한 상선 823척 중 193척은 적재톤수가 없으며 그중 러시아 60척, 일본 72척, 영국 31척, 독일 9척, 노르웨이 13척, 덴마크 7척, 오스트리아 1척이다. 선박당 800톤을 적재한다고 계산하면 193척은 15만 4,000톤을 적재할 수 있고, 여기에 그해 통계숫자인 56만 6,000톤을 더하면 합계 72만 톤이다."

출전: 周永剛 主編, 『大連港史』, 121쪽.
[역주] 러시아 적재톤수의 합계 488,676은 498,676, 독일의 적재톤수 합계 9,012는 9,032, 1901년의 적재톤수 합계 566,700은 566,681, 1902년의 적재톤수 합계 277,072는 277,101의 오류로 보인다.

제정러시아가 대련항을 건설할 때 건설과 사용을 병행하는 방침을 채택함으로써 1901년 당시 상선이 대련항에 입항할 수 있었으나 이 한 해 입항한 상선의 숫자는 매우 적었다. 1902년 무역항의 기능이 초보적 단계를 갖추자 선박의 입항은 많아졌다. 1902년 대련항의 수출입무역상황은 〈표 5-2〉, 〈표 5-3〉, 〈표 5-4〉와 같다.

〈표 5-2〉 1902년 대련 입항기선 상황*

국적	기선수	등기톤수	적재톤수	적재푸드수	적재건수	승객수
러시아	324	110,702	25,663	81,663	155,934	10,718
일본	241	74,031	24,381	9,718	35,659	33,931
영국	83	63,522	2,302	49,870	42,582	7,099
중국	49	12,774	0	0	16,001	2,386
노르웨이	12	13,163	2,100	0	17,784	0
덴마크	2	3,606	3,127	0	0	0
오스트리아	2	2,634	0	6,600	0	0
독일	2	2,446	2,400	0	0	0
미국	2	7,349	150	0	6,000	0
합계	717	290,227	60,123	147,851	273,960	54,134

*① 원주: "이 표는 『俄國占領前後的大連和旅順』에 의거하여 정리했다." ② 푸드(пуд)는 러시아 중량 단위이며 1푸드는 16.38kg이다.
출전: 周永剛 主編, 『大連港史』, 124쪽.

〈표 5-3〉 1902년 대련항 수입화물 상황표*

화물명칭	건수	수량(톤)	가치(루블)
석탄	-	49,965	421,048
목재	130,054	9	325,755
건축재료	534	745	58,547
시멘트	112,752	-	639,485
석유	25,000	28	65,883
수도관 및 부품	-	371	218,460
땔감	-	2,938	31,720
코크스	-	295	11,000
목탄	-	327	3,987
콩깻묵 및 대두	-	277	13,241
유류	-	167	26,187
벽돌 및 석재	330,932	324	61,738
소맥분	23,685	1,373	171,089
쌀	-	921	77,099
메기장	-	211	18,026
옥수수	-	2,057	81,701
도자기류	-	328	31,037
방직품	302	177	62,017
식품류	30,655	333	140,858
채소류	-	3,274	11,487
건초, 볏집	533	936	23,241
홍차	479	1,159	1,059,910
소·돼지·양·말	3,095	-	113,402
잡화	-	3,390	907,573

| 기타 | 513,869 | 1,200 | 241,635 |
| 합계 | 1,171,899 | 70,796 | 4,816,126 |

*① 원주 : "이 표는 『俄國占領前後的大連和旅順』에 의거하여 정리했다." ② 원표의 화물 종류는 모두 69종으로, 위에 열거한 24종 외에 금액은 있으나 수량이 없는 것을 포함하여 나머지 45종은 '기타' 항목에 함께 넣었다. ③ 당시 루블과 엔화는 가치가 동일했다.
출전 : 周永剛 主編, 『大連港史』, 122쪽.
[역주] 건수합계1,171,899는 1,171,890, 수량합계 70,796은 70,805의 오류로 보인다.

〈표 5-4〉 1902년 대련항 수출화물 상황표*

화물명칭	건수	수량(톤)	가치(루블)
콩깻묵 및 대두	399	277	9,600
석유	950	-	2,430
차(茶)	1,298	-	136,850
쌀	-	50	5,400
유류(油類)	1	18	16,005
잡화	1,841	25	33,422
기타	1,668	59	29,546
합계	6,157	429	233,253

*① 원주 : "이 표는 『俄國占領前後的大連和旅順』에 의거하여 정리했다." ② 원표의 화물 종류는 모두 30종으로, 위에 열거한 6종 외에 금액은 있으나 수량이 없는 것을 포함하여 나머지 24종은 '기타' 항목에 함께 넣었다. ③ 당시 루블과 엔화는 가치가 동일했다.
출전 : 周永剛 主編, 『大連港史』, 123쪽.

2. 일본의 대련항구 점령

1904년 2월 러일전쟁이 발발했다. 5월 5일 일본 제2군은 금주의 등사하구(登沙河口)에 상륙했다. 26일 일본군은 금주를 점령하고, 28일 대련항을 점령했으며, 30일 대련시내를 점령했다. 7월 일본군은 대련항에 정박장사령부(停泊場司令部)를 설립하여 대련항 항구행정을 관리하고 군수품 운송업무를 처리했다. 이에 대량의 군수품과 일본군 사병들이 끊임없이 대련항을 통해 대련으로 들어왔으며, 대련을 통해 각지로 나가 러시아와 싸우는 일본군을 원조했다. 12월 30일 일본군은 여순항도 점령했다. 다음해 1월 2일 여순의 러시아군은 어쩔 수 없이 일본군에 투항했고 일본군은 여순을 점령했다. 이때부터 대련지역은 완전히 일본군에 점령되었다. 1월 27일 요동수비군 사령관 니시 간지로(西寬二郞)는 1905년 "2월 11일부터 '청니와'를 대련으로 개칭"한다는 명령을 발포했다.[2]

러일전쟁 기간에 대련항은 매우 심하게 파괴되었다. 싸움에서 연이어 패하자 러시아군은 항구에 대한 각종 파괴를 자행했다. 특히 5월 27일, 즉 일본군이 대련항을 점령하기 하루 전에 러시아군은 대련항에 대한 대규모 파괴를 자행했다. 이날 러시아군은 대련항구의 부두, 안벽, 도크, 공장 등 각종 시설을 폭파했다. 더불어 항내 준설선과 기타 작업 선박을 전부 침몰시키고, 2대의 궤도기중기를 제외한 나머지 양륙 기계 설비를 모두 파괴했다. 도크 입구의 큰 갑문도 바다 속에 가라앉혔다. 이와 동시에 러시아군은 또 유수둔 부두를 불태웠고 항내 물자도 남김없이 약탈 파괴했다. 러일전쟁의 영향과 러시아군의 파괴로 말미암아 대련항은 이미 원기를 크게 잃고 화물수출입기능을 거의 상실했다.

일본군은 대련항을 점령한 후 전쟁의 필요 때문에 한동안 대련항을 전쟁구역으로 선포하고 상선의 왕래를 엄금했다. 1905년 1월 일본군이 점령한 구역의 형세가 안정됨에 따라 일본군은 「대련항출입선박과 해운상인규칙(大連港出入船舶和海運商人規則)」을 제정 반포하고 일본상인에 대하여 조건부 개방을 시작했다. 같은 해 5월 8일 형세가 더욱더 안정됨에 따라 요동수비군사령부는 「화물수출입세칙(貨物進出口稅則)」을 제정 반포하여 다음과 같이 규정했다. 중국 상선은 대련항에 드나들 수 있으나, 그 수출입화물에 대해서는 수출입세를 징수하며, 일본산 화물은 이 제한을 받지 않는다.

5월 9일 일본 대장성은 '일본─대련간 운항선박규정'을 제정하여 선박톤세의 징수를 면제하는 방식으로 일본 해운업계가 일본과 대련 사이의 운항에 뛰어들도록 격려했다. 9월 7일 관동주민정서는 군령을 발포하여 일본 선박에 대한 허

---

[2] 「大連命名傳達命令書」, 王希智 等 主編, 『大連近百年史文獻』, 288쪽.

가제를 취소하고 일본의 일반 상선이 자유롭게 대련항과 대련만 연안의 각 항구에 출입할 수 있도록 허락했다. 1906년 1월 러일전쟁이 끝난 후 일본 정부는 만주경영조사위원회를 설립하여 일본의 남만철도 '경영' 및 중국 동북에 대한 침략을 어떻게 확대할 것인지 그 방침과 정책을 연구했다.

　일본은 대련항을 점령한 후 일본에 대해서는 완전 개방, 중국에 대해서는 제한적 개방, 기타 각국에 대해서는 완전 배척 방침을 채택하여 서방 각국의 이익을 침해함에 따라, 이 정책은 서방 각국의 단호한 반대에 부딪쳤다. 1906년 2월부터 영·미 등은 여러 차례 일본에게 항의를 제기하고 대련항 문제에 대해 "문호개방, 기회균등"을 요구했다. 영·미 등의 압력 아래 일본은 어쩔 수 없이 굴복했다. 1906년 3월 22일 일본 외무대신 가토 다카아키(加藤高明)는 영국에게 "조선 및 만주에서 일본의 정책은 반드시 각국 국민에 대한 문호개방 및 상업에 대한 균등주의를 유지 실행할 것"[3]이라고 분명히 밝혔다.

　서방 각국의 압력 아래 5월 22일 일본은 만주문제협상회의를 소집했다. 회의 참여자들은 모두 중국 동북에서 군정통치를 계속 실행하는 것은 일본에 불리하다고 여기고, 군정통치를 민정통치로 바꿀 것을 결정했다. 아울러 중국 동북에서 철군함과 동시에 각지의 군정서를 모두 폐지하고 별도로 관동도독부를 설치하여 관동총독부를 대체하기로 결정했다. 이로부터 일본은 중국 동북에서 군사침략을 경제약탈로 전환하는 방침을 확립했다. 이와 동시에 대련항 정비정책도 의사일정에 올렸다. 5월 하순 일본 정부는 요동수비군사령부가 제정 발포한 「화물수출입세칙」이 대련의 개방 취지와 서로 위배된다는 사실을 감안하여, 대장성에 명하여 대련에서 실행할 새로운 관세정책의 제정에 착수하도록 했다. 5월 말 대장성은 「요동반도 조차지에서 실시해야 할 관세정책에 관하여[關於遼東半島租借地應實施的關稅政策]」라는 제안서를 완성하여 각의에 제출했다.

---

[3] 滿鐵經濟調査會, 『滿洲國關稅槪論』, 周永剛 主編, 『大連港史』, 141~142쪽 재인용.

이「정책」은 주로 아래와 같은 내용을 포괄했다.

첫째, 대련을 만주 무역의 중심으로 경영한다. 장차 관동주조차지는 최대한 자유무역지로 개척하며 군사상 필요한 제한 이외에는 순전한 자유항으로 삼아 동북, 내몽골 및 화북의 화물을 끌어들인다.

둘째, 자유항 방침을 최대한 실행한다. 화물수출입세를 면제한다. 선박톤세는 면제하되 필요시 징수할 수 있으나 세액은 낮출 수 있도록 힘쓴다. 일본과 대련 사이의 화물운임비 및 동북철도의 화물운임비를 낮출 수 있도록 힘쓴다.

셋째, 러시아의 방법을 답습하여 중국세관을 설치하되 일본인으로 하여금 세수사무를 담당하도록 한다. 그 목적은 화물열차가 경계선 위에 정체하는 것을 피하여 동북철도의 운수에 징애기 없도록 보장하는 데 있다. 대련 관세 수입의 20%는 일본 소유로 돌린다. 세수는 일본은행에서 관리한다.

넷째, 외국 선박이 대련에서 일본의 개항장까지 항해하는 것을 허용한다. 이는 대련이 선박 왕래의 중심지가 되도록 하기 위한 것이고, 다른 한편으로는 국제관계, 특히 영국과의 관계를 고려한 것이다.[4]

일본 정부는 이 제안을 토론하여 통과시킨 후, 한편으로 관동도독부에 지시하여「화물수출입세칙」을 폐지하도록 명을 내렸다.[5] 다른 한편으로 8월 22일 영국, 미국, 프랑스, 독일, 이탈리아 등 국가의 주일사절에게 "대련 개방에 대한 성명"을 통고했다. 8월 31일 일본 정부는 또 제236호 칙령으로 다음과 같은 성명을 발표했다. "일본 정부는 1906년 9월 1일부터 대련항을 각국에 통상항구로 개방하는 동시에 본 항구를 자유항으로 삼는다. 아울러 관동주로부터 본 항을 통해 수출입하는 화물에 대해서는 어떠한 수출입세도 징수하지 않을 것을 결정한다. 이 외에 외국상선이 대련에서 일본 국내의 개항장까지 항해하고 무역하는 것을 허용한다."[6] 10월 2일 일본 내각은 재차 "대련에 드나드는 외국인 및

---

[4] 周永剛 主編, 『大連港史』, 141~142쪽.
[5] 관동도독부는 1906년 6월 13일 명을 내려 이「세칙」을 폐지했다.

외국선박의 관리" 문제에 관한 토론을 진행하여, 대련에 출입하는 외국 선박의 톤세, 도선비, 부두 잔교 사용비 등은 관동도독부에서 수취한다고 명확하게 규정했다. 이때부터 대련항은 다시 대외에 개방되어 국제무역항이 되었다.

3. 만철의 대련항 경영과 확장

1) 만철의 대련항 경영

1907년 4월 1일 만철이 일본군 운수부 대련출장소의 수중에서 대련항을 인수하면서 대련항은 만철에 의해 경영되기 시작했다. 대련항을 더욱 잘 경영하기 위해 4월 1일 만철은 접수하자마자 곧바로 운수부 아래 항무과를 설치했다. 항무과 밑에 잔교사무소를 설치하여 대련항의 경영을 책임지게 했으며 사무소 소장은 사카구치 신보(阪口新圃)였다. 대련잔교사무소 역대 소장은 〈표 5-5〉와 같다.

〈표 5-5〉 대련 잔교사무소 역대 소장*

성명	취임 일시	성명	취임 일시
阪口新圃	1907년 4월 1일	見瀨謹吾	1922년 1월 17일
田中淸次郎	1907년 4월 23일	市川數造	1923년 4월 21일
相生由太郎	1907년 12월 15일	羽田公司	1927년 4월 5일
栖崎猪太郎	1909년 11월 14일	秋田犯八	1927년 11월 21일
村井啓次郎	1918년 8월 26일	吉富金一	1931년 8월 1일
梅野實	1920년 3월 11일		

*1907년 10월 1일 대련잔교사무소는 대련부두사무소로 이름을 바꾸었다.
출전 : 劉連崗 等, 『大連港口紀事』, 大連海運出版社, 1988, 77~110쪽에 의거하여 작성했다.

만철이 대련항을 접수한 초기에 대련항은 혼란한 상태였다. 이때 대련항은 제2부두, 제1부두의 일부 및 갑(甲)부두만 사용이 가능했으며 기타 부두는 모두

6) 周永剛 主編, 『大連港史』, 143쪽.

일본군 또는 일본상사가 차지하고 있었다. 예를 들어 갑두부의 일부는 일본군 운수부가 차지하고 있었으며, 제2부두와 제1부두의 일부도 일본의 미쓰이물산(三井物産), 오사카상선(大阪商船), 유센공사(郵船公司) 등이 각각 차지하고 있었다. 수출입 화물의 선적과 하역은 일본의 이소베구미(磯部組), 유센구미(郵船組), 고베구미(神戸組), 오사카구미(大阪組), 다이세이공사(泰正公司) 등 10여 개의 운수대리점이 분할 청부맡고 있었으며, 화물보관용지도 각 대리점이 둘러친 밧줄에 의해 구분되었다. 부두에 대한 통일된 관리가 이루어지지 않았기 때문에 각 대리점 사이에는 항상 화물분실과 용지쟁탈을 둘러싼 분규가 발생했다. 이와 같은 상황 아래 만철은 10월 1일 어쩔 수 없이 대련잔교사무소를 '대련부두사무소'로 바꾸고 부두에 대한 관리를 강화했다. 동시에 만철은 다시 부두에서 선적과 하역을 맡고 있는 17개의 운수대리점을 전부 사들여 만철이 직접 경영하며 통일을 기도했다. 이렇게 하여 대련항 부두경영의 혼란 국면이 근본적으로 변화되었으며, 만철의 대련항에 대한 통일적 관리도 강화되었다.

1908년 12월 15일부터 만철은 새로운 「분과규정」을 제정하여 실시했다. 새로운 규정은 애초 만철 운수부 항무과의 통솔 아래 있던 대련부두사무소를 만철 총재의 직접 통솔로 바꾸도록 명확하게 규정했다. 그 결과 대련항부두사무소의 지위가 크게 높아졌을 뿐만 아니라, 만철의 대련항에 대한 전반적인 관리도 크게 강화되어 부두사무소의 업무 효율이 향상되었다. 동시에 새로운 규정은 대련부두사무소의 경영 범위도 규정했다. 즉 대련항부두사무소는 만철의 일괄 통솔 아래 부두, 잔교 및 선박 출입항 안벽의 사용을 관장하고, 입항 선박, 부두 화물의 선적과 하역 및 창고와 야적장의 물건 적재, 창고 보관 업무를 일괄적으로 안배하고 관리했다. 아울러 관련 규칙과 제도를 제정할 수 있는 권한도 있었다.

1910년 3월 31일 대련항 업무의 부단한 발전에 따라 대련부두사무소는 계제(系制)를 수립했다. 즉 사무소에 총무, 화물, 선박, 통계, 석탄, 상해 항로 등 16개의 계(系)를 설치했다. 부두의 경영과 관리는 나날이 제도화, 정규화 되었다

(〈표 5-6〉 참조).

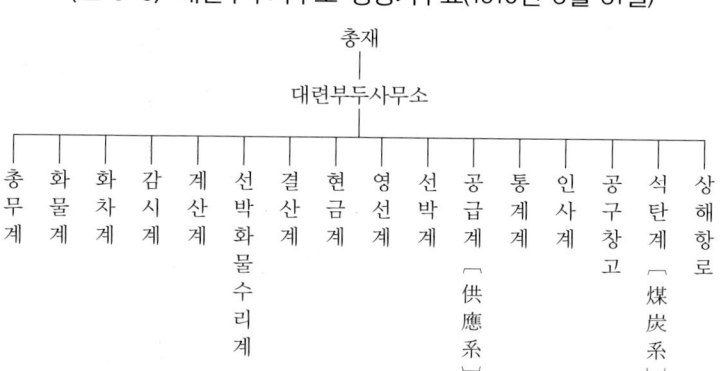

〈표 5-6〉 대련부두사무소 경영기구표(1910년 3월 31일)

출전 : 『大連埠頭局職制變遷一覽』, 周永剛 主編, 『大連港史』, 147쪽 재인용.

만철은 경영 범위와 규모를 한층 더 확대하기 위해, 다시 1910년 10월 영구(營口)에 대련부두사무소 영구지소[7]를 건립하고 석탄 수출 업무를 경영했다. 1911년 9월 2일 상해에 대련부두사무소 상해지소[8]를 설립하고 11월 10일 영업을 개시하여 상해 부두에서 만철의 여객과 화물 운수 업무를 처리했다. 1912년 3월 25일 만철은 안동(安東)에도 대련부두사무소 안동지소[9]를 설립하고 4월 10일 영업을 개시하여 안동항에서 만철의 여객과 화물 운수 업무를 경영했다. 1915년 3월 1일 만철은 청도(靑島)출장소를 대련부두사무소가 경영하도록 넘겨주었다(1920년 7월 15일 폐지).

운수능력을 확대하기 위해 만철은 다시 1910년 7월 1일 일본 정부의 비준을 받아 여순 군항의 서항(西港)을 무역항으로 개방하고, 1922년 11월 21일 또 여

---

[7] 1915년 5월 취소되었고, 업무는 영구기차역에 이관하여 처리되었다.
[8] 1924년 2월 19일 이 지소는 독립하여 만철의 직속 기구가 되었다.
[9] 1914년 5월 취소되었고, 업무는 안동기차역에 이관하여 처리되었다.

순 동항(東港) 북반부와 노호미(老虎尾) 수로 제2구를 무역항으로 개방하여 석탄수출 전용부두로 삼았다.

이 시기 만철은 적절한 기구를 설립하여 항구 경영에 적응하는 외에도 항구 경영 활동의 순조로운 발전을 보장하기 위한 각종 규칙과 제도를 제정했다. 1907~1914년 사이 아래와 같은 몇 개의 규칙과 제도를 제정했다. 「대련부두선박처리규정」(1907년 10월 1일 실시), 「대련부두화물처리규정」(1907년 10월 1일 실시), 「분과규정」(1908년 12월 15일 실시, 대련부두사무소의 기능을 규정), 「화물화재보험규칙」(1911년 9월 10일 실시), 「대두 및 콩기름검사규칙」(1912년 8월 10일 실시).

만철이 대련항을 경영한 후 대련항의 화물 물동량 추세는 가파르게 상승했다. 1907년 대련항의 화물 물동량은 겨우 83만 톤이었으나, 1909년 100만 톤, 1913년 200만 톤을 돌파했다. 자세한 상황은 〈표 5-7〉과 같다.

〈표 5-7〉 1907~1913년 대련항 수출입화물 통계표*(단위 : 만 톤)

연도	총계	수출		수입	
		수량	비율(%)	수량	비율(%)
1907	83.4	29.7	34.9	54.3	65.1
1908	97.0	68.7	70.8	28.3	29.1
1909	123.9	98.8	79.7	25.1	20.3
1910	134.6	97.5	72.4	37.1	27.6
1911	127·7	91.5	71.7	36.2	28.3
1912	179.4	136.9	76.3	42.5	23.7
1913	214.3	164.3	76.7	50.0	27.3

*원주 : "대련항의 각종 통계 자료(선박용 석탄 포함)에 근거하여 정리한 것이다."
출전 : 周永剛 主編, 『大連港史』, 171쪽.
[역주] 1907년 총계 83.4는 84.0, 수출 비율 34.9는 35.3, 수입 비율 65.1은 64.6, 1913년 수입 비율 27.3은 23.3의 오류로 보인다.

대련항 화물 물동량의 증가에 따라 그 식민지적 특색도 보다 명확해졌다. 대련항의 화물무역, 특히 수출무역은 거의 대부분 일본의 동북자원약탈을 돕는 것이었다. 이러한 점은 대련항 수출화물의 향방[流向]과 수출화물의 종류 및 수량을 통해 간파할 수 있다(자세한 것은 〈표 5-8〉, 〈표 5-9〉 참조).

〈표 5-8〉 1907~1913년 대련항 수출화물의 향방 및 수량*(단위 : 만 톤)

연도	일본		중국		기타국		선박용 석탄 [船用煤]	합계
	수량	%	수량	%	수량	%		
1908	49.2	64.9	17.4	23.0	6.3	8.3	2.9	75.8
1911	55.1	54.7	25.1	25.0	13.3	13.2	7.3	100.8
1913	90.5	50.0	32.3	17.9	25.4	14.0	22.7	180.9
1914	102.3	46.8	44.4	20.3	43.0	19.7	28.9	218.6

*표 중 %는 인용자가 계산한 것임.
출전 : 『滿鐵十年史』, 『昭和六年統計年報』, 周永剛 主編, 『大連港史』, 174쪽 재인용.

〈표 5-9〉 1907~1913년 대련항 수출화물 종류 및 수량*(단위 : 만 톤)

연도	수출총계	대두	콩깻묵	콩기름	석탄	선철	5종 화물의 합계	5종 화물의 수출 총계 점유(%)
1907	29.7	-	-	-	-	-		
1908	68.7	25.9	25.7	0.5	1.9	10.3	64.3	93.6
1909	98.8	46.9	19.8	1.6	13.3	4.0	85.6	86.6
1910	97.5	26.9	32.4	2.6	17.3	3.7	82.9	85.0
1911	91.5	17.8	40.9	4.2	11.2	4.6	78.7	86.0
1912	136.9	16.1	45.8	4.7	38.0	7.1	111.7	81.6
1913	164.3	13.1	48.8	4.9	59.9	8.3	135	82.2

*표 중 5종 화물의 합계와 %는 인용자가 계산한 것임.
출전 : 『滿鐵昭和十六年度統計年報』, 周永剛 主編, 『大連港史』, 172~173쪽 재인용.

〈표 5-8〉과 〈표 5-9〉에서 알 수 있듯이, 대련항 수출화물의 50% 이상은 일본으로 유입되었다. 게다가 일본으로 유입된 화물은 대부분 일본이 시급히 필요로 하는 각종 농산물과 광산물로 식민지적 특색을 뚜렷이 보여준다.

이와 동시에 대련항의 여객수송량도 비교적 빠르게 증가했다. 1908년 대련항을 이용한 여객은 연인원 19만 9,000명이었고, 1909년 연인원 20만 명을 초과했으며, 1910년 연인원 22만 명, 1913년 연인원 근 23만 명에 달했다. 상세한 상황은 〈표 5-10〉과 같다.

〈표 5-10〉 1908~1913년 대련항 여객운송량 통계표*(단위 : 연인원)

연도	합계	승선인수	하선인수
1908	198,533	72,810	125,723
1909	206,009	72,853	133,156
1910	220,178	80,507	139,671
1911	197,851	72,209	125,642
1912	218,036	86,966	131,070
1913	229,981	84,296	145,685

*원주 : "昭和 10년(1935) 『海運局年報』, 昭和 19년(1944) 『滿友旅行年鑑』, 『大連港』 등의 통계 자료에 근거하여 정리한 것임."
출전 : 周永剛 主編, 『大連港史』, 177쪽.

대련항 화물 물동량의 끊임없는 증가에 따라 동북 3항 가운데 대련항의 지위가 나날이 중요해졌다. 1907년 대련항의 무역액은 겨우 1,484만 해관냥(海關兩)으로 동북 3항(다른 두 항은 영구항과 안동항) 수출총액의 24.8%를 차지하고 영구항이 66.6%를 차지했다. 따라서 대련항의 무역액은 단지 영구항 무역액의 37%에 불과했다. 1912년 대련항의 대외무역액은 상승하여 상술한 3항 수출총액의 48.4%에 달했으며, 영구항 수출액(영구항은 43.2%)을 5.2% 초과하여 일약 동북 제일의 대항구가 되었다. 1913년 대련항 무역액은 8,264만 해관냥에 도달했다. 상세한 내용은 〈표 5-11〉과 같다.

〈표 5-11〉 1907~1913년 요녕 3항 무역총액이 동북에서 차지하는 비중

연도	3항 합계		그중					
			영구항		대련항		안동항	
	만 해관냥 (萬海關兩)	동북 점유%	만 해관냥 (萬海關兩)	동북 점유%	만 해관냥 (萬海關兩)	동북 점유%	만 해관냥 (萬海關兩)	동북 점유%
1907	5,994	100.0	3,994	66.6	1,484	24.8	516	8.6
1908	9,812	84.2	5,354	54.6	3,593	31.8	865	8.8
1909	12,861	75.7	7,044	54.8	4,899	28.8	918	7.1
1910	13,187	72.3	6,560	49.7	5,663	31.0	946	7.2
1911	15,334	72.0	7,453	48.6	6,782	31.8	1,099	7.2
1912	14,402	68.7	6,233	43.2	6,965	48.4	1,204	8.4
1913	16,039	71.0	5,998	37.4	8,264	36.6	1,777	10.8

*영구항, 대련항과 단동항이 차지하는 비율(%)은 인용자가 계산한 것임.
출전 : 張福全, 『遼寧近代經濟史(1840~1949)』, 276쪽.
[역주] 〈표 5-11〉은 인용자가 직접 계산한 비율에서 대부분 오류가 발생했다.

대련항의 빠른 발전 속도는 첫째로 자연 조건에 힘입은 바가 컸다. 대련항은 요동반도 최남단에 위치하여 수심이 깊고 항구가 넓으며 일 년 내내 얼지 않았다. 엄동설한에도 대련항의 온도는 영구항과 단동항보다 높아 마찬가지로 항구 무역에 적합했다. 둘째로 대련항의 뛰어난 지리 위치 때문이었다. 대련항은 요동반도 최남단에 위치하여 배후에 광활한 동북 내륙과 남만철도가 있으며 교통이 매우 발달했다. 더욱 중요한 점은 대련항까지의 해로가 영구항보다 해상거리 220해리, 단동항보다 200해리가 단축되며, 단축된 200여 해리는 곧 대련항 무역이 거의 하루 정도의 항해 시간을 절약할 수 있다는 것을 의미했다. 물론 간과할 수 없는 것은 일본식민주의자가 대련에서 실행한 대련중심주의가 대련항의 발전에 매우 중요하게 작용했다는 점이다. 일본 침략세력이 대련에 들어온 후 대련에서 실행한 '대련중심주의'란 곧 대련을 중심으로 하여 중국 각지, 특히 동북 각지에 대한 침투와 침략을 진행하는 것이었다. 이러한 점에서 대련항을 계속 건설하고 확장하는 것은 침략정책의 중요한 일환이었다. 대련항의 지속적 건설과 확장은 일본 침략자들의 중국 동북에 대한 자원약탈과 상품덤핑에 큰 도움을 주었기 때문이다. 그리고 일본의 중국 동북에 대한 자원약탈과 상품덤핑도 대련항의 건설과 발전을 가속화했다. 그래서 대련항은 비교적 단기간 안에 빠르게 발전하여 영구항을 따라잡고 추월하여 점차 동북 무역의 중심이 되었고, 상해, 천진, 광주에 버금가는 네 번째 큰 국제무역항이 될 수 있었다.

2) 만철의 대련항 확장

일본은 대련항을 점령한 후 당시 대련항의 상태에 만족하지 못하고 대련항을 한층 더 확장하고자 했다. 일본이 대련항을 확장한 근본 원인은 대련항의 뛰어난 지리적 위치와 자연 조건을 이용하여 최대한 중국 동북의 자원을 약탈하고 일본의 잉여 공산품을 덤핑하여 일본의 끊임없는 대외 침략 확장의 수요를 만족시키려는 것이었다.

일본 정부의 의도 아래 1905년 말 관동주 민정서장관 이시즈카 에이조(石塚英藏)는 대련항을 확장하기 위해 일본 공학박사 나카가와 히데사부로(中川秀三郞)에게 대련항에 대한 조사를 진행하도록 지령을 내렸다. 1906년 7월 28일 나카가와 히데사부로는 대련항에 대한 조사 연구를 기초로 항구 확장에 관한 초보적인 구상을 담은 「대련항수축의견서(大連港修築意見書)」를 이시즈카 에이조에게 제출했다. 1907년

대련축항사무소

6월 만철은 또 기사 우치다 도미요시(內田富吉)를 파견하여 축항 계획을 수립하도록 했다. 우치다 도미요시는 나카가와 히데사부로의 「대련항건설의견서」와 러시아의 「달니이항발전계획(達力尼港規劃方案)」을 참조한 후 다음 해 1월 「대련축항건설방안」을 수립했다. 이 방안은 대체로 이전 러시아가 수립한 대련항을 연간 화물 물동량 500만 톤을 처리하는 항구로 건설하기 위한 방안을 계승했다. 다만 그 방안을 더욱 세분화하고 아울러 방파제, 부두안벽, 잔교, 준설 매축 등의 건설 방면에서 구체적인 계획을 제출했다. 이 방안에 의거하여 만철은 대련항에 대한 확장을 진행했다. 대련항에 대한 확장을 보다 잘 진행하기 위해 만철은 또 1907년 4월 26일 대련축항사무소를 설립하여 항구 확장공사를 전담하도록 했으며 소장은 우치다 마사요시(內田政吉)였다.[10] 1908년 3월 항구 확장공사는 정식으로 개시되었다. 1914년 관동청이 설립될 때까지 대련항의 확장공사와 신축공사의 완공 상황은 대체적으로 아래와 같다.

---

[10] 후임 소장은 차례로 山路魁太郞(1913년 8월 1일), 鳥取末次郞(1914년 7월 17일)이었다.

바야흐로 진행 중에 있는 대련항 확장공사

　　방파제 공사 : 방파제는 파도가 부두에 주는 충격을 막아 부두를 보호하는 작용을 한다. 제정러시아는 대련항을 건설할 때 이미 방파제 건설공사를 진행했으나 완성하지 못했다. 만철은 대련항을 접수한 후 원래 제정러시아가 건설한 기초 위에 계속 건설을 진행했다. 완성된 방파제는 동방파제, 북방파제, 서방파제, 서북방파제의 네 부분으로 이루어졌다. 그중 동방파제는 1908년 3월 9일 착공하여 1912년 3월 31일 준공했다. 방파제의 길이는 372.4m, 윗폭은 6m, 높이는 5.8m, 비용은 53만 6,000엔이었다. 북, 서, 서북방파제는 1908년 7월 착공하여 1918년 3월 31일 준공했다. 그중 북방파제의 길이는 2,242.4m(러시아가 이미 863.5m 건설), 서방파제의 길이는 909m, 서북방파제의 길이는 454.5m, 윗폭은 균일하게 6m, 높이는 5.8m, 비용은 523만 엔이었다. 4곳의 방파제가 완성된 후 총길이는 3,978.3m가 되었다. 방파제를 건축할 때 선박의 출입을 고려하여 미리 동방파제 북단과 북방파제 동단 사이에 길이 363.6m의 출구(동쪽 입구)를

만들어 대형 선박의 출입구로 삼았고, 북방파제 서단과 서방파제 북단 사이에 길이 121.2m의 출구(북쪽 입구)를 만들어 중형 선박의 출입구로 삼았으며, 서방파제의 중간에 길이 60.6m의 출구(서쪽 입구)를 만들어 소형 선박의 출입구로 사용했다.

방파제

부두 안벽 재확장 공사 : 이 공사는 주로 갑부두, 1부두, 2부두 세 부두의 안벽을 개축 확장하는 것이었다. 러시아는 대련항을 건설할 때 3곳의 부두 안벽을 계단(경사)식으로 건설했다. 계단식 안벽은 선박의 정박 및 화물의 선적과 하역에 불편했으므로 이번에 개축 확장하면서 만철은 계단식 안벽을 직립식 안벽으로 개축할 준비를 했다. 1부두의 개축확장공사는 1908년 6월 28일 착공하여 1915년 12월 6일 준공했다. 준공 후 1부두의 서쪽 안벽은 길이 594m, 북단 폭은 172m, 안벽 연장은 766m, 정박 수심은 7~9m, 총공사비는 157만 8,000엔이었다.

갑부두의 개축확장공사는 1911년 5월 7일 착공하여 1913년 3월 10일 준공했다. 준공 후 갑부두의 구조는 방괴중력식(方塊重力式)이었으며 길이는 371m였다.

바야흐로 건설 중에 있는 대련항의 방괴중력식 부두 제방

2부두의 개축확장공사 : 만철은 원래 부두의 넓이와 길이를 늘려 계단식 안벽 문제를 해결하고자 했다. 이 때문에 공사 규모가 커져서 3단계로 나누어 진행하기로 했다. 1911년 12월 10일부터 1915년 9월 30일까지 만철은 제1단계 공사를 완성하여 부두 서쪽 남반부 327.3m의 안벽을 개축 확장했다.

사아구 제1잔교[11] 공사는 1911년 8월 착공하여 1914년 3월 27일 준공했다. 이 잔교는 목재 구조물로 길이는 169m, 폭은 15.7m, 정박 수심은 10m였으며 잔교 양측에 모두 선박이 정박할 수 있었다. 1917년 다시 잔교를 부분 개축했다. 이 잔교를 건설한 목적은 주로 유류(콩기름, 석유 등)와 기타 위험 화물의 선적과 하역에 사용하기 위해서였다. 잔교가 사아구에 있었기 때문에 사아구잔교로 불렸다.

---

[11] 처음에는 석유잔교 혹은 위험품잔교로 불렸으나, 1929년 12월 그 동쪽에 다시 1잔교가 신축되었기 때문에 다음 해 5월 이 잔교를 사아구 제1잔교로 이름을 바꾸었다.

4. 대련항 건설의 도시 발전에 대한 촉진 작용

러일전쟁 후 만철은 대련항의 경영과 확장을 시작했다. 대련항 무역의 부단한 발전과 대련항의 지속적 건설 및 확장에 따라, 대련항이 도시 발전에 미치는 중대한 작용은 날로 명확해졌다. 바로 이와 같은 이유 때문에 많은 사람들이 대련의 발전과 대련항 사이의 관계를 두고 "항구에 의한 도시설립[以港立市]" "항구에 의한 도시건설[以港建市]" "항구에 의한 도시촉진[以港促市]", 즉 대련항의 건설과 발전이 대련시의 건설과 발전을 촉진했다고 말했다. 사실상 "항구에 의한 도시설립" 방법은 일본식민통치자가 처음 시작한 것이 아니라 제정러시아 식민통치자가 맨 처음 시작한 것이었다.

1899년 9월 28일 대련항 건설 제1기 공사가 정식으로 착공되었다. 1903년 제1기 항구 건설공사가 완성되어 무역항은 대강 기본적인 규모를 갖추었다. 동시에 대련시가의 제1기 건설도 완성되었다. 제정러시아는 구라파시가(현재 대련 2·7광장에서 우호광장 사이), 행정시가(현재 대련 승리교 이북), 중국인거리(현재 대련 북경가 일대) 등 초보적인 건설을 마쳤으며, 시가지의 면적은 4.25 km², 인구는 4만여 명이었다. 비교적 짧은 시간에 대련이 어촌에서 일약 항구도시로 변모할 수 있었던 것은 당연히 항구건설의 결과였다.

러시아는 항구건설초기에 확실히 "항구에 의한 도시건설" "항구에 의한 도시설립"이라는 목적을 가지고 항구 건설 활동을 진행했다. 이는 제정러시아가 대련항 건설과정에 투자한 금액을 통해 알 수 있다. 1897년부터 1902년 사이 제정러시아가 대련시가지 건설에 사용한 비용은 347만 루블이었으나, 항구건설에 사용한 비용은 무려 근 948만 루블에 달하여, 항구건설비용이 도시건설비용의 2.7배였다. 이 역시 러시아가 "항구에 의한 도시선도[以港帶市]" "항구에 의한 도시촉진"이라는 방식으로 대련을 건설하려고 준비했다는 것을 분명히 보여준다. 러시아의 투자 상황은 〈표 5-12〉와 같다.

〈표 5-12〉 1897~1902년 동청철도공사 투자 통계표(단위 : 루블)

연도	철도	해운	대련항	대련시	합계
1897	5,000,000	-	-	-	5,000,000
1898	26,300,000	-	-	-	26,300,000
1899	62,700,000	3,500,000	3,000,000	-	69,200,000
1900	76,160,000	4,340,000	2,150,000	1,850,000	84,500,000
1901	64,111,750	3,547,430	3,827,970	1,624,430	73,111,580
1902	67,975,000	942,979	500,000	-	69,417,979
합계	302,246,750	12,330,409	9,477,970	3,474,430	327,529,559

출전 : 『關於國庫在遼東的收支情況』第129卷, 「蘇鮑裏斯·羅曼落夫 著, 陶文釗 等 譯, 『俄國在滿洲』, 商務印書館, 1980, 44쪽 재인용.

무역항의 건설에 따라 대련 도시건설도 끊임없이 발전했다. 1902년에 이르러 대련은 이미 200대의 교환기를 갖춘 중앙전화교환국이 건립되었으며, 대련발전소, 대련의원, 상수도공급시스템(1일생산량 약 1,000㎥), 석탄가스제조소, 행정시가, 항구·도시건설관리국 사무동, 동청철도공사 해운국 사무동, 식민정부 사무동, 항구·중러은행(俄華銀行) 임시사무소 및 철도·해운직공주택구 등의 건축물도 연이어 건설되었다.

대련 무역항과 도시의 건설에 따라 대련 인구도 비교적 빠르게 늘어났다. 항구건설 이전 대련(여순과 금주 미포함)의 인구는 8,000명(대부분 어민) 미만이었으나, 1901년 2만 5,687명에 달하여 항구건설 전에 비해 2배 이상 증가했다. 1903년에 이르면 이미 4만 1,260명에 달하여 항구건설 전에 비해 4.2배 증가했다. 인구증가상황은 〈표 5-13〉과 같다.

〈표 5-13〉 대련 도시인구 상황표

국적	1901년				1903년			
	남	여	아동	합계	남	여	아동	합계
러시아	1216	158	140	1,514	7,572	3,426	3,436	14,434
일본, 조선	290	81	12	383	257	37	13	307
중국	19,065	2,220	2,483	23,768	24,010	1,860	569	26,439
기타국	21	1	0	22	68	9	3	80
합계	20,592	2,460	2,635	25,687	31,907	5,332	4,021	41,260

출전 : 『俄國占領前後的大連和旅順』, 周永剛 主編, 『大連港史』, 129쪽 재인용.

대련항의 건설과 개발은 대련의 인구증가를 촉진하는 작용을 했을 뿐만 아니라, 대련 상공업의 발전에도 중요한 촉진 작용을 일으켰다. 1901년 대련에는 상공기업이 502개가 있었으나 1903년에는 574개로 발전했다. 이와 동시에 몇몇 비교적 큰 기업들도 이미 출현하기 시작했다. 예를 들어 근 700명의 직공을 보유한 제철소, 연간 300만 개의 벽돌과 기와를 생산하는 벽돌공장, 연간 생산량 근 5,000톤의 석회공장 등이 연이어 출현했다. 이 시기 대련 상공업의 발전상황은 〈표 5-14〉와 같다.

〈표 5-14〉 대련 상공업의 발전상황*

업종별	1901년	1903년
여관, 음식점	26	60
술, 간식점	12	34
잡화대상점	11	34
찻집	0	2
대포장(大布莊)	0	40
시계금은장신구점 및 가공공장	15	25
서점	0	1
소상점	232	54
일본잡화점	8	3
부식품점	52	57
곡물상점	49	51
의복점	32	64
약국	0	14
사진, 세탁, 목욕, 이발점	29	48
극장	0	2
마차점	0	2

인쇄, 시계, 함석공장	6	13
술, 광천수공장(鑛泉水廠)	12	7
밀가루공장	0	4
창고	0	6
전당포	7	18
제련소	0	1
벽돌과 기와, 석회, 채석 등 공장	0	10
제염소	0	2
도축장	0	1
합계	502	574

*원주 : "『俄國占領前後的大連和旅順』에 근거하여 정리함."
출전 : 周永剛 主編, 『大連港史』, 130쪽 재인용.
[역주] 1901년의 합계 502는 491, 1903년의 합계 574는 553의 오류로 보인다.

 대련항의 끊임없는 발전에 따라 대련은 새로운 화물집산중심지가 되었다. 1902년 대련항의 화물 물동량은 7만여 톤이었으나 1903년 30만 톤으로 상승하여 3배 이상 증가했다.

 대련 무역항의 부단한 건설과 발전에 따라 대련의 도시건설도 비교적 빨리 발전했다. 러일전쟁 이전 대련은 이미 운수, 통신, 상업무역, 금융, 공공사업, 공업 등의 기능을 비교적 두루 갖춘 도시였다. 일본은 대련을 점령한 후 항구를 한층 더 확대하고 발전시켰다. 항구의 진일보한 확대와 개발 및 운영 규모의 부단한 확대에 따라, 대련의 도시건설과 규모도 끊임없이 확대되고 완비되었다. 항구건설의 필요 아래 철도, 조선, 금융, 상업 등의 신속한 발전이 이루어져 대련의 중요한 경제 부문이 되었다. 항구의 발전은 도시 각 업종의 발전을 이끌었을 뿐만 아니라 대련 인구의 빠른 증가를 촉진했다. 1905년 대련 인구는 이미 37만 명에 달했고, 1935년 112만 명으로 격증하여 30년간 인구는 3배로 늘어났다.

 이로써 대련항의 발전이 대련의 도시건설에 중대한 촉진 작용을 일으켰음을 알 수 있다.

5. 관동주 해무국(海務局)의 대련항 관리

일찍이 1840년 청 정부는 바로 해관해무과(海關海務科)를 설치하여 항구 선박과 운항 설비에 대한 업무를 처리하도록 했다. 1880년 이후 청 정부는 여순구를 북양수군의 기지로 개발하고 대련항의 상선관리업무를 여순 수군제독의 관리 아래 귀속시켰다. 그리고 명령을 선포하여 봉천 해양의 상선은 반드시 여순 수군영에 등록하도록 했으며, 여순 수군영이 검증, 발행하는 증표가 없으면 각 항구에 들어올 수 없도록 했다. 제정러시아와 일본이 대련을 점령한 후 대련항은 주권을 빼앗겼다. 1898년 제정러시아가 여순과 대련을 강제 조차한 후 대련지역을 관동주로 개칭하고, 대련에 항무국을 설치하여 대련항을 관리했다. 1904년 일본이 대련을 점령한 후 관동주라는 이 명칭을 계속 사용했을 뿐만 아니라, 단계적으로 비교적 완전한 식민통치체계를 건립하기 시작했다. 대련항에 대한 관리를 강화하기 위해 일본식민정부는 1907년 11월 29일, 그해 12월 10일부터 실시할 「대련항항칙(大連港港則)」과 「관동주선박검사규칙」을 반포했다. 다음해 10월 31일 일본 정부는 「해무국관제(海務局官制)」를 반포했다. 일본식민정부는 이에 근거하여 11월 1일 대련에 관동주 해무국을 설립하여 대련항의 행정사무, 즉 대련항의 항무, 해로표지, 검역, 선박검사측량, 선적업무, 선박직원 및 수로안내원 감독 등의 사무를 총괄하도록 했다. 동시에 해무국은 아래에 선박직원 및 수로안내원 징계위원회도 설치하여 선원과 수로안내원에 대한 관리를 전담하게 했다. 전염병의 발생과 만연을 예방하기 위해 1905년 러일전쟁 종결 후 일본은 대련항에 임시검역기구도 설치하고 관련 인원에 대해 검역을 실시했다. 1906년 일본식민당국은 「항만선박출입단속규칙」을 공포하여 입항선박에 대한 위생검역 항목과 표준을 구체적으로 규정했다. 1911년 일본식민당국은 해항검역소를 건립하고 격리검역, 위생처리, 세균검사, 가축가금류검역과·실 등을 설치하여 입항선박에 대한 검역업무를 강화했다.

「대련항항칙」은 이 시기 식민정부가 반포한 항무관리 방면의 중요한 법규[12]였다. 「항칙」은 대련항의 수역범위, 해무국장의 직책 등을 규정했다. 대련항의 수역범위 방면에서 「항칙」은 대련항의 수역을 황백취(黃白嘴)에서 동취자(東嘴子)에 이르는 선 이내로 규정했다. 동시에 「항칙」은 대련항의 수역을 3개의 수구(水區), 즉 대련 수구, 유수둔 수구, 정박지 수구로 구분했다. 해무국 국장의 직책 방면에서 「항칙」은, 국장은 선박의 정박 장소를 변경하거나 선박의 운항 정지를 명하거나 이미 항내에 정박하고 있는 선박이 해무국장의 허가를 받지 않고 마음대로 정박 장소를 변경하지 못하게 하는 등의 권한이 있다고 규정했다. 이와 동시에 「항칙」은 선박검역, 수로안내, 항로, 위험물적재, 정박 등에 관한 사항의 처리 및 대련항 항내의 질서유지, 선박합동검사, 선박의 운행 정지와 수리, 외국군함의 출항과 입항 등에 관한 사항도 규정했다. 위반자를 어떻게 처벌하는지에 대해서도 「항칙」은 명확하게 규정했다.

대련항 신호탑

---

[12] 이 법규는 이후 끊임없이 수정되어 1925년 관동청을 통해 다시 반포되었고 같은 해 6월 1일부터 실시되었다.

이와 동시에 관동도독부는 잇달아 등대국,[13] 대련수상경찰서, 대련민정서 주재기관[14] 등도 설립했다.

관동도독부는 1906년 9월 설립되면서부터 1914년에 이르기까지 연이어 항정관리(港政管理)에 관한 무려 13개에 달하는 법규와 제도를 반포 실시했다. 이들 법규와 제도는 대련항 화물수출입세칙, 관세세칙, 선박검사, 도선규정, 특수검사 및 선박관리 등에 관한 것이었다(〈표 5-15〉 참조).

〈표 5-15〉 항구 관리에 관한 법규와 제도 일람표*

	명목	발포기관	실시시간	비고
①	화물진출입세칙	요동수비군사령부	1905년 5월 8일	1906년 6월 폐지
②	항만선박출입규칙	관동도독부	1906년 9월 1일	
③	관동주조차지잠행관세규칙	관동도독부	1907년 7월 1일	
④	대련항항칙	관동도독부	1907년 12월 10일	1925년 6월 1일 폐지
⑤	관동주선박검사규칙	관동도독부	1907년 12월 10일	
⑥	관동해무국규정	관동도독부	1907년 11월 29일	제정시간
⑦	여순항관리규칙	관동도독부	1910년 7월 1일	
⑧	대련항인수규칙	관동도독부	1910년 11월 1일	
⑨	관동주선박특종검사규칙	관동도독부	1911년 8월 1일	
⑩	관동주선적법	관동도독부	1912년 1월 1일	
⑪	관동주선박등기법	관동도독부	1912년 1월 1일	
⑫	관동주선박관리규칙	관동도독부	1914년 1월	
⑬	관동주선박세규칙	관동도독부	1914년 7월 1일	

* 1914년 이후 제정된 항구관리에 관한 법규는 「관동주선원법」(관동도독부 제정, 1917년 6월 1일부터 시행), 「여순항규칙」(일본해군부 제정, 1925년 4월 1일부터 시행), 「대련항규칙」(관동청 제정, 1925년 1월 15일부터 시행), 「航道標志使用費辦法」(관동청 제정, 1926년 1월 15일부터 시행), 「關東州引航員規則」(관동청 제정, 1929년 8월 1일부터 시행)이 있다.

출전 : 周永剛 主編, 『大連港史』, 152~153쪽.

---

[13] 대련항 및 부근의 등대, 안개신호 및 무선나침반 등을 담당했다.
[14] 1912년 설립되어 지방세와 수입 연초·주류 등 특수소비품세의 징수를 담당했다.

제2편 | 관동주 식민통치의 발전

(1914년 7월~1931년 9월)

제6장
식민통치체제의 부단한 발전과 완비

1. 관동청의 건립

　1906년 7월 31일 일본 정부는 칙령 제196호로 「관동도독부관제」를 공포하여, 관동총독부를 폐지하고 관동도독부를 설치하기로 결정했다. 9월 1일 관동도독부가 여순에 정식으로 설치되었다. 관동도독부 설치 후 관동도독부관제의 실시에 따라 도독은 '관동주'를 관할할 뿐만 아니라, 남만철도의 보호 및 남만철도회사 업무의 감독을 맡아 남만철도부속지의 경찰과 사법을 통할했다. 그러나 일본이 동북에 설치한 침략 기구는 도독부 외에도 봉천주재 총영사관과 만철이 있었다. 봉천주재 총영사관은 1906년 5월에 설치한 것으로 영사의 직책은 "중국에 있는 일본인을 보호 관리하고, 중국인과 일본인 사이의 소송사건을 심리하며, 중국 국정을 조사하여 일본 외무성에 보고하는 것이었다."[1] 만철은 1906년

---
[1] 易顯石 等, 『九·一八'事變史』, 67~68쪽.

11월 26일에 설립되어 1907년 4월 1일 정식으로 영업을 시작했다. 그것은 "회사의 이름을 빌려 기관의 일을 하는", 곧 일본 정부를 대신하여 남만주를 경영하는 권력기관이었다.

상술한 관동도독부, 봉천주재 총영사관과 만철은 3개의 동등한 기구이며, 일반적으로 '삼두정치'라 일컬었다. 그들의 직권범위는 비록 어느 정도 구분되어 있었으나 교차하는 부분도 있었다. 특별히 도독의 권력이 지나치게 컸기 때문에 삼자 사이에 모순이 자주 발생했다.

우선, 관동도독과 만철총재 사이의 모순이다. 처음에 일본 정부는 만철총재를 임명하여 도독부고문을 겸하도록 하고, 만철 부총재는 도독부 민정장관이 겸하도록 했으며, 아래에 만철이사 약간 명을 두어 도독부사무관이 겸하도록 했다. 다른 한편 또 영사관 영사로 하여금 도독부사무관을 겸하도록 하여 지도체제를 체계화 일원화하고자 했다. 그러나 뜻밖에도 이렇게 한 결과 도리어 도독부의 권력을 가중시켰다. 다음으로, 봉천주재 총영사관과 관동도독부 사이에 대중국 외교업무를 둘러싸고도 매우 많은 모순이 있었다.[2] 일본 정부는 비록 각종 관계를 조정하는 면에서 몇 가지 조치를 취했으나, 도독권력이 지나치게 집중되는 문제는 여전히 근본적으로 해결하지 못했다.

도독의 권력이 비대하고 아울러 외교와 시정방침의 집행에 관여했기 때문에 일본통치집단 내부의 모순이 격화되었다. 대련에서 일본의 식민통치를 공고히 하기 위해 일본 정부는 도독부를 새롭게 조정하고, 기구개혁을 추진하지 않을 수 없었다. 이번 개혁의 목적은 다음과 같았다. ① 도독부의 방대한 조직기구를 축소한다. ② 군권 이양을 통하여 중국 인민의 반일정서를 해소하고 중·일 모순을 완화한다. ③ 도독이 직접 혹은 간접으로 영사에 대해 간섭하는 것을 제한

---

[2] 이 모순을 해결하기 위해 일본 정부는 1919년 4월 12일 공포한 「關東廳官制」 제15조에 봉천주재 총영사가 관동청의 외사부장을 겸하도록 규정함으로써 동북지역의 외교업무를 통일하고자 했다. 그러나 문제를 완전히 해결할 수는 없었다. 9·18사변 후 동북지역의 일본기관에서 나타난 '이중외교'는 바로 그러한 현상 가운데 하나였다.

하여 외교상의 장애를 제거한다.3)

1919년 4월 12일 일본 정부는 제94호 칙령으로「관동청관제」를 반포하여 관동도독부관제를 폐지하고 관동청관제를 실시했다. 곧 관동도독부를 폐지하고 그 토대 위에서 원래의 군정 부분을 분리해내어 관동군사령부를 설립했으며, 원래의 민정 부분을 고쳐 관동청이라 했다.

「관동청관제」는 관동청장관의 직책을 이렇게 규정했다. "관동청에 관동청장관을 둔다. 관동청장관은 관동주를 관할하고, 남만주철도의 경비업무를 관장한다. 남만주철도주식회사의 관련 업무를 감독한다." "관동청장관은 위로는 일본 내각 총리대신의 감독을 받고, 외교 업무에서는 반드시 일본외무대신의 지시와 허가를 받아야 한다."

관동청(여순)

관동청장관의 구체적인 직책에 관하여「관제」는 다음과 같이 규정하고 있었

---

3) 何勁松, 『近代東亞佛敎 - 以日本軍國主義侵略戰爭爲線索』, 社會科學文獻出版社, 2002, 276쪽.

다. "관동청장관은 직권 혹은 특별위임에 의거하여 청령을 반포할 수 있으며, 다음 사항을 결정할 수 있다. 1년 이하의 징역·금고 혹은 구류, 200원 이하의 벌금형, 벌금 관련 조례의 제정" "관동청장관은 안정과 질서를 유지하기 위해 긴급한 상황하에서 징계 명령을 반포할 수 있다." "관동청장관은 관내의 안정과 질서 혹은 철도를 보호하기 위해 필요시에 관동군사령관의 출병 협조를 요청할 수 있다." "관동청장관은 관할 관청이 공포한 명령 혹은 처분이 만약 기존 규정과 서로 어긋나거나, 공익에 손해를 주거나, 권한을 초월하면, 이와 같은 명령 혹은 처분을 정지하거나 취소할 권한을 갖는다." "관동청장관은 부하 직원을 통솔 감독하되, 주임관(奏任官)의 거취는 총리대신을 통해 상주해야 하고, 판임관 이하 직원의 거취는 스스로 결정할 수 있다." "관동청장관은 총리대신을 통하여 부하 직원의 작위와 훈장의 수여를 상주하여야 한다." "관동청장관은 부하직원을 징계할 권한이 있으며, 칙임관 및 주임관의 면직은 총리대신을 통해 상주하여야 한다." 「관제」는 또 규정하기를 "관동청장관은 천황이 친히 임명하며 군대 장교 외에 문관도 담당할 수 있다"[4]라고 했다.

「관제」 규정을 통해 관동청은 일본 정부가 관동주에 설치한 최고행정통치기관이며, 관동청장관은 바로 최고행정장관이었음을 알 수 있다. 관동청은 1919년 4월 12일 설립되었으며 초대 관동청장관은 하야시 곤스케(林權助)였다. 이로부터 일본의 관동주에 대한 식민통치는 군정시기에서 군정분치시기로 들어갔다. 역대 관동청장관에 대해서는 〈표 6-1〉을 참고하기 바란다.

---

4) 溝淵孝雄 編纂, 『關東州司法令集』, 有斐閣, 1920, 1~8쪽.

〈표 6-1〉 역대 관동청장관 일람표

성명	재직기간	비고
林權助	1919.4.12~1920.5.24	특명전권대사
山縣伊三郞	1920.5.24~1922.9.8	
伊集院彦吉	1922.9.8~1923.9.19	
兒玉秀雄	1923.9.26~1927.12.17	
木下謙次郞	1927.12.17~1929.8.7	
太田政弘	1929.8.7~1931.1.16	
塚本淸治	1931.1.16~1932.1.2	
山岡萬之助	1932.1.2~1932.8.8	
武藤信義	1932.8.8~1933.7.28	만주국 주재 특명전권대사 겸 관동군사령관
菱刈隆	1933.7.28~1934.12.10	만주국 주재 특명전권대사 겸 관동군사령관
南次郞	1934.12.10~1934.12.26	만주국 주재 특명전권대사 겸 관동군사령관

출전 : 關東廳 編, 『關東廳施政二十年史』, 滿洲日日新聞社, 1926, 45~46쪽.

「관동청관제」는 관동청 내의 조직에 대해서도 규정을 두고 있었다. 즉 "관동청 내에 장관관방(사무실에 해당), 민정부와 외사부(외교업무에 종사)를 설치하고, 각기 장관을 두어 각자 사무를 분장(分掌)한다." 구체적 상황과 분담사무는 〈표 6-2〉와 같다.

〈표 6-2〉 관동청의 기구 설치*

직무	인원수	취임 성격	직책	비고
사무총장	1명	勅任	관동청장관을 보좌, 유고시 직무대행	
민정부장	1명		관동청장관의 지도를 받아 민정부 업무를 관장	민정부장은 관동청사무총장이 겸임
외사부장	1명		관동청장관의 지도를 받아 외사부 업무를 관장	외사부장은 봉천총영사가 겸임
참사관	전임 1명	奏任	상사의 지도를 받아 입안심의를 책임지고 청무에 협조	참사관은 남만주주재 영사관이 겸임
사무관	전임 7명	奏任, 단 1명은 반드시 勅任	민정서장을 담임하는 외에 상사의 지도를 받아 청무를 분담	
경무관	전임 1명	奏任	상사의 지도를 받아 경찰업무를 관장	
비서관	전임 1명	奏任	관동청장관의 지도를 받아 관련 기밀업무를 관장	
학무관	전임 1명	奏任	상사의 지도를 받아 교육업무를 관장하고 학무시찰을 겸임	
기사	전임 9명	奏任	상사의 지도를 받아 기술업무를 책임짐	
警視	전임 9명	奏任	상사의 지도를 받아 경찰업무를 책임짐	

번역관	전임 2명	奏任	상사의 지도를 받아 번역과 통역을 책임짐	
屬			상사의 지시를 받아 서무에 종사	
視學			상사의 지시를 받아 학무의 시찰 및 유관업무에 종사	
警部	전임 173명	判任	상사의 지시를 받아 경찰업무에 종사하며 부하 순사를 지휘 감독	
技手			상사의 지도를 받아 기술업무에 종사	
번역생			상사의 지도를 받아 번역과 통역업무에 종사	
警部輔	전임 99명	判任	警部와 같음	

* ① 關東局 編,『關東廳施政三十年史』46쪽에 실린「關東廳歷任事務總長(1924年廢止)一覽表」는 다음과 같다.

성명	재직 기간
杉山四五郎	1919.4.12~1921.6.3
土岐嘉平	1921.6.3~1923.6.15
川口彦治	1923.6.16~1924.6.30

② 관직 임용 상황을 보면, 표에서 '勅任'은 簡任(2등급 문관)에 상당하며 천황이 임명한다. '奏任'은 薦任에 상당하며 관동청장관이 奏請하고 총리대신의 비준을 얻어 임명한다. '判任'은 관동청장관이 스스로 임명한다.

출전 : 溝淵孝雄 編纂,『關東州司法令集』, 1~8쪽.

「관제」는 또 규정하기를 관동청 내에 교통사무고문을 두어 만철사장이 담당하도록 한다고 했다. 역대 교통고문의 상황은 〈표 6-3〉과 같다.

〈표 6-3〉 역대 교통고문 일람표

성명	재직 기간	성명	재직 기간
後藤新平	1906.2.14~1908.7.24	山本條太郎	1927.7.19~1929.8.14
野村龍太郎	1919.4.12~1921.5.31	仙石貢	1929.8.14~1931.6.13
早川千吉郎	1921.5.31~1922.10.14	內田康哉	1931.6.13~1931.7.6
川村竹治	1922.10.14~1924.6.22	林博太郎	1932.7.20~1934.12.26
安廣伴一郎	1924.6.22~1927.7.19		

출전 : 關東局 編,『關東廳施政三十年史』, 47쪽.

관동청 설립 후 1919년 11월 12일 관동청 훈령 제1호를 반포하여 장관관방 아래 비서와 문서 2과를 설치하고, 민정부 아래 지방, 식산(상공업무 담당), 재무, 경무(경찰업무 담당), 토목(건설업무 담당) 5과를 설치했다.5) 이들 기구는 뒤에 약간 변화했다.

1919년 8월 18일 일본 정부는 제383호 칙령을 반포하여 관동청 관제를 일부 수정하기로 결정했다. 즉 관동청 내에 이사관을 설치하여 민정지서장이 담임하거나 혹은 민정서의 속관으로 충당했다.

1921년 8월 일본 정부는 제247호 칙령을 반포하여 민정부를 폐지하고 내무국과 경무국을 설치하여 각각 국장 1명을 두기로 결정했다. 민정서와 민정지서의 경찰 및 위생업무는 경찰서와 경찰지서가 지도하도록 고쳤다.6) 같은 해 4월 3일 관동청은 관동청 훈령 제31호를 반포하여 관동청 내의 부와 과의 상황에 대하여 아래와 같이 규정했다.

장관관방 : 내에 비서, 문서, 회계 3개과 및 참사관실을 둔다.
내무국 : 내에 지방, 재무, 식산, 토목, 학무(교육사무 담당) 5개과를 둔다.
경무국 : 내에 보안, 경무, 위생 3개과를 둔다.
외사부.7)

1923년 1월 15일 관동청은 다시 제3호 훈령의 형식으로 장관관방에 법무과(사법사무 담당)를 두도록 규정했다.

1923년 5월 일본 정부는 제262호 칙령에 근거하여 관동청 내에 민정서장과 민정지서장이 관내 경찰서장과 경찰지서장의 업무를 지도하도록 하고, 아울러 학무관을 폐지했다. 같은 해 7월 5일 관동청은 관동청 제50호 훈령으로 경무국에 경찰과를 신설하고, 외사부에 외사과와 번역과를 두도록 규정했다.

---

5) 關東廳 編, 『關東廳施政二十年史』, 22쪽.
6) 滿史會 編, 東北淪陷十四年史遼寧編寫組 譯, 『滿洲開發四十年史』 下, 1988, 402쪽.
7) 關東廳 編, 『關東廳施政二十年史』, 23쪽.

1924년 12월 25일 관동청은 일본 정부 제439호 칙령에 근거하여 아래와 같이 기구를 조정하고 관리의 수를 삭감했다. 사무총장을 폐지하고 장관관방이 직접 각 부와 국을 관할한다. 재무부를 신설하고 내무국의 재무과와 장관관방의 회계과를 합병하여 재무국을 조성한다. 외사부장을 폐지하고 장관관방 아래 외사과를 설치한다. 참사관실을 폐지하고 장관관방 아래에 심의실을 설치한다. 장관관방 내의 법무과를 내무국의 지방과로 합병한다. 경무국 내의 고등경찰과는 보안과로 합병한다.[8] 동시에 경무국장은 민정서장과 민정지서장을 지도 감독하고, 민정서장과 민정지서장은 관내 경찰서장과 경찰지서장에 대한 지도권을 갖는다.[9]

1924년 12월 25일 관동청은 훈령 제61호를 반포하여 관동청 내 각 과의 상황을 아래와 같이 규정했다.

장관관방 : 내에 비서, 문서, 외사 3개과 및 심의실을 둔다.
내무국 : 내에 지방, 식산, 토목, 학무 4개과를 둔다.
경무국 : 내에 보안, 경무, 위생 3개과를 둔다.
재무부 : 내에 경리, 재무 2개과를 둔다.

1926년 6월 말 관동청 및 소속 관서의 상황은 〈표 6-4〉와 같다.

---

[8] 關東廳 編, 『關東廳施政二十年史』, 23쪽.
[9] 滿史會 編, 東北淪陷十四年史遼寧編寫組 譯, 『滿洲開發四十年史』下, 1988, 402쪽.

〈표 6-4〉 1926년 6월 말 관동청 및 소속 관서표

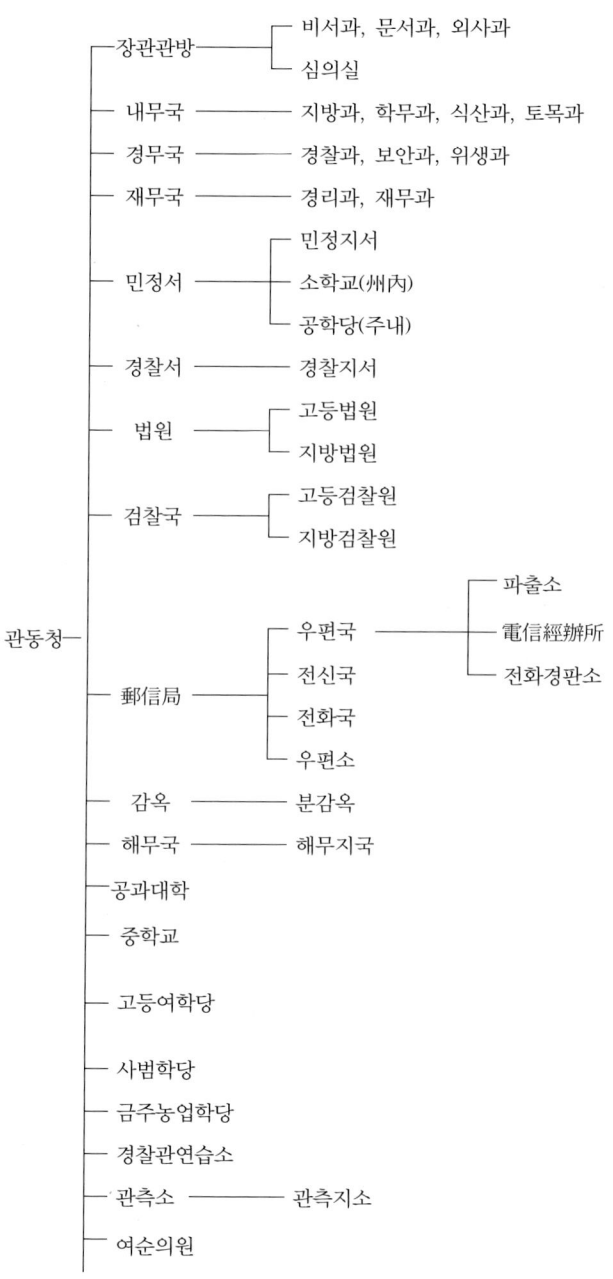

제6장 식민통치체제의 부단한 발전과 완비

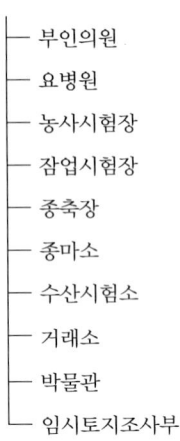

```
├─ 부인의원
├─ 요병원
├─ 농사시험장
├─ 잠업시험장
├─ 종축장
├─ 종마소
├─ 수산시험소
├─ 거래소
├─ 박물관
└─ 임시토지조사부
```

출전 : 關東廳 編, 『關東廳施政二十年史』, 24~25쪽 참조.

  1927년 관동청은 다시 경찰지서를 폐지하고 대련에 소방서를 설치하여 소방업무를 맡겼다.

  1929년 6월 일본 정부는 해외 식민지에 대한 통치를 강화할 필요성 때문에 척무성(拓務省)을 증설하고 관동청장관의 소속을 과거 내각총리대신 예하에서 척무성 척무대신의 예하로 옮겼으며, 외교업무는 여전히 외무대신의 지도 아래 두었다.

  1930년 관동청은 소방서 관제를 확립하고 아울러 장관관방 내에 임시로 국가국세(國勢)조사과를 증설하고, 경무국 내에 형사과를 증설하고, 재무부 내에 재무와 경리과를 설치했다. 1932년 관동청은 다시 내무국의 식산과를 상공과와 농림과로 고쳤다. 같은 해 7월 국세조사과를 인사과와 조사과로 고치고, 재무부 내의 재무과를 폐지하고 대신 경리와 세무 2개과를 설치했다. 같은 해 10월 인사과를 폐지했다. 그 후 다시 재무부를 재무국으로 고쳤다.

  관동청은 관내의 사회상황 및 주민의 생활상을 조사하기 위해 1930년 12월 11일 훈령 제200호 「관동청방면위원규정」을 반포했다. 내용은 아래와 같다.

제1조 관동청장관이 지정한 지역 내에 사회 상태 및 주민의 생활상황을 조사하고 사회복지를 증진시키기 위해 방면위원을 둔다.

제2조 방면위원은 명예직이며 관동청장관이 임명한다.

제3조 민정서장은 방면위원을 관할한다.

제4조 민정서장은 제1조의 규정에 의거하여 지정한 구역을 여러 방면으로 나누고 각 방면 내의 방면위원을 지정한다.

제5조 방면위원은 아래와 같은 사항을 관장한다. ① 일반 사회상태의 조사 및 개선방안. ② 구제 혹은 지도가 필요한 자에 대한 조사 및 원조. ③ 인사에 대한 협의와 안배. ④ 불량주택지역 내의 위생과 풍기개선. ⑤ 사회시설의 사용 추진과 새로운 시설의 설치 강구. ⑥ 기타 민정서장이 위탁한 사항.

제6조 방면위원의 임기는 2년이다. 임기 만료 후에도 후임자가 부임하기 전까지는 그대로 직무를 수행한다.

제7조 연락사무의 편의를 위하여 상무위원 1명을 두되 민정서장이 방면위원 중에서 지정한다. 상무위원이 사고로 출석할 수 없을 때에는 민정서장이 기타 방면위원을 지정하여 대리하도록 할 수 있다.

제8조 방면위원회는 각 방면위원으로 구성하며 각자 조사 및 관장하는 사항을 연구하고 실행한다. 필요시에는 상무위원이 방면위원을 소집하거나 방면위원회를 주재할 수 있다.

제9조 민정서장은 각 방면 사무의 연락을 통일하기 위해 필요시에는 방면위원회 혹은 방면위원총회를 소집하거나 주재할 수 있다.

제10조 방면사무를 촉진하기 위해 방면참사를 둘 수 있다. 방면참사는 명예직이며 관동청장관이 임명한다.

제11조 적합한 장소에 방면위원회 사무소 및 방면위원회 중앙사무소를 설치하고 아울러 서기 1명을 두되 민정서장이 임면한다.

제12조 방면위원 및 방면참사가 직무를 행사할 때 휘장을 착용해야 한다.

제13조 본 규정의 시행과 관련하여 필요한 사항은 민정서장이 결정한다.[10]

같은 날 대련민정서는 이에 근거하여 훈령 제1호 「방면위원직무요항」을 반

---

[10] 關東廳方面委員事務所, 『關東廳方面委員制度要覽』, 1931, 9~10쪽.

포하여 방면위원의 주요직책을 규정했다. ① 사회조사, ② 보호구제, ③ 의료보건, ④ 알선소개, ⑤ 호적정리, ⑥ 지도협의, ⑦ 아동보호, ⑧ 교육복리.11)

이에 근거하여 대련민정서는 같은 해 12월 15일 방면위원과 상무위원을 설치하고 아울러 '방면'을 획정했다. 구체적 상황은 〈표 6-5〉, 〈표 6-6〉과 같다.

〈표 6-5〉 대련민정서가 설치한 각 방면, 방면위원,
상무방면위원 일람표(△는 상무방면위원)*

방면	구역	성명
제1방면	日出町區(지금의 中山區 七星街 일대) 明治町區(지금의 중산구 魯迅路) 千代田町區(지금의 중산구 노신로) 南山麓區 薩摩町區(지금의 중산구 杏林街) 近江町區(지금의 중산구 友好路) 霧島町區 山縣通區(지금의 중산구 人民路)	脇屋次郎△ 藤山一雄 淺野條三郎 高橋甲太郎 藤田秀助 中山邦四郎 栗木榮太郎 國政與三郎
제2방면	紀伊町區(지금의 중산구 우호로) 日本橋區 松林町區(지금의 중산구 松林街) 監部通區(지금의 중산구 長江路) 浪速町區(지금의 중산구 天津街·保安街) 大山通區(지금의 중산구 上海路) 伊勢町區(지금의 중산구 우호로) 入船町區(지금의 西崗區 菜市街)	高堂武則 柴沼繁 永井軍治△ 畑中佐太吉 河合義太郎 坂本治一郎 濱本忠吉 大島甲槌
제3방면	磐城町區(지금의 중산구 천진가) 信濃町區 西廣場町區 越后町區(지금의 중산구 玉光街) 西公園町區(지금의 중산구 解放路) 若狹町區(지금의 중산구 昆明街) 春日町區(지금의 중산구 해방로) 嶺前北町區 嶺前南町區	松田清三郎 米山福造 圓橋六太郎 橘糾夫 市原三六郎 西川虎五郎 品田直知 有倉善次△ 福田熊治郎
제4방면	伏見臺東區 伏見臺西區 小崗子區(지금의 서강구 北京街) 霞町區(지금의 沙河口區 興工街) 大正通區(지금의 사하구구 西安路)	山川吉雄 利根川雄作 香宗我部操 結城清太郎 桂城門三郎

11) 關東廳方面委員事務所, 『關東廳方面委員制度要覽』, 11~16쪽.

	沙河口區	小松圓志
	星之浦區	千葉豊臺△
	聖德街區	鍋島五郎
	白菊町區(지금의 서강구 對山街·革新街)	山島田道隆
제5방면	千代田町區(지금의 중산구 노신로)	郭子珍
	明治町區(지금의 중산구 노신로)	安慈民
	近江町區(지금의 중산구 우호로)	曲子源△
	紀伊町區(지금의 중산구 世紀街)	黃信之
	監部通區(지금의 중산구 장강로)	遲子祥
	小崗子南區	徐憲齋
	小崗子北區	徐瑞蘭
	聖德街區	趙成德
	沙河口區	許憶年

*방면위원의 설립에 관해서는 현재까지 대련민정서에서 방면위원을 설립한 자료만 볼 수 있으며, 기타 민정서에서 방면위원을 설립한 자료는 아직 보이지 않는다.
출전: 關東廳方面委員事務所 編, 『關東廳方面委員制度要覽』, 17~20, 31~34쪽.

〈표 6-6〉 대련민정서의 방면참사 일람표

직무	성명	직무	성명
대련경찰서장	石井金三郎	만철지방과	上村哲彌
小崗子경찰서장	三浦貞三	만철위생과장	金井章次
沙河口경찰서장	久下沼英	변호사	河內山武雄
水上경찰서장	飯島慶藏	대련의사회장	辻慶太郎
대련시사회과장	長濱哲三郎		

출전: 滿洲社會事業協會 編, 『滿洲社會事業要覽』, 1936, 17쪽.

관동청은 일본이 관동주에 설치한 최고권력기관으로 상술한 기구와 인원 외에도 많은 부속기관이 있었다. 고등법원, 지방법원, 고등법원검사국, 지방법원검사국, 감옥, 분감옥, 우편국, 전신국, 전화국, 전매국(아편 전매), 해무국, 해무지국, 기상관측소, 관측지소, 경찰관연습소, 농사시험장, 잠업시험장, 수산시험장, 종축장, 종자소, 거래소, 구호소, 여순의원, 부인의원, 병원, 공과대학, 중학교, 고등여학당, 고등공학교, 가정여학교, 맹아학교, 대련상업학당, 금주농업학당, 공학당, 소학교, 청년훈련소, 박물관, 도서관, 체육연구소, 임시토지조사부 등.[12]

---

12) 馬麗芬 等 主編, 『大連近百年史見聞』, 420쪽.

관동청은 상술한 기구와 인원을 통해 관동주에서 식민통치를 실행했다.

2. 대련과 여순의 시제 실행

일본이 관동주에 대해 진행한 식민통치는 시제(市制)와 회제(會制) 2가지 방식을 취했다. 시제는 대련과 여순의 두 시에서 실행하고, 회제는 기타 69개 촌과 진에서 실행했다.[13] 그러나 이러한 시회제도는 실제로 다만 일종의 불완전한 공공행정조직일 뿐이었으며, 지방행정기구가 아니었다. 왜냐하면 지방행정, 경찰업무, 안전사항은 민정서와 경찰서가 책임졌으며 시·회가 책임지지 않았기 때문이다.

관동주의 시제는 관동주 내 자치제도의 기초 위에 발전하기 시작한 것이었다. 1907년 2월 관동도독부는 관동주의 위생상황을 향상시키기 위해 제9호령 「위생조합규칙」을 반포하여 각 민정서 내에 위생조합을 설치하여 오물의 청소, 청결·소독의 시행, 전염병의 예방, 구조·치료 등 공공위생을 담당하도록 규정했다. 이러한 조합은 일종의 자치 성격의 조합이었다.

조합의 발전에 따라 관동도독부는 1915년 9월 제26호 부령을 반포하여 대련과 여순의 시제계획을 공포하고 위생조합을 폐지했으며, 대련과 여순 두 시를 설립하고 아울러 시장과 시회를 나누어 설치하여 시제시행단계에 착수했다. 10월 1일 대련시가 정식으로 건립되었으며 초대시장은 이시모토 간타로(石本鑽太郞)였다. 대련시의 역대시장은 〈표 6-7〉과 같다.

---

[13] 滿史會 編, 東北淪陷十四年史遼寧編寫組 譯, 『滿洲開發四十年史』 下, 406쪽.

〈표 6-7〉 역대 대련시장 일람표

성명	재직기간	성명	재직기간
石本鑛太郎	1915.10.1~1919.10.6	田中千吉	1930.2.22~1931.8.14
村井啓太郎	1920.12.31~1924.9.18	小川順之助	1931.10.26~1935.10.25
杉野耕三郎	1924.12.27~1928.12.26	丸茂藤平	1935.11.7~1939.4.19
石本鑛太郎	1929.3.13~1930.2.3	別宮秀夫	1939.5.1~1945.10

출전 : 王勝利 等 主編, 『大連近百年史人物』, 遼寧人民出版社, 1999, 608쪽.

　같은 날 관동도독부 민정부는 제12호 고시를 반포하여 대련시를 특별시로 정하고 아울러 시의회를 시의 결의기관으로 결정했다. 시의회 의원 중 일부는 정부측이 선정, 즉 민정서장관이 임명했다. 일부는 간접으로 선정, 즉 관선의원이 거명하면 다시 민정서장관이 비준했다. 의회는 2년을 1기로 했다. 주요 임무는 시청업무의 심의 및 시장후보 3명(관동도독이 1명을 임명)을 선출하는 것이었다. 시의회 아래에는 상설위원회를 두었는데, 상설위원회 의장은 초기에는 시장이 겸임했으며, 의원은 처음에는 30명으로 정했다가 1920년 2월부터 36명으로 늘어났다.

　대련시회의 초대 관선의원은 이시모토 간타로, 아이오이 요시타로(相生由太郎), 이시자키 신지(石崎震二), 나가하마 쇼스케(長濱敞介), 가와카미 겐조(川上賢三), 후쿠다 겐지로(福田顯四郎), 호리나이에키 사부로(堀內驛三郎), 아리가 사다키치(有賀定吉), 무라이 게이타로(村井啓太郎), 오카모토 요시지로(岡本芳二郎), 야스다 기리조(安田錐藏), 궈쉐춘(郭學純)과 뉴쮀저우(牛作舟) 등 15명이었다. 관선의원이 다시 선출한 의원은 이이즈카 마쓰타로(飯塚松太郎), 시바타 도라타로(柴田虎太郎), 요시노 에쓰지(吉野越次), 히라이 다이지로(平井大次郎), 히라타 호테이(平田包定), 사토 지세(佐藤至誠), 나카무라 도시야(中村敏野), 다나카 스에오(田中末雄), 가와베 마사루(河邊勝), 이타타니 다케오(板谷丈夫), 우에가 렌(植賀連), 하라다 도라타로(原田虎太郎), 엔도 유타(遠藤祐太), 가네코 헤이키치(金子平吉), 구키 에이스케(九鬼榮助) 등 15명이 있었다.

의원이 선출된 후 시장 후보 3명을 추대했고 관동청장관이 그중 1명을 시장으로 확정했다. 대련시의 초대시장 이시모토 간타로는 상술한 30명의 의원이 추대한 후보자 가운데 하나였으며, 아울러 최종적으로 관동청장관이 임명을 확정했다.

1919~1920년 대련과 여순에서는 교육 및 위생사무를 처리하기 위해 다시 계획에 근거하여 상무위원을 설치했다.

대련시청

시청이 처리하는 업무는, 처음에는 단지 예를 들어 시장, 공원, 화장장, 묘지, 도축장 등을 관리하는 공중위생과 사회사업에 불과했다. 1921~1922년 사이 관리범위가 고등여학교와 상공학교의 경영 및 기타 사회사업으로 점차 확대되었다.14) 1926년 대련시는 원래 관동청에 속해 있던 일부 경영사업을 접수 관리했다. 그중에는 서공원, 어채(魚菜)시장, 화장장, 도축장, 묘지, 가로등, 공중화장실이 있었다. 여순시는 도축장, 화장장, 묘지, 공중화장실 등을 접수 관리했다.15) 관동주청이 건립된 후 명령을 내려 시의 기능을 확대했다. 시정업무 방

14) 關東廳 編, 『關東廳施政二十年史』, 34쪽.

면에서 두 시는 각각 원래 민정서가 관장하던 호적관리, 도로건설, 공상업무, 병사와 지방사무, 세수업무의 일부를 접수 관리했다. 1939년 5월 이후 시제개혁 정신에 근거하여 관동주청은 제1차로 교육사업 중 국민학교·공학교·청년학교, 토목사업 중 도로·하수도건설, 세수 중 국세·지방세, 지역사업 중 종교·경제건설 등을 각각 대련시와 여순시로 이관했다.16)

여순시청

재정방면에서 시의 수익은 매우 적었고 경비의 대부분은 세수에 의존했다. 세수로 징수한 세금은 3종류가 있었다. 호구세(호별할), 관동주 지방세부가세, 특별세.17) 호구세는 시내에 호적이 있거나 독립생계가 있는 자, 혹은 영업소를 보유한 법인에 대하여 자산, 소득, 생계나 영업상황에 따라 등급별로 부과했다.18) 호구세의 징수시기는, 여순시는 매년 4, 6, 8, 10, 12월과 이듬해 2월 등

---

15) 關東廳 編, 『關東廳施政二十年史』, 39쪽.
16) 滿史會 編, 東北淪陷十四年史遼寧編寫組 譯, 『滿洲開發四十年史』 下, 406쪽.
17) 關東廳 編, 『關東廳施政二十年史』, 39쪽.

모두 6기였으며, 매기 27일 전에 징수했다. 대련시는 매년 4, 7, 10월과 이듬해 1월 4기로, 매기 25일 전에 징수다.19) 관동주 지방세부가세(1920년부터 징수)는 관동주 지방세 잡세 중 부동산에 관한 권리 취득세에 50%의 세액을 부가한 것이었다. 특별세는 실제로는 잡세로 대련시에서만 실행되었으며 유흥세, 자동차세, 주택임대세 등이 있었다.

사무처리의 편리를 위해 대련과 여순 두 시는 또 본시에서 관리하는 구역을 몇 개의 구로 나누고, 구마다 구장 혹은 구장대리를 두어 관리했다. 아울러 임시 혹은 상설위원을 설치하여 구장을 보조하여 관리했다. 구장 및 구장대리는 시민 중에서 선출했다. 위원은 명예직으로 시장이 추천한 후 다시 추천을 토대로 시회의원, 명예직 참사회원 혹은 두 시의 주민 중에서 선출했으나, 시회의 인준을 받아야만 했다.

대련시의 시정구역은 대련시내, 소강자(小崗子, 지금의 서강구西崗區) 및 사아구(寺兒溝) 일대였다. 1921년 대련민정서는 대련시를 31개의 정구(町區)로 구분했는데 뒤에 33개 정구로 늘어났다. 1924년 대련민정서는 사하구회(沙河口會)의 사하구(沙河口)·하동둔(河東屯)·합산둔(合山屯)·서산둔(西山屯) 일부분 및 영전회(嶺前會)의 담가둔(譚家屯)·영전둔(嶺前屯) 일대를 대련시구에 편입했다. 1928년 4월 또 흑석초(黑石礁)의 일부분과 노호탄회(老虎灘會)의 사아구둔(寺兒溝屯)을 대련시구에 편입했다.

처음에 대련과 여순 두 시는 각각 대련민정서와 여순민정서에 맡겨 관리했다. 따라서 두 시는 1급정권기구가 아니었다. 1937년 대련민정서가 폐지되고 아

---

18) 1925년의 부과 상황을 예로 들면, 개인에 대한 징수의 경우 여순시는 25등급으로 분류했으며 부과액은 최고가 197원 59전, 최하가 1원 36전이었다. 대련시는 30등급으로 분류했는데 부과액은 최고가 1,730원 60전, 최하가 3원 84전이었다. 법인에 대한 징수의 경우 여순시는 최고 특등급을 포함해 기타 11등급이 있었는데 부과액은 최고가 7만 4,490원, 최하가 1원 36전이었다. 대련시는 최고 특등급을 포함해 기타 30등급이 있었는데 부과액은 최고가 7만 7,490원, 최하가 11원 60전이었다(關東廳 編, 『關東廳施政二十年史』, 40쪽).
19) 關東廳 編, 『關東廳施政二十年史』, 40쪽.

울러 대련민정서 대부분의 관할구 및 기능을 대련시에 넘겨주었다. 이에 따라 대련시의 기능은 한층 확대되어 여순, 금주(金州), 보란점(普蘭店), 비자와(貔子窩) 등 4개 민정서와 나란히 2급정권기구가 되었다.

1937년 12월 1일 관동주 식민당국은 다시 시 교외의 5회 22둔을 대련시에 편입했다. 대련은 구제(區制)를 실시한 후 원래의 둔(屯)을 구(區)로 개칭했다. 새로 증가한 22구는 다음과 같다. 노호탄구(老虎灘區), 전산구(轉山區), 봉추구(棒棰區), 영전구(嶺前區), 부가구(傅家區), 춘류구(春柳區), 향로둔구(香爐屯區), 서산구(西山區), 흑석초구(黑石礁區), 마란구(馬欄區), 대산구(臺山區), 석가구(石家區), 만가구(灣家區), 주수자구(周水子區), 주가구(周家區), 포애구(泡崖區), 곽가구(郭家區), 남산구(南山區), 해묘구(海猫區), 감정자구(甘井子區), 초방구(椒房區), 금가구(金家區). 이에 이르러 시내면적은 원래의 45㎢에서 143.7㎢로 증가했다. 1945년 8월 일본이 항복하기 전까지 대련시는 124개 정구, 인구 88만 8,084명을 관할했다.

여순시의 시정구역은 여순구구(旅順口區) 일대로 시내는 용하(龍河)를 중심으로 하여 동서 두 지역으로 나뉘었는데 동쪽은 구시가, 서쪽은 신시가로, 처음에 14개 정구를 설치했다가 1937년에 시내를 76개 정구로 나누었다.

3. 기층 지방행정기구 — 회(會)

'회(會)'는 관동주의 가장 기본적인 지방행정기구였다. 일본식민정부의 관동주에 대한 식민통치는 주로 회를 통해 진행되었다. 구체적인 방법은 각 민정서 아래 직접 회를 설치하는 것으로, 일반적으로 대개 몇 개의 둔을 하나의 회로 조성했다. 이런 회제는 기본적으로 제정러시아 통치기의 구제를 답습한 것으로, 회의 규모와 체제는 일본 국내의 정(町)과 중국의 향(鄕)에 상당했다. 그러나 완전히 같지는 않았다. 일본 국내의 정과 중국의 향은 1급정부였으나 관동주의 회는 단지 일종의 행정상의 보조기관이었다.

관동주의 회제는 1919년에 처음 수립되었고 1925년에 확립되었다.

1919년 2월 관동청 민정장관은 관동주 소속 회의 준칙 및 관할지의 각항 장정(章程)을 제정하여 회제를 널리 시행하기 시작했다. 1925년 6월 일본 정부는 제238호 칙령의 형식으로 '관동주회제'를 공포하고 그해 9월 1일부터 실시하기 시작했는데 '회'에 법인 자격을 정식으로 부여함으로써 관동주 농촌의 회제를 마침내 확립했다. 이때 관동주는 모두 64개의 회를 설치했다. 1940년 '회'를 '분구(分區)'로 고쳤으며 1945년 일본이 항복할 때까지 그대로였다.

이 시기 회의 설립 상황은 〈표 6-8〉과 같다. 대련에 대한 식민통치를 더 잘 진행하기 위해 일본식민당국은 다시 회 아래 가(街)와 둔(屯) 등의 행정구역을 설치했다. 가와 둔의 설립 상황은 〈표 6-9〉와 같다.

〈표 6-8〉 관동청 각 민정서와 민정지서 관할 '회' 상황 일람표

명칭	위치	관할 구역
여순민정서	여순시	여순시 方家屯會, 山頭會, 三澗堡會, 水師營會, 營城子會, 王家店會
대련민정서	대련시	대련시 老虎灘會, 沙河口會, 小平島會, 革鎭堡會, 大連灣會, 泉水屯會
金州민정서	金州會	金州會, 閻家樓會, 大魏家屯會, 老虎山會, 二十里堡會, 岔山會, 劉家店會, 玉皇頂會, 黃嘴子廟會, 董家溝會, 小孤山會, 大孤山會, 馬家屯會, 南山會, 普蘭店會, 長店堡會, 石河驛會, 三十里堡會, 老爺廟會, 四道河子會, 土城子會, 亮甲店會, 姜家堡會, 正明寺會, 粉皮墻會, 長山寺會, 朝陽寺會, 快馬廠會, 大宋家屯會, 淸水河會, 小楊樹房會, 唐家房會, 夾家廟會, 大譚家屯會, 鄭家窰會, 楊樹底會, 贊子河會, 夾心子會, 東老灘會, 碧流河會, 城子疃會, 大長山島會, 小長山島會, 廣鹿會, 獐子島會, 海洋島會, 崔家屯會
금주민정서 普蘭店지서	보란점회	普蘭店會, 長店堡會, 石河驛會, 三十里堡會, 老爺廟會, 四道河子會, 土城子會, 亮甲店會, 姜家堡子會, 正明寺會, 長嶺寺會, 華家屯會, 林家屯會, 臥龍屯會, 粉皮墻會, 長山寺會, 朝陽寺會, 快馬廠會, 鳳鳴島會(交流島會와 西中島會 포함)
금주민정서 貔子窩지서	老爺廟街會	老爺廟街會, 大宋家屯會, 淸水河會, 小楊樹房會, 唐家房會, 夾河廟會, 大譚家屯會, 鄭家窰會, 楊樹底會, 贊子河會, 夾心子會, 東老灘會, 碧流河會, 城子疃會, 大長山島會, 小長山島會, 廣鹿島會, 獐子島會, 海洋島會, 崔家屯會

출전: 溝淵孝雄 編, 『關東州司法令集』, 10~12쪽.

〈표 6-9〉 1926년 5월말 관동주 각 민정서 관할 회(會), 가(街), 둔(屯) 통계 상황

민정서	회	가	둔	민정서	회	가	둔
여순	6	4	152	보란점	18	7	135
대련	11		74	비자와	20	4	100
금주	14	20	102	합계	69	35	563

출전 : 關東局 編, 『關東廳施政三十年史』, 75쪽.

〈표 6-8〉, 〈표 6-9〉를 통해 대련민정서는 처음에 6개의 회를 설치했으나 1926년 5월 11개 회, 74개 둔으로 증가했음을 알 수 있다. 뒤에 증가한 5개 회는 각각 다음과 같다. 해묘둔회(海猫屯會, 1920년 4월 15일 설치, 주수자회周水子會에서 분리), 남관령회(南關嶺會, 1920년 4월 15일 설치, 혁진보회革鎭堡會에서 분리), 영전회(嶺前會, 1920년 4월 1일 설치, 노호탄회老虎灘會에서 분리), 난가둔회(欒家屯會, 1920년 4월 1일 설치, 소평도회小平島會에서 분리), 차구회(岔溝會, 1920년 4월 1일 설치, 여순민정서 소속 왕가점회王家店會에서 분리).[20]

여순민정서는 처음에 1개 시가(市街)와 6개 회(會)를 설치했으나, 1937년 11월 대련민정서 관할의 혁진보회, 차구회, 난가둔회, 소평도회의 4개 회 및 주수자회의 일부분이 여순민정서에 편입되었다. 이렇게 하여 여순민정서는 원래의 6개 회에서 10개 회로 확대되었다. 1944년 말 영성자회, 혁진보회, 차구회, 난가둔회, 소평도회가 대련시에 편입된 후 여순민정서는 5개 회만 남게 되었다.

금주민정지서 관내에는 14개 회, 20개 가, 102개 둔이 있었다. 1934년에 이르러 둔은 102개에서 122개로 증가했다. 1938년에 이르러 다시 동취자묘회(東嘴子廟會), 대련만회, 남관령회가 증가되었다.

보란점지서는 관할범위가 지금의 신금현(新金縣) 서부에 있었다. 관내에는 18개 회, 7개 가, 135개 둔이 있었다. 1934년 여전히 18개 회, 135개 둔이 있었으며 가는 7개에서 8개로 변했다.

비자와지서는 관내에 20개 회, 4개 가, 100개 둔이 있었는데 1934년 말까지

---

[20] 大連民政署 編, 『大連民政三十一年紀念志』, 34쪽.

줄곧 변화가 없었다.

　관동청과 일본 정부의 관련규정에 따라 회 내에 회장 1인을 두었으며 관동청 장관이 임면했다. 회장 아래 회계원, 서기, 서기보, 기보 등을 두었는데 민정서장 혹은 민정지서장이 임면했다. 각 회는 필요시 회장 외에 부회장 1명을 둘 수 있었다. 만약 모 회에 회장과 부회장이 있으면 전임 회계원을 두지 않고 부회장이 회계원의 업무를 겸임할 수 있었다. 회장과 부회장은 모두 명예직이었으며 임기와 회계는 똑같이 3년이었다. 회 이하의 행정구획이 가와 둔인데, 각 가와 둔에는 가장·둔장과 부가장·부둔장이 있었다. 모두 의무 직무였으며 임기는 3년으로 민정서장 혹은 민정지서장이 선임했다.

　회장은 회의 사무를 담임하고 회를 대표했다. 회장은 민정서장의 지휘와 감독 아래 회 내의 일상적인 업무 일체를 처리했다. 부회장은 회장을 보조하고 회장이 유고로 출석할 수 없을 때는 회장의 직무를 대리했다. 회계는 출납 및 기타 회계사무를 관장했다. 서기, 서기보, 기보 등은 회장의 명령을 받아 사무에 종사했다. 다만 회 내에 부회장이 없거나 혹은 회장 및 부회장이 동시에 정상적으로 업무를 처리할 수 없을 때는 제1서기가 회장의 직무를 대리했다. 서기, 회계, 기술원은 모두 봉급제의 공직 관리였으며 그들에 대한 표창과 징계, 감봉, 해고의 권한은 민정서장에게 있었다.

　회장은 대부분 중국인이 담임했다. 일본인이 회장을 담임하는 상황도 있었으나 그 수는 매우 적었다. 예를 들어 대련민정서의 회장직 담당 상황을 보면 이러한 점을 잘 알 수 있다. 1938년 이전 대련민정서 관내 회장 상황은 〈표 6-10〉과 같다.

〈표 6-10〉 1938년 이전 대련민정서 관내 회장 상황 일람표

會名	취임 연월	이임 연월	성명	적요
老虎灘	1908.8.1	1915.2.10	黎范	
同	1915.3.1	1916.10.1	郭元龍	
同	1916.10.5	1920.3.31	郭學綸	
同	1920.4.1	1927.1.26	黎范	
同	1928.9.1	재직 중	廣海捨藏	
西山	1907.7.1	1920.1.3	周元憑	
同	1920.2.1	1924.12.27	王文翰	
同	1925.2.10	1934.8.31	周元憑	
同	1934.9.1	재직 중	周德虞	
小平島	1906.8.2	1910.4.2	程仁泲	
同	1910.4.3	1911.7.5	孫嘉霖	
同	1911.7.6	1914.12.7	孫正九	
同	1914.12.8	1928.8.31	張傳鈞	
同	1928.9.1	1929.11.25	喬汝恩	
同	1930.7.26	재직 중	周廣榮	
革鎭堡	1915.10.5	1916.10.5	范先德	
同	1928.9.1	재직 중	范先英	
大連灣	190?	1921.2.25	姜延年	
同	1921.3.31	1928.8.31	李士榮	
同	1928.9.1	1937.8.31	夏尊美	
同	1937.9.1	재직 중	王子友	
周水子	1907.10.28	1919.3.11	薛禎祥	
同	1919.4.14	1928.8.31	王致愼	
同	1928.9.1	재직 중	王復壽	
嶺前	1920.4.1	1921.8.11	郭學綸	1920.4.1 老虎灘會에서 분리
同	1921.9.22	1928.8.31	于茂福	
同	1928.9.1	1937.8.4	郭義方	
同	1937.9.1	재직 중	馬吉盛	
岔溝	1920.4.1	1921.3.31	周士榮	1920.4.1 여순 관내 王家島會에서 분리
同	1921.4.1	1937.8.30	劉金銘	
同	1937.9.1	재직 중	韓壽之	
欒家屯	1920.4.1	1921.1.26	鄭愼德	1920.4.1 小平島會에서 분리
同	1921.2.1	1927.1.15	鄭成德	
同	1927.1.26	1930.1.25	金純治	
同	1930.1.26	1933.1.25	程遠尊	
同	1933.1.26	재직 중	孫文慶	
海猫屯	1920.4.15	재직 중	王治熙	1920.4.1 周水子會에서 분리
南關嶺	1920.4.20	1931.8.31	孫殿弼	1920.4.1 革鎭堡會에서 분리
同	1931.9.1	재직 중	龐永慶	

출전 : 大連民政署 編, 『大連民政三十一年紀念志』, 48~50쪽.

〈표 6-10〉을 통해 대련민정서 관할 아래 있는 회에서 회장을 역임한 사람은 앞뒤로 연인원 39명이나 되었으나 1명(히로우미 스테조廣海捨藏)이 일본 사람인 것을 제외하면 나머지는 모두 중국 사람이었음을 알 수 있다. 다시 말해 회장은 대부분 중국인이었으며 일본인은 매우 적었다.

가장·둔장은 회장의 명을 받들어 가·둔의 사무를 처리했으며, 부가장·부둔장은 가장·둔장을 보조하여 가·둔의 관련 사무를 처리하고 아울러 가장·둔장이 정상적으로 업무를 처리할 수 없을 경우 그 직무를 대리했다. 가·둔에는 가장·둔장회의가 있었는데 회장이 의장이었다. 가장·둔장은 자문기관의 회원으로서 위의 뜻을 받들어 아래를 지도하는 임무를 맡았다. 회장은 아래에 열거한 사항에 대하여 가장·둔장에게 자문을 구해야 했다. "① 회비를 사용하여 벌이는 공익사업, ② 세입·세출 예산의 결정, ③ 회비 징수, ④ 부동산의 관리와 처리, ⑤ 기본적인 건설과 관리, ⑥ 고정자산 및 준비금의 관리, ⑦ 기타 '회'와 관련된 사항."21) 가장·둔장은 형식상 주민이 선출하여 탄생했으나, 실제로는 일본 관원이 지정한 인원이 담임했으며 임기는 3년이었다.

이와 동시에 회 내에는 또 협의회를 설치하여 회장의 자문 기관으로 삼았다. 협의회는 민정서장 혹은 민정지서장이 선임하는 협의회원으로 구성되었다. 협의회 의원의 수는 회 내에 현재 거주하는 인구의 많고 적음에 근거하여 비율대로 정했다. 회 내의 인구가 5,000명 미만이면 의원이 8명, 5,000명 이상 1만 명 미만이면 12명, 1만 명 이상 2만 명 미만이면 16명, 2만 명 이상이면 20명이었다.22)

협의회 의원은 명예직이며 임기는 3년이었다. 협의회 의장은 회장이 담임하고, 회장 사고로 출석할 수 없을 때는 그 직을 대행하는 사람이 대리했다. 협의회가 회장의 자문을 받아 관장하는 사항은 다음과 같았다. "① '회'의 세수와 지

---

21) 安立賓, 「大連西山會」, 馬麗芬 等 主編, 『大連近百年史見聞』, 遼寧人民出版社, 1999, 143쪽.
22) 關東廳 編, 『關東廳施政二十年史』, 49쪽.

출 예산의 제정, ② 징수법령이 규정하는 외의 사용비, 수속비, 회세 및 노역과 실물에 부과하는 세금의 징수, ③ 회의 차관에 대한 심의, ④ 부동산의 취득 및 처분, ⑤ 기본 재산 및 공익금의 설치, 관리 및 처분, ⑥ 통과한 연간 예산 이외의 부담, ⑦ 회 제도의 설립과 개폐에 대한 연구, ⑧ 회에 관계된 소송, 화해 및 이 8항 이외의 회에 관한 기타 중요 사항."23)

회의 사무는 공공 사무, 그중에서도 교육 사업 위주였다. 그 다음은 권업과 경비였다. 이 외에도 위생, 토목, 지방 개량, 구호, 도축장, 시장 등 공공사업의 관리 혹은 경영이 있었다.24) 이러한 점에 관해서는 회비 사용 상황을 통해 살펴볼 수 있다(〈표 6-11〉 참조).

〈표 6-11〉 회비 사용 상황 일람표

종류	1926년 회경비예산총액 : 755,887원		1934년 회경비예산총액 : 1,520,883원	
	한도(元)	회경비총액에서 차지하는 비율(%)	한도(元)	회경비총액에서 차지하는 비율(%)
교육비	275,938	37.00	613,386	40.00
권업비	28,882	0.38	98,956	0.10
경비비	56,617	0.75	15,626	0.65

출전 : 關東廳 編, 『關東廳施政二十年史』, 49쪽 ; 關東局 編, 『關東廳施政三十年史』, 76쪽.
[역주] 1926년 권업비 비율 0.38%는 3.8%, 경비비 비율 0.75%는 7.5%, 1934년 권업비 비율 0.10%는 6.5%, 경비비 비율 0.65%는 1.0%의 오류로 보인다.

교육 방면에서 회가 역점을 둔 것은 보통학당(4년제 초급 소학교)이었다. 이 학당의 주된 임무는 중국 아동에 대한 초급 노예화 교육이었다. 중국 아동에 대해 더욱 효과적으로 노예화 교육을 진행하기 위해 일본어를 이 학당의 주요 과정으로 삼았다.

권업 방면에서 각 회는 농업기술인원 1~2명을 두어 해당지역 농업생산을 지도했다. 경영하는 사업은 주로 묘포(苗圃), 모범과수상원(桑園), 양잠시험, 양

---

23) 關東局 編, 『關東廳施政三十年史』, 76쪽.
24) 關東廳 編, 『關東廳施政二十年史』, 49~50쪽.

봉, 소·돼지의 품종 개량 등이었다.[25]

회의 경비는 회의 재산 수입 혹은 회에 속하는 기타 수입 중에서 조달했다.

회의 수익은 시의 상황과 비슷했으나 각 항의 수입은 매우 적었다. 회의 경비는 대부분 회세에 의존했다. "회세로 징수하는 세금은 3종류가 있었다. 호구세(호별할), 토지세(반별할反別割), 특별세."[26] 호구세는 "회 내에 호적이 있는 자, 독립 생계를 경영하는 자 및 영업소 혹은 사무소를 보유한 법인 혹은 조직에 대하여 그 자산, 소득 및 생계 상황에 따라 징수하며 등급을 달리하여 부과했다." 토지세는 "경지, 산림 및 위지(葦地)에 대하여 균일한 세율로 징수했다. 민유지의 소유자 혹은 저당자, 관유지의 차지인에 대한 과세는 세율을 무(畝)당 40전 이내로 했다. 이 제한을 초과할 때에는 관동청 장관의 인가를 받아야 했다." 특별세는 "영업세와 잡세 두 종류를 포함했다. 영업세는 회가 관동주에 지방세와 영업세로 납부했다. 납부는 전년도 지방세와 영업세를 근거로 하여 납세액의 20%에서 50원 이내로 부과했다. 잡세는 제염, 관동주 재적 및 외래 선박, 축견(畜犬), 도축, 어업, 물개, 해녀[采水], 마차, 어망, 그물말리는 장소[網場], 임대주택, 석재 등 10여 종으로 나누어 소유자, 경영자 혹은 행위자에게 부과했다. 과세 표준 및 세율은 각 지방이 스스로 결정했다." 구체적인 상황은 다음과 같았다. 제염은 매 석당 3~6전을 징수했다. 재적 선박 중 발동기 어선은 매 척당 5원 이내, 정크와 삼판 어선은 5석 미만이면 척당 30전~4원, 5석 이상이면 척당 5~20전, 5석 이상은 1석이 증가할 때마다 5전을 더하며, 40석 이상은 5~8원, 30석 이상은 6원, 30석 이하는 1~4원이었다. 외래 선박 중 발동기 어선은 매 척당 2원, 정크 어선은 주(州) 내의 경우 척당 1~2전, 주(州) 외의 경우 척당 2~3전, 1석은 3전 이내, 100석 이상은 50전~1원, 50석 이상은 30~50전, 50석 미만은 20~30전이었다. 축견(畜犬)은 두당 50전~1원 50전을 징수했다. 도축세는

---

[25] 關東廳 編, 『關東廳施政二十年史』, 50쪽.
[26] 關東廳 編, 『關東廳施政二十年史』, 50쪽.

소·말·노새는 두당 1~1원 50전, 당나귀·돼지는 두당 50~80전, 산양은 두당 30전~1원 20전이었다. 어업은 전년도 영업액의 5~8‰를 징수했다. 물개는 수컷은 두당 5~80전, 암컷은 2~30전이었다. 해녀(采水)는 평당 30전을 내야했다. 화물마차는 대당 50전~2원, 승용 마차는 대당 1~3원이었다.

이상의 "세금은 (매년) 5, 6, 8, 9, 10, 11월의 15일 전에 징수했다."[27]

회의 경비는 회 내 사무의 발전에 따라 변화했다. 대련민정서를 예로 들면 1919년 「회행정준칙」 실행 이전 관내 전역의 회 경비는 3만 원에 불과했으나, 1919년 4만 7,000원으로 증가했고, 1935년에는 19만 8,527원에 달했다.[28]

관동주 인민에 대한 식민통치를 한층 더 강화하기 위해 일본식민당국은 또 관동주의 촌둔(村屯) 아래 보갑제도를 설립했다. 보갑제도는 1909년 6월부터 실시되었다. 구체적인 방법은 촌둔과 보갑을 하나로 합하여, 즉 회를 보로 삼고 촌을 갑으로 삼아, 회장이 보정(保正)이 되고 촌둔장이 갑장이 되었으며, 보정은 회 경찰파출소의 지도 아래 갑장을 지도하고 갑장은 농가를 감독했다.

---

[27] 關東廳 編, 『關東廳施政二十年史』, 52쪽.
[28] 大連民政署 編, 『大連民政三十一年紀念志』, 53~54쪽.

제7장

관동군의 건립과 활동

1. 관동군의 건립

　관동군은 처음에 중국 동북3성에서 러시아가 갖고 있던 특수 권익을 계승하여 남만주철도 연선 및 '관동주'에 주둔하던 일본의 수비대였다. 뒤에 대륙정책을 널리 시행하면서 점차 중국 동북지역을 독자적으로 침략하는 일본 육군부대의 총칭이 되었다. 당시 일본이 대련에 관동주[1]를 설치했기 때문에 이 부대는 '관동군'이라 불렀다.

　1905년 러일전쟁이 종결되고 일본이 승리하자 원래 제정러시아가 강점했던 요동 '조차지'는 일본의 통치 구역이 되었다.

　「포츠머스조약」 체결 후 얼마 되지 않은 1905년 9월 26일 일본 정부는 관동총독부 근무령을 제정했다. 이에 근거하여 일본 정부는 1905년 10월 18일 요양

---

[1] 당시 일본이 설치한 '관동주'는 현재 요동반도 普蘭店에서 皮口(貔子窩)에 이르는 선의 이남 지역, 즉 지금의 대련시 남부 지역에 해당했으며, 대련, 여순, 금주를 포함했다.

에 관동총독부를 설립하고 일본 천황에 직접 예속시켰으며, 육군대장 오시마 요시마사(大島義昌)를 총독으로 삼았다. 총독부의 책무는 "관동주를 관할하고 남만철도를 보호 관리하는 사무를 관장하는 것"이었으며, 중국 동북에 주둔하는 일본의 군대와 기타 기관의 최고 영도 기구였다.

러·일 양국이 체결한 「포츠머스조약」 부칙 제1조의 규정에 의하면 "양 협정국은 수비병을 두어 만주에서 각자의 철도 선로를 보호할 수 있으나, 수비병의 수는 1km당 15명을 넘을 수 없었다."[2] 일본 육군성은 1906년 2월 28일 명을 내려 중국 동북에 6개 대대의 독립수비대를 건립하여 남만철도 연선을 경비하되 관동도독이 지휘하도록 했다. 수비대는 1907년에 편성되었으며 부대 당 900명씩 모두 5,400명이었다.

러일전쟁 후 러·일 양국 군대가 각기 동북에서 철수함에 따라 1906년 7월 31일 일본은 제196호 칙령으로 「관동도독부관제」를 공포하여, 관동총독부를 관동도독부로 고쳤다. 9월 1일 관동도독부가 여순에 정식으로 설립되었다. 관동도독부는 아래에 육군부와 민정부를 설치하여 각각 점령지 내의 군사와 민정사무를 관리하게 했다. 그중 관동도독부 육군부는 일본 정부가 1906년 7월 21일 반포한 칙령 제204호 「관동도독부육군부조례」의 관련 규정에 의거하여 설립된 것이었다. 「조례」는 육군부의 직권 범위, 기구 설치 및 각 기구의 직권 범위를 규정했다. 육군부의 직권 범위에 관한 「조례」의 규정은 아래와 같다.

> 제1조 관동도독부 육군부는 관동도독부 관할 구역 육군의 일반 사항을 관장한다.
> 제2조 관동도독부 육군부는 아래와 같이 각 부를 설치한다. 참모부, 부관부(참모부 및 부관부는 합하여 막료라 한다), 법관부, 경리부, 군의부, 수의부.
> 제3조 참모장은 관동도독을 보좌하고, 육군기무 계획에 참여하고, 명령의 보급 및 실시를 감독하며, 관동도독부 육군부 내의 일반 업무 감독을 담당한다.

---

[2] 王希智 等 主編, 『大連近百年史文獻』, 257쪽.

제4조 막료인 각 장교 및 그에 상당하는 관리는 참모장의 지휘를 받으며, 각자 분담한 사무를 관장한다.

제5조 부관부장은 관동도독에 예속되며, 군사 사법 업무를 관장한다.

제6조 경리부장은 관동도독에 예속되며, 주재하는 여러 부대의 회계 경리를 감독하고, 육군 토지 건조물(국방 및 철도는 제외)에 관한 각 사무를 관리하고, 경리부 사관 이하의 인사 및 교육 사무를 통할하며, 특별히 병영 및 기타 새롭게 건설하는 임시 공사를 장리한다. 그러나 그중 회계 관련 사무의 감독 및 토지 건조물의 경영 사무는 육군 대신에게 직접 예속되며, 경리부 사관 이하의 인사 및 교육 사무는 육군성 경리국장의 관리를 받아야만 한다. 경리부장은 사단 경리부 관할 외 각 부대의 회계 경리를 총괄한다. 다만 주재한 부대의 위치에 따라 사단 경리부를 관장할 수 있다.

제7조 군의부장은 관동도독에 직속되며, 주재하는 여러 부대의 위생 업무를 감독하고, 위생부 사관 이하의 인사 및 교육과 위생 재료 관련 업무를 장리하되, 육군성 의무국장의 관리를 받아야 한다.

제8조 수의부장은 관동도독에 직속되며, 주재하는 여러 부대의 군마 위생 업무를 감독하고, 수의부 사관 이하의 인사 및 교육과 수의 재료, 편자 등에 관한 사항을 통할하되, 육군성 군무국장의 관리를 받아야 한다.

제9조 각 부장이 관동도독에게 공문으로 보고하는 사항은 미리 참모장에게 고지하고 그 승인을 얻어야 한다.

제10조 부관부, 경리부, 군의부 및 수의부의 부원은 각 부장의 명을 받아 각자 분담한 사무에 종사한다.

제11조 하사와 판임문관은 상관이 임명하며 사무를 담당한다.[3]

일본은 처음 동북에 4개의 주둔사단을 파견했다가 오래지 않아 2개 사단으로 줄였다. 즉 제14사단과 제16사단이었다. 1907년 10월 또 1개로 줄이고 아울러 2년마다 1차례씩 방어 임무를 교대했다. 9·18사변 전 일본은 연이어 10여개 사단을 중국 동북에 주둔시켰다. 주둔 상황은 〈표 7-1〉과 같다.

---

[3] 關東都督府官房文書課, 『關東都督府法規提要』, 滿洲日日新聞社, 1909, 1195~1196쪽.

〈표 7-1〉 일본군 동북 상주 사단의 방어 임무 교대 상황표(9·18사변 전)

기간	사단	기간	사단
1907.10~1909.09	제10사단	1921.04~1923.04	제15사단
1909.09~1911.04	제11사단	1923.04~1925.06	제 6사단
1911.04~1913.05	제 5사단	1925.06~1927.04	제10사단
1913.04~1915.05	제 2사단	1927.04~1929.04	제14사단
1915.04~1917.05	제17사단	1929.04~1931.05	제16사단
1917.05~1919.05	제 7사단	1931.05 이후	제 2사단
1919.05~1921.04	제16사단		

출전: 王强·高有奎,「日本關東軍的滋生與覆滅」中,『文史月刊』, 2002年 第8期.

1개 사단과 6개 수비대대는 총병력이 약 1만 400명이었고 모두 육군부가 통할했다. 이는 일본이 남만주를 통제하고 통치하는 군사 역량이었으며, 이것이 바로 관동군의 전신이었다.

1919년 일본 정부는 관동도독부의 권력이 지나치게 크고 외교와 시정 방침의 집행에 참견하는 것을 고려하여, 관동도독부를 폐지하고 관동청과 관동군사령부를 설립하되, 원래의 민정부를 관동청으로 고치고 육군부를 관동군사령부로 바꾸기로 결정했다. 1919년 4월 12일 관동청과 관동군사령부가 동시에 설립되었다. 초대 관동군사령관은 육군 중장 다치바나 고이치로(立花小一郎)였고 참모장은 하마오모테 마타스케(浜面又助) 소장이었으며(〈표 7-2〉참조) 사령부는 여순[4])에 있었다. 이로부터 관동주에 대한 일본의 식민통치에서 군정 분립이 시작되어 관동군사령부와 관동청은 각각 군사와 행정 권력을 행사했다.

〈표 7-2〉 1919년 4월~1931년 9·18사변 시기 관동군사령관, 참모장 일람표

사령관 성명	계급	재직 기간	비고	참모장 성명	계급	취임 연월
立花小一郎	중장	1919.4.12~1921.1.6	1920.8.16 대장 승진	浜面又助	소장	1919.4.12
河合操	중장	1921.1.6~1922.5.10	1921.4.9 대장 승진	福原佳哉	소장	1921.3.11
尾野實信	대장	1922.5.10~1923.10.10		川田明治	소장	1923.8.6

4) 1931년 9·18사변 후 봉천으로 옮기고 후에 장춘으로 이전했다.

白川義則	중장	1923.10.10~1926.7.28	1925.3.28 대장 승진	齊藤恒	소장	1925.12.2
武藤信義	대장	1926.7.28~1927.8.26				
村岡長太郎	중장	1927.8.26~1929.7.1		三宅光治	소장	1928.8.10
畑英太郎	중장	1929.7.1~1930.6.3	1930.5.1 대장 승진, 5.31 사망			
菱刈隆	대장	1930.6.3~1931.8.1				
本莊繁	중장	1931.8.1~1932.8.8				

출전 : 張洪祥 主編, 『近代日本在中國的殖民統治』, 352쪽 ; 李惠 等 主編, 『侵華日軍序列沿革』, 解放軍出版社, 1987, 13~14쪽 ; 高丕琨, 『僞滿人物－僞總理大臣秘書官的回憶』, 長春史志編輯部, 1988, 9~15쪽에 근거하여 작성.

관동군을 건립하기 위해 일본 정부는 특별히 「관동군사령부조례」를 반포하여 관동군사령관의 임명과 직권, 참모장의 직권 및 사령부 아래에 설치할 기구 등을 규정했다. 그 전문은 아래와 같다.

제1조 관동군사령관은 천황이 친히 임명하는 육군대장 혹은 중장이 담임하며, 관동주 및 남만주에 주둔하는 육군부대를 통수하고, 관동주의 방어와 남만주철도 선로의 보호 임무를 맡는다.

제2조 관동군사령관은 군정과 인사에서 일본 내각 육군대신의 지도를 받는다. 작전 및 동원 계획은 대본영 참모총장의 지도를 받는다. 교육은 교육총감의 지도를 받는다.

제3조 관동군사령관은 관동주의 보호 및 철도선로의 방비를 위해 필요시 병력을 사용할 수 있다. 관동군사령관은 관동장관이 관내 안녕과 질서의 유지 및 남만주철도부속지의 경무를 위해 필요하다고 생각하여 출병을 요구하면 이를 받아들일 수 있다. 앞면 각 항의 상황 아래서는 반드시 직접 육군대신 및 참모총장에게 보고해야 한다.

제4조 관동군사령관은 수시로 부하의 여러 부대를 검열하며, 매년 군대교육기간이 종결되면 군사 일반의 상황 및 의견을 상주해야 하며, 또 육군대신, 참모총장 및 교육총감에게 보고해야 한다.

제5조 관동군사령부 아래에 참모부, 부관부, 병기부, 경리부, 군의부, 수의부, 법관부 등을 설치한다. 참모부 및 부관부를 합하여 막료라 한다. 병기부, 경리부, 군의부, 수의부 및 법관부의 조직 권한은 별도로 규정한다.

제6조 참모장은 사령관을 보좌하고 기무에 참여하고 명령의 보급과 실시를 감독하며 사무 처리를 책임진다.

제7조 막료인 각 장교 및 그에 상당하는 관원은 참모장의 지휘를 받으며 각자 분담한 사무를 관장한다.

제8조 하사는 상관이 임명하며 사무를 담당한다.

제9조 각 부의 장이 사령관에게 보고하는 사항은 먼저 참모장에게 진술하고 그 승인을 받아야 한다.

관동군사령부의 조직 기구는 〈표 7-3〉과 같다.

〈표 7-3〉 관동군사령부 조직 기구(1931년 8월)
관동군사령관 本莊繁 중장(여순)

```
├─ 참모부  참모장 三宅光治 소장
│           고급참모 板垣征四郎 대좌(참모 5명, 막료 4명)
├─ 부관부 恒吉秀雄 중좌(부관 3명, 副官 部附 1명)
├─ 병기부 倉崎淸 대좌(부원 3명, 部附 1명)
├─ 경리부 佐野金輔 主計總監(부원 17명, 부부 2명, 기사 1명)
├─ 군의부 伊藤賢三 군의감(부원 3명)
├─ 수의부 田崎武八郎 一獸正(부원 2명)
├─ 법무부 大山文雄 사무관
├─ 군법회의 재판부 ┬─ 岡田痴一 법무관(2명)
│          검찰부 └─ 大山文雄 법무관(2명)
└─ 軍司令部附 土肥原賢二(계 29명, 특무기관 포함)
```

출전 : 史丁, 『日本關東軍侵華罪惡史』, 社會科學文獻出版社, 2005, 627쪽.

「조례」의 규정에서 볼 수 있듯이 관동군은 비록 군정과 인사에서 내각의 지도를 받았지만, 작전 및 동원 계획은 대본영 참모총장의 지도를 받았다. 이는 관동군이 일본 내각의 통제를 벗어나 직접 군부[5]의 지휘를 받아 행동할 수 있었음을 말한다. "이렇듯 육군대장 혹은 중장이 담임하는 관동군사령관은 이후부터 통수권의 독립을 명분으로 어떠한 속박에서도 벗어나 만주와 몽골의 아득히 넓은 대지에서 자유롭게 내달리며 자기의 길을 걸어갔다."[6] 따라서 관동군은 하나의 '군'으로서 이때부터 독립한 것이라 말할 수 있다. 관동군은 이러한 기초 위에서 점점 발전하여 하나의 방대한 야전부대가 되었으며, 최종적으로는 일본육군의 정예인 '황군의 꽃'이 되었다.

1932년 8월 8일, 즉 일본이 만주국의 건립을 계획할 때 일본 정부는 무토 노부요시(武藤信義) 대장을 관동군사령관 겸 만주국 주재 특명전권대사와 관동국장관으로 임명하여 한 사람에게 군사, 외교, 민정을 집중하는 이른바 삼위일체의 새로운 체제를 실시했다. 관동군사령관은 이때부터 만주국의 '태상황'이 되었다. 1934년 4월 일본은 정식으로 대만(對滿)사무국(일본)과 관동국(만주)관제를 공포하여 대련에서 관동청을 폐

관동군사령관 혼조 시게루(本莊繁)

지하고 관동주청을 설치했다. 관동주청장관은 일본의 만주국 주재 특명전권대사, 즉 관동국장관의 지휘 감독을 받았다. 이는 바로 관동군사령관으로 하여금 한 몸으로 세 자리를 겸하도록 함으로써 진정한 의미에서 동북지역의 태상황이 되도록 했다. 이러한 체제는 1945년 관동군이 소멸될 때까지 계속되었다.

관동군사령부는 1919년 설립된 후 줄곧 사령부로 불렸다. 1942년 10월 1일 관

---

[5] 일본 군부는 육군참모본부, 해군군령부, 교육총감으로 구성되었다. 내각 육해군대신 현역무관제의 규정 때문에 내각 안의 육군대신과 해군대신도 군부가 통제했다.

[6] 島田俊彦 著, 李汝松 譯, 『日本關東軍覆滅記』, 遼寧敎育出版社, 1991, 28쪽.

동군총사령부로 승격되었다.

9·18사변 이전 관동군의 주둔·수비 상황은 아래와 같다.7)

사령관	本莊繁 중장
참모장	三宅光治 중장
제2사단(요양)장	多門二郞 중장
보병 제3여단(장춘)장	長谷部照 소장
보병 제4연대(장춘)장	大島陸太郞 중좌
보병 제29연대(봉천)장	平田幸弘 중좌
보병 제15여단(요양)장	天野六郞 소장
보병 제16연대(요양)장	濱本喜三郞 중좌
보병 제30연대(여순)장	坪井善明 중좌
기병 제2연대(공주령)장	若松晴司 중좌
야포병 제2연대(해성)장	河村圭三 대좌
공병 제2대대 제2중대(철령)장	花井京之助 대위
독립수비대(공주령)사령관	森連 중장
보병 제1대대(공주령)장	小河原浦治 중좌
보병 제2대대(심양)장	島本正一 중좌
보병 제3대대(대석교)장	岩田文男 중좌
보병 제4대대(연산관)장	坂津直純 중좌
보병 제5대대(철령)장	田所定又衛門 중좌
보병 제6대대(안산)장	上田利三郞 중좌
여순요새사령부 사령관	厚東篤太郞 중장
관동헌병대(여순)장	二宮健市 중장
여순중포병대대장	山村新 중좌

---

7) 關捷 等 主編, 『中日關係全書』 下, 遼海出版社, 1999, 1486쪽.

관동군의 주둔사단사령부는 요양(遼陽)에 설치되었다. 2개의 여단사령부는 철령(鐵嶺)과 유수둔(柳樹屯)에 각각 설치되었다. 4개의 보병연대는 철령, 요양, 여순과 유수둔에 각각 주둔했다. 이 외에도 공주령(公主嶺)에 1개 기병연대, 해성(海城)에 야포병연대, 요양에 1개 공병대대, 봉천(奉天)에 1개 보병대대(요양 주둔 보병연대에서 선발)가 배치되었다.

독립수비대사령부는 공주령에 설치되었다. 각 대대(6개 대대), 중대(24개 중대)의 주둔지 상황은 〈표 7-4〉와 같다.

〈표 7-4〉 독립수비대 주둔지 상황 일람표

각 대대 및 주둔지	대대장	각 중대 및 주둔지
제1대대 : 公主嶺	小河原浦治　중좌	제1중대 : 范家屯 제2중대 : 公主嶺 제3중대 : 郭家店 제4중대 : 長春
제2대대 : 開原	島本正一　중좌	제1중대 : 開原 제2중대 : 昌圖 제3중대 : 四平街 제4중대 : 開原
제3대대 : 奉天	岩田文男　중좌	제1중대 : 千金塞(撫順) 제2중대 : 奉天 제3중대 : 煙臺 제4중대 : 虎石臺
제4대대 : 鳳凰城	坂津直純　중좌	제1중대 : 本溪湖 제2중대 : 草河口 제3중대 : 鳳凰城 제4중대 : 安東
제5대대 : 大石橋	田所定右衛門　중좌	제1중대 : 大石橋 제2중대 : 鞍山 제3중대 : 海城 제4중대 : 大石橋
제6대대 : 瓦房店	上田利二郎　중좌	제1중대 : 瓦房店 제2중대 : 得利寺 제3중대 : 熊岳城 제4중대 : 瓦房店

출전 : 東亞同文會 編, 胡錫年 譯, 『對華回憶錄』, 292쪽.

이 시기 관동군사령부 예하에는 또 관동군헌병대, 여순요새사령부, 여순중포병대대, 관동군육군창고, 육군운수부 대련지부, 위수병원, 위수감옥, 여순군항 등이 있었다.

관동군헌병대는 만주에 주둔하는 사단 및 독립수비대에 대하여 군사경찰 및 사법경찰업무를 집행했으며, 동시에 관동주와 만철부속지 내에서 행정경찰과 사법경찰을 겸하는 특수부대였다.[8]

헌병은 1904년 러일전쟁 기간에 처음 출현했다. 이 해에 관동헌병은 일본육군의 군사경찰로서 중국 동북에 와서 중국침략일본군의 기강을 유지했다. 1904년 9월 44명의 종군헌병이 점령지 군정서에 배치되어 점령지의 행정사무를 집행하고, 헌병 후쿠나가 사다무(福永定) 소좌 등이 요동수비군부(遼東守備軍附)로 임명되었다. 이듬해 5월 만주군사령부 총병전감(總兵戰監) 아래 요동병참감을 설치했다. 동시에 군정서를 폐지하고 관동민정서를 신설하여 헌병을 다시 민정서로 옮겼으며, 요동수비군부(附)로 하여금 요동병참감부(附)의 신분으로 직권을 행사하도록 했다.

1905년 12월 일본 정부는 요동병참감의 헌병을 정식으로 관동헌병대로 개편하고 관동총독에 직속시켰다. 초대 관동헌병대 대장은 후쿠나가 사다무 중좌였다. 헌병대 본부는 여순에 설치했고, 헌병분대는 여순, 요양, 봉천, 철령, 장춘, 안동(현 단동丹東)에 설치했으며, 헌병분견소는 유수둔, 대석교(大石橋), 영구(營口), 해성, 무순(撫順), 개원(開原), 사평가(四平街), 공주령과 연산관(連山關)에 설치했다.

1906년 9월 1일 관동도독부가 설립되었다. 같은 해 10월 26일 관동헌병대가 관동도독의 관할로 귀속되었다. 다만 군사 규찰에 관한 임무는 관동도독의 지휘를 받아야 했다. 관동주 관련 행정 사법 규찰 임무는 관동청민정서장 및 관동청사법원 검찰관의 지도를 받아야 했다.

---

[8] 傅大中, 『關東憲兵隊』, 吉林教育出版社, 1991, 6쪽.

1908년 5월 7일 관동도독부는 부령 제29호를 반포하여 관동헌병대의 배치 및 헌병분대의 관할구역을 규정했다. 그 구체적 상황은 〈표 7-5〉와 같다.

1911년 9월 관동도독부는 부령 제21호를 반포하여 관동헌병대의 배치 및 헌병분대 관할구역 상황을 새로 규정했다. 그 상황은 〈표 7-6〉과 같다.

〈표 7-5〉 관동헌병분대 관할 구역 일람표

헌병대 본부 위치	헌병 분대	헌병분대위치	헌병분대 관할 구역	헌병 분대 분견소
여순	여순	여순 구시가	관동주 일대 및 萬家嶺 이남(만가령 포함)	대련
	요양	요양	만가령 이북(만가령 제외) 煙臺 간(연대 제외) 및 牛家屯·大石橋 간	대석교
	봉천	봉천	연대 이북(연대 포함) 新臺子(신대자 포함) 간 및 봉천·橋頭(교두 포함)와 봉천·무순 간	本溪湖
	철령	철령	신대자 이북(신대자 제외) 鐵四平街 간(철사평가 포함)	鐵昌圖
	안동	안동	교두 이동(교두 제외) 안동현 간	
	장춘	장춘	철사평가 이북(철사평가 제외) 장춘 간	公主嶺

출전 : 溝淵孝雄 編纂, 『關東州司法令集』, 1203쪽.

〈표 7-6〉 관동헌병대 배치 및 분대 관할 구역 조정 일람표*

헌병대 본부 위치	헌병 분대	헌병분대위치	헌병분대 관할 구역	헌병 분대 분견소
新旅順	여순	여순 구시가	관동주 내 夏家河子에서 黃泥川下屯(이상 촌락 포함)에 이르는 선 이남	-
	대련	대련	관동주(여순분대 관할 제외) 및 만가령 이남(만가령 포함)	柳樹屯 瓦房店
	요양	요양	만가령 이북 연대 간(연대 포함) 및 영구·대석교 간	大石橋 營口
	봉천	봉천	연대 이북 신대자 간(신대자 포함) 및 봉천·鷄冠山(계관산 포함)과 봉천·무순 간	本溪湖 連山關
	철령	철령	신대자 이북 雙廟子 간(쌍묘자 포함)	鐵開原
	공주령	공주령	쌍묘자 이북 장춘 간	鐵四平街 ① 장춘
	안동	안동	계관산 이남 안동현	-

*표에서 "鐵四平街①"는 원문이 이와 같다.
출전 : 溝淵孝雄 編纂, 『關東州司法令集』, 1271쪽.

도죠 히데키

관동군사령관 예하의 관동군헌병대는 9·18사변 때 1개 부대, 약 200명이었으나, 1935년 5개 부대, 약 1,000명으로 확대되었으며, 1940년 다시 19개 부대, 약 2,000명으로 증가했다. 관동군헌병대사령관은 중장 혹은 소장이 담임했다. 일본의 A급 전범 도죠 히데키(東條英機)는 일찍이 헌병대사령관을 지낸 바 있다.

9·18사변 이전 관동헌병(대)의 각 시기별 병력 변화 상황은 〈표 7-7〉과 같다.

9·18사변 이전 역대 헌병대장 및 재임 상황은 〈표 7-8〉과 같다.

9·18사변 후 일본은 중국 동삼성을 점령했다. 식민통치의 필요에 부응하기 위해 1932년 관동헌병대본부는 관동헌병대사령부로 승격되어 봉천에 설치되었으며 뒤에 장춘으로 옮겼다. 장관은 대장(隊長)에서 사령관으로 바뀌었다. 역대 사령관 및 재임 상황은 〈표 7-9〉와 같다.

〈표 7-7〉 9·18사변 이전 관동헌병(대) 병력 변화 상황 일람표

연도	군관	준사관	하사관	사병	계
1905	30	3	85	240	358
1907	10	4	43	159	216
1910	10	5	40	133	188
1913	10	7	36	129	182
1915	10	6	37	128	181
1919	11	6	36	128	181
1922	10	10	32	126	173
1925	10	9	32	126	177
1929	10	10	32	126	173
1931	34	32	243	381	690

출전 : 傅大中, 『關東憲兵隊』, 8쪽.
[역주] 1922년의 합계 173과 1929년의 합계 173은 모두 178의 오류로 보인다.

〈표 7-8〉 9·18사변 이전 역대 관동군헌병대장 및 재임 상황 일람표

	성명	계급	재임 기간
1기	福永定	헌병 중좌	1905.12~1906.5
2기	岡本淸作	헌병 소좌	1906.5.1~1909.3
3기	安鳩政伍	헌병 중좌	1909.3~1910.10
4기	中島矩眞	헌병 중좌	1910.11~1913.8
5기	藤田耕一	헌병 중좌	1913.8~1915.8
6기	山田鹿太郎	헌병 중좌	1915.8~1917.8
7기	隈部親信	소장	1917.8~1919.8
8기	前田升	대좌, 소장	1919.8~1920.8
9기	峰幸松	대좌, 소장	1920.8~1925
	小山介藏	소장	1928년 전후
말기	二宮健市	소장	9·18사변 전후

출전 : 傅大中, 『關東憲兵隊』, 9쪽.

〈표 7-9〉 역대 관동군헌병대사령관 및 재임 상황 일람표

	성명	계급	재임 기간
1대	二宮健市	소장	1931.9~1932.8
2대	橋本虎之助	중장	1932.8~1933.8
3대	田代皖一郎	중장	1933.8~1934.8
4대	岩佐綠郎	중장	1934.8~1935.9
5대	東條英機	중장	1935.9~1937.3
6대	藤江惠輔	중장	1937.3~1938.3
7대	田中靜壹	중장	1938.3~1938.8
8대	城倉義衛	중장	1938.8~1940.3
9대	竹內寬	중장	1940.3~1941.3
10대	原守	중장	1941.3~1942.3
11대	加藤泊治郎	소장	1942.3~1943.1
12대	大野廣一	소장	1943.1~1943.8
13대	三浦三郎	중장	1943.8~1944.10
14대	大木繁	중장	1944.10~1945.8

출전 : 「宇津木孟雄筆供」, 中央檔案館 等 合編, 『日本帝國主義侵華檔案資料選編·僞滿憲警統治』 第7冊, 中華書局, 1983, 24쪽.

여순요새사령부는 일본대본영이 러일전쟁 기간인 1905년 1월 설치했다. 같은 해 4월 대련만요새사령부가 설치되자 여순요새사령부는 그에 합병되었다. 1906년 3월 대련만요새사령부가 여순요새사령부로 이름을 바꾸었다. 여순요새사령부는 주로 요새방어계획 수립, 방어공사, 요새관리 및 군수물자 비축 등을

담당했다.

여순중포병대대는 관동군사령부에 직속되어 주로 여순요새의 방어임무를 담당했다. 이는 관동군의 중요한 구성 부분이었다.

관동육군창고는 1906년 2월 일본이 대련에 설치한 만주창고(1904년 8월에 건립)를 개조하여 만들었다. 처음에는 만주군사령부에, 뒤에는 관동도독부에, 1919년 4월에는 관동군사령부에 예속되었다. 본고(本庫)는 대련에 설치되었고 분고(分庫)는 여순(이후 몇 차례 조정)에 설치되었다.[9] 아울러 영구, 요양, 봉천, 철령, 안동, 유수둔에 사무소가 설치되었다. 관동육군창고는 주로 관동군을 위해 예를 들면, 무기탄약, 군량과 마초, 피복, 위생기재 및 약물, 수의(獸醫)재료 등의 군용 물자를 비축·제조·구매·공급했다.

육군운수부 대련지부의 전신은 바로 러일전쟁기간 대련에 설치한 육군부대 정박소사령부로, 선박 운수, 육군상륙부대의 인마와 물자의 운수(만주군사령부에 직속)를 관리했다. 러일전쟁 후 대련운수부사무소로 개칭했다. 여순과 유수둔에 출장소를 설치했다. 1907년 관제의 변경에 따라 육군운수부 대련지부로 개칭되었다.

여순위수병원은 1907년 여순에 설치되었다. 1908년 6월 대련에도 위수병원 대련분원이 설치되었다. 평시에는 중국 동북과 천진육군병원에서 온 환자를 수용하고 전시에는 부상병을 수용했다.

관동군의 기타 기구로 또 위수형무소, 즉 감옥이 여순에 설치되었다. 관동군의 조직 기구는 〈표 7-10〉과 같다.

---

[9] 처음에 대련에 설치, 1909년 3월 여순으로 옮겼다가 1921년 11월 다시 대련으로 이전했다.

〈표 7-10〉 관동군 조직 기구(1931년 8월)

조직	직책	성명	계급
관동군	사령관	本莊繁	중장
사령부	참모장	三宅光治	중장
제2사단	사단장	多門二郎	중장
독립수비대	사령관	森連	중장
여순요새사령부	사령관	厚東篤太郎	중장
여순위수의원	원장	矢澤弘水	一軍正(대좌)
요양위수의원	원장	笹井秀恕	일군정(대좌)
철령위수의원	원장	木下福	일군정(대좌)
관동육군창고(대련)	창고장	石原通	이군정(대좌)
관동위수형무소	감옥장	大山文雄	
관동군헌병대(여순)	대장	二宮健市	
여순중포병대대	대대장	山村新	중좌

출전 : 史丁, 『日本關東軍侵華罪惡史』, 627쪽.

해군방면에는 여순군항이 있었다. 러일전쟁 시기 대본영은 1905년 여순구진수부를 설치하고, 1906년 여순진수부로 개칭하여 관내 여순해군구의 방비, 소속 함선의 통솔·보급·출동준비, 병사의 징집 훈련, 정책의 운영 감독을 담당하게 했다. 1914년 요항부(要港部)로 격하되어 여순요항부로 개칭되었다. 1922년 해군은 워싱턴회의의 군비 감축 규정에 근거해 요항부를 재차 방비대[10]로 격하했다. 만주국이 설립된 후 1933년 다시 여순요항부로 회복되어 아래에 항무부, 병원, 무선전신소 등을 관할했다. 이 부서는 항구에 주둔하는 군함과 해상구축대의 지휘를 담당했으며 관동주 및 만주국의 연해 방어업무를 겸했다.

---

[10] 방비대는 이전에 이미 편성되어 요항부의 예하에 속했다.

1941년 11월 일본 국내의 요항부가 경비부(警備府)로 개칭되자 여순요항부도 여순경비부로 개칭했다. 1개월 후 해군은 여순경비부를 폐지하고 여순특별대가 직무를 대행하도록 변경했다.

2. 관동군의 중국 내정 간섭 및 중국에 대한 침략 확대

일본이 중국을 침략하는 중요한 도구였던 관동군은 동북에서 정보를 수집하고, 토비와 매국노를 매수하고, 중국 내정을 전복·파괴했으며, 일련의 중국침략사건을 잇달아 일으켰다.

1) 신해혁명에 대한 간섭

1911년 신해혁명이 발발했다. 1912년 1월 1일 남경임시정부가 수립되고 쑨원이 임시대총통에 취임했다. 쑨원은 임시대총통에 취임한 후 길을 나누어 북벌하기로 결심했다. 1월 초 쑨원은 란톈웨이(藍天蔚)를 관외민군도독에 임명하여 군대를 통솔하여 북벌하도록 했다. 1월 16일 란톈웨이는 북벌 제1군 1,000여 명을 거느리고 상해에서 승선, 산동 연대(煙臺)에 도착하여 요동반도로 진군을 준비했다. 일본 정부의 북벌에 대한 파괴를 방지하기 위해 란톈웨이는 1월 18일 관동도독 오시마 요시마사에게 조회하여 "남만주철도의 중립을 보증하라"고 요구했다. 그 내용은 다음과 같다.

> 우리나라 공화군의 흥기는 전제 정부를 개조하는 것이 목적이며, 목표는 인민의 행복과 세계 평화를 모색하는 데 있다. 따라서 외국 인민의 생명과 재산에 대하여 당연히 힘을 다해 보호할 것이다. 그런데 본성의 모든 시설이 대부분 귀국과 관련이 있다. 지금 본 도독은 중화민국 임시대총통의 명을 받들어 관외의 군사업무를 감독 관리하는 임무를 맡고

있으며 있는 힘을 다해 반드시 보호의 책임을 다할 것이다. 다만 본성의 철도가 귀국의 소유이므로 평화 수호의 견지에서 귀국이 남만철도의 중립을 보증하여 민국 군대 및 청국 군대에 대하여 모두 일률적으로 동등하게 대해 주기를 간절히 바란다.11)

1월 20일 북벌군은 다시 외교관원 훠푸(霍復)를 여순진수부로 보내 북벌군이 대고산(大孤山) 일대에 "상륙할 때 일본 군함이 묵인하는 태도로 대해주기를" 희망했다.12)

2월 1일 란텐웨이는 대련에 상륙하자마자 곧바로 일본 대련민정서 서장 아이가 데루사토(相賀照鄉)와 만철회사를 방문하여 일본식민정부가 북벌군에게 '협조'해 주기를 희망했다.

그러나 일본 정부는 여전히 북벌에 무지막지하게 간섭했다. 2월 18일 곧 란텐웨이가 관동도독 오시마 요시마사에게 조회한 날 일본 함정 '도키와(常盤)'함 함장은 란텐웨이에게 경고를 보냈다. "만일 정부군과 혁명군 양군이 중립지대 내 혹은 조차지 내에서 군사행동을 발동한다면 제국정부는 묵인하기가 극히 어렵다."13) 요동반도에서 북벌군의 어떠한 군사 행동도 금지했다. 1월 20일 일본 함정 '오토와(音羽)'호는 재차 사람을 보내 경고했다.

중립지대의 이용을 절대 거절할 뿐만 아니라, 설사 기타 만주 연안 지역에 상륙하더라도 역시 만주의 안녕 질서를 문란하게 하고 나아가 각국 주민의 안전을 위협하여 우리나라의 이익에 손해를 끼치게 될 것이다. 장래에 발생할 소란을 피하기 위해 귀군이 상륙 계획을 포기하기 바란다.14)

---

11) 鄒念之 編譯, 『日本外交文書選編-關于辛亥革命』, 中國社會科學出版社, 1980, 220쪽.
12) 鄒念之 編譯, 『日本外交文書選編-關于辛亥革命』, 238쪽.
13) 鄒念之 編譯, 『日本外交文書選編-關于辛亥革命』, 220쪽.
14) 鄒念之 編譯, 『日本外交文書選編-關于辛亥革命』, 225쪽.

그러나 북벌군은 흔들리지 않고 2월 1일과 2일 요동반도 장하현 필리하(畢哩河, 일명 필리하畢利河, 지금의 벽류하碧流河) 부근의 고려성(高麗城)과 첨산구(尖山口)에 상륙했다. 2월 6일 북벌군은 장하와 복주 의군의 협조 아래 와방점(瓦房店)을 함락하고 10일 장하를 함락시켰다. 10일 안에 대오는 2,000여 명으로 발전했다. 그러나 일본 정부는 대련에 주재하는 일본식민당국을 통해 재차 간섭했다. 2월 7일 관동도독 오시마 요시마사는 도키와함 함장에게 명하여 란톈웨이에게 "엄숙히 경고하여 한편으로 배신행위를 질책하고, 다른 한편으로 유효한 조치를 취하여 되도록 빨리 중립지대에서 철수하도록 요구하라"고 했다. 같은 날 오시마는 또 대련민정서 서장 아이가 데루사토에게 명하여 란톈웨이에게 "동일한 어조로 문책하도록"했다.[15] 아울러 출병하여 진압하겠다고 위협했다. 2월 13일 관동도독부는 재차 북벌군에게 각서를 보내 중립지대에서 물러나라고 요구했다. 이러한 상황 아래 란톈웨이는 어쩔 수 없이 북벌군을 거느리고 2월 21~23일 요동반도에서 물러났다.

1913년 쑨원이 일으킨 '2차 혁명'이 실패한 후 화중과 화북 등지의 200여 명의 혁명당원이 대련에 집결하여 권토중래를 준비했다. 그들은 쑨원과 연계하여 쑨원으로부터 지시와 도움을 얻기를 희망했다. 쑨원은 천치메이(陳其美), 다이지타오(戴季陶) 등과 상의한 후 위안스카이의 통치 역량이 비교적 박약한 동북지역과 산동반도를 혁명역량을 축적하고 발전시킬 중점지역으로 삼아야 한다고 생각하고, 아울러 천치메이와 다이지타오를 보내 지도하도록 결정했다.

1914년 1월 천치메이와 다이지타오는 대련에 도착한 후 혁명당원과 함께 상의하여 대련에 기관을 설립하고 동북3성에 혁명공작을 전개했다. 아울러 사람을 흑룡강과 길림 등지에 파견하여 군대 기의를 책동하여 위안스카이에 반대하기로 결정했다.

---

[15] 鄒念之 編譯, 『日本外交文書選編－關于辛亥革命』, 241쪽.

일본식민정부는 소식을 알게 된 후 혁명당원의 행동을 추적 감시하고 수시로 일본 정부에 보고했다. 일본 정부가 위안스카이를 지지하기로 결정한 후 관동도독부는 공공연히 혁명당원을 구축하도록 명을 내렸다. 대련에서 그들의 혁명활동을 금지했으며 끝내 혁명당원의 계획이 중도에 실패하도록 했다.16)

2) 봉천파 군벌에 대한 원조 및 궈쑹링(郭松齡)의 쿠데타에 대한 간섭

봉계군벌의 수령 장쭤린(張作霖)은 원래 동북의 도적 두목으로, 뒤에 조정의 회유를 받아 도적 수괴에서 청나라 지방군관이 되었다. 신해혁명 후 장쭤린은 위안스카이의 임명을 받아 육군 제27사 중장사장(中將師長)이 되었다.

장쭤린은 중장사장에 취임한 후에도 결코 만족하지 못했다. 봉천, 한 발 더 나아가 동북을 제패하는 목적을 달성하기 위해 장쭤린은 끊임없이 일본에게 비밀리에 추파를 보냈고, 심지어 일본의 이익을 위해 "온 힘을 기울이기" 원한다고 공개적으로 표시했다.17) 1912년 12월 11일 장쭤린은 비밀리에 일본 관동군 도독 후쿠시마 야스마사(福島安政)를 방문하여, 후쿠시마에게 "차라리 일본의 지시대로 행동하겠다"고 밝혔다.

그리고 이때 일본도 장쭤린을 동북을 침략하기 위한 자신들의 대리인으로 삼아, 동북에서 일본의 침략 이익을 확대하며 최종적으로 동북을 독차지하는 음모를 실현하고자 했다. 특히 종사당(宗社黨)이 두 차례의 '만몽독립' 활동에 실패한 후 일본은 장쭤린에 대해 큰 기대를 걸고 있었다. 이러한 상황 아래 장쭤린이 저절로 굴러들어오자 일본인은 크게 기뻐했다. 쌍방은 단번에 의기투합했으며 이때부터 일본은 장쭤린에 대한 지원을 개시했다.

1919년 7월 5일 북경의 돤치루이(段祺瑞) 정부는 동북의 군정 권력을 통일하

---

16) 程思遠 主編, 『中國國民黨百年風雲錄』, 延邊大學出版社, 1994, 284~291쪽.
17) 朱誠如 等 主編, 『遼寧通史』, 大連海事大學出版社, 1997, 413쪽.

기 위해 특별히 장쮀린을 동삼성순열사(巡閱使)에 임명했다. 장쮀린은 이 기회를 이용하여 길림독군(吉林督軍) 멍언위안(孟恩遠)의 권력을 빼앗으려 했으나 멍언위안의 격렬한 저항을 받았다. 이 긴박한 시기에 일본이 직접 장쮀린을 지지하여 '관성자(寬城子)사건'을 일으켰다.

이 해 6월 장쮀린은 먼저 길림 각계의 몇몇 사람들을 부추겨 멍언위안의 8대 죄상을 나열하고, 아울러 북경정부에 보고하여 멍언위안을 해임하라고 요구했다. 7월 6일 북경정부는 장쮀린의 요구에 응하여 멍언위안에게 이름뿐인 '혜위장군(惠威將軍)'이라는 직함을 주어 북경에 와서 임직하도록 했다. 소식이 길림에 전달되자 멍언위안은 복종을 거부하고 무력 대항을 준비했다. 장쮀린은 4로(四路) 대군을 파견하여 멍언위안 토벌을 준비했고 쌍방은 일촉즉발의 형세에 놓였다.

7월 19일 오후 1시 무렵 갑자기 남만철도부속지 장춘역 일본 직원 후나쓰 도타로(船津藤太郎) 등이 초병의 경고를 듣지 않고, 강제로 길림군 경계선[18] 내를 통과하려 하자, 길림군 사병이 저지하면서 쌍방에 말다툼이 발생하여 서로 구타하는 데까지 이르렀다. 일이 일어난 후 후나쓰는 장춘주재 일본군 남만철도부속지수비대로 가서 도움을 구했으며, 수비대의 스미다(住田) 중위가 30여 명의 일본군을 거느리고 길림군에게 공격을 개시하여 무력충돌을 도발했다. 이어서 또 많은 관동군이 몰려와 쌍방 간에 전투가 발생했으며 오후 3시 무렵이 되어서야 비로소 종료되었다. 전투결과는 관동군이 사망 20명, 부상 7명이며, 중국관병은 사망 12명, 부상 14명이었다.

관성자사건이 발생한 후 관동군은 공주령과 철령 등지에서 관동군을 대량으로 선발하여 길림과 장춘 지역으로 보내 길림군에 압력을 가했다. 아울러 중국 정부가 일본인에게 '위로금'과 '배상금'을 지급하라고 요구했으며, 중국 교섭원

---

[18] 孟恩遠의 부하이자 吉軍參謀長 겸 제1사단장 高士儐은 1개 團을 파견하여 寬城子에 주둔시키고 주둔지 주위에 경계선을 그어 기타 인원의 통행을 금지했다.

은 일본영사에게 '유감' 등을 표시했다. 관동군의 압박 아래 7월 20일 멍언위안은 어쩔 수 없이 사람을 보내 일본영사 모리타 간조(森田寬藏), 일본독립수비대사령관 다카야마 기미미치(高山公通)와 담판하여 「잠시유지치안판법」(독군 문제가 종료될 때까지) 6항을 상의, 결정했다. ① 이도구(二道溝)에 주둔하는 순경은 7월 20일에 전부 철수한다. ② 남령(南嶺) 포병은 장춘부속지 30리 밖으로 물러난다. ③ 보병과 기병은 페이치쉰(裴其勛)[19]의 부하를 제외하고는 모두 장춘부속지 30화리(華里) 밖으로 물러난다. ④ 이상의 길림군이 장춘에서 물러나는 시기는 21일과 22일이며 늦어도 24일까지로 한다. ⑤ 이후 중국군대가 장춘부속지 30화리 이내에 진입하려면 반드시 장춘주재 일본영사관의 동의를 얻어야 한다. ⑥ 모든 중국군대는 일률적으로 부속지 내에 출입할 수 없다.

이어서 일본공사는 또 북경정부에 압력을 가했다. 일본 정부의 압박 아래 북경정부는 어쩔 수 없이 명을 내려 멍언위안 등의 직무를 면직했다. 이렇게 되자 장쭤린은 싸우지도 않고 승리하여 마침내 길림을 통제하고 동삼성을 제패하는 목적을 달성했다.

1924년 9월 제2차 직봉전쟁(直奉戰爭)이 발발하자 봉천군은 크게 승리했다. 세력은 단번에 확장되어 화동과 장강유역, 즉 중국의 거의 절반까지 이르러 봉계의 세력은 전성기에 달했다. 그러나 좋은 상황은 오래가지 않았다. 뒤에 남방 군벌, 특히 고조된 전국 인민의 반봉계 운동의 타격 아래 봉천군은 연달아 패퇴하기 시작했다. 바로 이 시기에 봉계 내부에 분열이 발생하여 궈쑹링의 봉계배반사건이 일어났다.

궈쑹링(郭松齡, 1883~1924)은 자는 무신(茂宸)으로 심양 동쪽 교외의 어초채촌(漁樵寨村) 사람이다. 일찍이 북경육군대학을 졸업하고 신해혁명에 참가했으며 후에 봉천군에 가담했다. 궈쑹린이 제2차 직봉전쟁 때 봉천군에 반기를

---

[19] 裴其勛은 吉長鎭守使 겸 混成旅 旅長으로, 孟恩遠과 張作霖의 모순 투쟁 가운데서 張作霖에게 기울었다.

든 이유는 궈쑹린 개인적인 원인뿐 아니라, 봉계군벌 내부의 문제도 있었다. 원래 봉계군벌은 신구 양파로 나뉘어 있었다. 구파[20]는 장쭤샹(張作相)을, 신파는 양위팅(楊宇霆)을 수령으로 했다. 신파 중에는 또 사관파와 대학파[21]의 구별이 있었다. 사관파는 양위팅과 장덩쉬안(姜登選)이 중견이었으며, 대학파는 궈쑹링과 리징린(李景林)이 수령이었다. 양 파에 알력이 생긴 것은 유래가 오래되었다. 봉계는 제1차 직봉전쟁에서 실패한 후 신파가 점차 득세하여 장덩쉬안, 궈쑹링, 리징린 등이 모두 요직을 차지했다. 특히 궈쑹링은 장쉐량(張學良)의 신임을 얻어 결국 동료의 질투를 받게 되었다. 제1차 직봉전쟁은 장쉐량과 궈쑹링이 힘을 가장 크게 썼고, 제2차 직봉전쟁이 시작되자 힘을 가장 크게 썼던 이도 장쉐량과 궈쑹린 두 사람이었다. 그러나 논공행상 때 양위팅은 강소독군(江蘇督軍), 장쭝창(張宗昌)은 산동독군(山東督軍), 리징린은 직예독군(直隸督軍)이 되었으나, 궈쑹링은 전혀 소득이 없었다. 그는 열하도통(熱河都統)이 되고자 했으나, 그마저 양위팅에 의해 저지되었다. 이에 궈쑹린과 양위팅의 갈등이 날로 깊어졌다.

궈쑹링은 일찍이 동맹회에 가입한 적이 있으며 1917년 또 남하하여 쑨원에 의탁하여 호법군정부(護法軍政府)에 참가했다. 그래서 민주주의 사상의 영향을 매우 깊이 받았다. 제2차 직봉전쟁 때 궈쑹링은 전국 반봉계운동의 영향을 받은데다 개인의 은원이 더해져, 장쭤린과 양위팅 등이 모든 무력을 사용하여 전쟁을 마음대로 일으키고, 나라에 손해를 끼쳐 백성에게 재앙을 주는 행동에 대해 깊이 불만을 느꼈다. 특히 그는 봉천군이 강절(江浙)에서 패전한 소식과 장쭤린이 대표를 일본으로 파견하여 매국에 관한 밀약을 체결하려 한다는 등의 내막을 알게 된 후[22] 매우 분노했다. 그는 장쭤린의 매국 수작에 대한 결연한

---

[20] 일찍이 장쭤린을 따랐던 사람들.
[21] 사관파는 일본 사관학교 출신, 대학파는 국내 陸軍院校 출신.
[22] 吳錫祺,「馮玉祥·郭松齡聯合反對張作霖的經過」,『遼寧文史資料』第16輯, 遼寧人民出版社,

반대 의사를 표명하고 아울러 펑위샹(馮玉祥)과 합작하여 공동으로 장쭤린을 쓰러뜨리고자 했다.

1925년 11월 이미 봉천군 제3군 부군장을 맡고있던 궈쑹링은 펑위샹 등과 반봉계삼각동맹을 비밀리에 결성하고 병사를 일으켜 봉천군에 반기를 들기로 결심했다. 11월 22일 깊은 밤 궈쑹링은 3통의 전문을 보냈다. 첫 번째 전문은 장쭤린이 하야하고 장쉐량을 후계자로 추대할 것을 요구했다. 두 번째 전문은 양위팅의 죄행을 공포하고 당일로 사직할 것을 요구했다. 세 번째 전문은 국내에서 당일로 군사행동을 중지해야 한다고 주장했다. 다음날 궈쑹링은 난주(灤州)에서 독립을 선포했다. 뒤이어 예하의 봉천군 정예 7만 명을 4개 군으로 편성하고 장쉐량의 명의로 전군을 호령하여 관외로 출발했다. "그때 궈쑹린은 봉천의 정예 부대는 모두 자기의 수중에 있으므로 봉천에는 부대가 없고, 길림 제15군 장쭤샹 부대가 이미 산해관을 점거하고 있으나 감히 일격을 견딜 힘도 없으며, 흑룡강성에 비록 두 개의 기병여단이 있으나 그다지 전투력이 없고 역량도 미치지 못한다고 생각했다. 또 '남만철도'를 이용한 운수는 반드시 일본과 교섭해야 하기 때문에 시일이 필요할 것이고, 만일 샛길로 경기병이 온다 하더라도 빨라야 2주일은 걸릴 것이므로 흑룡강성 기병이 도착했을 때는 자기의 군대가 이미 봉천을 점령했을 것이라고 생각했다. 이 때문에 궈쑹린은 필승의 신념으로 충만하여 12월 24일이면 봉천에 진입할 수 있을 것이라고 예상했다."[23]

장쭤린은 궈쑹린의 봉기 소식을 들은 후 사태를 수습하기 위해 한편으로 양위팅을 면직하고[24] 다른 한편으로 궈쑹린에게 전보를 보내 '감정적'으로 일을

1986 참조. 이외에 馮玉祥의 『我的生活』을 보면, 1925년 가을 郭松齡은 일본군의 가을철 훈련을 참관하기 위해 일본에 갔다. 일본에 머무는 동안 "최근 봉천군 측에서 21개조를 승인하는 조건으로 일본 측이 봉천군에 무기를 공급하여 국민군을 공격하는 문제를 상의했으며, 이 밀약은 이미 완전히 협의가 무르익어 최근 봉천군 측이 일본에 전보를 보내 서명 대표가 이미 출발했으므로 며칠 안으로 도쿄에 도착하여 정식으로 조약을 체결할 수 있을 것이라고 운운한 사실을 알았다."(馮玉祥, 『我的生活』, 黑龍江人民出版社, 1981, 434쪽)

23) 姜明文, 「對郭松齡夫婦的回憶」, 『瀋陽文史資料』 第1輯.

처리하지 말라고 권고했다. 또 곧바로 장쉐량에게 군함을 타고 진황도(秦皇島)에 가서 궈쑹린과 면담하게 했으나 거절당했다. 25일 펑위샹과 리징린은 '중립'을 선포하고 아울러 각각 전보를 보내 장쭤린의 하야를 정중히 독촉했다. 26일 궈쑹린군은 유관(楡關) 방어선을 돌파하여 진황도를 점령하고, 27일 산해관을 함락했으며, 29일 수중(綏中)을 점령하자 봉천군은 금주(錦州) 방향으로 연달아 퇴각했다. 30일 장쭤린은 장쉐량을 전선총지휘(前線總指揮)로 임명하고 부대를 지휘하여 궈쑹린군을 공격하게 했다. 같은 날 궈쑹린은 통전을 보내 소속부대를 동북국민군으로 고치고 더 이상 장쉐량의 명의로 전군을 호령하지 않음으로써 봉계와 철저히 결별했음을 보였다.

12월 5일 궈쑹린군이 연산(連山) 전투에서 승리하고, 6일 금주를 점령하고, 8일 구방자(溝幇子)를 점령하자, 심양이 진동했다. 문무관원이 일본부속지로 분분이 도주했으며 장쭤린의 통치는 위기에 처했다. 장쭤린도 하야하여 대련으로 도주할 준비를 했다. 그러나 이때 관동군이 직접 간섭했다.

궈쑹린군의 거병 초기에 일본은 궈쑹린, 장쭤린 쌍방과 동시에 손을 잡고 자신들의 침략 확장 목적을 달성하고자 했다. 11월 27일 관동군은 참모 우라 스미에(浦澄江) 중좌를 대표로 파견하여 궈쑹린과 회담하게 했다. 궈쑹린에게 동북에서 일본의 이익을 보호 유지하고 아울러 장쭤린과 타협할 것을 요구했으나 거절당했다. 일본에게 간섭의 구실을 주지 않기 위해 12월 1일 궈쑹린은 두 차례 중국주재 일본공사와 중국주재 외교단에 전문을 보내, 동북에서 외국인을 보호하고 기존 조약을 존중하겠다고 밝혔으며, 일본과 각국이 중립을 엄수하여 중국 내부의 일에 간섭하지 말라고 요구했다. 궈쑹린군이 금주를 점령한 후 관동군사령관 시라카와 요시노리(白川義則)는 대석교수비대장(大石橋守備隊長) 창안허(長安河)를 파견하여 궈쑹린과 담판하도록 하고 다음과 같이 제의했다.

---

24) 郭松齡은 거병할 때 일찍이 '장쭤린 측근에 있는 간신을 정리해야 한다'라고 호소했다. 張作霖이 이렇게 한 것은 郭松齡에게 거병의 구실을 주지 않기 위해서였다.

"각하가 만일 심양에 진입하고 싶다면 반드시 장쮀린이 일본제국과 체결한 조약을 승인해야 하고, 만몽에서 일본제국의 특수 권익과 투자이익을 유지 보호해야 하며……만약 각하가 이러한 조건에 응한다면 일본제국은 곧바로 각하를 원조할 수 있으며, 적어도 장쮀린이 하야하도록 재촉할 것이다."[25] 그러나 변함없이 거절당했다.

이와 동시에 일본은 장쮀린이 위급한 기회를 타서 그를 유혹하고 핍박하여 매국조약을 체결하고자 했다. 관동군은 참모장 사이토(齋藤) 등을 파견하여 장쮀린과 담판하도록 했다. 이때 장쮀린은 지위를 지키기 위해 장차 관동군에 신상을 완전히 의탁하고자 했기 때문에 일본과의 밀약 체결을 마다하지 않았다. 밀약은 다음과 같이 규정했다. "일본 신민은 동삼성과 동내몽골에서 모두 상조권(商租權), 즉 해당 지역의 주민과 똑같이 거주 및 상공업을 경영할 권리를 향유한다." 밀약은 또 "간도(間島)지역 행정권의 이양" "길돈(吉敦)철도의 연장, 도문강(圖們江) 동쪽 조선철도와의 연결과 연락 운송" 그리고 "조창도(洮昌道) 소속 각 현에 일본 영사관 개설 허락" 등의 문제를 규정했다.[26]

12월 1일 봉천총영사 요시다 시게루(吉田茂)도 일본 외상에 보고하여 장쮀린을 지원해 달라고 요구했다. 요시다 시게루는 다음과 같이 제안했다. "만주에서 우리의 지위를 유지 보호하고 나아가 우리 세력의 전진이 완전히 정지된 현 상황을 타파하기 위해서는, 곤경에 빠진 장쮀린을 원조하여 권토중래하도록 하는 것이 결코 무익한 일이 아닐 것이다."[27]

12월 7일 일본 내각은 결의를 거쳐 관동군사령관에게 "속히 경고하고 주둔군을 적당히 배치하라"고 했다. 8일 관동군은 철령, 요양, 해성 등지로부터 봉천에

---

[25] 李英夫, 「略述郭松齡與張學良의 關係」, 『遼寧文史資料』 第16輯.
[26] 阮振鐸, 「郭松齡反奉期間張作霖與日本의 勾結」, 『遼寧文史資料』 第16輯.
[27] 日本防衛廳戰史室 編纂, 「大本營陸軍部」, 天津市政協編譯委員會 譯校, 『日本軍國主義侵華資料長編』, 四川人民出版社, 1987, 132쪽.

집결하여 경계했다. 동시에 관동군은 궈쑹린과 장쮀린 두 사람에게 다음과 같이 경고했다. 남만철도 양측 및 철도에서 20화리 이내에서는 직접적인 전투 행위를 엄금한다. 아울러 부속지 치안을 어지럽힐 우려가 있는 군사행위를 엄금한다. 만약 그렇지 않을 경우 모조리 무장을 해제 당할 것이다. 12월 9일 일본군 제10사단 사령부는 요양에서 심양으로 이전하고, 동시에 사단의 일부 보병, 포병, 기병을 심양으로 이동시켰다. 15일 일본 내각은 장쮀린을 지지하기 위해 일본 국내 구루메(久留米)에 주둔하던 제12사단에서 4개 보병 대대를 추출하여 혼성여단(2,654명)을 편성하고, 다시 조선에서 2개 보병 대대(925명)[28]를 추출하여 '만주파견대'를 편성하여 만주로 보내 장쮀린을 지원했다. 18일 관동군사령관은 봉천성성(奉天省城)으로 이동하여 일본군을 지휘했다. 이와 동시에 일본은 또 장쮀린에게 1,000만 원의 차관 및 대량의 군수품과 탄약을 제공했다.

궈쑹린군은 12월 8일 구방자(泃幇子)를 점령한 후 계속하여 경봉(京奉)철도를 따라 심양으로 접근했다. 13일 궈쑹린군의 일부 3,000명이 요하(遼河)를 건너 영구 부근의 하북기차역(河北車站)으로 진군하려 할 때 관동군의 저지를 당하여 전진할 수 없었다. 21일 궈쑹린군의 주력은 신민(新民)에 도달하여 거류하(巨流河)를 사이에 두고 봉천군과 대치했다.

19일 일본은 장쮀린 지원 일본군을 증파하여 모두 봉천에 도착했다. 일본군은 봉천에 도착한 후 장쮀린군을 대신하여 봉천성성을 수비하기 시작했다. 동시에 일본군은 또 장쮀린군으로 변장하여 궈쑹린군의 좌익을 측면에서 공격하고, 이와 동시에 일본군 사병과 대포도 봉천군 방어선으로 투입했다.

22일 궈쑹린군과 봉천군은 거류하에서 격전을 벌였다. 일본군은 한편으로 80대의 비행기로 중형(重型) 폭탄을 투하하여 궈쑹린군을 폭격하고 봉천군을 도와 직접 전장에 뛰어들었다. 다른 한편으로 "남만부속지는 침범할 수 없다"는

---

[28] 日本防衛廳戰史室 編纂, 「大本營陸軍部」, 天津市政協編譯委員會 譯校, 『日本軍國主義侵華資料長編』, 132쪽.

것을 구실로 삼아 궈쑹린군의 전진을 막았다. 동시에 봉천군으로 가장하여 좌측에서 궈쑹린군을 압박하고, 아울러 우쥔성(吳俊升) 부대의 기병을 엄호하며 궈쑹린군 후방을 습격하여, 군량과 마초, 탄약, 무기를 불태워, 궈쑹린군으로 하여금 3면에서 적의 공격을 받아 포위망에 빠지게 했다. 23일 궈쑹린군은 패전하고 궈쑹린 부부도 피살되었다.

궈쑹린이 거의 성공할 뻔했다가 패전한 주요 원인은 바로 일본제국주의의 간섭 때문이었다. 이는 중국공산당 기관지『향도(向導)』가 지적한 바와 같다. "궈쑹린의 패배는 장줘린에게 패배한 것이 아니라 일본제국주의에게 패한 것이다."[29] 관동군의 간섭은 궈쑹린의 반봉계 운동이 실패한 주요 원인이었다.

3) 황고둔(皇姑屯)사건의 조장

장줘린의 일생을 종합해 보면 기본적으로 일본과 서로 결탁 이용하고 또 갈등하면서 보냈다. 앞서 서술한 바와 같이 장줘린의 동북 제패는 주로 일본의 지지와 육성에 의한 것이었다. 제2차 직봉전쟁에서 승리한 것과 궈쑹린의 쿠데타를 진압한 것도 일본의 지지와 떼어 놓을 수 없다. 집권 전기에 장줘린은 일본과 비록 갈등이 있었으나 상호 결탁이 주된 것이었으며 이는 일본과 장줘린의 '밀월기'였다. 그러나 봉천군 세력의 증강과 확대 및 장줘린 지위의 상승에 따라, 특히 일본의 중국 침략 야욕의 확대에 따라 일본과 봉천파 사이의 갈등은 날로 첨예하게 되었다.

일찍이 1924년 5월 장줘린은 '동북교통위원회'를 설립하고 동북철도망을 건설하여 스스로 철도를 경영하려고 계획했다. 1925~1928년간 장줘린은 연이어 개원(開原)—서풍(西豊)철도와 타호산(打虎山)—통요(通遼)철도를 건설하고,

---

[29] 碩夫,「郭松齡失敗之重大意義」,『嚮導』第140期, 常城 主編,『東北文史叢書·張作霖』, 遼寧人民出版社, 1980, 150쪽 재인용.

이어서 또 심양(沈陽)—해룡(海龍)철도와 길림(吉林)—해룡(海龍)철도를 건설했다. 일본인은 이에 대해 크게 불만을 가지고 상술한 철도의 건설이 만철의 수입에 영향을 준다고 여겼다. 장쭤린이 건설한 철도를 억제하기 위해 일본은 장쭤린에게 길림(吉林)—회령(會寧, 조선 땅) 등의 철도를 건설하라고 요구했다. 장쭤린은 감히 대답하지도 못하고 또 감히 직접 거절하지도 못한 채 지연하는 태도를 취했기 때문에 일본으로 하여금 동북을 병탄하려는 계획을 한동안 실현하기 어렵게 했다. 이 시기에 동북 인민의 반일 운동이 부단히 고양되자 일본측은 그것을 장쭤린의 소행으로 단정하고 장쭤린은 이미 일본이 '만주에서 신국가를 건립하는 데 장애'가 된다고 여겨 그를 제거하기로 결정했다.

1927년 장쭤린은 병사를 거느리고 입관했으나, 1928년 4월 장제스, 펑위샹, 옌시산(閻錫山), 리쭝런(李宗仁) 등이 연합하여 '북벌'에 나서면서 봉천군은 연패했고 장쭤린은 동북으로 후퇴를 준비하지 않을 수 없었다. 소식이 전해지자 관동군사령관 무라오카 쵸타로(村岡長太郎)와 고급참모 고모토 다이사쿠(河本大作)[30] 등은 장쭤린이 봉천으로 돌아올 때 경봉철도(京奉鐵路) 위에서 장쭤린을 폭사시켜 이를 계기로 동북의 치안을 혼란에 빠뜨리고 기회를 타서 출병하여 동북을 점령하기로 결의했다. 이를 위해 관동군은 특별히 심양 서북 황고둔 기차역의 부근 경봉철도와 남만철도가 교차하는 곳의 다리 아치 부근에 미리 황색 폭약 30마대를 묻어두고 500m 밖의 조망대 위에 전기 기폭 장치를 설치하여 장쭤린을 폭사시키기 위한 모든 준비 작업을 완료했다.

---

30) 河本大作은 1883년 일본 효고현에서 태어났다. 1903년 일본 육군사관학교와 육군대학을 졸업하고 浦鹽파견군 참모, 참모본부 중국반 반장을 역임했다. 1926년 대좌로 진급, 관동군 고급참모로 일했으며, 1928년 張作霖을 폭사시킨 황고둔사건의 기획에 참여했다. 이 사건이 내외 여론의 질책을 받자 해직되게 된다. 9·18사변 후 만철이사, 만주탄광 이사장을 역임하면서 중국 경제 자원의 약탈에 전념했다. 1943년 太原에 도착, 제1군사령관 岩松義雄의 수하로서 특무 활동을 하면서 山西산업회사 사장 등의 직무를 겸임했으며 동시에 閻錫山에게 항복을 권유하는 일을 했다. 일본이 항복한 후 전범으로 수감되어 1955년 8월 25일 太原의 일본 국적 전범수용소에서 병사했다. 저서로 『내가 장쭤린을 죽였다』 등이 있다.

황고둔사건 장쭤린 피폭 차량

　6월 3일 새벽 1시 15분 장쭤린은 전용열차를 타고 북경에서 봉천으로 출발했다. 4일 새벽 5시 30분 장쭤린의 전용열차가 황고둔을 통과하여 남만철도 다리 아치에 이르렀을 때 일본군은 폭약을 터뜨렸다. 거대한 폭발 소리에 이어 다리가 파괴되면서 열차가 탈선했고 장쭤린의 전용열차 가운데 객차 4량이 폭탄을 맞아 전복되었다. 장쭤린이 탄 객차는 피폭되어 몇 장(丈) 이상 선로를 벗어났다. 장쭤린은 몸에 중상을 입고 즉시 사망했다. 이것이 바로 '황고둔사건'이다.[31]
　황고둔사건을 직접 획책한 고모토 다이사쿠(河本大作)는 훗날에 쓴 회고록 『내가 장쭤린을 죽였다』에서 장쭤린을 모살한 전 과정을 스스로 고백했다.[32]

　　나는 장쭤린 한 사람만 타도하면 이른바 봉천파의 여러 장수는 곧 사방으로 흩어질 것
　　이며……이 외에는 만주 문제를 해결할 대안이 없다. 장쭤린만 해치우면 된다고 생각했

---

31) 일본 국회에서 야당은 황고둔사건을 "만주의 모 중대한 사건"이라고 부르면서 정부를 공격하는 소재로 삼아 의회에서 다나카 내각의 책임을 추궁했다. 천황은 이 때문에 다나카를 불신임했고 결국 1929년 7월 2일 다나카 내각이 무너지는 결과를 초래했다.
32) 러시아 역사학자 플로호로프(Прохоров)는 그의 책 『張作霖元帥之死檔案』에서 황고둔사건은 소련간첩의 소행이며, 일본군의 소행이 아니라고 했다(자세한 내용은 『靑年參考』, 2003년 9월 4일 참조).

장쭤린을 폭살한 살인범
고모토 다이사쿠

다……그러나 장쭤린을 죽이는데 만주의 일본군 병력을 동원할 필요가 없었다. 모략을 쓰면 이 목적을 이룰 수 있으며……(장쭤린을 죽이는데) 어느 지점이 가장 적당할지 거듭 연구한 결과, 대하(大河) 위의 철교가 가장 좋은 지점이라고 생각되었고……반드시 일본군의 감시가 비교적 자유로운 지점을 따로 선택해야 했다. 다방면의 연구를 거친 후 만철선과 경봉선의 교차점인 황고둔이 가장 안전하다는 결론을 얻었다……다음은 어떤 방법을 쓸 것인지가 문제였다. 기차를 습격하거나, 아니면 폭약으로 기차를 폭파하거나 두 가지 방법밖에 없었다. 만약 첫 번째 방법을 사용한다면 그것이 일본군이 한 짓이라는 것을 바로 알게 될 것이다. 만약 두 번째 방법을 쓴다면 혹 흔적을 남기지 않고 목적을 달성할 수 있을지 모른다. 그래서 우리는 두 번째 방법을 선택했다. 다만 폭파의 실패를 예방하기 위해 우리는 또 두 번째 계획, 즉 기차가 궤도를 벗어나 전복되게 하는 계획을 준비했다. 이때 혼란한 틈을 타서 총검대[刺刀隊]가 돌격하여 죽이기로 했다. 우리는 모든 준비를 마쳤다. 직접 조사해 얻은 정보에 의하면 6월 1일에는 올 리가 없고 2일과 3일에도 동정이 없었다. 4일이 되자 장쭤린이 확실히 기차를 탔다는 정보가 왔다. 교차점을 통과할 시점은 새벽 6시쯤이었다. 우리는 드디어 제1과 제2 두 개의 폭발 장치를 장착하여 폭파의 실패를 방지하고자 했다. 그러나 현장에서 장쭤린을 폭사시키려면 매우 많은 폭약이 필요했고, 만약 폭약의 양이 적으면 목적을 이루지 못할 수 있었다. 만약 많으면 당연히 효과는 좋지만 소란이 너무 클 수 있었다. 참으로 머리가 아팠다. 이와 동시에 우리는 또 만철선의 기차가 들어오지나 않을까 걱정했다. 당연히 미리 만철에 알리는 것이 가장 좋으나 이는 절대 기밀에 속했다. 따라서 그렇게 할 수도 없었다. 이 때문에 만일의 때를 대비하여 전기 신호를 설치하여 만철선의 위해를 방지했다. 사정을 전혀 모르는 장쭤린의 전용열차가 마침내 교차 지점으로 들어왔다. 우레같은 폭발음과 함께 무려 200m나 되는 검은 연기가 공중으로 치솟았다. 나는 장쭤린의 뼈도 하늘로 날아올랐을지 모른다고 생각했다. 맹렬한 검은 연기와 폭발 소리에 나 자신도 놀라고 두려웠다. 폭약의 힘은 확실히 너무 컸다. 이 때문에 두 번째의 궤도 이탈 계획과 총검대는 이제 모두 쓸 필요가 없게 되었다.[33]

1928년 7월 4일 장쮜린이 폭사한 후 오래지 않아 장쉐량이 동삼성보안총사령(東三省保安總司令)에 취임했다. 일본은 장쉐량에게 끊임없이 압력을 가하고 그로 하여금 동북자치를 선포하도록 하여 중국을 분열함으로써 최종적으로 동북을 병탄하는 목적을 달성하려고 했다. 일본의 음모를 분쇄하기 위해 장쉐량은 1928년 12월 29일 전국에 통전하여 다음과 같이 선포했다. "삼민주의를 준수하고 (남경)국민정부에 복종하며 기치를 바꾼다."

'동북역치(東北易幟)'는 일본이 동북을 병탄하려는 과정을 망쳐버렸다.

4) 9·18사변의 발동

황고둔사건이 일어난 후 일본은 망령되게 동북을 병탄하려는 야심을 감추지 않았으며 도리어 진행에 박차를 가했다. 마침 이때 세계경제위기가 발생하여 각국의 경제는 모두 심각한 타격을 받았으며 일본도 피할 수 없었다. 세계경제위기와 중국 인민이 벌이는 반일운동의 끊임없는 고양이라는 이중적 타격 아래 일본 국내의 각종 모순이 급격히 첨예하게 되었다. 경제위기를 벗어나고 국내의 계급모순을 완화하기 위해 관동군은 위험을 무릅쓰고 9·18사변을 일으켰다.

9·18사변을 일으키기 위해 관동군은 벌써 1929년에 이미 각종 준비를 시작했다. 이해 7월 관동군 참모 이타가키 세이시로(板垣征四郞)와 이시하라 간지(石原莞爾)는 '여행'을 구실로 삼아 여순을 출발하여 장춘, 하얼빈, 치치하얼(齊齊哈爾), 하이라얼(海拉爾)을 거쳐 만주리(滿洲里)에 이르렀다. 그런 뒤에 앙

---

[33] 河本大作, 『我殺死了張作霖』, 吉林文史出版社, 1986, 21~23쪽.

앙계(昂昂溪), 태래(泰來), 조남(洮南)을 지나 여순으로 돌아오면서 중국 동북에 대한 군사정찰을 진행했다. 정찰 중 그들은 '하얼빈을 공격하기 위한 지형 판단', '송화강(松花江) 도강 작전'의 진행 방법, '하얼빈을 점령하기 위한 전진기지' 그리고 '홍안령(興安嶺) 동쪽 지구의 조우전', '하이라얼 방어전'과 '조남에 집중된 주력의 진지 엄호' 등에 대한 문제를 연구했다. 이시하라 간지는 또「관동군만몽점령계획(關東軍占領滿蒙計劃)」의 문건을 기초하여 일본은 마땅히 중국 동북을 일본의 통치 아래 두어야 한다고 주장했다.[34]

같은 해 11월 이타가키 등은 다시 여순을 출발하여 군사 정찰을 진행했다. 그들은 심양, 금주, 산해관을 지나 천진, 북경에 이른 연후에 여순으로 돌아왔다. 이번 정찰 결과는 일본군이 이후 금주를 폭격 공격하는 데 필요한 정확한 정보를 제공했다.

1931년 7월 11~20일 이타가키와 이시하라는 재차 '북만주여행'을 기획하고 '대소작전결국지연구(對蘇作戰結局地研究)'를 목적으로 여순을 출발, 정가둔(鄭家屯), 조남, 앙앙계, 이력극득(伊力克得), 하이라얼, 만주리 등을 지나 하얼빈, 장춘, 공주령을 경유하여 여순으로 돌아왔다.

1930년 봄 관동군은 또 '봉천성 공격 요령[攻取奉天城要領]'이라는 현지 연구를 기획했다. 같은 해 여름과 가을에는 '궁장령 야습(夜襲弓長嶺)'과 '동부국경방면 현지전술' 등의 연구를 진행했다.

관동군 참모 이시하라 간지

---

[34] 古屋奎二, 「孕育危機的東北」, 孫邦 主編, 『僞滿史料叢書·九一八事變』, 吉林人民出版社, 1993, 111쪽.

1931년 1월 중순부터 매주 토요일마다 관동군 참모부는 전체 참모, 만철조사과와 동아경제조사국의 관련 인원이 참가하는 '점령지통치연구회'를 개최하여 동북을 무장 침략하는 음모 활동을 획책하고 연구했다.

9·18사변 이전 동북에는 대략 25만 명의 중국 군대가 있었다. "봉천 부근에 약 2만 명의 정예부대가 있는 것 외에도 비행기와 전차를 보유했으며 또 무기공장과 박격포공장 등의 제조 보급 시설도 있었다." 그러나 "관동군의 총병력은 1만여 명 뿐이고, 비행기·전차도 없고, 포병과 공병조차 매우 적고, 이미 철도연선에 분산되어 있는 독립수비대가 6개 대대의 병력을 차지했으며, 기동력은 매우 부족했다."35) 이러한 상황 아래 9·18사변을 일으켜 동북을 점령하기 위해서는 주도면밀하게 획책하지 않을 수 없었다.

1931년 봄 이타가키 세이시로와 이시하라 간지 등의 획책 아래 관동군은 「만몽문제 처리방안(處理滿蒙問題方案)」을 제정하여 주장하기를 "관동군은 장쉐량 정부의 전복과 만몽을 점령할 결심을 스스로 정해야 한다"고 했다.36) 같은 해 4~6월 이시하라 간지와 이타가키 세이시로는 또 일련의 구체적인 작전 계획을 수립했다. 계획은 다음과 같이 결정했다. 봉천의 특무기관은 유조호(柳條湖)철도의 폭파를 담당한다. 유조호철도가 폭파된 후 관동군은 즉각 북대영(北大營)을 향해 공격을 개시하고 아울러 심양성으로 진격한다. 심양을 점령한 후 관동군은 교민 보호를 명분으로 길림으로 진격하고, 동시에 조선 주둔 일본군에게 육군과 항공병을 압록강 너머로 보내 관동군을 지원하도록 요청한다.

이와 동시에 관동군은 또 빈번히 군사연습을 거행했다. 1931년 2월 21일~3월 20일 심양 주둔 보병 제29연대는 심양성 주위에서 군사 연습을 거행했다. 6월 2일 관동군 제29연대는 심양 주위에서 연이어 4차례의 연습을 거행했다. 6월

---

35) 關寬治·島田俊彦 著, 王振鎖 等 譯, 『滿洲事變』, 上海譯文出版社, 1983, 116쪽.
36) 日本防衛廳戰史室 編纂, 「大本營陸軍部」, 天津市政協編譯委員會 譯校, 『日本軍國主義侵華資料長編』, 191쪽.

9일 관동군은 장춘에서 시가전 연습을 거행했다. 7월 15일 장춘 주둔 일본군 제3여단 사령부는 다음과 같이 선포했다. 지금부터 과거 철도 양쪽에서 군사 연습을 진행하고자 할 때 10일 전에 중국에 통지하던 관례를 폐지하고, 정해진 범위 내에서 주야를 막론하고 일본군은 일체의 군사 연습을 자유롭게 실시한다. 8월 4일 조선 주둔 일본군은 도문강(圖們江)에서 군사 연습을 거행하고 아울러 제멋대로 국경을 넘어 다리를 놓고 수뢰를 부설하며 중국 강과 땅을 침범했다. 15일 일본군은 도문강을 넘어 중국 경내에서 군사 연습을 거행했다.

같은 해 7월 관동군은 구경 24mm의 대류탄포(大榴彈炮) 2문을 고베(神戶)에서 비밀리에 대련으로 수송한 후 몰래 심양으로 운송하여 북대영과 심양비행장 부근에 설치했다.

9월 7일 관동군사령관 혼조 시게루는 남만철도 연선의 일본군을 순시하고 전쟁 준비 상황을 점검하며 전전(戰前) 동원을 진행했다.

9월 18일 저녁 관동군은 모든 준비를 마친 후 계획대로 유조호철도 폭파를 개시했다. 국내외를 놀라게 한 9·18사변은 이렇게 폭발했다. 폭발 지점이 유조호였기 때문에 9·18사변을 '유조호사변'이라고도 한다.

심양성 안으로 진군하는 일본군 장갑차

유조호철도의 폭파 경위에 대하여 사건을 획책하는 데 참여한 하나야 다다시(花谷正)는 훗날 회고록에서 비교적 상세하게 기술했다.

9월 18일 밤에 초승달이 수수밭으로 기울자 하늘 빛은 이내 어두컴컴해져 왔다. 별은 드문드문 점처럼 박혀있고 아득한 하늘은 곧 무너질 것 같았다. 시마모토(島本) 대대 가와시마(川島) 중대의 고모토 스에모리(河本末守) 중위는 철도 순시를 명분으로 부하 몇 명을 거느리고 유조구(柳條溝) 방향으로 나아갔다. 한편으로 측면에서 북대영 병영을 관찰하고, 한편으로 북대영에서 약 800m 떨어진 지점을 골랐다. 그곳에서 고모토는 몸소 기병이 쓰는 소형 폭탄을 레일 곁에 장치하고 아울러 몸소 점화했다. 시간은 10시를 막 지난 때였다. 요란한 폭발 소리와 함께 끊어진 레일과 침목이 사방으로 날아 흩어졌다.

일본군이 점령한 요녕성정부

어떻게 말하든 장쭤린을 폭사시킬 때와 같은 그런 큰 규모는 아니었다. 이번에는 기차를 전복시킬 필요가 없었을 뿐만 아니라, 반드시 만철 선로 위를 달리는 열차가 손해를 입지 않도록 해야 했다. 이 때문에 사전에 공병으로 하여금 계산을 하도록 하여 직선 단면 레일이 설사 하나의 작은 구간이 폭발로 끊어진다고 해도 고속으로 운행 중인 열차를 만나면 다만 잠시 기울어질 뿐 능히 통과할 수 있도록 했다. 계산하여 얻은 이 안전 계수에 근거하여 필요한 폭약의 수량을 정했다.[37]

　유조호 폭파사건이 발생한 후 미리 매복해 있던 일본군은 즉시 24mm 대포로 북대영,[38] 동대영(東大營),[39] 무기공장을 포격하기 시작했다. 이와 동시에 미리 북대영 담장 밖에 매복해 있던 관동군이 포화의 엄호 아래 전차로 길을 열고 북대영을 향해 진격했다. 북대영의 중국 사병들은 장제스의 부저항정책을 집행하고 있었기 때문에 결과적으로 일본군은 순조롭게 북대영을 점령했다.

소동성문루(小東城門樓)에 오른 일본군

---

[37] 花谷正, 「滿洲事變是這樣策劃的」, 孫邦 主編, 『僞滿史料叢書·九一八事變』, 140쪽.
[38] 북대영은 심양성 북쪽 약 5km 지점에 있었다. 동쪽으로 동대영과 10km, 서쪽으로 남만철도와 약 300m 떨어져 있었으며 유조호까지의 거리는 500m 미만이었다. 영지는 정방형이고 점유 면적은 약 4,000㎡였다. 당시 이곳은 봉천군 王以哲이 거느린 제7여단의 주둔지였다. 예하에 3개 보병단이 있었다. 이외에 여단 본부 직속으로 기병, 포병, 통신, 특무 4개의 독립 중대가 있었다. 여단의 전체 장병은 약 1만여 명이었다. 제7여단의 장교 가운데 절대 다수는 각종 정규 군사학교를 졸업했고, 사병들은 기본적으로 모두 소학교 이상의 소양을 갖고 있었다. 따라서 전 여단 장병의 자질이 비교적 양호하고, 경·중화기 설비도 우수하여 동북 봉천군의 정예 부대 가운데 하나였다.
[39] 동대영은 심양성에서 동쪽으로 약 10km되는 東山嘴子에 있었다. 이곳은 동북군의 제2 대본영으로 동북 講武堂의 소재지였다. 강무당의 강습생과 제7여단의 1개 대대가 주둔하고 있었다.

19일 0시 50분 일본군은 병력을 세 길로 나누어 심양성을 향해 진격했다. 아침 6시 30분 일본군은 심양성을 점령했다. 낮 12시 일본군은 동대영을 점령했다.

오전 10시 동탑비행장(東塔飛行場)[40]과 심양병공창[41]도 연이어 관동군에게 점령당했다.

5) 동삼성의 점령 및 만주국의 건립

9·18사변 후 관동군은 즉각 남만철도 연선에서 전면적인 진격을 전개했다.

19일 새벽 4시 관동군은 장춘에 총공세를 개시했고, 길림변방군(吉林邊方軍) 부사령장관 시챠(熙洽)는 장춘 주둔 중국 수비군에게 "급히 철수하되 저항하지 말라"고 명령했다. 저녁 10시쯤 장춘이 함락되었다. 9월 20일 일본군이 길림에 침범하자 시챠는 부대를 거느리고 투항했고 길림은 관동군의 수중에 들어갔다.

11월 초 관동군은 치치하얼을 향해 진격을 개시했다. 마잔산(馬占山)은 부대를 거느리고 관동군과 15일 밤낮으로 격전을 벌

시챠(熙洽)

---

[40] 동북 공군은 1921년 처음 건립되었다. 그해 연말 장쉐량은 항공처장을 자임했다. 1929년 말 동북 공군은 제2차 개조를 진행하여 동북항공군사령부를 설립하고 장쉐량이 사령관을 겸임했으며 아울러 항공대대를 항공교도대로 개조했다. 동탑비행장은 심양 東塔과 渾河 사이에 있었다. 1921~1931년 9·18사변 전까지 잇따라 이, 프, 독, 영, 미, 일 등의 국가로부터 각종 유형의 폭격기, 전투기, 정찰기, 훈련기, 민항기 등 262대를 구입했다.

[41] '심양병공창'은 '동삼성병공창'이라고도 불렀다. 大東邊門 바깥 동탑 서쪽에 위치하고 있었다. 1921년에 건설되었다. 노동자는 가장 많을 때 2만 5,000명에 달했다. 공장에는 일, 독, 오, 러 등 각국의 기술자들이 초빙되어 각종 화약, 각종 구경의 소총, 경·중기관총, 각종 구경의 대포, 지뢰 및 각종 총탄, 포탄 등을 생산할 수 있었다. 이곳은 봉천군의 주요 무기 생산 공급 기지였다.

강교(江橋) 항전을 영도한 마잔산(馬占山) 장군

였으나[42] 끝내 탄약과 식량이 떨어지고 원군도 없어 11월 19일 치치하얼도 함락되었다.

11월 27일 관동군은 다시 병력을 세 길로 나누어 금주를 압박했다. 1932년 1월 3일 관동군은 금주를 점령했다.

1월 27일 매국노 위천(于琛)이 부대를 거느리고 하얼빈으로 공격하자 동북군의 애국 관병이 길림자위군을 조직하고 용감히 저항하여 쌍방은 10일 동안 밤낮으로 격전을 벌였다. 2월 5일 하얼빈이 함락당했다. 이에 이르러 동북 전역이 모두 관동군의 수중에 떨어졌다.

관동군은 동북 전역을 점령한 후 전력으로 '괴뢰 만주국'을 날조하기 시작했다. 1932년 2월 16일 관동군은 장징후이(張景惠), 시챠, 짱스이(臧式毅), 마잔산 등을 조종하여 봉천에서 '만주국'을 건립하는 '건국회의'(이른바 사거두회의四巨頭會議)[43]를 거행했다. 회의는 '동북행정위원회'를 건립하고 아울러 '독립선언'을 기초하기로 결정했다. 18일 관동군은 '동북행정위원회'의 명의로 '선언'을 발표하고 '동북 각 성구(省區)의 완전 독립'을 선포했다.[44]

3월 1일 동북행정위원회는 '건국선언'을 발표하고 만주국의 수립을 정식으로 선포했다. 푸이(溥儀)는 만주국의 '집정'에 취임하여 연호를 '대동(大同)'으로 정

---

[42] 즉 '江橋抗戰'을 말한다.
[43] 상술한 4명 외에도 于冲漢, 袁金鎧, 趙欣伯 등 3명의 중국인이 더 있었다. 그래서 '七頭會議'로도 불렸다.
[44] 易顯石 等, 『九・一八'事變史』, 210쪽.

하고 홍(紅), 남(藍), 흑(黑), 백(白), 만지황(滿地黃, 황색 바탕) 5색을 국기로 했으며 장춘을 국도로 삼아 신경(新京)으로 이름을 바꾸었다.

3월 9일 푸이는 취임식을 거행했다. 3월 10일 만주국 정부가 설립되었다.

장징후이(張景惠)   짱스이(臧式毅)

같은 해 9월 15일 일본은 정식으로 만주국을 승인한다고 선포했다. 같은 날 무토 노부요시 특명전권대사와 만주국 국무총리 정샤오쉬(鄭孝胥)는 「일만의정서(日滿議定書)」를 체결하고 중국 동북에서 일본의 모든 침략 권익과 관동군의 동북에 대한 실제적인 통치를 확실히 인정했다.

제8장

동북에 대한 무력 침략을 선동한 대련의 일본 우익단체

1. 9·18사변 이전 대련 일본인의 동향

일본은 1905년 러시아를 대신하여 동북에 들어온 후 대련을 기지로 삼아 동북의 정치·경제·문화 등 각종 권익을 수탈하기 시작했으며, 수단방법을 가리지 않고 각종 음모 활동을 전개하여 최대한 빨리 "만몽(滿蒙)에서 제국의 특수지위"를 확립하려 했다.

1920년대 초 일본은 중국 침략으로 가는 길에서 구미 열강의 제약과 중국 민족해방운동의 저항을 받았을 뿐만 아니라, 일본 국내 민주사상의 충격과 자연재해 등 불리한 요소의 영향을 받아, 침략의 예봉은 심각한 손상을 입게 되었다. 이때 대련에 있는 일본인들은 전전긍긍하며 자신이 "해외에 황위(皇威)를 빛내고" "하늘의 총아(天之驕子)"가 되는 몽상이 언제든지 모두 파멸될 수 있다는 위험을 느꼈다. 그래서 일본 정부가 되도록 빨리 "만몽문제를 해결해 주기를" 간절히 바랬다. 일부 우익분자들은 관동군과 관동청의 지지 아래 만철사원들을 골간으로 삼아 각종 단체를 설립했다. 아울러 대련을 활동 중심지로 삼아 일본 국내의 군부와 민간 파쇼세력과 멀리서 서로 호응하여 동북을 무력 점령하자는 여론을 크게 조성했다.

1914년 일본은 독일이 제1차세계대전에 참전한 것을 기회로 삼아 산동으로 출병하여 교제(膠濟)철도와 제남(濟南) · 청도(靑島) 등지를 일거에 점령했다. 1915년 오쿠마(大隈) 내각은 전면적으로 중국을 침략하는 '대륙정책'을 실현하기 위해, 너무 급하여 기다릴 수 없다는 듯이 중국의 멸망을 염두에 둔 '21개조'를 제출했다. 그 가운데 여대(旅大)의 조차기간과 남만철도의 관리기간을 99년까지 연장하는 외에도 수많은 무리한 요구를 제기했다. 예컨대 산동에서 독일이 보유한 각종 권익을 일본에게 양도할 것, 양국이 한야평공사(漢冶萍公司)를 공동 경영할 것, 중국은 연해의 항만과 도서를 다른 나라에 빌려주거나 양도하지 말 것, 중국은 반드시 일본인을 정부 부서의 정치 · 군사 · 재정 고문으로 초빙할 것 등등. 이러한 조약이 만약 실현된다면 중국의 주권과 영토는 완전히 상실되어 일본식민지로 전락할 터였다.

1918년 제1차세계대전이 끝나자 영 · 미 등 열강은 유럽 전장에서 중국으로 방향을 돌렸다. 그러나 이때 중국은 이미 일본의 독식 상태에 처해 있었다. 일본은 북으로 대련과 남만철도를 옹유하여 동북3성을 압박하고 있었고, 중간에서는 산동반도를 거점으로 화중지역을 제압하고 있었으며, 남으로 복건을 세력범위로 삼아 수시로 화남지역까지 넘보고 있었다. 게다가 1919년 일본은 시베리아로 출병하면서 군사력을 북만주지역까지 확대했다. 이러한 상황은 중국에서 세력을 발전시키기에 급급했던 구미 열강들로 하여금 더는 참을 수 없게 만들었고, 그들은 연합하여 중국에서 일본의 확장 추세를 막고자 했다. 1921년 11월 12일 미국이 발기하고 아울러 영국, 프랑스, 일본, 이탈리아, 네덜란드, 중국, 포르투갈, 벨기에 등을 초청하여 워싱턴에서 태평양과 극동문제에 관한 국제회의, 즉 워싱턴회의가 개최되었다. 회의는 1922년 2월에 끝났다.

이 회의에서「해군 군비 제한에 관한 조약(關于限制海軍軍備條約)」(즉「5개국 해군협정(五國海軍協定)」)이 통과되었고,「중국 사건에 적용할 각 원칙 및 정책에 관한 9개국 공약(九國關于中國事件應適用各原則及政策之條約)」(「9개국 공약」이라 약칭)을 조인했다.「공약」이 정한 중국문제에 대한 4개항의 원칙은 다음과 같다. ① 중국의 주권과 독립 및 영토와 행정의 보전을 존중한다. ② 중국에게 완전하고 방해받지 않는 기회를 제공하여 유력하고 공고한 정부를 유지 발전시키도록 한다. ③ 각국의 권세를 운영하여 중국 영토에서 각국 상공업의 기회 균등 원칙을 수립 유지한다. ④ 중국의 현 상황을 이용하여 특수한 권리를 취득할 수 없으며, 또 우방의 안전을 방해하는 행동에 동조할 수 없다.[1] 이「공약」은 중국의 주권과 독립에 대한 존중을 서로 표방했으나, 실질적으로 제국주의 강대국들이 중국에서 "문호개방, 기회균등"을 확정짓는 것이 목적이었다. 그 외에 워싱턴회의는 또「산동 현안의 해결에 관한 조약(關于解決山東懸案條約)」을 체결하여, 일본은 산동에서 가지고 있는 대부분의 권리를 중국에게 돌려주라고 규정했다. 이 회의는 회의참가국들의 중국에서 이익은 균등해야 하며, 일본은 중국에서 특수한 권익을 갖지 못한다는 공통된 인식을 도출했다. 비록 회의 기간 동안 일본이 상당히 저항했지만, 영·미와 맞설 수 없었으므로 회의에서 결정된 사항들을 받아들일 수밖에 없었다.

「9개국 공약」은 중국을 침략하려는 일본의 손발을 묶어버렸으므로 일본은 나라가 온통 시끄러웠다. 다나카 기이치(田中義一)는 천황에게 올린 상주문에서 다음과 같이 말했다. "워싱턴회의에서「9개국 공약」이 성립됨으로써 우리의 만몽 특권 및 이익은 일괄적으로 제한을 받아 자유로이 행동할 수 없게 되었으며, 우리나라의 존립 역시 그에 따라 동요를 느끼게 되었습니다. 만약 힘을 다해 이러한 난관을 타개하지 않으면, 우리나라의 존립은 견고하지 못하고 국력

---

[1] 北京政府外交部,『外交文牘·華盛頓會議案』上, 8쪽 ; 程道德 編,『中華民國外交史料選編』, 北京大學出版社, 1985, 104~105쪽.

도 발전할 수 없을 것입니다."2)

1923년 일본은 관동대지진이 발생하여 경제가 치명적인 타격을 입었다. 또 뒤이어 발생한 세계경제위기는 일본의 해외무역을 마비상태에 빠뜨렸다. 일본 국내에서 공장은 도산하고, 노동자는 실직하고, 농민은 파산하고, 인구는 맹렬히 증가했다. 일본은 메이지 유신 이래 60년 가까이 해외 확장이 가져온 경제번영의 황금시대에서 순식간에 역사의 하락세로 떨어졌다. 통화팽창, 식량위기, 각종 사업의 부진, 경제의 지속적인 쇠퇴는 일본 사회의 안정을 깨뜨렸다. 이와 동시에 민주주의와 사회주의 사조가 왕성하게 일어나, 군사독재에 반대하고 군비감축을 요구하는 노동자들의 파업 투쟁이 전에 없이 고조되었다.

이러한 상황 아래 오카와 슈메이(大川周明)와 기타 잇키(北一輝)를 대표로 하는 일본 우익지식분자들이 때를 틈타 일어났다. 그들은 메이지 이래 거짓으로 꾸며낸 '야마토 정신(大和精神)'을 유럽 무솔리니와 히틀러의 파시즘 이론과 결합시켜 '일본주의' '국가주의' '존왕복고(尊王復古)' 등의 극단적인 사상을 날조하여 바야흐로 흥기하는 민주주의와 사회주의 사조에 대항했다. 일본 우익지식분자들의 이론과 군부 우익분자들의 사상이 단번에 일치하자 소장파 파쇼군인들은 분분히 각종 조직을 설립하여 일본을 '맹주'로 하는 '대아시아주의'를 고취했다. '지행사(地行社)' '유존사(猶存社)' '일석회(一夕會)' '사쿠라회(櫻會)' 등의 조직이 속속 등장하여 활동을 전개했다. 민간 우익세력과 군부 소장파가 서로 결탁하여 한통속이 되어 각종 기회를 이용해서 일본을 '구원'할 방법을 토론하고 연구했다. 그들은 다음과 같이 부르짖었다. 지금의 어려운 국면이 생겨난 것은 정부의 무능과 대외정책의 연약함에 그 책임이 있다. "제국의 생존을 위해 반드시 만몽에 완전한 정치권력을 확립해야 한다."3) 이는 일본의 출로를 해결

---

2) 國難編輯社 編,『日本大陸政策的眞面目』, 上海生活書店, 1937, 47쪽,『僞滿洲國史資料』第24册, 全國圖書館文獻縮微中心影印, 2002 참조.
3) 簡井淸忠,『昭和時期日本的構想』, 東京 : 有斐閣, 1984, 154쪽.

하는 가장 좋은 방법이라고 했다. 일본 파쇼 군국주의자의 대표 인물인 도죠 히데키(東條英機), 오카무라 야스지(岡村寧次), 이타가키 세이시로(板垣征四郞), 이시하라 간지(石原莞爾) 등은 모두 '일석회'와 '사쿠라회'의 주요 구성원이었다. 그들의 고취와 추진 아래 줄곧 '야마토 정신'으로 자랑스러워하던 일본 '신민(臣民)'도 "지나에 대한 강경 외교"의 채택을 주장했다.

일본 우익세력의 요구에 순응하기 위해 1927년 4월 다나카(田中) 내각은 정권을 잡은 후 중국에 대해 '적극정책'을 채택하여, 중국 내정에 강경하게 간섭하고 중국통일을 방해했다. 당시 중국의 북벌전쟁은 연이어 승리하고 있었고, 1927년 초 북벌군은 한구(漢口)와 구강(九江) 등의 영국 조계를 수복하여 중국 내 구미 열강 세력은 심각한 타격을 받았다. 4월 장제스(蔣介石)는 남경에 국민정부를 수립했다. 미국, 영국, 일본은 장강(長江) 이남에서 각자의 기득권을 보호하기 위해 한 차례 연합하여 장제스에게 반대했다. 1928년 4월 7일 장제스가 명을 내려 봉계(奉系) 군벌을 토벌하자 일본은 중국 내의 이익, 특히 "만몽의 특수 권익"을 지키기 위해 온갖 방법을 동원하여 이를 저지했다. 뒤이어 일본은 거리낌 없이 산동으로 출병하여 청도와 제남 등을 점령하고 아울러 제남에서 중국 군민(軍民) 6,123명을 학살하여 경악스런 제남사건을 저질렀다. 6월 4일 관동군은 심양(沈陽)에서 장쭤린(張作霖)을 폭살하고, 이어서 또 장쉐량(張學良)의 동북역치(東北易幟)4)에 무력으로 간섭하려 했다. 다나카는 특사 신분으로 장쭤린의 장례에 참가하는 하야시 곤스케(林權助)에게 다음과 같이 말했다. "중국의 통일을 촉진하기 위해 우리나라가 만주를 희생해야 한다는 것은 있을 수 없는 일이다. 우리나라가 여러 해 동안 중국이 통일을 실현할 수 있도록 중국과 합작한 까닭은 우리나라가 능히 자신의 염원대로 만주를 지휘할 수 있게

---

4) [역주] 만주군벌 장쭤린이 일본에 의해 암살당한 후, 그의 아들 장쉐량이 뒤를 이었다. 일본은 장쉐량이 일본 쪽에 붙도록 회유했으나 장쉐량은 이를 거부하고 1928년 12월 29일에 장제스의 남경국민정부에 복종할 것을 발표했고 아울러 중화민국의 青天白日旗를 깃발로 내걸게 되는 데 이를 역치라고 한다.

되기를 희망했기 때문이다." 아울러 거듭 다음과 같이 경고했다. 만약 중국이 통일되고 "그때 우리나라가 남경정부와 만주문제를 담판하게 되면 문제는 장차 국제적인 것으로 변할 것이다. (이러한 상황은) 결단코 피해야 한다. 그러므로 우리는 모든 수단을 동원하여 이러한 사태의 발생을 반드시 막아야 한다."[5]

일본이 공공연히 국제법을 위반하고 노골적으로 중국을 침략하는 행위는 중국 인민들의 항일 열기를 고조시켰을 뿐만 아니라, 국제적으로도 강력한 반대에 부딪쳤다. 미국, 영국, 프랑스 등은 연이어 남경정부를 승인하고 아울러 남경정부와 새로운 관세조약을 체결한다고 선포했다. 7월 7일 남경국민정부는 다음과 같이 선포했다. 1896년 청 정부와 일본이 체결한 「중일통상행선조약(中日通商行船條約)」은 이미 기한이 만료되었으므로 폐지하고 더 이상 사용하지 않는다. 1904년 청 정부와 일본이 체결한 부속 조약도 동시에 폐지한다. 이와 동시에 중국 각지에서는 일본 상품을 배척하고 일본 정부에 항의하는 시위 활동이 다시 고조되었으며, 동북과 대련의 항일운동도 여기저기에서 끊임없이 일어났다.

9·18사변 이전 대련에 있는 일본인은 이미 10여만 명에 달했으며 직업별로 구분하면 대체로 5종류로 나눌 수 있다. 첫째, 식민통치기구의 관리·직원 및 그 가족. 둘째, 관리·직원·노동자 및 그 가족을 포함한 만철 계통의 인원. 셋째, 은행·회사·공장·탄광의 직원과 노동자 및 그에 딸린 인원. 넷째, 군인·경찰·헌병·특무기관의 인원 및 그에 딸린 인원. 다섯째, 문화교육·위생계통의 종사자와 일반 교민. 이들은 대부분 사회적 지위와 문화적 수준이 비교적 높았다. 그들은 십중팔구 일본의 중국침략정책을 추종하고 그에 심취하여 '만주개발'의 '사명'을 지고 대련에 온 자들이었다. 그들의 목표는 중국 동북의 풍부한 자원을 이용하여 일본을 한층 더 발전시키는 것이었으며, "만몽에 매장된

---

5) 「田中義一·林權助會談備忘錄」, 1928년 7월 31일, 『日本外務省檔案』, PVM53.

천연자원은 실로 일본에게 가장 필요한 생명의 양식"6)이라고 생각했다. 그들의 앞길은 일본의 중국 침략 전망과 긴밀히 연결되어 있었다.

러일전쟁이 끝나고 오래지 않아 일본은 중·러가 정한, 대련의 조차 기간을 25년으로 한다는 제한 때문에 '만몽개발'의 야심을 마음껏 펼칠 수 없었다. 실제로 일본은 이 기한에 대해 전혀 만족하지 못했다. 그것은 '대륙정책'을 실현하려는 목표와 너무 차이가 컸기 때문이다. 그래서 일본은 급히 기회를 찾아 여대(旅大)의 조차기간을 연장하고자 했다. 그러다가 1915년에 이르러 위안스카이를 강요하여 '21개조'를 받아들이게 함으로써 비로소 영구적으로 대련을 강점할 수 있는 구실을 찾았으며, 대련의 일본인들은 이제 마음 놓고 장기적인 계획을 세울 수 있게 되었다.

일본은 대련을 해외에서 '개척'한 신영토로 보고, 여기에 국제적인 대도시를 건설하여 일본인의 낙원으로 만들고자 했다. 대련의 일본인들은 자신의 미래에 대해 아름다운 동경을 가지고 있었다. 그들은 자신이 대련의 일등 공민이며, 임금·주택·교육·위생 등의 방면에서 누리는 대우는 같은 시기 일본 국내의 수준보다 훨씬 높다고 자부했다. 배후에 식민당국과 관동군의 지지가 있었기 때문에, 그들은 이곳에서 무슨 일을 하든지 모두 거리낄 것이 없었다. 예컨대 토지·물산·노동력 등을 모두 무상으로 요구할 수 있었고 마음대로 사용할 수 있었다. 그 외에도 관영의 남만주철도주식회사와 대형은행들이 자금·설비·교통 등의 방면에서 도와주고 있었다. 이 때문에 일본인은 각종 영역과 업종의 경영 활동에서 마치 물고기가 물을 만난 듯 일이 순조롭고 이익도 적지 않았다. 그러나 대련의 일본인은 대련에 발붙이는 정도로 만족하지 않고 기세를 몰아 동북 전역으로 확장하려 했다. 일본인은 각지의 만철 기구를 통해 전면적으로 동북의 철도, 광산, 수륙운수, 전기, 기계, 건축 등의 업종을 점거했으며, 심지어

---

6) 細野繁勝,『滿蒙形勢之嚴重化與實力發動』, 94쪽,『僞滿洲國史資料』第1冊, 全國圖書館文獻館縮微中心影印, 2002 참조.

문화, 교육, 위생 등의 영역에까지 발을 들여놓았다.

대련의 일본인은 이러한 '특수 공민'의 '특별한 지위'를 영원히 유지하기를 희망했다. 그러나 일본의 중국 침략 행위에 대한 국제 여론의 비난, 일본의 중국 침략야욕에 대한 구미 열강의 간섭, 중국 민족해방운동의 끊임없는 고조는 대련의 일본인들로 하여금 자신의 '낙원'이 파괴될지도 모른다는 위험을 느끼지 않을 수 없게 했다. 그리하여 몇몇 우익분자들이 적극적으로 행동에 나서 각종 단체와 조직을 설립하고 대대적으로 여론을 조성하여 반중·혐중(反華·仇華) 정서를 선동했다. 대련의 일본재향군인회, 만주간인구락부(滿洲艮人俱樂部), 만철사원회, 만몽연구회, 만주청년의회, 만주청년연맹, 대련부인회, 북진회(北辰會), 대련군인후원회, 해군협회만주지부, 수양단(修養團)만주지부 등 우익단체 조직들이 시대적 분위기에 따라 생겨났다. 이러한 조직들은 서로 결탁하여 사방에서 강연을 하고 글을 발표하거나 소책자를 출판하여 "만몽은 일본이 10만 동포의 선혈과 20억 엔의 나라 돈으로" 맞바꾼 '성토(聖土)'이자 "일본의 생존을 보장하는 국가 방위의 제1선이며, 만약 만몽을 중국에게 완전히 넘겨주게 되면 일본의 안전과 동양의 평화는 모두 보장받을 수 없게 될 것이다"라는 등의 허튼소리를 했다. 그러면서 일본인에게 반드시 전력을 다해 "만주에서의 특수권익"을 지켜야 한다고 호소했다.[7] 동시에 그들은 또 일본 국내의 파시즘 세력과 결탁하여, 오카와 슈메이가 말한 일본인의 "생존공간"을 해결하려면 "만몽 외에는 다른 길이 없다"[8]는 논리, 기타 잇키가 말한 "남북을 가로지르는 대일본"[9]을 건설하고 "국제간에 영토의 재분배 문제를 해결"[10]하자는 논리, 그리고 군부 소장파 파쇼 장교들의 일본의 국책은 "만주 문제를 해결하는데 중점을 두

---

[7] 細野繁勝, 『滿蒙形勢之嚴重化與實力發動』, 93쪽.
[8] 『現代史資料(5)國家主義2』, 水鳶書房, 1964, 692쪽.
[9] 『北一輝著作集』 第2卷, すす書房, 1972, 185쪽.
[10] 『北一輝著作集』 第2卷, 273쪽.

어야 한다"는 등의 논리를 행동 지침으로 삼아 이를 대대적으로 선전했다. 이와 동시에 대련의 일본 신문 매체는 관동군과 관동청의 통제 아래 대중의 대변자라는 얼굴로 이를 부추겼다. 대련의 관영신문『대련신문(大連新聞)』, 만철사원회 잡지『협화(協和)』와『신천지(新天地)』등은 서로 뒤질세라 앞을 다투어 인심을 현혹하는 각종 문장을 발표했다. 한동안 대련의 하늘은 먹구름이 짙게 깔리고 먼지가 하늘을 가득 채웠다.

1927년 다나카 내각이 소집한 '동방회의'는 "중국을 정복하려면 반드시 먼저 만몽을 정복해야 하며" "세계를 정복하려면 반드시 먼저 중국을 정복해야 한다"는 중국침략정책을 확정했다. 오래지 않아 또 '대련회의'를 소집하여 '만몽 정복'을 실현할 구체적인 사항을 연구했다. 이후 고모토 다이사쿠(河本大作), 하나야 다다시(花谷正), 이시하라 간지, 이타가키 세이시로 등 한 무리의 소장파 파쇼 장교들이 연이어 대련에 도착하여 관동군참모부의 고급 참모와 작전주임 등의 요직을 맡았다. 이들은 여순 관동군사령부 소재지의 유리한 조건을 이용해서 심혈을 기울여 "만주를 중국 영토에서 분할하여 특수구역으로 만들고, 이 땅과 이 지역에 일본의 정치 세력을 침투시킬"[11] 계획을 짰다. 그들은 여순의 관동군 장교집회 장소인 '해행사(偕行社)'에서 매주 한두 차례 모임을 갖고 전적으로 '만몽문제 해결' 방안을 모색하고 구상했다.[12]

뿐만 아니라 이들은 또 각종 기회를 이용해서 관동청 직원, 만철사원, 상사(商社) 직원, 은행 직원들 사이에서 '만몽위기'론을 부추기고, '만몽문제'를 철저하게 해결하지 못하면 반드시 장차 일본의 '생명선'을 심각하게 위협할 것이라는 그릇된 주장을 유포하여, 동북에 대한 무력 침략 여론을 대대적으로 조성했다. 당시 대련은 이미 일본이 동북을 무력 침략하기 위한 '원동력과 발원지'가

---

[11] 山浦貫一 編,『森恪』, 東京, 1941, 599쪽.
[12] 中國社會科學院中日歷史硏究中心 編,『九一八事變與近代中日關係-九一八事變70周年國際學術討論會論文集』, 153쪽.

되고 있었다.[13]

2. '만몽독립운동'의 발원지

'만몽독립운동'이란 일본이 신해혁명 후에 중국의 분열을 꾀한 음모 활동이었다. 1912년 중화민국이 건립되자 남북은 '화의'를 둘러싸고 격렬한 투쟁을 전개하느라 변경 지역까지 돌볼 겨를이 없었다. 일본은 남의 집에 불이 났을 때를 틈타서 물건을 훔치듯이 중국을 분열시키려는 의도 아래 죄악을 범했다.

중국 동북과 내몽골 동부 일부의 영토를 떼어내어, 일본이 좌지우지할 수 있고 중국 중앙정부로부터 이탈된 정권을 세우는 것이 만몽독립운동의 최종 목표였다. 이 계획은 일본 군부와 관동도독부의 지지와 획책 아래, 일본의 대륙낭인 가와시마 나니와(川島浪速)를 급선봉으로 삼아 구체적으로 추진되었다.

가와시마 나니와는 '대륙 경영'과 중국 침략을 입신양명의 근본으로 삼았던 일본의 대륙낭인이었다. 그는 청년 시절부터 심혈을 기울여 중국어를 공부했으며 20세에 상해로 왔다. 그는 일본육군 정보기관의 두목 아라오 세이(荒尾精) 등과 중국 침략 방책을 모색했으며, 일찍이 화동(華東)지역의 해안 방어 정보를 수집하는데 공이 있어 군부로부터 중시되었다. 1888년 마침 대륙낭인들이 "러시아의 남하를 저지"하기 위한 대책을 의논할 때, 가와시마는 러시아가 중국 서북지방으로 진출하는 것은 근심할 바가 못 되며, 만주를 제압하는 것이야말로 일본의 급선무라고 했다. 그는 만몽을 중국에서 떼어내어 중국을 벗어나 일본과 상호 '제휴'할 수 있는 새로운 '국가'를 건립하자고 제의했다. 가와시마 나니와는 '만몽 건국'의 제창자 가운데 한 사람으로, 일생 동안 중국의 분열과 '만

---

[13] 江口圭一, 『日本帝國主義史硏究-以侵華戰爭爲中心』, 世界知識出版社, 2002, 86쪽.

몽독립'을 위해 분투했다. 일찍이 청일전쟁 시기에 가와시마는 일본군의 통역관이 되어 잇따라 산동과 대만 등지로 침입했다. 1900년 8개국연합군이 중국에 침입했을 때 가와시마는 일본군 제5사단 사령부의 종군 통역관이 되었으며, 아울러 청군으로 변장한 일본군을 이끌고 청군이라고 속여 북경 성문을 열었다. 입성 후에는 고궁(자금성)감독으로 임명되었으며 아울러 기회를 틈타 제멋대로 약탈했다.

청나라 종실 귀족들의 신임을 얻고 그들을 이용하여 중국 분열 음모를 달성하기 위해, 가와시마는 8개국연합군에서 일본점령구 군정사무장관을 맡고 있던 기간에, 청나라 종실 왕공들의 저택을 특별히 보호해주었다. 1901년 6월 가와시마는 경친왕 이쾅(慶親王 奕劻)의 초청에 응하여 청 정부의 북경경무학당(北京警務學堂) 총감독으로 부임했고, 일본 경시청(警視廳)의 제도에 따라 북경의 경무(警務) 치안을 전권을 가지고 관리했다. 1906년 가와시마 나니와는 숙친왕 산치(肅親王 善耆)와 의형제를 맺음으로써 두 사람이 각자 '국가' '이익'을 위해 서로 결탁하고 '제휴'한다는 뜻을 드러냈다.

1912년 청나라 황제가 퇴위하고 위안스카이가 신해혁명의 성과를 빼앗아 임시 대총통의 자리에 올랐다. 숙친왕 산치는 청 황제의 퇴위를 단호하게 반대하며 1912년 초 종사당(宗社黨)을 설립하여 청왕조의 회복을 맹세했다. 종사당의 주요 구성원은 공친왕 푸웨이(溥偉), 강녕장군 톄량(鐵良), 섬감총독 성윈(升允) 등이 있었다. 융유

'만몽독립운동'의 기획자 가와시마 나니와(왼쪽)와 산치(오른쪽)

태후(隆裕太后)의 반대로 말미암아 오래지 않아 종사당은 해산되었다.

가와시마 나니와는 청 황제가 퇴위한 후 일본 정부에게 중국의 정국에 간섭할 것을 청했으나 성공하지 못했다. 이에 그는 푸이(溥儀)를 동북지방으로 납치하여 왕으로 세워 만몽을 분열시키려 획책했으나, 푸이가 북경을 떠날 수 없었으므로 계획은 또 실패하고 말았다.[14] 이후 가와시마는 또 산치와 결탁하여 '만몽독립'을 비밀리에 계획했다.

1912년 1월 29일 가와시마는 일본 참모본부에 자신의 행동계획을 보고했다. "만주근왕군을 일으켜서, 만주족 조상들의 옛 땅을 굳게 지켜 결코 돌려주지 않는다는 이유를 내세워, 대청(大淸)의 이름을 보존하고 잠시 만몽에 머물면서 실력을 기르다가, 중화민국이 내부에서 혼란해지기를 기다려 다시 중원으로 진출한다."[15] 그는 동시에 참모부가 관동도독부에 훈령을 내려 대대적인 원조를 하게 해달라고 요구했다. 이 계획은 일본 군부의 허락을 받았다. 이에 제1차 '만몽독립운동'의 서막이 올랐다.

당시 위안스카이는 청 황실의 왕공과 종사당 사람들이 북경을 빠져나가 외국인에게 이용되는 것을 막기 위해 북경 전역에 계엄을 실시했다. 2월 2일 가와시마와 그의 처자는 위안스카이의 병사들이 근무 교대할 때를 노려 숙친왕 일가 전체를 겹겹이 포위된 왕부(王府)에서 자신의 집으로 맞이했다. 잠시 휴식을 취한 뒤 일본 군부의 간첩 다카야마 기미미치(高山公通) 대좌와 일본낭인이 그들을 호송하여 북경을 벗어났다. 2월 5일 숙친왕은 진황도(秦皇島)를 거쳐 일본 군함으로 갈아타고 여순에 도착했다. 그 후 가와시마 나니와가 숙친왕의 가속 60여 명을 이끌고 여순으로 쫓아왔고, 당시 여순에 있던 일본 관동도독부는 숙친왕 일가를 열렬히 환대하고 세심하게 보살폈다. 이때부터 일본 군부와 관동도독부의 강력한 지지 아래, 가와시마 나니와는 산치를 간판으로 내세우고

---

[14] 會田勉 著, 陳沖言 譯, 『川島浪速與'滿蒙獨立運動'』, 『近代史資料』, 1982年 第2期(總第48號).
[15] 會田勉 著, 陳沖言 譯, 『川島浪速與'滿蒙獨立運動'』, 『近代史資料』, 1982年 第2期(總第48號).

여순을 활동 근거지로 삼아, 일본의 통제를 받는 만몽독립왕국을 세우기 위해 사방으로 다니며 온갖 계책을 다 썼다.

여순에 있었던 산치의 임시거처

가와시마 나니와는 숙친왕 일가를 여순에 맞이하여 안돈케 한 후 오래지 않아서 급히 봉천으로 달려가, 한편으로 전 청나라 동삼성총독이었던 자오얼쉰(趙爾巽) 등을 유혹하여 거사에 참여하게 하고, 다른 한편으로 일본육군 군부에 의해 동삼성으로 파견되어 정보를 수집하고 아울러 가와시마의 '만몽독립계획'을 지원하고 있던 마쓰이 세이스케(松井淸助), 다카야마 기미미치, 다가 소노스케(多賀宗之助) 등과 연계하여, 관동도독부 육군부의 지휘 아래 다각도로 무기와 탄약을 준비했다. 하지만 뜻밖에도 가와시마 등의 '만몽독립운동'은 영국 정보부서에게 발각되었다. 영국은 이것이 중국에서 자기들의 이익에 영향을 주게 될까 염려하여 일본에게 경고를 보냈다. "만주에서 일어나는 분열 활동은 그 어떤 것이든 중국 영토의 보전이라는 시각에서 볼 때 모두 불리한 것이다." 이와 동시에 자오얼쉰 등은 영국의 권고를 받아들여 청나라를 돕겠다는 입장을 버리고 공화정을 옹호하는 쪽으로 돌아섰다.16) 영국 정부의 압력 아래 일본은 어쩔 수 없이 '만몽독립운동'에 대한 태도를 바꾸었다. 이를 위해 수상 사이온지 긴모치(西園寺公望)는 2월 20일 관동도독 오시마 요시마사(大島義昌)에게 훈령을 보내 가와시마 등의 활동을 취소하도록 요구했다. 외무대신 우치다 고사이(內田康哉)도 봉천주재 총영사에게 지시하기를 "종사당과 관련된 일본의 행동을 정부는 인정할 수 없으니 적절히 단속하라"[17]고 했다. 육군 참모차장 후쿠시마 야스마사(福島安正)도 가와시마에게 명을 내려 그를 속히 도쿄로 돌아오라고 했다. 이후 일본 정부는 영국에게 통지하기를 "일본은 이미 불간섭의 태도를 취하기로 결정했으며, 아울러 이미 만주의 일본 관청에 중립을 엄수하라는 훈령을 내렸다"고 했다. 가와시마는 일본으로 돌아가기 전에 여전히 '오랜 친구'를 잊지 않고 특별히 참모본부에 전보를 보내, 숙친왕이 "정치적 망명자의 신분"으로 잠시 여순에 머물면서 훗날 재기를 도모할 수 있도록 배려해 줄 것을 청했다.

그러나 이때 일본 군부에서 동북으로 파견하여 가와시마와 협조하여 '만몽독립운동'을 진행하게 했던 소장파 장교들은 여전히 각자 활동을 계속했다. 그들은 혹은 상인으로 변장하고 혹은 라마교 신도 등으로 변장하여 무기와 탄약을 운반하고 토비들을 모아 이른바 '근왕군'을 결성했다. 그리고 대련, 해성(海城), 요양(遼陽) 등지에서 종사당 신도를 훈련시키고 '군용표' 3만여 장을 발행하고, '대청제국정부(大淸帝國政府)' '대청제국근왕군총사령부(大淸帝國勤王師總司令部)' 등의 관인을 새기고, 위임장을 인쇄했으며, 심지어 '용기(龍旗)'까지 제작했다.[18] 아울러 계획하기를 1912년 9월 반란을 일으키되 해성을 거사 장소로 삼고, 거사 후에는 북진하여 혼란을 틈타 승리를 쟁취하고 중국을 분열시키려 했다.

---

16) 信夫淸三郞 編, 『日本外交史』 第1卷, 商務出版社, 1992, 122쪽.

17) 梅本捨三 著, 高書全 等 譯, 『關東軍秘史』, 39쪽.

18) 『奉天省公署檔案』, 伍育文, 「日本浪人與宗社黨的滿蒙獨立運動」, 『中日關係史論叢』 第1輯, 遼寧人民出版社, 1982, 217쪽 재인용.

몽골 방면에서 가와시마 나니와는 원래 "마쓰이 세이스케와 객라심왕(喀喇沁王)이 동시에 북경을 탈출하여 몽골에서 병사를 모집하고, 그 후 만주로 들어가 무기를 수령하여 객라심왕과 파림왕(巴林王)의 왕부(王府)로 운반한다"[19]는 계획을 세웠다. 5월 중순 다가 소노스케는 원래의 계획대로 관동도독부 육군부에서 수령한 마차 약 50대 분의 무기를 대련에서 공주령까지 운반하여 마쓰이 세이스케에게 넘겨주었다. 마쓰이는 이 무기들을 농기계로 위장하여 일본낭인 우스키 마스조(薄益三)와 만주의 비적두목 쥐셴장(左憲章)의 책임 아래 객라심왕의 왕부까지 호송하도록 했다. 그러나 운송과정에서 봉천장군 자오얼쉰의 부대에게 발각되었다. 자오얼쉰은 우쥔성(吳俊陞)을 파견하여 병사들을 거느리고 가서 저지하도록 했고, 마차 행렬이 정가둔(鄭家屯)에 이르렀을 때 쌍방간에 충돌이 발생했다. 충돌 과정에서 무기는 전부 불타고 일본인 3명과 비적 20명이 사살되었으며 13명의 일본인이 사로잡혔다. 이렇게 되자 일본 군부, 관동도독부, 가와시마 나니와 등이 중국을 분열시킬 의도 아래 심혈을 기울여 계획한 제1차 '만몽독립운동'은 철저하게 실패했다.

국제사회의 간섭과 일본 정부·군부의 태도변화가 제1차 '만몽독립운동'이 실패한 주요 원인이었다. 그러나 일본 군부가 미리 정해 놓은 동북에 대한 무력 점령 및 이를 중국에 대한 전면적인 침략의 기지로 삼는다는 전략 방침과 군국주의자들의 입장은 조금도 변화가 없었다. 이번 '만몽독립운동'이 실패한 후 그들은 잠시 칩거하며 앞으로 더욱 큰 음모를 벌이기 위해 힘을 축적했다.

1912년 8월 가와시마 나니와는 이전 단계에서 추진했던 중국 침략 '모략' 활동을 정리하여 「중국에 대한 소견(對華管見)」이라는 장문의 글을 써서 '대륙정책'의 실현에 관한 구상을 전면적으로 논술하고, 일본이 아시아를 재패하려는 전략에서 '만몽독립'이 차지하는 중요한 지위를 힘써 진술했다. 1914년 4월 오

---

[19] 梅本捨三 著, 高書全 等 譯, 『關東軍秘史』, 37쪽.

쿠마 시게노부(大隈重信)는, 만몽문제를 해결하고 중국에서 일본의 이익을 확보할 수 있으리라는 일본 원로회의의 기대를 한 몸에 받아, 내각을 새로 조직하고 만주에 대한 이른바 '적극'정책을 취할 것을 의욕적으로 고취했다. 이 때 기회를 노리고 움직이던 '만몽독립'파는 권토중래할 때가 왔다고 생각했고, 가와시마 나니와는 7월 「중국에 대한 소견」의 재판을 냈다. 일본육군 가운데 후쿠다 마사타로(福田雅太郎), 아카시 모토지로(明石元二郎), 다나카 기이치 등의 급진주의자들도 주먹을 쓰다듬고 안달하면서 '만몽자치'를 주장했다. 한동안 만몽을 병탄하는 각종 '방책'과 '요강'들이 잇달아 나왔다.

1915년 여름 가와시마 나니와는 사람을 파견하여 내몽골의 기마대 두목 바부자부(巴布扎布)와 연락을 취하여 그와 숙친왕 산치가 연합하여 만몽독립을 이루도록 획책했다. 바부자부는 내몽골의 토묵특기(土默特旗)[20] 사람으로 일찍이 토비가 되어 3,000여 명의 무장 세력을 거느리고 석림곽륵맹(錫林郭勒盟)[21] 경내의 대포소낙이염호(大布蘇諾爾鹽湖) 일대를 강점했다. 러일전쟁 기간에는 일본 간첩의 선동 아래 만주의군(滿洲義軍)에 참가하여 일본군을 도와 러시아군을 공격했다. 중화민국이 건립된 후 내몽골의 '독립'을 도모했다. 가와시마가 보낸 사람이 그에게 거사를 일으킨 후에는 일본 쪽에서 무기와 장비를 제공할 것이라고 승낙하자 그는 조금도 망설이지 않고 가와시마의 요구를 들어주었다.

가와시마는 바부자부가 종사당 사람들과 연합하여 거사하기로 동의했다는 소식을 접한 후, 즉시 숙친왕 산치에게 은거 상태에서 나와 제2차 '만몽독립운동'을 추진하라고 설득했다. 산치는 흔쾌히 승낙하고, 모든 재산을 담보로 제공하여 일본 오쿠라재단(大倉財團)에서 100만 엔을 빌려 경비로 삼고, 동시에 대련에 제2차 '만몽독립운동' 지휘부를 설립했다.

제2차 '만몽독립운동'은 일본 정부의 지지를 받았다. 비록 일찍이 1915년 2월

---
[20] [역주] 旗는 청나라의 몽골 지역단위이며 중국의 縣에 해당한다.
[21] [역주] 盟은 몇 개의 기가 모여 만들어지며, 중국의 專區에 해당한다.

일본 정부는 영국 정부의 압력에 못 이겨 제1차 '만몽독립운동'을 취소했으나, 일본 정부는 만몽을 분열시키려는 음모를 지금까지 멈춘 적이 없었다. 1916년 1월 일본 정부는 가와시마 나니와 등이 획책하는 제2차 '만몽독립운동'이 이미 막을 올렸다는 사실을 알고 일본 외무성을 통해 즉각 지지를 보냈다. 육군성과 해군성 및 군령(軍令)기관의 수뇌부도 여러 차례 정무국장 고이케 쵸조(小池張造)의 사무실에서 회의를 열어 연구하고, 아울러 오쿠라 그룹이 군비에 충당할 자금을 숙친왕에게 빌려주도록 결정했다. 참모차장 다나카 기이치, 제2부 부장 후쿠다 마사타로가 군부의 막후 지휘자가 되어 도이 이치노스케(土井市之助) 대좌를 만주로 파견하여 거사 후 전선을 총지휘하게 했으며, 고이소 구니아키(小磯國昭) 소좌는 그를 보좌하게 했다.

제2차 '만몽독립운동' 시기의 일부 '근왕군'

여순에서 관동도독 나카무라 사토루(中村覺) 대장은 더욱 힘을 다해 '만몽독립운동'을 지지했다. 나카무라는 만주 각지에 주재하는 일본영사, 식민기구, 각급 관리, 군대 등에 명을 내려, 일본인이 진행하는 각종 반(反)위안스카이 활동을 더 이상 간섭하지 말고, 종사당 및 그 지지자들이 진행하는 '만몽독립운동'을 엄호하라고 했다.

1916년 2월 도이 등은 여순에 도착한 후 가와시마 나니와와 긴밀하게 협력하여 대련·안동(安東)·비자와(貔子窩) 일대에서 토비 약 3,000명을 모집하여 3개 여단을 편성했다. 도이 등은 모집한 토비들을 노동자로 위장시켜 '만주특종부대' 혹은 '근왕군'이라 불렀다. 관동도독부는 그들을 위해 소총 5,000정과 야포 8문의 장비를 지원했고, 도이 대좌에게 군사훈련을 책임지도록 했으며, 아울러 4월 15일 거사하도록 준비시켰다. 이 계획은 '도이(土井)계획'으로 불렸다.

그러나 당시 만주의 일본인들 사이에는 누구에게 의지할지, 어떤 방식으로 만주를 중국에서 분리할 지를 두고 서로 다른 두 가지 견해가 존재하고 있었다. 관동도독 나카무라 사토루, 가와시마 나니와, 도이 대좌를 대표로 하는 일파는 숙친왕을 지원하여 만몽의 독립을 꾀하자고 주장했으며 '여순파(旅順派)'라고 불렸다. 그리고 봉천주재 일본영사 야다 시치타로(矢田七太郎), 안동영사 요시다 시게루(吉田茂), 만주 주둔 제17사단장 혼고 후사타로(本鄕房太郎)를 대표로 하는 일파는 '도이계획'에 반대하여, 토비에게 의지하여 거사하면 성공할 가능성이 없을 뿐만 아니라 "추악한 짓이 폭로되어" "난처함을 자초할 우려"가 있다고 생각하고, 봉천장군 장쭤린을 책동하여 만몽의 독립을 꾀하자고 주장했으며, 이 일파는 '봉천파(奉天派)'로 불렸다. 두 파의 의견이 도쿄에 전해지자 일본 정부의 정책결정자인 외상(外相) 이시이(石井)와 군부의 다나카(田中)는 '봉천파'의 의견을 매우 중시했고, 아울러 장쭤린이 독립하도록 책동할 때 무기와 군비는 일본 정부에서 원조한다는데 동의했다. 그래서 명을 내려 '도이 계획'의 실행을 잠시 연기하라고 했다.

관동도독 나카무라 사토루를 우두머리로 하는 '여순파'는 장쭤린을 옹립하는 것에 단호히 반대했다. 그들은 이미 '만몽 거사'를 위해 매우 많은 대가를 지불했기 때문이다. 일단 정부가 장쭤린을 옹립하기로 결심하면 '도이계획'은 완전히 물거품이 될 것이다. 그러면 내몽골 초원의 기병 3,000명과 대련의 특종부대

3,000명은 장차 어디에 배치한단 말인가? 그들은 정부의 입장을 저지하려면 오직 장쭤린을 죽이는 수밖에 없다고 생각했다. 이를 위해 도이, 고이소 구니아키, 가와시마 나니와는 비밀리에 장쭤린 암살 계획을 모의하기 시작했다.

5월 27일 관동도독 나카무라 사토루는 봉천을 방문하고자 했고 장쭤린은 기차역에 가서 그를 영접하기로 했다. 도이, 고이소 구니아키, 가와시마 나니와는 이 기회를 이용해서 장쭤린을 폭사시키기로 결정했다. 그들은 육군 예비역 대위 미무라 유타카(三村豊)를 자객으로 보냈다. 이날 장쭤린이 탄 환영 차량 행렬(마차)이 봉천 소서문(小西門)에 이르렀을 때 "미무라 유타카는 폭탄을 품에 안고 마차를 향해 달려 나가 자기 몸을 마차에 부딪쳤다." 그러나 장쭤린은 다른 마차에 타고 있었기 때문에 다행히 화를 면했다. '여순파'는 장쭤린을 암살하는 데 실패하자 더욱 발걸음을 재촉하여 6월 봉천과 길림 일대에서 거병하여 투쟁하기로 결정했다.

4월 11일 다나카 기이치는 관동도독부 육군차장 니시카와 도라지로(西川虎次郎)에게 장쭤린의 '독립'을 추진할 방도를 강구하고, 아울러 "힘을 다해 무기와 자금 등을 제공하라"고 지시했다. 4월 19일 장쭤린이 돤즈구이(段芝貴)를 대신하여 동북의 군정대권(軍政大權)을 독점한 후, 다나카 기이치는 20일 곧바로 명을 내려 종사당과 관계된 모든 행동을 중지하라고 했다. '여순파'는 갑작스런 일격을 받고 극도로 분개했다. 특히 가와시마 나니와는 "정부와 군부의 기회주의적인 변절 행위에 굴복할 수가 없다"고 했다.[22] 대련과 도쿄 간에는 이 때문에 전문(電文)이 끊임없이 오고갔지만, 가와시마 나니와는 여전히 양보하지 않고 원래 계획대로 실행에 옮기기로 결심했다. 도쿄 쪽에서는 할 수 없이 참모본부의 가와즈라 스에사쿠(河面末作) 대좌를 대련으로 파견하여 가와시마를 설득하게 했다. 그러나 결과는 오히려 반대가 되어 뜻밖에도 가와즈라가 가와시

---

22) 梅本捨三 著, 高書全 等 譯, 『關東軍秘史』, 52쪽.

마와 한편이 되었다.

당시 바부자부의 몽골기병 3,000명은 일본군인의 지휘 아래 남하하여 이미 곽가점(郭家店)에 도달했다. 그러나 뜻밖에도 장쭤린 군대의 포위망에 빠지게 되었다. 양쪽은 격렬히 싸웠고, 몽골군은 탄약을 모두 다 써버리자 대련으로 전보를 보내 구원을 청했다. 관동도독부 육군차장 니시카와 도라지로는 다나카 기이치의 지령을 받들어 원조를 거부했다. 가와시마가 크게 소란을 피우고 가와즈라 스에사쿠가 중재에 나서자 니시가와 도라지로는 비로소 소총 1,200정과 야포 4문을 지원하는 데 동의했다. 가와시마는 즉시 무기와 '근왕군' 2,000명을 이끌고 곽가점으로 가서 몽골기병을 위로하고23) 아울러 바부자부를 설득하여 내몽골의 원래 주둔지로 퇴각하게 했다. 바부자부는 철수하다가 봉천군에게 사살되었다. 이렇게 해서 한 때 떠들썩했던 제2차 '만몽독립운동'은 황급히 막을 내렸다.

두 차례의 '만몽독립운동'은 모두 대련을 중심으로 일어났다. 이곳은 일본식민기구인 관동도독부의 소재지로서 중국의 행정권이 미치지 않는 곳이었기 때문에, 일본은 이곳에서 자기 마음대로 중국을 분열 전복시킬 음모 활동을 대대적으로 벌였다. 이것은 당시 대련이 이미 중국을 침략하려는 일본의 정치적, 군사적 행동의 발원지가 되고 있었다는 것을 표명한다.

3. 일본낭인의 극우조직 만주간인구락부(滿洲浪人俱樂部)

일찍이 러일전쟁 기간에 몇몇 일본어민들은 일본군을 따라 어선을 몰고 함께 대련으로 침입했다. 그들은 해상에서 작업하면서 한편으로 일본군의 어류제

---

23) 梅本捨三 著, 高書全 等 譯, 『關東軍秘史』, 52쪽.

품 공급을 만족시켰고, 동시에 일본군의 해상 별동대이자 일본이 중국 황해와 발해의 영해권을 병탄하는 급선봉이 되었다. 이는 바로 어떤 논자가 "당시 원양어업에서 특히 두드러진 것은 바로 그 군사적 성격이다"24)라고 말한 바와 같다.

러일전쟁이 끝난 후 이들 "주로 세토(瀨戶) 내해(內海) 연안에서 온" 일본어민들은 계속해서 대련지역에서 식민 어업 생산에 종사하는 외에, 중국을 침략하고 동북을 분열시키려는 일본 군국주의의 음모 활동에도 적극적으로 참여했다. 일본의 대륙낭인 요시다 시게루(吉田武)와 미도리카와 료마(綠川龍馬)가 "만주에 있는 일본낭인 및 우국지사"들을 규합하여 대련 누화대(樓花臺) 127호에 설립한, 낭인을 주체로 하고 일본·중국·몽골·러시아 극우분자들을 모아 조직한 극우조직인 만주간인구락부(滿洲艮人俱樂部)는 그중 가장 대표적인 결사단체였다.

만주간인구락부 스스로 표방한 목표는 "황국황도주의(皇國皇道主義)를 견지하는 데 있었으며, 그 목적은 황색 인종을 구제하고 아시아 연맹을 완성하는 것이었다." 그리고 다음과 같이 공언했다. "만약 신이 선택한 민족이 맡은 천직에 반대하는 자가 있다면, 곧 사람의 도리 여하를 불문하고, 그 민족을 불문하고, 우리는 그 세력을 두려워하지 않고 법률을 초월하고 도덕과 인정을 떠나 지고무상의 인류애를 위해 일어나 싸울 것이다. 그러므로 만약 우리의 큰 소원인 황도에 위배될 경우 우리는 장차 온 힘을 다해 그것을 배제함으로써 신이 계시한 사명을 집행할 민족인 일본인의 발전을 도모할 것이다."25)

'황국', '황도', '대아시아'주의를 선양하고 중국의 정치·경제·군사 정보를 몰래 정탐하기 위해 이 조직은 아래에 유세반과 조사반을 설치하고 아울러 기관지를 발행했다. 구락부의 구성원은 주로 어민들이었으며, 구성원은 사원(社員)

---

24) 川崎健 著, 鄭利榮 譯, 『魚的資源學』, 台北 : 國立編譯館, 1986, 87쪽.
25) 遼寧省檔案館, 遼寧省社會科學院 編, 『九·一八事變前後的日本與中國東北－滿鐵秘檔選編』, 遼寧人民出版社, 1991, 117쪽.

과 회원(會員) 두 등급으로 나뉘었다. 오직 대륙낭인만이 사원이 될 자격이 있었고, 나머지 사람들은 단지 회원 신분으로만 각종 활동에 참가할 수 있었다. 일반적인 상황에서 이 조직의 주요 활동은 사원들이 수집해서 보낸 만몽과 시베리아 및 화중(華中) 방면의 각종 정보들에 대해, 토론과 분석을 진행하고 아울러 어떤 행동을 택할지 결정하는 것이었다.

1925년 만주간인구락부는 '만몽통(滿蒙通)'을 위주로 현양사(玄洋社)를 설립하여 집행기구로 삼았다. 현양사는 봉천·하얼빈·해림(海林)·오참(五站)·만주리(滿洲里)·하이라얼(海拉爾) 및 내몽골의 목릉묘(穆棱廟) 등지에 지부를 설립하여 각지의 정보수집 임무를 맡겼다. 현양사에 참가를 신청한 사람은 반드시 "사사로운 정에 얽매이지 않고 가정의 부담이 없는 자"여야만 했고, 또 "절대복종과 희생정신을 갖추어야" 했다. 사상에서 엄격한 심사를 통과해야 했을 뿐만 아니라, 신체상으로도 엄격한 훈련을 견딜 수 있어야만 했다. "능히 조사여행의 난관을 충분히 극복할 수 있고, 아울러 오직 의무를 이행하는 것만 추구하고 권리를 추구하지 않는 자"만이 비로소 현양사에 가입할 수 있었다. 이러한 조건은 정규 군대에 가입하는 것보다 더 가혹한 것으로, 파시즘 결사대와 다를 게 없었다.

현양사는 아래에 현양공사(玄洋公司)를 두었다. "현양공사는 간인구락부 아래 현양사의 병참부로 필요한 경비를 조달하는데 목적을 두었다. 이는 현양사 조사반이 발견하고 연구하는 각종 경제 문제의 경영에 종사하는 기구이며, 또 이른바 독일의 통일적인 식민정책의 방법에 따라 본국의 자본가 및 기업가들에 대하여 정신 지도를 진행하는 기구였다."[26]

현양공사는 아래에 어업부(漁業部)를 두었다. 여기에서 일하는 어부들은 모두 현양사의 청년부 구성원들이었다. 그들은 반년마다 한 번씩 교대했다. 즉 육

---

[26] 遼寧省檔案館, 遼寧省社會科學院 編, 『九·一八'事變前後的日本與中國東北－滿鐵秘檔選編』, 118쪽.

지에서 반년동안 '여행' 혹은 '조사'에 종사하거나 혹은 언어를 공부했으며, 다시 배로 돌아가 반년동안 해상 작업에 종사했다. 해상 작업 혹은 육상 공작을 막론하고 모두 아무런 보수도 없었다. "노동에 대한 유일한 품삯은 현양공사가 부담하는 육상인(陸上人)의 여행・연구비용뿐이었다." 비록 이러했지만 현양사는 2년도 안 되는 기간 동안 사원이 200여 명으로 발전했고, 아울러 세력을 산동까지 확대시켜 청도에 지부를 설립했다. 이 지부는 훗날 일본이 화중 지역의 정보를 수집하는 중요한 조직이 되었다.

1927년 5월 남경국민정부는 '북벌군'에게 명을 내려 강을 건너 봉계군벌을 토벌하라고 했다. 일본은 즉시 해군 함대를 산동 연해로 파견하여 '북벌군'의 동향을 감시했다. 이때 현양사 청도지부의 사원들은 해상에서 작업하는 일본어민으로 위장하여 적극적으로 일본 해군을 도와 산동 연해와 교주만 지역의 군사정보를 수집하고, 아울러 군부가 맡긴 각종 임무들을 집행했다. 5월 28일 관동군 제10사단 제33여단은 명령에 따라 산동으로 출병했다. 청도지부는 이를 알게 된 후 적극적으로 조건을 만들어 일본군의 상륙을 도왔으며, 아울러 "사원들의 활약 및 특수임무를 집행하는 능력 등"으로 인해 군부의 칭찬을 받았다. 일본군이 제남에서 경악스런 제남사건을 일으켰을 때, 청도지부는 또 "산동 및 중국 남방의 조사 기관"이자 "일본인에 대한 모종의 보호 연락기관"이 되었다.[27]

만주간인구락부, 현양사, 현양공사의 구성원들은 모두 "만주의 하늘 끝까지 떠돌아다니던" "찢어지게 가난한 낭인들"이었다. 그들은 대대로 물고기를 잡으며 살았고 러일전쟁의 승리는 그들의 생활과 처지를 그다지 개선시켜주지 못했다. 식량・인구・원료 등의 문제는 모두 일본이 시급히 해결해야 할 문제였으며, 또 그들이 당면한 큰 관심사였다. 그들은 정부의 식민정책을 추종하고 '대아시아운동'의 추진에 열중하면서, 중국・시베리아・몽골의 점령을 통해 자신

---

[27] 遼寧省檔案館, 遼寧省社會科學院 編, 『九・一八事變前後的日本與中國東北－滿鐵秘檔選編』, 117쪽.

의 '무산자로서의 비참한 상황'이 바뀌게 되길 희망했다.

1927년 11월 만주간인구락부는 '만주 어업부문에 관한 조선이민 문제'를 제기하여 '조선어민'들을 "관동주로 이주시켜 중국인들을 그곳에서 깡그리 몰아내야 한다"고 주장했다.28)

만주간인구락부가 조선어민을 "관동주로 이주시켜" 중국인을 "깡그리 몰아내자"는 주장을 하게 된 이유는 주로 간인구락부의 어민이 '관동주'의 어업자원을 약탈할 때 자신들의 세력이 미약하다는 것을 통감하고, 조선어민의 손을 빌려 중국어민을 몰아내고 최종적으로 불 속에서 밤을 줍듯(火中取栗) 관동주 어장을 독점하려는 목적을 이루고자 했기 때문이다. 그래서 그들은 도둑이 도둑을 잡으라고 소리치듯 다음과 같이 이야기했다. "일본인이 개발한 어장이 지금 다수의 중국어부에게 제압당하여" "실로 사람으로 하여금 치욕을 느끼게 한다." 마땅히 "조선인을 제1선에 세우고 일본인은 제2선에 서서" "그들을 지도하여 아시아운동의 일익을 담당하도록 해야 한다."29)

이러한 목적에서 간인구락부는 거듭 식민당국에 진언했으며, 아울러 만철의 재정 지원을 얻고자 했다. 그들은 이렇게 이야기했다. "식민정책의 추진은 관원에게만 의지해서는 결코 완전한 효과를 거둘 수 없다. 반대로 일개 낭인은 오히려 의연하게 사업을 촉진할 기회가 있다."30) 다만 자신들의 "사재(私財)가 빈약"하기 때문에 가슴속에 가득한 "애국애민의 마음"을 실현할 방법이 없다고 했다.

만주간인구락부는 주로 일본어민들로 조직되었다. 일반적인 상황에서 그들은 군벌과 재벌로부터 착취와 압박을 가장 심하게 받는 일본 사회의 최하층 군

---

28) 遼寧省檔案館, 遼寧省社會科學院 編, 『九・一八'事變前後的日本與中國東北－滿鐵秘檔選編』, 121쪽.
29) 遼寧省檔案館, 遼寧省社會科學院 編, 『九・一八'事變前後的日本與中國東北－滿鐵秘檔選編』, 121쪽.
30) 遼寧省檔案館, 遼寧省社會科學院 編, 『九・一八'事變前後的日本與中國東北－滿鐵秘檔選編』, 120쪽.

중으로, 중국어민들의 처지와 거의 다를 게 없었다. 그러나 중국을 침략하고 중국어민들의 생존자원을 약탈하는 문제에서 그들은 왜 오히려 일본 군국주의와 동일한 입장에 있었을까? 그 원인을 살펴보면 단지 극단적 민족확장주의와 극단적 국가주의가 그랬다고 할 수밖에 없다.

4. 대련의 일본제국재향군인회

청일전쟁에서 러일전쟁까지 짧은 10년 동안 일본은 일약 구미 열강과 어깨를 나란히 하는 세계 8대 강국이 되었고, 모든 국민들은 한 시대를 군림하는 '일등국'의 영예에 도취되었다. 그러나 일본은 러일전쟁 승리 후에 배상금을 받지 못했고, 단지 몇 가지 청일전쟁 동안 얻었다가 다시 잃어버린 만주의 권익을 러시아인의 수중에서 되찾고 확장시킨 것뿐이었다. 그 결과 국내에서는 사방에서 원성이 일어났고 불만 정서가 고조되었다. 동시에 일본 정부는 또 국내에서 무정부주의·사회주의 사조가 나날이 만연하고, 러시아가 언제든지 보복을 할 것이라는 중첩된 위기에 직면했다. 이렇게 되자 오직 정규군에만 의지하여 국내외에서 오는 충격에 대처하기에는 매우 미흡했다. 이러한 모순을 해결하기 위해 퇴역한 대규모 재향군인들을 이용하고 그들을 조직하여, 군대의 정규훈련을 받은 적이 있는 사람들로 하여금 고향으로 돌아간 후에도 여전히 '군인정신'을 유지하고, "천황에게 충성을 다하고" "용감하게 헌신한다"는 군국주의 사상을 국민들에게 널리 선전하며, 군사지식과 기술을 전파하여, 전시에 필요한 대규모 예비군을 양성할 임무를 맡길 필요가 있었다. 시간이 흐름에 따라 재향군인의 숫자는 필연적으로 현역군인의 숫자를 훨씬 초과하게 될 것이고, 일단 전쟁이 발생하면 재향군인의 역량은 분명히 무시할 수 없게 될 것이었다. 파쇼 군국주의자인 다나카 기이치는 이 점을 가장 잘 알고 있었다. 그는 다음과 같이 말했다. "앞으로 일본의 전투력은 현역군인 위주가 아니라, 재향군인 위주가 될 것이다."31)

일찍이 청일전쟁 이전 일본 각지에는 이미 몇몇 재향군인조직이 있었다. 러일전쟁 후 재향군인조직은 이미 4,367개로 발전했다.32) 침략전쟁에서 이들이 역할을 더욱 잘 발휘하도록 하기 위해 육군대신을 맡고 있던 데라우치 마사다케(寺內正毅)는 일찍이 내각에 '재향군인회' 설립 초안을 제출했으나 해군의 반대 때문에 보류되었다. 1910년 가쓰라 다로(桂太郎)가 제2차 개각을 할 때 일본의 노동자·농민운동이 일어났고, 7월에는 또 천황을 암살하려는 이른바 '대역' 사건이 발생했다. 이에 당시 육군성 군사과장을 맡고 있던 다나카 기이치는 기회를 이용하여 직접 나서서 군국주의, 극단적 국가주의, 편협한 민족주의를 목표로 삼고 있는 전국 1만 1,364개의 재향군인단체를 통일하여 군부가 직접 통제하는 반관반민의 '제국재향군인회'를 설립했다. 다나카 기이치의 방법은 일본 정부의 지지를 얻었으며 데라우치 마사다케는 일찍이 이 조직의 목표와 역할에 대해 매우 높이 평가했다. "들어오면 곧 상비군 안에서 심신을 단련하고, 나가면 지방 양민들의 모범이 되어 상무의 기풍을 동향 사람들에게 전하여 군사 사상을 배양했다. 이렇게 하여 제국의 무사정신이 점차 전체 국민에게 보급되었다. 그래서 재향군인을 핵심으로 하여 각종 상무 단체들이 왕성하게 일어났고, 이러한 단체들과 일반국민들이 서로 결합하여 최근 두 차례의 전쟁에서 거국일치의 실효를 거두었으며, 매번 찬란한 승리를 거두는 원인 가운데 하나가 되었다. 국민의 군사사상은 이 때문에 더욱 발전했으며, 재향군인단체의 숫자 역시 끊임없이 증가했다."33)

재향군인회는 군부의 직접적인 조종과 통제 아래 전시에 동원하여 직접 참

---

31) 信夫淸三郎, 『日本政治史』 第4卷, 上海譯文出版社, 1988, 62쪽.
32) 信夫淸三郎, 『日本政治史』 第4卷, 63쪽.
33) 宮內廳 編, 『明治天皇紀』 第12卷, 吉川弘文館, 1975, 439쪽.

전케 할 수 있었을 뿐만 아니라, 평시에도 군부의 의도를 전면적으로 관철하는 유용한 도구였다. 그들은 적극적으로 군대에 협력하여 사회질서를 유지했을 뿐만 아니라, 각종 형식을 통해 군인의 특수 지위를 유지 고취하고 군국주의 사상을 전파했다.

일본은 대련지역을 점령한 후 재향군인의 역할을 매우 중시했다. 1906년 관동도독부가 설립되자마자 곧 육군부 내에 재향군인단을 설치했다. 1910년 다나카 기이치가 일본 국내에서 육군재향군인조직을 통일하여 반관반민의 제국재향군인회로 만든 후, 대련 관동도독부의 육군부는 곧 여순관동군사령부 내에 제국재향군인 만주연합지부를 설립했다. 연합지부장 직책은 관동도독부 육군참모장(1919년 이후는 관동군참모장)이 겸임했고, 중국침략일본군의 두목 미야케 미쓰하루(三宅光治), 스즈키 소로쿠(鈴木莊六), 하시모토 도라코스케(橋本虎子助), 오카무라 야스지, 이타가키 세이시로 등은 모두 이 단체의 회장을 지냈다. 연합지부는 아래에 호구과·경리과·의무과·징조과(徵調課) 등의 상설 기구를 두었다. 불완전한 통계에 의하면 1928년 동북 전역의 일본 재향군인은 이미 1만 5,035명에 달했으며 그중 대련지역은 6,074명이었다.[34]

일본제국재향군인 만주연합지부는 재향군인들이 중국 동북에 설치한 대본영이자 지휘센터였으며, 동북 각지에 몇몇 연합분회를 설치했다.[35] 1935년 4월 이미 7개 연합분회가 설치되어 113개 분회를 관할했다.

1908년 일본식민당국은 대련에 재향군인단을 설립했는데 당시에는 겨우 50명의 구성원만 있었다.[36] 1912년 대련재향군인연합분회로 바뀌어 대련시내의 일본재향군인들을 통일 관리했다. 이후 대련에서 일본인들이 끊임없이 증가하

---

[34] 遼寧省檔案館, 遼寧省社會科學院 編, 『九·一八'事變前後の日本與中國東北-滿鐵秘檔選編』, 124쪽.
[35] 동북 일본재향군인회 기구의 예속관계는 만주연합지부→연합분회→분회였다.
[36] 高橋勇八, 『大連市』, 99쪽.

고 재향군인의 숫자 역시 급증함에 따라 각종 활동을 수행하는데 힘이 다소 모자랐다. 1924년 식민당국과 만주재향군인연합지부의 비준을 거쳐, 대련 시내의 블록 구분에 따라 5개의 분회를 설립했다. 동시에 재향군인을 비교적 많이 옹유한 기업과 직장에도 재향군인분회를 설치했다. 블록에 따라 설립된 5개 분회는 각각 지금의 중산구(中山區) 항만광장에서 인민로(人民路) 사이, 민주광장에서 승리교(勝利橋), 천진가(天津街)에서 기차역, 남산(南山)과 사하구구(沙河口區) 연합로(聯合路) 일대의 일본인 거주구역 내에 설치되었다. 기업과 직장별로 설립된 분회는 각각 다음과 같았다. 동공원(東公園, 지금의 세기가世紀街)분회는 만철 본사(지금의 철도분국鐵路分局) 내에, 사하구분회는 만철 사하구 공장(지금의 대련기관차공장) 내에, 대광장(지금의 중산광장中山廣場)분회는 민정서(지금의 중산광장 공상은행工商銀行) 내에, 전기분회(電氣分會)는 지금의 청니와교(靑泥洼橋)의 대련시 전업국(電業局) 내에 설치되었다. 이와 같이 대련시내에는 모두 9개의 재향군인분회가 있었고, 대련재향군인연합분회가 이들을 일괄적으로 지도했다.

1931년 5월에 이르러 관동주 지역의 재향군인은 모두 7,349명으로 1918년의 3,721명보다 꼬박 2배로 증가했다. 같은 시기 대련시내의 재향군인은 5,047명으로[37] 관동주 재향군인 총수의 약 70%를 점했다. 이들의 출처는 일본 본토에서 대련으로 이주해 온 소수의 이주민을 제외하면 대다수는 동북 지역에 주둔했던 일본의 퇴역군인이었다. 만철의 문서 기록에 의하면 관동군과 수비대의 많은 퇴역 장병들은 대부분 만철에 취업했고 나머지는 기타 재만주 일본회사에 취업했다.[38] 재향군인들은 주로 교통・상공・관청・교육 등의 부서에 집중되어 있었다. 9・18사변 전 남만주철도주식회사에서 직원으로 일하는 관동주의 재향군

---

[37] 高橋勇八, 『大連市』, 99쪽.
[38] 遼寧省檔案館, 廣西師範大學出版社 編, 『滿鐵與侵華日軍』 第5卷, 廣西師範大學出版社, 1999, 326쪽.

인은 2,085명, 상업 계통에서 일하는 사람이 1,020명, 공업·광업기업에 취업한 사람이 991명, 각 관청과 학교 등에 취업한 사람이 967명이었다. 또 어떤 사람은 각지의 일본인 거주 구역에 흩어져 살면서 일본경찰·헌병대·특무기관의 수하로 충당되었으며, 극소수의 사람들은 일정한 직업이 없었다. 재향군인들은 비록 하는 일이 똑같지는 않았지만, 그들이 짊어지고 있었던 지역사회·공장·기업·촌락을 "하나의 군영으로 삼아 질서를 확립하는"39) 사명은 서로 완전히 일치했다.

대련 일본재향군인조직의 주요 임무는 2가지였다. 첫째는 회원들에게 군사훈련을 실시하고 수시로 식민당국의 지시에 따라 임시적인 긴급임무를 집행하는 것이었다. 둘째는 일본 주민에 대해 특히 일본 청소년들에 대해 군국주의 사상교육을 진행하는 것이었다. 이를 위해 이 단체의 회원들은 만주에서 일본의 이른바 '특수 권익'이나 "관동주는 일본의 생명선이다"라는 등의 잘못된 논리를 민간에게 힘을 다해 선전하고, 대련의 일본인들에게 이곳을 제2의 고향으로 삼을 것을 요구했으며, 아울러 일본인들에게 일본제국을 위해 공을 세우고 대업을 이룰 뜻을 가지라고 격려했다.

만주 일본재향군인연합지부의 부장 사이토 히사시(齋藤恒)는 1928년 1월 25일 관동청장관 기노시타 겐지로(木下謙次郎)에게 보낸 서신에서 이 단체의 '사업'을 이렇게 묘사했다. "회원들로 하여금 평시와 전시 모두 소집에 응할 준비를 잘하게 하여 관청에서 언제든지 소집할 수 있도록 한다. 아직 입대하지 않은 회원들을 지도하여 군인회의 목적을 관철한다."40)

재향군인이 제 역할을 충분히 발휘하도록 하기 위해 여순에 있던 관동군사령부는 정기적으로 주(州) 내의 재향군인들을 소집하여 군사훈련을 실시했다.

---

39) 大浜徹也·小澤郁郎,『帝國陸海軍事典』. 若槻泰雄 著, 趙自瑞 譯,『日本的戰爭責任』, 社會科學文獻出版社, 1999, 280쪽 재인용.

40) 遼寧省檔案館, 遼寧省社會科學院 編,『九·一八事變前後的日本與中國東北－滿鐵秘檔選編』, 123쪽.

관동주 이외의 동북 각지에서 재향군인의 군사훈련은 소재지의 관동군 부대가 책임지고 소집했다. 관동군 부대가 주둔하지 않는 지역은 현지의 재향군인조직이 스스로 책임지고 소집과 훈련을 실시했다. 이들 이른바 재향군인들은 동북을 침략하는 일본 정규군의 보조 역량이 되어 각종 '자위대' '의용대' 등의 무장단체를 조직하여 식민당국이 배정한, 군인이 직접 나서기에는 불편한 각종 임무들을 집행했다. 그들이 사용하는 무기는 군의 무기고에서 직접 지급했다.

"아직 입대하지 않은 회원들을 지도하여 군인회의 목적을 관철한다"는 것은 각종 활동을 전개하여 소재지의 청년단과 소년단에게 천황에게 충성하고 무사도를 숭상하는 사상교육을 진행하는 것을 의미했다. 매번 일본의 4대 기념일을 맞이할 때마다 대련의 재향군인회는 예컨대 무술대회·사격대회·강연회 등 각종 경축활동을 거행했다. 동시에 재향군인들은 또 중학교와 소학교에 배치되어 군사훈련 교관이나 혹은 교외 청소년 지도원을 맡았다. 재향군인들이 '무사도 정신'과 '군인 정신'을 선전한 것은 대련의 일본 청소년과 보통의 일본 주민들로 하여금 군국주의를 신봉하게 하고 아울러 그들의 자각적인 전쟁준비 의식을 배양시켜 주민의 군사화를 실현하기 위해서였다. 이렇게 하여 일본식민당국이 기대했던 재향군인들이 "사상을 선도하고" "사상을 통일시키는" 역할을 발휘하는 일이 실현될 수 있었다. '제국재향군인 만주연합지부'는 "여순과 만주의 유일한 정신단체"라는 영예를 얻었다. 이 조직의 두목은 여러 차례 밝히기를 맹세하건데 "황국의 발전을 위해 분투할 것이며" "비록 분골쇄신한다고 할지라도 결코 사양하지 않을 것이다"라고 했다.[41]

재향군인회의 활동경비는 관동청과 만철이 분담했다. 9·18사변 이전 재향군인 1인당 매년 평균 활동경비는 10엔이었으며 만철과 관동청이 각각 반씩 부담했다. 각급 재향군인회는 "연도 후 2개월 내에" 관동청과 만철에 "매 연도의

---

[41] 遼寧省檔案館, 遼寧省社會科學院 編, 『九·一八事變前後的日本與中國東北－滿鐵秘檔選編』, 131쪽.

업적 및 수지결산보고서를 제출하고"⁴²⁾ 이를 근거로 다음 연도의 활동경비를 신청했다. 특별한 경우 예컨대 재향군인회가 일본인 거주 지역의 안전을 유지하기 위해 자위단이나 자경단을 조직할 때는 언제든지 자금 지원을 신청할 수 있었으며 만철과 관동청 역시 사정을 헤아려서 자금을 지원했다.

대련재향군인연합분회 회장 이와이 간로쿠(岩井勘六)는 청일전쟁과 러일전쟁 기간에 여러 차례 일본군을 따라 대련지역에 침입했다. 1917년 대좌급 연대장의 직함으로 부하를 거느리고 대련에 주둔했다. 1921년 그는 소장 계급으로 퇴역하여 오래지 않아 대련에 정착했다. 1924년 대련재향군인연합분회 회장으로 취임했다. 식민당국의 대대적인 육성과 지지 아래 그는 전력으로 재향군인들을 조직하여 각종 정치·군사 활동에 참가했다. 그리하여 이 단체로 하여금 관동군의 의지를 관철시키기 위해 만몽의 제1선에서 활약하는 대련 일본인 각 단체들의 중견 역량이 되게 했다. 9·18사변 이전 대련재향군인연합분회는 일본 정부가 만몽에 대해 강경정책을 추진하도록 크게 여론을 조성했다. 여러 차례 강연회와 좌담회를 개최하여 "만몽은 일본의 생명선"이라고 고취하고 "만주에서 일본의 특수 권익"은 일본인의 "선혈과 생명으로 맞바꾼 것"이므로 결코 포기할 수 없다는 등 뻔뻔스러운 망언을 일삼았다. 9·18사변 후 관동군의 지령 아래 이 단체는 자비경위단(自備警衛團, 약칭 자경단)으로 개편되고 무기와 장비를 지급받아 관동군의 명실상부한 예비군이 되

대련일본재향군인연합분회 회장 이와이 간로쿠(岩井勘六)

었다. 관동군사령부가 여순을 떠난 후 자경단은 대련에서 일본 지방 무력의 주

---

⁴²⁾ 遼寧省檔案館, 遼寧省社會科學院 編, 『九·一八'事變前後的日本與中國東北－滿鐵秘檔選編』, 124쪽.

요 역량이 되었다. 제2차세계대전이 터지자 중국침략일본군의 병력 자원을 보충하기 위해 이와이 간로쿠는 적극적으로 대련의 일본 청년들을 조직하여 군사훈련·전시교육·방공연습 등을 실시함으로써 중국침략전쟁을 위해 예비 병력을 양성했다.

대련의 일본재향군인은 일본 정부와 군부가 세심하게 계획하여 중국 침략의 제1선에 심어놓은 예비무력이었다. 일본이 일으킨 역대의 중국침략전쟁에서 그들은 "의연하게 무수한 위험을 무릅쓰고 의용봉공(義勇奉公)의 정신을 발휘하여" "혹은 군사행동을 지원하고" "혹은 무기를 들고 전투에 참가하여"[43] 일본 군부를 만족시킴으로써 여러 차례 포상을 받았다.

5. 식민당국의 관영 우익단체 만몽연구회

1926년 10월 일본식민당국은 또 대련에서 관영 우익정치단체인 만몽연구회를 만들어냈다. 이 조직은 동북과 내몽골 동부에서 활동하는 일본 법학자, 사회학자와 실업가를 핵심으로 삼고, 동북 각지의 일본 신문사와 잡지사의 사장·편집인·기자, 만철사원, 중소사업주, 식민기구의 직원, 재향군인 등을 주체로 삼았다. 동시에 또 한 무리의 대 중국 기구 요원, 주중 공사와 영사 등을 명예회원으로 삼았다. 예를 들면 하야시 곤스케(전 주중특명전권공사駐華特命全權公使), 오바타 유키치(小幡酉吉, 전 주중특명전권공사), 오쿠라 긴모치(大藏公望, 만철이사), 요시자와 겐키치(芳澤謙吉, 주중특명전권공사), 요시다 시게루(吉田茂, 봉천주재 총영사), 나카무라 유지로(中村雄次郎, 전 관동도독, 만철총재, 육군대장), 무토 노부요시(武藤信義, 관동군사령관), 다치바나 고이치로(立花

---

[43] 遼寧省檔案館, 遼寧省社會科學院 編, 『九·一八事變前後的日本與中國東北－滿鐵秘檔選編』, 129쪽

小一郎, 초대 관동군사령관, 육군대장), 구니사와 신베에(國澤新兵衛, 전 만철 이사장), 마쓰오카 요스케(松岡洋右, 만철이사), 고다마 히데오(兒玉秀雄, 관동 청장관), 야마가타 이사부로(山縣伊三郎, 전 관동청장관), 야스히로 반이치로 (安廣伴一郎, 만철사장) 등이 있었다. 이들은 이 조직의 강대한 후원자로써 각종 활동을 전개하는데 여러 가지 편의를 제공했을 뿐만 아니라, 싱크 탱크의 역할을 담당했다. 동시에 그들의 가입은 이 조직의 사회적 지위를 크게 높여주었다.

만몽연구회의 본부는 대련시 부도정(敷島町, 지금의 민주광장)에 있었으며, 일본 도쿄에 지부가 설치되었다. 본부에 소속된 20여 개의 지방부는 모두 관동주와 만철 연선의 주요 도시와 마을에 설치되었다. 이 단체는 이사 10명을 두었다. 그중 『대련신문(大連新聞)』사 사장 호쇼 가쿠세이(寶性確成), 대련시회(大連市會)의 전 의장 다츠카와 운페이(立川雲平), 만철이사 고히야마 나오토(小日山直登) 3명이 상무이사로써 일상 업무 처리를 책임졌다. 이 외에도 평의원 40명이 있었다. 만몽연구회의 목표는 "만몽문제 해결 및 산업 개발"을 위해 동북 지역의 "정치·경제 방면의 중요한 문제에 대한 연구"를 진행하는 것이었다. 이 조직은 공언하기를 자신들은 "만주에 있는 일본인이 어떻게 자기의 발언권을 유지하도록 할지 정치와 경제 두 방면에서 지도할" 사명을 "지고 있으며"[44] 그래서 재만주 일본인들로부터 일본이 만든 "만주 유일의 정치단체"라는 영예를 얻었다고 했다.

만몽연구회는 아래에 정치와 경제 2개부를 설치했다. 정치부가 담당했던 조사연구의 주요 내용은 만몽에 대한 일본의 근본적 정책, 중일 사이의 관련 조약과 협정의 집행 혹은 조정, 동북에 있는 일본의 관련 행정 기관 사이의 연락과 일치성, 관동주의 통치, 만철의 경영, 동북에서 일본의 외교 및 기타 정치문제

---

[44] 高橋勇八, 『大連市』, 453쪽.

등이었다. 경제부는 산업·금융·관세·교통·기타 경제 문제에 관한 조사 연구를 담당했다.[45] 이 조직에는 동북의 일본인 중에서 영향력 있는 각 업종의 대표인물 300여 명이 있었기 때문에 각종 정치·경제문제에 대한 조사연구 업무가 탁월한 성과를 거두었다. 활동경비는 매년 관동청과 만철에서 각각 정해진 시기에 발급해 주었다.

1927년 3월 만몽연구회는 일본 중의원에 '만몽문제 건의안'을 제출하여 "신속히 조치를 취하여 다년간에 걸친 만몽의 현안들을 해결하라"고 정부에게 요구했다. 그중 핵심적인 내용은 ① 만몽에 있는 일본의 금융기관을 정돈할 것, ② 신속하게 동북3성의 토지상조권(商租權)을 해결하여 만몽철도 건설문제를 완수할 것, ③ 재만(在滿) 조선인을 보호할 방법을 확립할 것 등이었다.[46]

당시 워싱턴회의 이후 일본이 국제관계에서 나날이 고립되어 가고 있는 것을 거울삼아 일본 외상 시데하라 기쥬로(幣原喜重郎)는 제기하기를 이처럼 곤란한 국면을 바꾸려면 반드시 먼저 자신의 외교적 이미지를 변화시켜야 하며 그렇지 않으면 "제국의 사명을 완성"하기 어려울 것이라고 했다. 그리하여 이 시기 일본 정부는 외교적으로 한편으로는 미국과의 관계를 적극적으로 개선하고, 다른 한편으로 대중국정책 방면에서 '내정 불간섭' 원칙의 실행을 표방했다. 즉 표면적으로는 이른바 중·일의 '경제합작, 공존공영'이라는 허울 좋은 말을 높이 외치면서, 실제로는 여전히 경제 침략을 주로 하고 무력 위협을 보조로 하는 방침을 추진했다. 그러나 이러한 방법은 여전히 다나카 기이치가 영도하는 정우회(政友會) 등의 당파에 의해 '연약 외교'라는 질책과 더불어 강렬한 반대를 받았다.

만몽연구회는 일본 우익의 입장에 서서 힘을 다해 정우회 등을 지지하고 시데하라의 외교방침에 반대하며 적극적인 대중국정책을 채택하여 강경 외교를

---

[45] 滿蒙硏究會, 『會報』 第2號, 1928, 27쪽.
[46] 滿蒙硏究會, 『會報』 第1號, 1927, 38쪽.

펼쳐야 한다고 주장했다. 4월 12일 모리 가쿠(森恪) 등이 영도하는 정우회의 와카쓰키(若槻) 내각 반대 운동을 돕기 위해 만몽연구회는 대련에서 시민'시국대회'를 개최하여 반드시 "최대한 빨리 만몽문제를 해결하여" 일본의 '만몽특수권익'을 보호해야 한다고 힘껏 고취했다. 대회에서는 선언을 발표하고 결의도 채택하여 이르기를 "우리 제국은 극동의 평화를 확보할 맹주로서" "지금 마땅히 적극적인 일대 방안을 채택하여" "강력하게 국론을 환기시켜 정부로 하여금 현재의 소극적인 정책에서 적극적인 정책으로 전환하게 해야 한다"고 했다.

만몽연구회의 행동은 당시 동북 일본 교민들의 보편적인 심리상태와 요구를 반영한 것이었다. 이국 타향에 기거하는 일본 교민들로서는 당연히 본국 정부가 그들을 잊지 않기를 바랐다. 어쨌든 그들은 제국을 위해 해외 영토를 개척하고자 고향을 멀리 떠나왔기 때문에, 그들의 이익과 국가의 이익은 불가분의 관계, 즉 하나가 번영하면 같이 번영하고 하나가 손실을 입으면 함께 손실을 입는 관계에 있었다. 하지만 그들은 개인의 이익을 위해 호소하면 아주 보잘 것 없어 보이고, 국가 이익을 위해 외치면 매우 고상하게 보인다는 것을 잘 알고 있었다. 그 외에 그들이 하는 행동은 식민당국에게도 매우 필요한 것이었으며, 그래서 관동주 관청기구의 전폭적인 지지를 받았다. 관동군, 관동청, 만철, 봉천주재 총영사 등의 관리들이 직접 나서서 정부에게 압력을 가하기 불편할 때는 곧 '국민'의 소리를 통해 자기의 의견과 요구를 일본 정부에 전달했다. 이는 정부와의 직접적인 충돌을 피하면서도 목적을 달성할 수 있는 진실로 완전무결한 계책이라 할만 했다.

한바탕 격렬한 투쟁을 거쳐 정우회는 내각을 뒤엎는데 성공했다. 1927년 4월 17일 와카쓰키 내각은 무너졌고 4월 20일 다나카 내각이 등장했다. 만몽연구회가 오랫동안 기대했던 '만몽 적극정책'이 마침내 무대에 오르려 하고 있었다. 다나카 내각은 산동에 출병함과 동시에 계획하기를 6월 27일 육해군 수뇌부, 주중 사절, 관동군사령관 등이 참가한 '동방회의(東方會議)'를 개최하여 '대중국 적극정책'을 제정하기로 했다.

　소식이 전해지자 만몽연구회의 전체 구성원들은 감격해 마지않았다. 6월 12일 대련의 가부키극장(歌舞伎座)에서 '전(全) 만주일본인대회'를 개최하여, 한편으로는 다나카 내각의 출범을 환호하고, 다른 한편으로는 일본 정부가 중국에 대한 적극 정책을 하루빨리 공포하라고 촉구했다. 정부가 대중국 적극정책을 제정하는 것을 지원하고 격려하기 위해, 대회에서는 동시에 또 도쿄 파견 대표를 선출하여 일본 국내에 가서 유세하여 여론을 조성하라고 했다. 대회에서 통과된 선언에 이르기를 "우리는 이 위급한 시기에 극동 평화의 대의를 따라 만주에 대한 적극정책을 확립하여 단호히 집행하기를 기대한다"고 했다. 대회는 또 3개 항의 결의를 채택했다. ① 만몽이라는 특수지역을 중국 내란의 소용돌이에서 구출하여 절대적인 평화를 유지하기 바란다. ② 만몽의 철도, 토지, 광산, 삼림, 기타자원들로 하여금 철저하게 개방되도록 하여 투자 기업과 이민의 안전을 보장하기 바란다. ③ 상술한 적극정책을 집행하기 위해 (일본 정부가) 척식국을 설치하기 바란다.[47]

　상술한 3개 항의 요구가 폭로하고 있는 것은 곧 먼저 동북을 중국에서 떼 내어 일본인의 통제 아래 두고, 다시 마음대로 그 자원을 약탈하며, 일본 정부는 전문기구를 병설하여 이러한 임무를 시행한다는 것이다. 동북에 대한 만몽연구회의 탐욕스러운 마음을 남김없이 모두 드러낸 것이라 할 수 있다.

　이번 대회 이후 만몽연구회는 심양(沈陽)에 '대회결의기성회(大會決議期成會)'를 설립하고 먼저 3명의 대표를 일본으로 파견하여 정부 요인들을 설득하도록 했다. 동시에 또 유세반을 조직하여 동북 각지로 가서 일본 교민들에게 3개 항의 결의를 선전하게 했다. 아울러 「만몽에 대한 적극정책의 확립과 실행에 관해 조야의 유식지사에게 보내는 호소」를 편집 인쇄하여 사방에 배포했다.

---

[47] 滿蒙硏究會, 『會報』 第1號, 1927, 84쪽.

연구회의 고취 아래 일본우익세력은 한동안 일본 국내와 중국 동북에서 만몽에 대해 '적극정책'을 실행하자는 여론을 고조시켰다.

6월 27일 다나카 내각의 '동방회의'는 예정대로 도쿄에서 열렸다. 회의 결과는 만몽연구회가 기대했던 것을 훨씬 넘어섰다. 수상 다나카 기이치는 회의가 끝날 때 「대중국정책강령(對華政策綱領)」을 발표했다. 「강령」은 모두 8개 조였다. 그 주요 내용은 다음과 같이 3가지 방면으로 귀납할 수 있다. ① 일본은 장차 '만몽'과 '중국 본토'의 분리 방침을 실행한다. 「강령」은 다음과 같이 규정했다. "극동에서 일본의 특수 지위를 감안하여 중국 본토 및 만몽에 대해서는 자연히 어느 정도 다르게 대할 수밖에 없다." "만몽, 특히 동북3성으로 말하면 국방과 국민의 생존에 중대한 이해관계가 있기 때문에……인접한 이웃나라로써 특수한 책임을 지지 않을 수 없다." "만일 동란이 만몽으로 파급되어 치안이 혼란해지고 그 곳에서 우리나라의 특권적인 지위와 이익에 손해가 발생할 우려가 있을 때는 어느 쪽에서 비롯된 것이든 불문하고 그것을 보호할 것이다." ② 일본은 장차 중국 내부 문제에 대해 무력간섭정책을 실행한다. 「강령」 제5조는 "중국에서의 제국의 권익 및 일본 교민의 생명과 재산이 불법적으로 손해를 입을 우려가 있을 경우 필요시 결연히 자위조치를 취하여 이를 유지 보호할 것이다."[48]라고 규정했다. ③ 강령은 중국의 각 파, 특히 동삼성의 실력파 장쭤린에 대해 마땅히 취해야 할 대책을 규정했다.

위에서 서술한 다나카 내각의 대중국 '적극정책'은 회의 후에 다나카가 천황에게 올린 「주절」, 즉 「다나카주절(田中奏折)」에서 더욱 상세히 설명되고 있다. 「주절」에서 다나카는 "중국을 정복하려면 반드시 먼저 만몽을 정복해야 하고, 만약 세계를 정복하려면 반드시 먼저 중국을 정복해야 한다"라는 광언을 적나라하게 쏟아냈다. 「주절」에는 일본이 어떻게 하면 만몽에서 토지상조권(商

---

[48] 沈子,『日本大陸政策史(1868~1945)』, 社會科學文獻出版社, 2005, 311~312쪽.

租權), 철도건축권, 광산개발권, 임업벌채권, 금융권, 무역권 등을 획득할 수 있는가 하는 문제, 그리고 일본인의 만몽 자유 출입, 중국 정권 속에 일본의 정치·경제 고문의 설치, 조선이민의 장려 등 각 방면의 문제에 대해 모두 구체적인 조치와 안배가 있었다.

8월 14일 일본 외무차관이자 '동방회의'의 주요 기획자인 모리 가쿠는 '동방회의'의 각종 결의를 관철, 실현하기 위해 특별히 대련으로 와서 여순 관동청장관 고다마 히데오의 관저에서 이른바 '대련회의'를 개최했다.

다나카 정부의 대중국 '적극정책'이 일단 공포되자 대련의 만몽연구회는 잠시도 지체하지 않고 호응했다. 세심한 기획을 거쳐 1,702명이 서명한「만몽 적극정책의 수립에 관한 청원서(關于建立滿蒙積極政策的請願書)」가 8월 13일 모습을 드러냈다. 원래 '동방회의'가 비록 '만몽에 대한 적극정책'을 제정했지만, 다나카 정부는 곧바로 사회에 공포하지 않고 단지 비밀리에 관철, 실행했다. 만몽연구회의「청원서」는 정부에게 '만몽에 대한 적극정책'을 사회에 공개하라고 요구했다. 그 이유는 다음과 같았다. "만몽은 일본의 특수한 이익이 있는 지역"이고, 적극정책은 "우리 제국이 마땅히 수행해야 할 중대사"이므로, 응당 "공개적으로 당당하게 그 주장을 대외에 선포하여" 일본 교민이 "정정당당하게 실행하기" 편리하도록 해야 한다. 만약 일단 중국인들이 "고의로 우리 제국의 행동을 방해한다면" "무력을 행사하는 것도 결코 사양하지 않으리라 확신한다."[49]

강도는 언제나 자기가 훤한 대낮에 하는 강도질을 용감한 행동으로 간주한다. 만몽연구회는 중국침략계획을 세상에 공개해야만 "정정당당하게" 진행할 수 있을 것이고, 만약 중국 인민들이 일어나 감히 반항한다면 조금도 거리낌 없이 "무력을 행사해서" 진압할 수 있다고 생각했다. 만몽연구회가 받들어 시행한 것은 바로 강도의 논리였다.

---

[49] 滿蒙硏究會,『會報』第1號, 91쪽.

만몽연구회의 명예회원 중에서 요시자와 겐키치, 요시다 시게루, 무토 노부요시, 고다마 히데오 등은 모두 '동방회의'와 '대련회의'의 참가자였다. 따라서 만몽연구회는 '동방회의'의 소식을 획득하는 통로가 막힘이 없었다. 이 때문에 '전 만주일본인대회'가 결의 형식으로 제출한 3항 요구와 1,702명이 서명한 「청원서」가 '동방회의'의 「대중국정책강령」이나 「다나카주절」과 많은 내용에서 모두 놀라울 만큼 비슷한 점이 있는 것은 당연했다. 여기에서 볼 수 있듯이 만몽연구회와 일본 정부, 동북 식민당국 사이의 관계 및 각자가 맡은 역할은 모두 자세히 음미할 가치가 있는 것들이다.

6. 만철사업에 '헌신'한 만철사원회

9·18사변 이전 만철은 사원이 10만 명이라고 공언했다. 이는 당시 동북 일본인 전체 숫자의 1/2을 점하는 것이었다. 만철사원은 일본 국적을 가진 만철의 정식 종업원을 주로 가리키며 그 속에는 직원과 노동자가 포함되었다. 대련의 만철사원들은 대부분 만철 본부에 예속된 각 기관의 관리 인원 혹은 고급 관리 인원으로 만철사원의 중견 역량이었다. 통계에 의하면 1930년 관동주의 일본인은 11만 6,052명이었고,[50] 그중 절대다수는 만철 혹은 만철 계통의 인원이었다.

만철은 학력과 자격을 중시한 회사로서 직원들은 대부분 비교적 높은 학력을 갖추었다. 당시 만철에 채용된 사람은 모두 일본 국내의 각 전문분야에서 출중한 사람으로 인식되었다. 회사는 매년 명문대학의 졸업생들을 대규모로 모집하여 만철에 들어오도록 했다. 특히 도쿄대학의 졸업생들이 더욱 주목을 받았다. 그래서 만철에서는 '동대파'의 세력이 가장 컸다. 1920년대 말 만철은 비

---

[50] 滿史會 編, 東北淪陷十四年史遼寧編寫組 譯, 『滿洲開發四十年史』 上, 48쪽.

록 일본인들에게, 이미 중국의 '일본 배척' 역량의 타격을 받아 "생존이 불가능한" 상황에 처한 것으로 과장되게 알려졌으나, 그럼에도 불구하고 1929년 230명의 대학생을 모집하고 1930년에는 89명을 모집했으며 1931년에는 80명을 채용했다.51) 일본의 각 대기업에서 활약이 뛰어나고 경험이 풍부한 청년 인재들 가운데 만철에 매료되어 입사하는 사람은 더욱 많았다. 만철사원들은 모두 자기의 업무에 대한 전문적인 특기가 있고 또 매우 강한 정치적 민감성과 '보국의 뜻'을 갖고 있었다. 그 때문에 관동주 식민당국의 중요한 사회적 기반으로써 깊이 주목받았으며, 당국은 대련의 시국에 대한 그들의 평론과 요구에 매우 큰 관심을 표명했다.

만철사원은 자신의 장래 운명은 만철의 발전과 불가분의 관계가 있음을 잘 알고 있었으며, 여기에 그들에 대한 역대 총재의 배려가 더해져 만철을 위해 헌신해야 한다는 그들의 각오는 더욱 확고해졌다. 초대 총재 고토 신페이(後藤新平)의 제창 아래 설립된 '만철독서회'는 회사에서 출자하여 각종 도서를 구매했다. 또 『독서회잡지』를 출판하여 사원들로 하여금 독서를 통해 깨달은 바를 발표하게 했다. 후에 이 잡지는 『협화(協和)』로 이름을 바꾸었다.

만철은 설립 당시 규정하기를 총재와 부총재는 천황의 재가를 거쳐 정부에서 임명하며 임기는 5년이라고 했다. 그러나 국내 정치 투쟁과 국제 형세의 영향 때문에 만철총재는 대부분 정부와 집권당의 경질에 따라 변화했다. 또 매번 총재가 사직할 때마다 "절반 이상의 이사들이 따라 사직했다." 그래서 임기를 다 채워서 일하는 총재는 보기 드물었다. 이렇게 되자 대부분의 총재들은 장기적이고 실행 가능한 발전 계획을 내놓기도 전에 급히 회사를 떠나야 했다. 그 외에 워싱턴회의의 일본에 대한 제약, 중국 정부의 불평등조약 폐지 성명, 중국 인민들의 여대(旅大)조차지 회수운동과 만철회수운동의 전개 등도 일본 역대

---

51) 草柳大藏 著, 劉耀武 等 譯, 『滿鐵調査部內幕』, 358쪽.

정부가 힘써 추진한 '만몽철도망' 계획이 완전히 실현될 수 없게 만든 중요한 원인이었다. 따라서 만철사원들은 만철의 앞날에 대해 걱정이 많았으며, 이에 그들은 자발적으로 각종 단체를 조직하여, 어떻게 하면 "만몽에서 일본의 특수 권익"을 실현할 것인가 하는 문제와 "야마토 민족은 반드시 먼저 만몽에서 활로를 모색해야 한다"는 등 구체적인 주제에 대하여 토론하고 연구했다.

만철사원들은 대부분 일본의 명문 학부 출신이며, 1920년대에 일본 열도를 석권한 다이쇼(大正) 데모크라시 풍조의 영향을 받아 사상이 매우 복잡했다. 당시에는 사회주의, 민족주의, 아시아주의, 파시즘 등의 사조들이 거세게 일어나고 있었고, 일본 정부의 사회주의 사조에 대한 진압 때문에 결과적으로 민족주의와 파시즘 사조가 발전할 수 있었다. 오카와 슈메이를 대표로 하는 파시즘과 군부 소장파 장교들은 사상적으로 서로 공명하고 있었다. 때문에 오카와는 자주 각 대학 및 참모본부, 육군사관학교 등에서 공개 강연을 통해 그 사상과 주의를 광범하게 전파했으며, 수많은 학생과 청년 장교들은 깊이 물들어 군국주의와 우익사상 발전의 기초가 되었다. 만철사원 가운데 매우 많은 사람들은 바로 오카와 슈메이의 파시즘 이론의 영향 아래 일본에서 중국 동북으로 온 사람들이었다.

만철사원들이 자발적으로 설립한 자치 조직 가운데 중요한 것으로는 도쿄대학파의 '신록회(新綠會)', 육성학교(育成學校)의 '약엽회(若葉會)', 철도교습소의 '철우회(鐵友會)'가 있었다. 또 메이지대학, 도쿄고등상업학교, 고베(神戸)고등상업학교, 여순공대(旅順工大), 일로학원(日露學院), 동문서원(同文書院) 등의 동창회도 있었다.[52] 그중 가장 영향력이 컸던 것은 만철에서 일정한 지위가 있는 핵심 직원들이 설립한 '친목회'와 '공명회(共鳴會)' 등의 조직이었다.[53]

1925년 가을 만철에서 여러 해 동안 근무하고 또 일정한 지위가 있는 한 무리

---

[52] 菊池寬, 『滿鐵外史』, 滿鐵社員會, 1942, 255쪽.
[53] 高橋勇八, 『滿鐵地方行政史』, 大連, 1927, 553쪽.

의 직원들, 예컨대 가토 신키치(加藤新吉), 오카다 다케마(岡田猛馬), 히토미 유사부로(人見雄三郎), 히라시마 도시오(平島敏夫), 야마자키 모토키(山崎元幹) 등이 함께 각 자치조직들을 통일하여 만철사원회를 조직할 준비를 했다. 아울러 가토 신키치와 오카다 다케마가 만철이사 오쿠라 긴모치를 찾아가 상의하도록 결정했다. 오쿠라 긴모치는 당시 일본 국내의 사회주의 좌익운동이 한창 성행하고 있으며 당국의 규제가 극히 엄격함을 감안하여, 성립될 사원회가 좌익운동에 말려들지나 않을까 지레 겁을 먹고 가토 등에게 신중히 고려하라고 권했다. 두 사람은 사원회를 설립하는 진정한 의도는 사원들을 동원하여 자발적으로 만철 사업의 발전을 보호하고 추진하는데 있음을 반복해서 설명했다. 아울러 미리 만든 사원회 대강(大綱)의 초안을 오쿠라에게 보여주었다. 여러 차례의 검토를 거쳐 만철이사회는 끝내 1926년 초에 비준했다. 아울러 1927년 4월 1일 만철창립20주년기념대회에서 정식으로 공개 선포되었다.

만철사원회의 강령은 모두 3개 조가 있었다. ① 회사의 독립 자주적인 지위를 유지 보호한다. 예컨대 외부 세력이 회사에 부당한 간섭을 하거나 건전한 발전을 방해할 때는 전력으로 이를 배제한다. ② 회사의 동사(董事)와 이사(理事) 등 중요 간부는 회사 직원들이 추천한 사람 가운데서 정부가 위임하는 원칙을 확립한다. ③ 만철사원의 공공복지를 증대한다.[54] 제1조가 포함하고 있는 내용은 매우 광범하여 일본의 정당 세력을 포함할 뿐만 아니라 군부의 간섭도 포함하며, 동시에 국제사회에서 만철에 반대하는 역량 및 중국 인민의 만철에 대한 '방해' 등도 포함했다. 이러한 것들은 모두 사원회가 "전력으로 배제"하고자 했던 사례였을 것이다.

사원회는 아래에 평의원회, 간사회와 상임간사회를 두었다. 가장 말단 부서에서 선출한 대표가 평의원회를 조직하고, 다시 평의원 중에서 간사회와 상임

---

[54] 菊池寬, 『滿鐵外史』, 255쪽.

간사회 구성원을 선출하여 사원회 집행부서의 업무를 맡겼다. 사원회의 최고영도자는 간사장이라고 불렀으며 사원회의 대표였다.

만철사원회는 노동계급의 노조 조직이 아니라, 만철 과장급 간부들의 통제 아래 사원들을 인도하여 일본 국책의 실현을 위해 분투하도록 하는 대중적 어용 조직이었다. 겉보기에 그것은 이른바 사원 대가족이었지만, 실제로 그것이 대표하는 것은 만철의 이익과 긴밀히 연결되어 있는 고위직 내지 상층 이익 집단의 의지였다.

만철사원회의 활동은 훗날 만주청년의회와 만주청년연맹의 탄생에 필요한 물질적 기초와 사상적 기초를 마련했다. 만철 지방과 과장 히라시마 도시오는 다음과 같이 말한 적이 있다. "사원회의 활동 속에서 나는 사원회가 큰 소리로 외치는 의견이 만철의 문제일 뿐만 아니라 만주 동포 전체의 문제임을 절실하게 느꼈다. 이 때문에 만철회사 바깥에서 뜻이 같고 의견이 맞는 자들을 모을 필요가 있었다."55) 그래서 오래지 않아 만주청년의회가 탄생했다.

7. 한 시기를 떠들썩하게 한 만주청년의회

1928년 5월 대련 최대의 관영 일본어 신문사『대련신문』사는 쇼와 천황의 즉위를 경축하는 기념 활동을 거행하던 시기에 만주청년의회 제1차 회의를 개최했다.

회의를 기획한 사람은『대련신문』사 사장 호쇼 가쿠세이(寶性確成)와 관동청장관 고다마 히데오였다. 호쇼 가쿠세이는 와세다대학(早稻田大學)을 졸업하고 일찍이 일본의『야마토신문(大和新聞)』,『요로즈초호(萬朝報)』,『고쿠민

---

55) 草柳大藏 著, 劉耀武 等 譯,『滿鐵調査部內幕』, 299쪽.

신문(國民新聞)』등에서 근무했다. 1920년 『대련신문』이 창간되었을 때 그는 대련으로 초빙되어 이 신문의 정치경제부 부장을 맡았다. 다음 해 편집장으로 승진하고 1925년 사장의 자리에 올랐다. 그는 재임기간동안 식민당국의 동북침략정책을 적극 추진하여 침략에 유리한 여론을 크게 조성함으로써 『대련신문』으로 하여금 동북에서 일본 우익단체들의 활동근거지가 되게 했다. 1926년 호쇼 가쿠세이는 대련 우익단체인 만몽연구회의 상무이사로 부임하여 이 단체의 일상 업무를 담당하고 아울러 각종 정치 모략 활동에 적극적으로 참여했다. 1927년 초 그는 이 단체를 도와 일본 중의원에 '만몽문제건의안'을 제출하여 정부에게 '만몽문제'를 해결하기 위해 적극적인 조치를 취하라고 요구했다. 이어서 또 대련에서 시국대회를 조직, 개최하여 일본이 매우 위급한 상황에 처해 있다는 터무니없는 논조를 극력 선양함으로써 일본인들의 공황 심리를 선동하려 꾀했다. 그는 이렇게 말했다. 현재 "만주의 처지는 날로 어려워지고 있으므로" "뜻을 세워 동북의 정권을 분쇄하고" "만몽을 독립시켜야 하며" 그렇지 않으면 장차 "만주에 있는 일본인의 생명과 재산"의 안전이 위협받을 것이다. 그래서 동북을 무력 점령하는 것만이 일본인의 유일한 출로라는 여론을 크게 조성했다.

 1920년대 후반 중국 동북당국은 타통(打通), 심해(沈海, 봉해奉海), 호해(呼海), 길해(吉海) 등의 철도를 건설하여 점차 자신의 연락 운송 체계를 형성해 나갔다. 그러나 일본인들은 오히려 "만철 포위선의 압박과 관동주 회수 등의 문제의 영향 아래 만철부속지의 일본인은 모두 그곳에서 거주하려는 결심을 잃게 되었다"[56]라고 생각했다. 호쇼 가쿠세이는 한동안 평온하던 신문계에 파란을 일으키고 큰 센세이션을 불러올 수 있는 사건을 만들어 만주에 있는 일본인들에게 강심제를 놓아주기 위해 관동청장관 고다마 히데오에게 다음과 같이 제의

---

[56] 菊池寬, 『滿鐵外史』, 307쪽.

했다. 대련에서 모의일본국회의 형식으로 회의를 개최하되 "재만주 동포들에게 국제 지식을 전수하는 것"을 목표로 삼아 "만몽을 개발하는 안건을 심의 토론함으로써 이상적인 만주를 실현하는 목적을 달성하며"[57] 그런 후에 다시 회의의 상세한 상황을 신문에 게재하면, 한편으로는 사회적인 관심을 끌 수 있고, 다른 한편으로는 반드시 무력으로 만몽을 점령해야 한다는 여론을 고조시킬 수 있을 것이다. 이 건의는 즉시 고다마 히데오의 재가를 받았으며 아울러 『대련신문』이 그에 관련된 구체적인 사무를 안배하고 시행할 책임을 지게 되었다.

호쇼 가쿠세이는 먼저 사람들로 하여금 「만주청년의회헌법」을 제정하게 했다. 거기에 규정하기를 "만주청년의회는 만주에 거주하는 동포들 중에서 의원을 선출하여 일원제도(一院制度)로 구성하며" 또 "만주에 거주하는 동포 가운데 학식이 있고 경험이 있는 사람 중에서" 내각 구성원과 의장을 선출한다고 했다.[58] 3월 1일~5월 1일을 선거 기간으로 정하고 동북 전체를 20개 선거구로 나누었으며 『대련신문』사가 투표용지를 인쇄하여 최종적으로 90명의 의원을 선출했다.

당선된 의원들은 대부분 청년자유당, 청년동지회, 청년독립당, 자유연맹, 민중당 등의 당파에 속해 있었다. 직업별로 보면 대부분 만철직원이었고 만철 관계 회사의 직원도 있었으며 또 소수의 의사, 변호사, 기자, 일반 상공업자도 있었다. 현역군인과 현직 관리는 이번 활동에 참가하지 않았다. 당선자들의 또 다른 특징은 대부분 당시 사회의 '중간계층' 즉 중산계급이었다는 것이다.

선거가 끝난 후 『대련신문』사는 즉시 관동청 경찰국에 회의 소집 허가 신청서를 제출했다. 경찰국은 신청을 수리할 때 당시 재만주 일본인의 정서를 고려하여 "당면한 현실 문제 혹은 정치적인 문제의 토론을 허락하지 않는다"고 규정했으며, 보증을 받은 후에야 비로소 회의의 소집을 비준했다.

---

[57] 菊池寬, 『滿鐵外史』, 307쪽.
[58] 菊池寬, 『滿鐵外史』, 307쪽.

5월 4~6일 만주청년의회는 만철 대련협화회관(大連協和會館, 지금의 대련철도문화궁大連鐵路文化宮)에서 제1차 회의를 개최했다. 대회에서는 먼저 의장과 내각 구성원을 선출했으며, 만철 지방과 과장 겸 사원회 상무이사 청년자유당 수령 히라시마 도시오가 의장에 당선되었다.

회의에서는 13개 항의 안건을 토론, 심의했다. 그중 정부의 명의를 모방하여 제출된 안건으로는 다음과 같은 것이 있었다. ① 만몽척식은행 설립법안, ② 만몽척식회사 설립법안, ③ 일만공상협회(日滿工商協會) 설립법안, ④ 만몽미완성철도(滿蒙未成鐵道) 설립법안, ⑤ 여순구 군용비행장 설립법안, ⑥ 안산제철소 보조법안.[59] 의원들이 제출한 안건으로는 다음과 같은 것이 있었다. ① 만철의 국영에 관한 결의안, ② 만몽자치에 관한 결의안, ③ 사회사상 선도에 관한 결의안, ④ 일만상공(商工)협회 설립안, ⑤ 실업방지와 구제안, ⑥ 만몽 자원개발안, ⑦ 만주의회 개설안.[60] 이 안건들이 다루고 있는 것은 모두 당시 일본이 초조하게 얻고 싶어 했지만 얻을 수가 없었던 권익과 관련된 문제였다. 그러나 9·18사변 후 관동군이 만주국 정권을 조직 건립할 때 이 문제들은 점차 모두 실현되었다. 예컨대 '만몽자치에 관한 안건'은 일본이 끝내 동북을 중국에서 분리하여 자신들이 완전히 통제하게 됨으로써 실현되었다. '만몽척식회사 설립에 관한 법안'은 만주척식회사가 중국 동북 경제를 약탈하는 일본의 국책회사가 됨으로써 실현될 수 있었다. 이는 어떻게 동북을 점령하고 동북 자원을 약탈할 것인가 하는 책략과 방식 등의 문제를 연구하는 면에서, 만주청년의회가 이미 어느 정도 정책의 실시를 이끄는 경지에 도달했다는 것을 말한다.

회의 기간에 5월 3일 발생한 제남사건의 소식이 대련에 전해졌다. 제남사건은 본래 일본 정부가 국민군의 '북벌'에 간섭하기 위해 고의로 만들어낸, 중국의 무고한 주민들을 학살한 사건이었다. 그러나 일본은 오히려 중국 군대가 일본

---

[59] 菊池寬, 『滿鐵外史』, 308쪽.
[60] 菊池寬, 『滿鐵外史』, 309쪽.

교민을 약탈하고 살해했다고 모함하며 "제남에서 300여 명의 일본 교민이 참혹하게 살해되었다"[61]고 허튼 소리를 했다. 대련의 일본 신문들도 기회를 틈타 여론을 부추기며 공공연히 "장제스의 군대가 제남에서 일본인의 상점을 약탈하고……심지어 일본 부녀자를 학살했다"[62]는 등 허위 뉴스를 게재했다.

이때 마침 만주청년의회가 개회 중이었다. 무순(撫順) 선거구의 의원 기이 하지메(紀井一)는 회의 중 「긴급동의안」을 제출하여 "본 의회는 청도·제남·산동철도의 점령을 결의해야 한다. 아울러 즉시 결의의 초안을 다나카 수상에게 전보로 통지하여 정부에게 정중히 재촉해야 한다"[63]고 표명했다. 기이 하지메의 선동 아래 회의장 전체에 한바탕 소동이 일어났다. 회의에서 비록 기이 하지메의 주장이 채택되지 않았으나, 그들은 하나같이 생각하기를 가끔씩 한두 차례 개최하는 회의를 통해서는 일본 민족의 생사가 걸린 '만몽' 등의 중대한 문제를 해결하기에 너무 불충분하므로, 마땅히 재만주 일본청년들을 단결시켜 기백이 세고 기세가 드높은 큰일을 도모해야 한다고 했다. 이에 같은 해 가을 제2차 만주청년의회가 개최되었을 때 만주청년의회를 해산한다고 선포했다.

만주청년의회는 대련 식민당국이 단독으로 획책한 것으로, 동북을 무력 점령하자는 여론을 전문적으로 조장하던 도구였다. 그것은 비록 1년도 안 되는 기간 동안 존재했지만 파쇼 우익단체인 만주청년연맹의 출현을 위한 사상적이고 조직적인 준비를 했다.

---

[61] 『東京時事新報』, 1928년 5월 6일.
[62] 草柳大藏 著, 劉耀武 等 譯, 『滿鐵調查部內幕』, 299쪽.
[63] 菊池寬, 『滿鐵外史』, 311쪽.

8. '왕도낙토'의 건립을 꿈꾸었던 대웅봉회

대웅봉회(大雄峰會)는 1920년대 말 대련에서 설립된 만철사원을 주체로 하는 일본 우익조직으로 창시자는 가사기 요시아키(笠木良明)였다.

가사기 요시아키는 일찍이 도쿄제국대학을 졸업했으며 오카와 슈메이와 기타 잇키가 설립한 최초의 민간파쇼 조직인 유존사의 주요 구성원 가운데 한 사람이었다. 1924년 오카와 슈메이가 기타 잇키와 갈라서서 행지사(行地社)라는 파벌을 만들어 자립하자 가사기 요시아키는 의연히 오카와를 따랐으며 아울러 행지사의 핵심 분자가 되었다. 이 때문에 가사기는 더욱 전력을 다해 도처에서 "대내적으로 개조를 실행하고, 대외적으로 대아시아주의를 실행한다"는 파쇼 이론을 팔았다. 비록 행지사는 오래지 않아 내분으로 인해 쇠락했지만, 가사기 요시아키는 여전히 당시 일본 민간 파시즘 운동에 적극적인 인물이었다. 그는 청년학생 단체와 시종 밀접한 연계를 유지하여 한동안 우익단체인 동흥연맹(東興聯盟)의 핵심 인물이 되었다.[64]

1920년 가사기 요시아키는 만철이 도쿄에 세운 동아경제조사국에 들어가 직무를 맡았으며 오카와 슈메이와 몇 년 동안 함께 일했다. 1929년 만철은 가사기 요시아키를 대련의 만철 본사로 보내 인사계 주임으로 임명했다. 만철직원 중에서 매우 많은 이들은 1920년대 일본에서 일어난 파시즘 운동의 적극 분자들이었다. 그들 대부분은 가사기의 강연을 듣거나 혹은 그가 쓴 글을 읽어본 적이 있었으며 어떤 사람은 심지어 그의 '동지' 혹은 제자였다. 그 때문에 가사기의 도착은 그들의 환영을 받았다. 아울러 곧바로 대련에서 그를 중심으로 하는 작은 단체가 형성되었다. 이들은 자주 모여 자유로이 국사를 논의하고 '만몽문제'의 대책을 탐구했다.

---

[64] 關寬治·島田俊彦 著, 王振鎖 等 譯, 『滿洲事變』, 上海譯文出版社, 1983, 128쪽.

연말에 가사기 요시아키 등은 대련 중앙공원(지금의 노동공원勞動公園)의 남화루(南華樓)에서 '웅회(雄會)'라는 조직을 설립했다.[65] 1930년 가을 가사기 요시아키는 "『임제록(臨濟錄)』에서 백장선사(百丈禪師)가 말한 '대웅봉(大雄峰)에 홀로 앉다'라는 게어(偈語)에 근거하여" 이 조직의 이름을 '대웅봉회(大雄峰會)'로 바꾸었다. 대웅봉회의 핵심 멤버로는 만철 법학의 '대가'로 불렸던 마쓰키 다모쓰(松木侠)와 만철 선전 부서의 '우두머리'로 불렸던 야기누마 다케오(八木沼丈夫)가 있었으며, 또 만철 총무과 과장 유키 세이타로(結城淸太郎)와 그가 도쿄대에 다닐 때의 교우였던 마키노 미츠키(牧野充己), 나카무라 야스시(中村寧), 고가 가오루(古賀薫) 및 변호사인 나카노 고이츠(中野琥逸)와 기하라 테츠스케(木原鐵助) 등이 있었다.

이 조직은 일본의 민간 파쇼 조직인 유존사와 행지사의 의발을 계승하여 '대아시아주의'를 이론의 기초로 삼아 "아시아의 부흥"을 자신의 임무로 표방하고, 공공연히 주장하기를 "만주를 중국 본토에서 분할하여 오족협화(五族協和)의 왕도낙토(王道樂土)를 건립하자"고 했다.[66]

대웅봉회의 활동 거점은 2곳이 있었다. 한 곳은 가사기 요시아키가 있는 대련이고, 다른 한 곳은 변호사 나카노 고이츠가 있는 심양이었다. 두 곳의 구성원들은 "매년 두 차례 번갈아 가며 대련과 봉천(奉天)에서 모임을 가졌다."

나카노 고이츠는 교토대학 법학과와 문학과를 연이어 졸업하고, 아울러 오카와 슈메이와 가사기 요시아키의 유존사에 참가한 적이 있었다. 1924년 오카와 등이 행지사를 설립하자 나카노는 곧바로 그 뒤를 따라 간사이(關西) 지역에서 간사이행지사를 설립하고 적극적으로 활동을 전개하여 도처에서 파시즘의 이단적인 학설을 떠들썩하게 선전함으로써 우익 학생운동에 비교적 큰 영향을 미쳤다.

[65] 菊池寬, 『滿鐵外史』, 368쪽.
[66] 草柳大藏 著, 劉耀武 等 譯, 『滿鐵調査部內幕』, 432쪽.

1927년 나카노는 심양에 변호사 사무소를 개설하여 "행지사 계통의 대학 졸업생 및 관련 인원들이 대거 만주로 오게 되는 기회와 인연"을 제공했다.[67] 실제로 이 변호사 사무소는 일본 민간 파쇼 단체가 중국 동북에 설치한 연락 기관이었다. 1928년 장쭤린이 폭살당한 후 오카와 슈메이가 명을 받고 심양에 가서 장쉐량의 상황을 조사할 때, 나카노 등 행지사 인원들을 관동군 심양주재 특무기관장 하타 신지(秦眞次)에게 소개하여 "그들로 하여금 장쉐량의 동향을 조사하는데 협조하게 했다."[68] 이러한 연유로 심양에서 나카노 고이츠를 중심으로 한 활동거점의 형성이 촉진되었다. 그 외에 심양에서 대웅봉회의 집회 장소인 묘심사(妙心寺) 역시 나카노 고이츠가 '봉천특무기관'을 통해 조달한 자금으로 건립한 것이었다. 여기에서 볼 수 있듯이 나카노와 군부의 관계는 예사롭지 않았다. 이런 특수한 관계는 가사기 요시아키에게는 '소중한 보물'로 보여졌고, 그 때문에 나카노 고이츠를 지명하여 대웅봉회와 군부를 연락하는 유일한 책임자로 삼았다.

9·18사변 이전 대웅봉회의 주요활동은 학술연구라는 미명 아래, 일본이 어떠한 책략 혹은 어떠한 이론을 택하여 지도사상으로 삼아야 동북을 중국에서 분리할 수 있을지 탐구·토론했다. 또 일본군이 동북을 점령한 후 어떤 방법으로 통치해야 비로소 일본의 아시아 재패를 합법화하고, 중국인들로 하여금 기꺼이 일본의 통치를 받아들이게 할 수 있을지 연구했다. 이러한 활동 가운데 가사기 요시아키는 줄곧 사상가의 모습으로 군중 앞에 나타났다. 그는 끊임없이 일본청년들에게 '오족 협화'를 실현하고 "왕도낙토(王道樂土)를 건립"하기 위해 분투하라고 일깨우고 인도했다. 그 때문에 관동군 참모 이타가키 세이시로, 이시하라 간지, 하나야 다다시 등은 모두 "대웅봉회를 대련에서 가장 의기를 중히 여기는 단체"라고 생각하여 "애지중지하고"[69] 아울러 항상 대웅봉회의

---

[67] 草柳大藏 著, 劉耀武 等 譯, 『滿鐵調査部內幕』, 430쪽.
[68] 草柳大藏 著, 劉耀武 等 譯, 『滿鐵調査部內幕』, 431쪽.

토론에 참가했으며, 그것을 관동군이 가장 의지하는 사회적 싱크 탱크로 대우했다.

가사기 요시아키가 있는 힘을 다해 고취한 "만주에서 오족협화의 왕도낙토를 건립하자"는 이론은 매우 큰 기만성을 갖고 있었다. 이른바 '오족협화'란 중국근대 민주혁명의 선구자 쑨원(孫中山)이 제기한 '오족공화(五族共和)'의 개념을 몰래 바꾼 것이다. 그 목적은 사람의 주의를 분산시켜서 시비를 분간할 수 없게 만들어 중국인들이 일본 침략에 반항하는 투지를 해소시키기 위한 것이었다. 쑨원의 '오족공화'사상이 가리키는 것은 한(漢)·만(滿)·몽(蒙)·회(回)·장족(藏族)을 대표로 하는 중국 각 민족이 한 마음으로 단결하여 서로 화목하게 사는 하나의 대가족을 이루자는 사상, 즉 하나의 새로운 민주공화국을 건립하자는 사상이었다. 가사기 요시아키의 '오족협화'는 마치 일(日)·선(鮮)·한(漢)·만(滿)·몽(蒙) 5개 민족의 공존공영을 주장하는 것 같지만, 실질적인 목적은 일본인이 장악하고 중국 중앙 정권에서 이탈한 괴뢰정부를 건립한다는 것이었다. 하나는 선진적인 '공화'이념이고, 다른 하나는 부패한 '식민'이론이었다. 어느 쪽이 진실이고 어느 쪽이 거짓인지, 어느 쪽이 우월하고 어느 쪽이 열등한지 한눈에 알 수 있다.

가사기 요시아키의 이른바 '왕도낙토'는 중국 전통 문화 중의 '왕도' 치국 이념을 차용하여 일본의 침략 행위를 조장하기 위한 것이었다. 중국 유가 사상 속의 '왕도'는 본래 '정도'라는 뜻으로, 이것이 시행하려는 것은 덕정, 즉 덕으로써 사람을 대하는 것이었다. 이렇게 도덕으로 국가를 다스리는 방법은 바로 중국 전통의 '문무지치', 즉 "왕도를 행하여 인정을 베푸는" 것이었다. 그래서 중국인은 '왕도'를 정치질서의 최고 경지로 보았다. 가사기 요시아키는 중국인들이 추구했던 '왕도'사회의 아름다운 염원을 이용해서, 중국인들로 하여금 무지 속

---

69) 菊池寬, 『滿鐵外史』, 373쪽.

에서 일본인의 노역을 받아들이게 하는 목적을 이루고자 했다. 가사기 요시아키가 말한 '왕도낙토'의 진정한 의미는 "패도를 행하여 폭정을 베푸는" 것이었다. 거기에는 동양 유가의 '인(仁)'이 없고 서양 기독교의 '사랑'도 없으며 더욱이 불교의 '자비'도 없었다. 단지 '무력 점령'과 '노역'만이 있었다. 이른바 '왕도낙토'는 사람을 속이는 거짓말에 불과했다.

1931년 11월 초, 즉 9·18사변이 터진 지 오래지 않아 관동군 참모부는 "대웅봉회의 전체 회원들에게 요청하기를 봉천 묘심사에 모여" '정치 책략' 연구에 참여하고 '자치지도부'의 설립을 도우라고 했다. 아울러 나카노 고이츠는 '자치지도 방안'의 초안 작성에 착수했다. 이때 만주청년연맹 역시 동일한 일을 하고 있는 중이었다. 그 후 대웅봉회는 관동군의 요구에 따라 몇몇 인원을 소집하여 단기 훈련을 실시하고, 다시 각 현구(縣區)로 가서 자위단을 조직하여 사회 치안 유지 등의 임무를 담당했다.

만주국이 수립된 후 대웅봉회와 만주청년연맹은 모두 관영 사상교화단체인 '협화회(協和會)'에 흡수되어 일본의 동북 통치를 위해 계속 계획을 내놓고 뒤에서 도왔다.

만약 만주청년연맹이 관동군의 동북 무력 점령을 위한 여론조성자라고 말한다면, 대웅봉회는 만주국의 건립을 위해 '사상 예비군'을 배양하는 훈련소였다.

9. 동북 무력 점령의 여론 선봉대 — 만주청년연맹

만주청년의회가 개최되자 동북 전체의 이른바 일본인 대표들이 대련에 모였다. 그들은 중국 인민들의 주권회수운동에 대한 불만과 적대감을 마음껏 토로했고, 동북에 대한 그들의 점유욕을 극한까지 발휘했다. 이들은 동북지방 일본 교민의 중간계층을 대표했다. 이 계층은 비교적 높은 경제 수입과 사회적 지위가 있었다. 한 사회 정치정세의 안정 여부는 흔히 중간계층의 정치적 태도의 향배에 달려있다. 만철사원을 주체로 한 만주청년의회 대표들 가운데 대부분은 모두 파시즘 이론가 오카와 슈메이의 '훈도'와 영향을 받은 적이 있었다. 그중 어떤 사람은 심지어 그의 친구 혹은 동료였다. 오카와 슈메이 역시 만철직원이 었으므로 만철에 대한 그의 영향은 말하지 않아도 알 수 있다. 오카와는 일찍이 다음과 같이 말했다. "나는 남만주철도주식회사의 구성원이며 중국과 만주에 모두 관계가 있다."[70] 일본이 세계경제대국이 되길 원한다면 "그 발전방향은 오직 만몽뿐이다"[71]라고 하는 오카와의 논술은 이미 동북 일본인들의 좌우명이 되어 있었다. 일본을 위한 것이든 자기를 위한 것이든 그들은 모두 반드시 여기에서 분투하기로 맹세했다.

만주청년의회 속에는 이미 이른바 "의기투합하고 지향하는 바가 같은" 조직, 특히 정당 형식으로 존재하는 조직들이 매우 많았다. 예컨대 만철직원 히라시마 도시오, 오바 지난(大羽時南), 데라지마 도미이치로(寺島富一郎), 나카사와 후지오(中澤不二雄)를 핵심으로 한 청년자유당, 중일실업흥신소(中日實業興信所)의 야마다 고헤이(山田耕平), 운수업 경리(經理) 야마자키 도우소(山崎藤塑)를 우두머리로 한 민중당, 변호사 오노 지츠오(小野實雄), 치과의사 세키 도시시게(關利重), 기자 아이하라 도시하루(相原敏治) 등을 우두머리로 한 독립청년당, 사영(私營) 농장주 오카다 다케마 등을 핵심으로 한 청년동지회 등의 조직이 있었다. 이들 조직의 구성원들은 정치와 자신의 운명이 밀접한 관련이 있음을 점차 의식하게 되었고, 정치의식이 강화될수록 그들은 오직 연합해야만 정치적인 야망을 실현할 수 있음을 깨달았다. 이에 제1차 청년의회가 끝난 후 그들은 곧 부도정(敷島町, 지금의 민주광장)에 있는 청년회관에 모여 연합조직의 설립 문제를 토론했다. 아울러 이후 매달 셋째 주 목요일을 모임 날짜로 약

---

[70] 信夫淸三郎, 『日本政治史』 第4卷, 204쪽 재인용.
[71] 信夫淸三郎, 『日本政治史』 第4卷, 206쪽 재인용.

정했으며 그 때문에 '삼목회(三木會)'라고 이름을 지었다. 충분한 협의를 거친 후 그들은 장차 설립하게 될 연합조직을 만주청년연맹이라 부르기로 결정했다.

대련에 세워진 만주청년연맹 본부 사무소

1928년 11월 11일 만주청년의회는 제2차 회의를 거행했고, 회의 셋째 날에 만주청년연맹을 설립한다는 결의가 정식으로 선포되었다. 만철 이사 고히야마 나오토(小日山直登)가 연맹의 이사장으로 선출되었고, 만철 위생과장 의학박사 가나이 쇼지(金井章次)가 고문으로 선출되었다. 만철 본사에서부터 지방 각 부문의 수뇌에 이르기까지 모두 앞장서서 만주청년연맹에 참가했으며 아울러 일정한 지도 직책을 맡았다. 이와 같이 만주청년연맹은 의연히 만철사원을 주력군으로 한 조직이었다. 연맹 본부는 시내의 산성정(山城町, 지금의 승리교勝利橋 북쪽의 연대가 烟臺街)에 있었다. 만철의 과장과 주임급 간부들이 앞 다투어 가입했기 때문에 만주청년연맹은 만철 연선으로 신속히 발전해 나갔다. 연이어 대련 사하구(沙河口), 여순, 금주(金州), 와방점(瓦房店), 웅악성(熊岳城), 대석교(大石橋), 영구, 안산(鞍山), 봉천, 안동(安東), 본계호(本溪湖), 무순, 개원(開原), 길림(吉林), 사평가(四平街), 공주령(公主嶺), 계관산(鷄冠山), 장춘(長春) 등지에 24개 지부를 건립했고, 회원은 5,000여 명으로 발전했다.[72] 동시에 또 대련 재향군인

---

[72] 滿洲靑年聯盟史刊行會 編, 『滿洲靑年聯盟史』, 1933, 846쪽.

연합분회 회장, 관동주 변호사협회 회장, 만주전업주식회사(滿洲電業株式會社) 사장, 대련상공회의소 회두(會頭), 대련선거주식회사(大連船渠株式會社) 사장 등 대련 각계의 유력자들을 연맹의 고문으로 초빙했다.

만주청년연맹은 정통 우익 파시즘 정치 단체였다. 이 단체가 설립된 목적은 바로 동북의 일본 우익세력을 규합하여 중국 인민들의 주권 회수 민족해방운동에 대항하고, 일본 정부와 군부가 추진하는 동북의 무력 점령 방침에 협조하여, 만몽 천지를 진정한 '이상향'으로 만드는 것이었다.[73] 이 목표는 이사장 고히야마 나오토가 만철 총재 야마모토 죠타로(山本條太郎)에게 보낸 서신 속에서 남김없이 폭로되었다.

만주청년연맹 대련지부 및 사무소

    저희 만주청년연맹은 만주에 거주하는 뜻있는 일본 청년들로 조직되었으며, 국책에 순응하여 만몽 대륙에서 우리 민족이 필요로 하는 각종 운동을 일으켜 식민정책의 집행에 진력하고 있습니다. 동시에 주동적으로 장기 거주할 만몽 대지의 발전 기초를 다지고……
    만몽의 땅은 이미 우리 제국의 국방에서 중요한 지역일 뿐만 아니라, 우리나라 국민의 경제적 생존 발전을 확보하는 데도 이미 유일하고 필수적인 산업 원료 공급지이고 생산품의 훌륭한 시장이며 아울러 과잉인구의 이민지입니다. 이를 얻고 잃음은 우리 제국 산업의 흥함과 망함을 의미하므로 그 관계가 극히 중요합니다. 바로 이런 이유 때문에 만몽에 있는 일본인의 건전한 발전과 그들에게 의지하여 만몽의 산업을 개발하는 것은 여전히 우리나라 위와 아래 모든 국민의 공동 염원에 속합니다.
    다음으로 만약 만몽 내외의 형세에서 본다면, 구미 각 열강들의 산업경쟁의 칼끝은 점

---

73) 滿洲靑年聯盟史刊行會 編, 『滿洲靑年聯盟史』, 51쪽.

차 만몽으로 향하여 호시탐탐 기회를 엿보고 있습니다. 외교 방면에서 만몽철도 중립 문제, 금애(錦璦)철도 문제, 4개국 차관단 협정 등 만약 조금이라도 소홀히 한다면 우리 제국이 이전에 지불한 수십 억 엔의 국폐(國幣)와 수십만 명의 소중한 영령을 희생시키게 될 것이고, 국력을 기울여 확보한 정당한 권익 역시 침범당하게 될 것입니다. 특히 심각한 것은 중국이 장차 국민혁명의 여파를 이용해서 민중의 사기를 선동하여 공공연히 일본 제국주의를 타도하자는 구호를 제기하며, 철도 차관, 상조권 세목 협정[商租細目協定], 봉해(奉海)철도 부설 등 기정 조약을 무시할 것이라는 점입니다. 특히 근래에 여대 회수, 만철 회수, 21개조 조약 폐지 등을 미친 듯이 떠들어대며 국제적 신의를 무시하고 우리의 기득권을 유린하고 있습니다. 그 외에 산업 방면의 실제 상황은 독일의 상품이 북만주로 침입해 들어오는 정세가 해마다 심해져 봉천과 하얼빈을 중심으로 하는 중국의 산업이 진흥하지 못하고, 러시아는 중동(中東)과 오소리(烏蘇里) 2개 철도를 이용해서 만몽의 물자를 독점하여 우리의 산업정책이 추진될 수 없게 하려고 합니다. 게다가 근래 중국의 배일운동이 갈수록 심각해져 조선족 농민 압박 문제, 우리 경찰권의 침탈 문제, 돈화(敦化) 문제, 신원농장(榊原農場) 문제, 대석교 광구 문제 등 문제가 한 두 가지가 아니며, 심지어 소학생에 대해서도 배일교육을 시행하고 있습니다. 그런 까닭에 우리는 반드시 진지하게 전도를 분석해야 합니다.

……우리 재만 동포들로 하여금 한 마음 한 뜻으로 단결하여 국책이 지도하는 방향을 따라 헌신적인 노력을 하도록 하고자 합니다.

……저희 연맹은 재만 동포 특히 중년과 청년들로 하여금 만몽의 중요성과 재만 일본인의 민족적 책임을 명확하게 인식하도록 하는데 진력하고 있습니다. 동시에 항상 만주의 내외 정세를 통찰하고……한 마음으로 단결하여 외래 세력의 침범에 공동으로 대처하고, 각자 점진적으로 산업발전의 기초를 공고히 하며, 일본인의 대륙 개발 선구자로서의 사명을 완성하여, 진정으로 우리나라의 만몽 개발이 성공할 수 있도록 공헌할 것입니다.[74]

1929년 2월 28일에 개최된 만주청년연맹 지부 간부회의에서 이사장 고히야마 나오토는 결코 동북의 일본인들로 하여금 "일을 중도에 중단하여(偃旗息鼓)

---

[74] 遼寧省檔案館, 遼寧省社會科學院 編, 『九·一八事變前後的日本與中國東北－滿鐵秘檔選編』, 144~146쪽.

본국으로 퇴각하는(撤退回營) 운명"에 빠지게 해서는 안 된다고 거듭 표명했다.75) 그는 그 자리에 있는 사람들에게 반드시 무거운 짐을 짊어지고 임무에 헌신해야 한다고 훈계했다. 아울러 현실의 정세와 어떤 방법을 채택해야 할 것인가 등의 문제를 겨냥하여 구체적인 지시와 상세한 안배를 했다. 이 때문에 이후 연맹의 행동은 확실히 '현저한 성과'를 거두었다. 예를 들면 다음과 같다. 회원들을 이끌고 청일전쟁과 러일전쟁의 유적지, 유적, 기념관 등을 참관하여 전쟁 중에 사망한 일본군 장병들의 사적(事迹)을 조사했다. 정기적으로 각종 보고회와 강연회를 거행하는 형식으로 재만 일본 청년들에게 군국주의 교육을 진행하고, 일본인의 만몽 건설에 대한 '거대한 공헌'을 선전하여 일본인의 만몽 '개발'에 대한 믿음을 확고히 했다. 동북 각지의 일본 주둔군을 찾아가 위문과 친목 등의 활동을 함으로써 군대와의 감정적 연대를 더욱 강화하고 사병들의 투지를 고무시켰다. 각지에서 발생한 중·일 분쟁사건의 '조사' 작업에 적극 참여하여 중국인이 '조약' 규정을 위반하여 일본인을 '배척'한다는 여론을 크게 조성했다. 동북 각지에서 시민시국대회를 거행하여 소재지의 일본인들에게 동북 각지에서 발생하는 '배일'사건의 '경위' 및 장쉐량 정권이 추진하는 '주권회수'운동의 '위해성'을 설명하고 일본인은 '이상적인 만주의 실현'을 위해 헌신해야 한다고 선동하는 등 한두 가지가 아니었다. 대체로 말해 식민당국이 직접 나서기 불편한 일은 바로 그들이 나서서 용감하게 싸웠고, 식민당국이 하기 불편한 말은 바로 그들이 과장해서 떠들며 쓸데없이 공론(空論)을 일으켰다. 그래서 만주청년연맹은 식민당국과 군부의 별동대이자 급선봉이었다고 해도 지나친 말은 아니다.

1929년 6월 심양에서 신원농장(榊原農場)사건76)이 발생하자 만주청년연맹

---

75) 滿洲靑年聯盟史刊行會 編, 『滿洲靑年聯盟史』, 72~73쪽.
76) 榊原農場사건의 진상은 일본인 榊原政雄이 광서 말년 昭陵(北陵) 일대의 토지를 강점하고, 중국인의 수중에서 사들인 것이라고 거짓말한 것이다. 청 정부는 사람을 보내 일본 측과 이 사건을 두고 10여 년 동안 교섭했으나 해결되지 않자, 할 수 없이 20만 원을 들여 토지를 되찾았다.

은 즉각 사람을 보내 '조사'했다. 뒤이어 만주청년연맹 본부이사 오카다 다케마는 대련에서 특별히 심양으로 달려가서 심양의 여러 일본 청년들을 규합하여 반중국 정세를 크게 조성했다. 7월 17일 그들은 심양에서 연맹 전체 이사와 각 지부장 회의를 열어 긴급 대책을 논의했다. 회의 후 즉각 36명의 대표단을 조직하여 심양주재 일본총영사관에 가서 청원하여 총영사에게 요구하기를 "만주에서 우리의 기득권을 유지 보호하기 위해 적절한 단계를 밟아야 한다"77)고 했다. 동시에 또 여순, 대련 사하구, 무순, 심양, 장춘 등지에서 보고회를 거행하여, 온 힘을 다해 사실을 왜곡하고, 시비를 전도하여 중국의 '배일'에 대한 사회 여론을 조성했다.

그 후 오래지 않아 발생한 본계호사건과 대석교사건에서 만주청년연맹은 똑같은 수단을 써서 그럴싸하게 사람을 보내 조사하고 보고회를 거행하여 사실의 진상을 극력 왜곡했다. 그 본의는 기회를 놓치지 않고 몇몇 돌발 사건을 포착하여 적절히 이용하는 것이었지만, 매번 모두 중국 침략을 돕는 하수인의 추악한 얼굴을 여지없이 드러냈다.

1930년 1월 동북 정권의 북녕(北寧)철도국과 하란치항공사(荷蘭治港公司, Netherlands Harbour Works Company)는 호호도항(葫芦島港) 건설 협정을 체결

그 후 榊原은 마음이 변했으나 청 정부가 이에 응하지 않자, 생각을 바꿔 임차하고 싶다고 신청했고 청 정부는 역시 동의하지 않았다. 1914년 신원은 浦本政一郎의 명의로 三陵衙門이 관장하는 북릉의 수전 600무, 투田 30무와 주택 7칸을 빌렸다. 토지 임차 계약을 체결할 때 규정하기를, 토지를 빌린 쪽은 매년 삼릉아문에 수전 임대료 600원(봉소양奉小洋: 봉천 소양은화), 한전과 주택의 임대료 100원(봉소양)을 납부하도록 했다. 그러나 후에 "일본인이 밀린 임대료를 시간을 끌며 납부하지 않자, 삼릉아문은 일본영사에게 조회하여 납부를 독촉했으나 효과가 없는" 일이 발생했다(陳覺, 『日本侵略東北史』, 240쪽). 1925년 삼릉아문이 폐지되자 요녕성 당국은 이 임대 계약은 토지를 빌린 쪽이 "밀린 임대료를 시간을 끌며 납부하지 않으므로 우리는 성명을 통해 임대를 취소한다"고 선포했다(「國民政府外交部特派遼寧交涉員王鏡寰報告」, 中央檔案館 等 合編, 『日本帝國主義侵華檔案資料選編―九・一八事變』 第1册, 中華書局, 1988, 58쪽 참조). 1929년 6월 27일 새벽 4시가 조금 지나 일본 무장 군경 80여 명이 동북 당국의 북녕 철도의 북릉지선 선로 여러 곳을 파괴했고, 아울러 목패를 세워 "신원농장의 통과를 불허한다"고 했다.

77) 菊池寬, 『滿鐵外史』, 354쪽.

했다. 일본은 한사코 이는 "만철의 포위망을 건설하여 대련항과 남만철도를 압살하려는 의도이며" 일본의 '특수 권익'을 침범하는 것이라고 했다. 만주청년연맹은 소식을 접한 후 급히 갑옷을 걸치고 전쟁터에 나가듯이 사방에 전단을 뿌려 "재만 일본인의 생존권"이 중국 정부의 '유린'과 '압박'을 받아 이미 '위기'에 빠졌으며, 만약 일본 정부가 수수방관한다면 "망국의 비운이 반드시 일본을 뒤덮을 것"[78]이라는 등의 여론을 크게 조성했다.

만주청년연맹은, 설립부터 1930년 6월 고히야마 나오토가 연맹 이사장을 사임하기 전까지의 시기가 그 발전의 첫 번째 절정기로 구성원은 한때 5,000여 명에 달했다. 이는 연맹 구성원 자체의 원인 외에도 당시 일본 다나카 내각이 추진한 '만주에 대한 적극외교' 및 야마모토 죠타로가 만철총재로 취임한 것과 밀접한 관계가 있었다. 야마모토 죠타로가 만철총재에 취임한 것은, 다나카 기이치가 내각을 조직할 때 일본인들에게 '책략이 풍부한' '동양형 호걸'[79]로 불렸던 마치노 다케마(町野武馬)에게 어떻게 만몽문제를 처리할지 가르침을 청하자, 그가 추천한 사람이었기 때문이다. 야마모토는 부임 후 다나카의 대만주 외교 책략을 적극 추진하고 마치노와 긴밀히 협력하며 강온 양면의 수단으로 장쥐린을 압박하여 일본과「만몽신오로(滿蒙新五路)」협정을 체결하게 했다. 만주청년연맹의 사무에 대해 야마모토는 비록 직접 끼어들어 참견하지는 않았지만, 배후에서 매우 큰 지원과 보살핌을 베풀었다. 회원들은 업무시간을 이용하여 각종 활동을 할 수 있었을 뿐만 아니라, 만철은 그들에게 무료 차표를 발급했으며 아울러 자금도 지원했다. 다나카 내각이 붕괴되고 야마모토가 만철총재직에서 물러날 때, 고히야마 나오토도 만철이사를 사직하고 일본으로 돌아갔다. 신임 만철총재 센고쿠 미쓰구(仙石貢)는 '시데하라(幣原) 외교'의 적극 지지자로 만주청년연맹의 활동에 대한 지지 강도가 크게 줄었다. 때문에 만주청년연맹의

---

[78] 臼井勝美, 『滿洲事變』, 東京 : 中央公論社, 1978, 23쪽.
[79] 草柳大藏 著, 劉耀武 譯, 『滿鐵調査部內幕』, 149쪽.

활동은 식어가기 시작했고 인원수 역시 5,000명에서 3,000명으로 감소했다. 이 시기 만철 위생과장 의학박사 가나이 쇼지가 만주청년연맹 이사장에 추대되었다.

1931년 2월 만주청년연맹의 이사 야마구치 쥬지(山口重次)는 이사회에서 '신(新)만몽정책 확립운동'을 제안했다. 주요 내용은 4항목이었다. ① 만몽문제에 대한 사회여론의 주목을 불러일으키기 위해 즉각 소책자『만몽문제 및 그 진상(滿蒙問題及其眞相)』을 편집 출판하여 사회에 배포할 것, ② 재만 일본인의 여론을 통일하기 위해 각 지부에서 현지시민시국대회를 개최하여 일치된 관점을 선전할 것, ③ 일본 국내여론의 주목을 불러일으키기 위해 유세단을 파견하여 고국으로 돌아가 만몽의 현재 상태를 선전할 것, ④ 만일의 사태가 발생했을 때 3,000명의 회원들은 장차 몸을 바쳐 순국할 것. 이 제안은 만주청년연맹을 새롭게 진작시켰다. 이것이 그 발전의 두 번째 절정기였다.

그해 5월『만몽문제 및 그 진상』소책자 1만 권의 인쇄가 완료되자 만주청년연맹 회원들이 총출동하여 일본, 동북, 조선 각지에 배포했다. 이 소책자는 완전히 침략자의 관점에서 역사를 위조하고 거짓말을 지어내어 다음과 같이 이야기했다. "만주에서 일본의 기득권익은 외교상의 성과이지 침략의 결과가 아니며"[80] "만주는 중화민국을 구성하는 한족의 고유한 영토가 아니라 하나의 식민지이다."[81] "만몽은 우리나라 국방의 제1선이자 군국의 군수산지(軍需産地)로서 중요성이 있을 뿐만 아니라, 산업 발전의 원료 생산지이자 식품 공급지로서 우리나라의 생존에 대해서도 극히 중요한 지역이다." 이 때문에 동북에서 일본의 "특수 권리"는 "세계 각국을 향해 공명정대하게 설명할 수 있으며, 당연히 중국을 향해서도 제기할 수 있다. 정치적으로든 정치를 초월해서든 모두 이렇게 하는 근거와 이유가 있다."[82] 7월 하순 연맹은 또 동북과 일본 내지를 대상으로

---

[80] 草柳大藏 著, 劉耀武 等 譯,『滿鐵調査部內幕』, 407쪽.
[81] 馬越山,『九一八事變實錄』, 遼寧人民出版社, 1991, 111쪽 재인용.

5,000권의 『만몽삼제(滿蒙三題)』라는 소책자를 발행하여 미친 듯이 소리쳤다. "일본 교민들은 동북의 대지에 민족화목과 일본문화를 배경으로 하는 공화 낙원을 건립할 필요가 있다." "중국이라는 이 낙후된 민족을 구원하기 위해서는 장쉐량 정권을 취소하고 일본이 이치대로 마땅히 동북에 군대를 주둔시키고 나아가 반(半)봉건 정권을 타도해야 한다."[83]

6월 13일 연맹은 대련 가부키극장에서 "곤란 국면 문제 타개 대회(打開困難局面問題大會)"[84]를 열어 소책자의 방침과 책략을 관철해야 한다고 선전했다. 아울러 5개조 행동강령을 제기했다. 21일 사하구에서 제2차 강연대회가 거행되었다. 연이어 여순, 안산, 봉천 등지에서 계속해서 유사한 시민대회를 개최하여 '만몽 위기'를 선전하고 만몽에 대한 무력 점령을 고취했다. 이 시기의 만몽청년연맹은 스스로 당대의 최고라고 생각하는 기세를 가지고 있었다.

7월 만주청년연맹은 일본 국내로 '유세단'을 파견하여 만몽문제에 대한 '국내 여론'의 지지를 일깨우고, 나아가 '만몽문제의 국면'을 타개하려 기도했다. 연맹 본부 이사 오카다 다케마, 장춘 지부장 오자와 가이사쿠(小澤開作), 안동지부 간사 나가에 료조우(永江亮三)와 『대련신문』사에서 선출한 재만 일본인 대표 다카즈키 겐이치(高塚源一), 사다케 레이신(佐竹令信) 등 일행 5명이 귀국유세단을 이루었다. 7월 13일 그들은 대련에서 출발하여 8월 10일이 되어서야 비로소 대련으로 돌아왔다.

유세단은 일본에 머무는 20여 일 동안 한시도 멈추지 않고 사방에서 활동했다. 그들이 먼저 방문한 사람은 정부 요인이었다. 수상 와카쓰키 레이지로(若槻禮次郎)와의 회견에서 만몽의 현실을 제멋대로 왜곡했다. 시데하라 외상과 회견할 때는 그의 중국 문제에 대한 관점이 "무릇 외교에 속한 문제는 응당 국

---

82) 關寬治·島田俊彦 著, 王振鎖 等 譯, 『滿洲事變』, 151쪽.
83) 唐德剛, 王書君, 『張學良世紀傳奇』, 山東友誼出版社, 2000, 418쪽 재인용.
84) 滿洲靑年聯盟史刊行會 編, 『滿洲靑年聯盟史』, 14쪽.

제 환경을 충분히 고려하여, 취할 것은 취하고 버려야 할 것은 버리며 마음에도 맞고 적합한 것이어야 한다"[85]라는 것을 알게 되었다. 육군대신 미나미 지로(南次郎)와 회견할 동안에는 "군부의 강경한 태도를 깨닫고 역량의 용맹스러움을 느꼈다."[86] 그들은 또 정우회(政友會) 총재 이누카이 쓰요시(犬養毅) 및 각계의 유명 인사인 야마모토 죠타로, 우치다 료헤이(內田良平), 도야마 미쓰루(頭山滿) 등을 방문 회견했다. 참모본부에 가서 소장파 파쇼장교들과 동북 침략의 의견을 교환한 것은 그들이 이번 귀국 유세에서 중요하게 안배해 놓은 것이었다. 그곳에서 그들은 참모본부 제2부 부장 미카와 미지로(見川美次郎), 이노우에(井上) 조사과장, 니시오(西尾) 소장, 스기야마(杉山) 차관 등을 방문하여 "만몽의 실정을 보고하고 의견을 교환했다."[87] 동시에 그들은 또 신문언론계 및 영향력 있는 사회단체를 방문했다. 이 기간에 대회를 개최하고 강연을 하는 것 역시 일본에서 유세단 활동의 중요한 임무였다. 그들은 연이어 도쿄 우에노(上野)공원에서 국민대회를 개최하고 우에노 정양헌(精養軒)에서 '만선문제(滿鮮問題)'대회를 개최했으며, 『도쿄 니치니치신문(東京日日新聞)』사는 특별히 그들을 위해 강연회를 주최했다. 도쿄에서의 활동 외에도 그들은 또 오사카, 고베, 시모노세키, 후쿠다(福田) 등지에서 강연회를 거행했다. 이러한 활동은 일본 열도에서 무력으로 '만몽'을 점령하자는 물결을 일으켰다.

---

[85] 遼寧省檔案館, 遼寧省社會科學院 編, 『九·一八'事變前後的日本與中國東北－滿鐵秘檔選編』, 166쪽.
[86] 遼寧省檔案館, 遼寧省社會科學院 編, 『九·一八'事變前後的日本與中國東北－滿鐵秘檔選編』, 165쪽.
[87] 遼寧省檔案館, 遼寧省社會科學院 編, 『九·一八'事變前後的日本與中國東北－滿鐵秘檔選編』, 166~167쪽.

일본에서 동북침략 여론을 크게 조성한 만주청년연맹의 대표들

대련으로 돌아온 후 유세단은 다급히 곧바로 대회를 개최하여 국내에서 활동 상황을 보고했다. 오카다 다케마는 다음과 같이 말했다. "우리 대표단이 모국을 방문한 목적은 바로 만몽의 시국을 타개하려는 것이었다." "이번 여행의 효과는 모국의 조야(朝野) 상하(上下)에서 돌 하나로 천 층의 파도를 일으킨 것이다." 사다케 레이신은 다음과 같이 말했다. "내각의 제공(諸公)들이 일치되어 강경외교를 주장했다." "우리들은 마땅히 이 기회를 놓치지 말고 국가의 여론과 위력에 의지해서 만몽 권리를 유지하고 보호하는 임무를 실현해야 한다."[88]

만주청년연맹 유세단의 일본 방문은 동북에 대한 무력 점령 여론을 절정까지 끌어올렸고, 무력을 사용하여 동북을 점령하자는 일본인들의 정서를 극도로 선동했다. 이는 또 당연히 이 조직의 파시즘 본성을 철저하게 폭로했다. 대련에 이어 유세단은 계속해서 동북 각지에서 순회강연을 진행하여 한동안 "장쉐량 정권을 토벌하자"는 함성이 들끓었다. 무력으로 동북을 점령해야 한다는 황낭무계한 이유와 무지막지한 핑계는 바로 이렇게 날조되었다.

---

88) 馬越山, 『九一八事變實錄』, 112쪽.

8월 23일 관동군 참모부는 만주청년연맹의 간부들을 여순 장교집회소에 소집하여 관동군 참모들과 회담을 거행했다. 이시하라 간지는 회담에서 이르기를 "만약 일단 사변이 발생하면 관동군은 이틀 내에 장쉐량 군대를 소멸시킬 준비가 되어 있다"고 했다. 이에 대해 청년연맹의 이사 야마구치 쥬지는 맞장구치기를 "만약 사변이 발생한다면 우리 3,000명의 회원들은 장차 만주 건국을 위해 온 힘을 다 기울일 것이다"[89]라고 했다.

9월 18일 밤 관동군은 9·18사변을 일으켰다. 다음날 새벽 대련 만주청년연맹은 곧바로 긴급동원대회를 개최했으며, 소식을 듣고 달려와 주먹을 쓰다듬는 연맹 회원들로 본부의 큰 홀이 가득 찼다. 동원대회에서 연맹은 즉각 국내에 유세단을 파견하고, 각 단체의 행동을 통일하며, 적극적으로 군대에 지원하고 참전한다는 '전시행동준칙'을 통과시켰다.[90] 이 순간부터 만주청년연맹은 관동군과 결탁 공모하여 동북을 무력 침략하는 죄악을 대대적으로 저질렀다.

첫 번째로 관동군의 군사활동에 참여한 사람은 연맹의 봉천지부이사 남만주전기주식회사 봉천지사 경리인 하라구치 스미치카(原口純允)였다. 그는 전쟁시기 발전소 보호의 중요성을 깊이 이해하고 있었다. 일반적으로 말해서 조명과 민간용 동력전기는 사소한 일이지만, 화약 공장은 일단 정전으로 인해 폭발이 일어나면 그 결과는 상상조차 할 수 없는 것이었다. 이 때문에 그는 급히 이시하라 간지에게 보고했고, 이시하라는 이를 듣고 크게 놀라 곧 병사들을 보내 발전소를 지키게 했다.

9·18사변의 폭발로 말미암아 중국이 경영하는 심해(沈海)철도, 봉산(奉山)철도는 운송이 중단되었고 군수 물자의 운송은 단절되었다. 가능한 빨리 심해철도의 운수를 재개하기 위해 연맹이사 야마구치 쥬지는 급히 봉천으로 달려가 심해철도보안유지회를 조직하여 이 철도가 신속히 운수를 회복하게 함으로써

---

[89] 草柳大藏 著, 劉耀武 等 譯, 『滿鐵調査部內幕』, 408쪽.
[90] 草柳大藏 著, 劉耀武 等 譯, 『滿鐵調査部內幕』, 408쪽.

관동군으로 하여금 만주청년연맹을 괄목상대하게 했고, "모든 전후처리에 관한 일을 만주청년연맹에게 위임하기에"⁹¹⁾ 이르렀다.

관동군의 신임과 중용을 얻게 되자 만주청년연맹의 간부들은 더욱 전력을 다해 군부의 행동을 지원했다. 연맹은 한편으로는 자신의 장악 아래 있는 경제실체를 통해 군부를 도와 월동 경비와 물자 공급을 해결했다. 다른 한편으로 연맹은 주동적으로 직접 나서서 시민들을 위로하고 관동군을 도와 사회치안을 유지했다. 예컨대 연맹이사 야마구치 쥬지는 중국인들에게 다음과 같이 선전했다. "우리는 결코 제국주의가 아니다. 그러므로 절대로 침략할 리가 없고 점령할 리도 없으며 더욱이 어떠한 권익도 추구하지 않을 것이다. 우리가 주장하는 것은 민족끼리 화목하게 지내는 것이다."⁹²⁾ 진실로 후안무치의 극치였다.

이와 동시에 만주청년연맹은 또 원래 동북정부가 설립했던 동북교통위원회를, 대들보를 훔쳐내고 기둥을 바꾸는 식으로 개조하여 만철이사와 과장이 직접 조종하여 중국의 철도 교통을 통제하는 기구로 변화시켰다.

9·18사변 후의 심양은 만주청년연맹의 천하를 방불케 했다. 연맹은 적극적으로 교통을 회복하고 치안을 유지하는 외에도 관동군에 협조하여 심양의 라디오방송국, 전등공장, 방직공장, 군수공장, 관은호(官銀號)⁹³⁾ 등의 공장과 중요 부서를 접수 관리했다. 가히 연맹은 관동군이 심양을 순조롭게 점령하는 것을 돕기 위해 전력을 기울였다고 할 수 있다.

---

91) 草柳大藏 著, 劉耀武 等 譯, 『滿鐵調査部內幕』, 417쪽.
92) 草柳大藏 著, 劉耀武 等 譯, 『滿鐵調査部內幕』, 418쪽.
93) [역주] 관청의 허락으로 은의 매매나 교환을 다루던 은행.

관동군사령관이 만주청년연맹에게 준 「감사장」

　동북 전역이 신속하게 함락됨에 따라 괴뢰 정권의 건립이 가장 시급한 일이 되었다. 만주청년연맹 이사장 가나이 쇼지와 연맹 회원이며 만철 본사 문서과 과장인 나카니시 도시노리(中西敏憲)는 이 점을 인식한 후 황급히 '만주자유건국방안'을 기초했다. 이 방안의 핵심내용은 장쉐량의 '군벌' 세력을 배제하고 중국 동북에 일본이 통제하는 신국가를 건립하는 것이었다. 새로 건립되는 국가는 "중국 본토에서 분리되어" '민족협화'와 '인민자치'를 실행해야 했다.[94] 이 방안은 관동군의 높은 평가를 받았으며, 만주국이 설립될 때 관동군은 이 방안의 수많은 제의를 채택했다. 가나이 쇼지는 또 연이어 요녕성 지방유지회의 수석 고문, 봉천성정부 최고 고문, 간도성 성장 등의 직책을 역임했다.

　대웅봉회와 함께 기획하여 '자치지도부'를 설립한 것은 만주청년연맹이 관동군에 협조하여 중국 동북정권을 탈취한 중요 활동 가운데 하나였다.

---

94) 孫邦 主編, 『偽滿史料叢書·人物』, 吉林人民出版社, 1993, 170~171쪽.

일본군의 침략 활동이 끊임없이 확대됨에 따라 9·18사변의 기획자 이시하라 간지와 이타가키 세이시로 등은 가능한 빨리 점령구의 식민통치기구를 건립하려고 매우 초조해하고 있었지만, 확실하고 실행 가능한 방안을 갑자기 내놓을 수는 없었다. 이에 그들은 청년연맹과 대웅봉회에 요청하여 지방행정기구의 건립에 지도적 역할을 할 과도 기구인 자치지도부의 설립을 도와달라고 했다. 청년연맹의 나카니시 토시노리와 대웅봉회의 나카노 고이츠는 관동군의 구체적인 요구에 근거하여 각자 '자치지도방안'을 기초했다. 이 2가지 방안의 기초 위에서 관동군은 1931년 11월 1일 「지방자치지도부조례」를 제정했다. 이 조례는 "겉으로는 간섭을 회피하는 형식이었지만, 그 결심은 만주를 점령하고 아울러 그들의 지도 아래 철저히 혁신하여 선정을 시행하는 것이었다."[95] 「조례」는 다음과 같이 규정했다. 자치는 중앙과 지방으로 나누어 중앙에는 자치지도부를 설치하고 지방에는 자치지도위원회와 자치집행위원회를 설치하고 "중앙에서 자치지도위원을 각 현으로 파견하여 현급 자치의 지도와 감독에 종사하게 한다." 이에 청년연맹과 대웅봉회는 각각 많은 인원을 선발하여 단기 훈련을 거친 후 각지에 지도원으로 내려 보내 그 지방의 사무에 대해 '지도'와 '선무(宣撫)'를 진행했다. 그들의 활동은 만주국 건립을 위한 기초를 다졌다.

만주국 건립 후 관동군을 따라다니며 용감히 싸우던 만주청년연맹은 "식민통치를 실행하기 위해서는 단지 정치적 폭력에만 의지해서는 안 되며, 반드시 사상으로 정치적 통치를 보완해야 한다"고 생각했다. 이를 위해 연맹이사 야마구치 쥬지, 오자와 가이사쿠 등은 협화당(協和黨)을 설립하고 많은 연맹 구성원들을 이 당에 끌어들일 계획을 세웠다. 1932년 7월 만주국 관영의 사상교화 정치단체인 협화회(協和會)가 설립되었고 협화당은 여기에 흡수되었다.

만철사원회에서 만주청년연맹으로 발전하기까지 대련의 일본인들은 시종

---

95) 草柳大藏 著, 劉耀武 等 譯, 『滿鐵調査部內幕』, 436쪽.

하나의 명확한 목표가 있었다. 즉 전력을 다하여 '수십만 영령'의 '유혈희생'과 맞바꾼 만주에서 일본의 '특수 권익'을 유지 보호한다는 것이었다. 대련 만철사원을 중견 역량으로 하는 재만 일본 청년들은 더욱이 이 목표의 실현을 자신의 사명으로 삼아 '분투'해 마지않았다. 러일전쟁 이후부터 관동주의 일본 군민(軍民)들은 서로 밀접히 의존하여 큰 자라가 울면 작은 자라가 화답하듯 재만 '특수 권익'의 실현을 공동의 가치관으로 삼았다. 미국, 영국, 러시아 등 국제 방면에서 오는 방해와 중국 정부의 주권 회수 압력에 직면하여, 대련의 일본우익조직은 관동군과 한마음으로 노력하며 암묵적으로 협력했다. 그러므로 만약 9·18사변의 발생이 일본 군부의 단독 행위라고 말한다면 그것은 한쪽 면만 바라본 것이다. 왜냐하면 "만약 사회에서 군부의 선택을 지지하지 않았다면 군부는 그렇게 멀리 갈 수 없었을 것"이기 때문이다.

■ 일본의 대련 식민통치 40년사 [제1권]

각 장절의 저자 분류표	각 장절의 역자 분류표
서 론 郭鐵椿	서 론 신태갑
제1장 1~5절 關偉	제1장 최은정
6절 韓俊英	제2장 강명화
제2장 1절 郭鐵椿	제3장 김동학
2~3절 韓俊英	제4장 최윤진
4절 由林鵬	제5장 전성현
5~6절 陳延軍	제6장 조재형
제3장 郭鐵椿	제7장 조재형
제4장 陳延軍	제8장 김동학
제5장 王江鵬, 郭鐵椿	
제6~7장 王健	
제8장 韓俊英, 張越